Herbert Vorgrimler

THEOLOGIE IST BIOGRAPHIE
Erinnerungen und Notizen

Ebenfalls im Aschendorff Verlag erschienen

Herbert Vorgrimler
GOTT
Vater, Sohn und Heiliger Geist

Dritte Auflage 2005, 128 Seiten
kartoniert, 9,80 € / sFr 17,30
ISBN 3-402-03431-X

Gott – Menschwerdung Gottes – dreieiniger Gott – Erlösung – Heiliger Geist sind zentrale Wahrheiten des christlichen Glaubens. Wer sie Andersgläubigen zu erklären versucht, merkt, dass sie nur vermeintlich selbstverständlich sind. Können nur Fachleute sie verstehen? Nein, denn über den Glauben muss man reden können, weil Gottes Botschaft an alle gerichtet ist. In einfacher Sprache wird in diesem Buch so über die Glaubenswahrheiten gesprochen, dass sie sich verstehen lassen, ohne in abwegigen Spekulationen das Geheimnis Gottes anzutasten. Diese klare Sicht eröffnet auch überraschende Möglichkeiten für das Gespräch von Christen, Juden und Muslimen über den gemeinsamen Glauben an den *einen* Gott.

*Im November 2006 erscheint
in der Reihe „Aschendorff Paperbacks"*

Herbert Vorgrimler
„... und das ewige Leben. Amen!"
Christliche Hoffnung über den Tod hinaus
ISBN 3-402-00228-0

Herbert Vorgrimler

Theologie ist Biographie

Erinnerungen
und Notizen

Aschendorff Verlag Münster

Einbandfoto: Burkhard Beyer

© 2006 Aschendorff Verlag GmbH & Co. KG, Münster

Gesamtherstellung: Aschendorff Medien GmbH & Co. KG, Druckhaus Münster, 2006
Gedruckt auf säurefreiem, alterungsbeständigem Papier ∞
ISBN 3-402-00423-2

Inhalt

6

Vorwort

Das vorliegende Buch erzählt von einer katholischen Kindheit und Jugend in der NS-Zeit, vom Krieg, von der Berufung zu einem kirchlichen Dienst, von den Existenznöten einer Theologischen Fakultät zwischen einem staatlichen Ministerium und der vatikanischen Aufsicht. Es handelt sich um Dinge, die meines Erachtens nicht vergessen werden sollten.

Mehrfach wurde kritisch festgestellt, dass bei Erinnerungen die persönlichen Wahrnehmungen nicht genügend zur Geltung kämen. Wenn die hier festgehaltenen Erinnerungen sehr persönlich gehalten sind, dann ist das notwendiger Weise mit ganz subjektiven, einseitigen Wertungen verbunden. Persönlichkeiten, die bei mir eher in einem negativen Licht erscheinen, hatten selbstverständlich auch positive Eigenschaften, gegebenenfalls wissenschaftliche Verdienste. Ein objektiv-wissenschaftliches Werk müsste dies würdigen; ich konnte aber nur auf selber Wahrgenommenes eingehen. Entsprechendes gilt von den Institutionen, die ich erlebt oder erlitten habe.

Die Niederschrift habe ich während meines Klinikdienstes im September 2005 in ruhigen Stunden begonnen, abgeschlossen habe ich sie im Juni 2006. Ich freue mich, dass der Aschendorff Verlag in Münster das Manuskript angenommen hat. Er ist der angesehenste Verlag in der Stadt, in der ich seit 34 Jahren lebe. Mit seinem Lektor Winfried Daut bin ich freundschaftlich verbunden. Er ist so verständnisvoll und umsichtig wie kein anderer Lektor, dem ich je begegnet bin. Ihm bin ich zu größtem Dank verpflichtet. Von ihm stammt auch der Titel: „Theologie ist Biographie". Dahinter steht wohl die Frage: Wie kommt ein junger Mensch dazu, das unbegreifliche, „Gott" genannte Geheimnis Tag für Tag zum Inhalt und Ziel seines Lebens zu machen?

Dank schulde ich auch den Menschen, die mein Manuskript aufmerksam gelesen und mit kritischen Bemerkungen versehen haben: Frau Dr. Gunild Brunert, Frau Ulrike Homberg und Schwester Marianne Candels.

In diesem Buch ist viel von Freunden und Freundschaften die Rede, von noch Lebenden und von solchen, die mir schon vorausgegangen sind. In großer Dankbarkeit gedenke ich ihrer, und ich konnte hier noch nicht einmal alle beim Namen nennen. In schwierigen Zeiten hatte ich Schutz und Schirm bei ihnen. Ihnen ist dieses Buch gewidmet.

Münster, im Juli 2006

Herbert Vorgrimler

1. Eine Kindheit unter gotischen Gewölben

Der wichtigste Mensch in meiner Kindheit

Meine Eltern waren gute Eltern. Die Mutter Maria war zärtlich, überaus fürsorglich. Sie hatte ein heiteres Gemüt, sang gern vor sich hin und übte auf der Zither. Natürlich gibt es auch noch anderes von ihrem Lebensgefühl zu sagen. Der Vater Martin war ganz dem Beruf im Caritasverband hingegeben, zur Zeit meiner Geburt noch Assistent des Präsidenten, denn mein Vater beherrschte mehrere Sprachen und konnte dem Prälaten Kreutz dolmetschen. Der Vater konnte von Zeit zu Zeit ebenfalls lustig sein, aber er hatte nur wenig Zeit für meine drei Jahre jüngere Schwester Maria und mich. So war der Großvater mütterlicherseits, Martin Klotz, in meiner Kindheit die wichtigste Bezugsperson für mich. Die Vorfahren mit dem Namen „Klotz" waren kleine Handwerker; einer war Schuhmacher im mittelbadischen Schwarzach, wie ich in seinem Gesellenbrief von 1808 lesen kann. Mein Großvater war durch und durch Freiburger. Jahrelang war er Messdiener bei Alban Stolz, einem heute wohl etwas zu Unrecht vergessenen Volksschriftsteller. Großvater war danach 50 Jahre lang Sakristan, Küster und Fremdenführer in einer Person, am Freiburger Münster. Er kannte das Münster in- und auswendig – er liebte und hütete es. Das Domkapitel, sein „Arbeitgeber", hatte ihm ein zweigeschossiges kleines Haus mit zusätzlich ausgebautem Dach am Münsterplatz 29 als Dienstwohnung zugewiesen. Dort verbrachte ich meine ersten Lebensjahre. Großvater Martin konnte vom Gehalt des Domkapitels – obwohl er ohne „Tarifvertrag" und ohne Möglichkeit zu Ferien durcharbeitete – nicht leben. Das Erdgeschoss des kleinen Hauses war seine Werkstatt, er war Schreiner und Tischler. Es roch angenehm nach gesägtem Holz und nach Leim. Ich lernte bei ihm Hobel und Hobelbank kennen. Für die „Bächle" am Freiburger Münsterplatz – meinem Spielplatz, es gab kaum andere Kinder da – zimmerte er mir Schiffchen und ein Wasserrad.

Wir hatten weder fließendes Wasser noch elektrisches Licht in diesem spätgotischen Haus, das seit dem 16. Jahrhundert den Namen „Zur Augenweide" trug. Immerhin war es an eine Gasleitung zum Kochen und auch zur Beleuchtung angeschlossen. Als ich im Januar 1929, einem sehr strengen Winter, geboren wurde, musste meine Mutter das Wasser an einem öffentlichen Brunnen vor der Münsterbauhütte in der Herrenstraße holen. Oder sie holte dort Eisbrocken, um sie auf dem Gasherd aufzutauen.

Als ich gehen konnte, nahm mich Großvater täglich mit in das Münster. Er machte mich auf die Fledermäuse aufmerksam, die zirpend das große Kirchenschiff durchflogen. Er zeigte mir die goldenen Altargeräte und die barocken Gewänder („Bassgeigen"), die damals üblich waren. Er stieg mit mir in einen der beiden romanischen „Hahnentürme" hinauf, in dem der „Münsterschatz" eingeschlossen war, und zeigte mir die Reliquiare. An die Kopfbüste des einen der beiden Stadtpatrone, Bischof Lambert von Lüttich, kann ich mich bis heute erinnern. Der andere Stadtpatron, ein Gerippe aus den römischen Katakomben, vom Papst zum Märtyrer erklärt und mit dem Namen Alexander versehen, obwohl man nicht weiß, ob es überhaupt der Rest eines Christen ist, ruhte in einem barocken Glasschrein, in kostbare Gewebe gehüllt, während des Jahres in einer Seitenkapelle des Münsters deponiert. An Fronleichnam wurden beide Stadtpatrone durch die reich dekorierten Altstadtstraßen getragen. Großvater ging, in Talar und Chorrock gekleidet, neben dem „Himmel", um dem Herrn Erzbischof, der die schwere Monstranz trug, zur Hand zu gehen. Großvater liebte und hütete das Münster, darum eben wollte er auch mir unaufdringlich die Liebe zu diesen gotischen Gewölben, Farbfenstern und Altären beibringen. Er wachte darüber, dass nichts, wofür er in der zweiten Hälfte des 19. Jahrhunderts die Verantwortung übernommen hatte, verändert wurde.

Nach dem zweiten Weltkrieg begann man mit Veränderungen. Das Münster war ja Jahrhunderte lang keine Bischofskirche gewesen; der Bischofssitz war Konstanz. Das Münster war eine Bürgerkirche und gehörte allen Freiburgern. Einige aus Holz geschnitzte Neuerungen verdankte man der Neugotik des 19. Jahrhunderts, nachdem das Münster Bischofskathedrale geworden war. Keiner der Erzbischöfe, die es seit 1827 gab, gilt im Rückblick als bedeutend, wie gewissenhaft sie auch immer ihre Sessel gehütet hatten. Einer, Eugen Seiterich, war überaus liebenswert gewesen, der einzige, der wirklich Theologe war, aber er konnte nur fünf Jahre Bischof sein, er starb 1958 im Alter von 55 Jahren. In der zweiten Hälfte des 20. Jahrhunderts verunzierte man das Münster mit monströsen Bronzebildnissen all dieser Leute, als müsse man für eine Ewigkeit ihrer gedenken. Der ebenso eitle wie menschenscheue Erzbischof Schäufele, ein typisches Produkt des römischen Konvikts „Germanicum", verpasste dem Münster eine überdimensionierte Orgel und ein zu großes Geläut, das die Freiburger ebenso ablehnten: man musste um den Münsterturm bangen.

Nach dem Konzil wurde der Altarraum umgestaltet, und jetzt, 2006, wollen traditionsvergessene Liturgen die beiden von den Freiburgern geliebten uralten Seitenaltäre, Anbetung der drei Könige und „Anna selbdritt", in den Chorumgang verbannen, die Altar-Plattform noch mehr vergrößern und mit einem Erzbischofs-Sitz versehen, mit einem neuen Altar sowie dem Lese- und Predigt-Ambo, alle drei Teile aus Granit (!) in dem Sandsteinbau des Münsters, damit sich die Hierarchie noch eindrucksvoller zur Schau stellen könnte. Im Mittelpunkt des Geschehens: nicht mehr die Altäre, sondern der Herr Erzbischof. Nach 180 Jahren soll das Münster „bischofstauglich" gemacht werden. Die Parole heißt: „Wir bauen das Münster weiter". Ich weiß, was Großvater dazu gesagt hätte.

Großvater Martin war in erster Ehe mit einer Frau verheiratet, die ihm den Sohn Aloys gebar. Dieser wurde Bäcker und Konditor; er wanderte 1922 nach USA aus. Dort kam er zu Reichtum. Er besaß mehrere Filialen und Autos in Baltimore. Jedes Jahr schickte er uns bis zum Beginn des Hitlerkrieges gegen Amerika einen seiner Fruit-Cakes; außerdem schenkte er uns einen Musikapparat, mit dem man gelochte Metallplatten abspielen konnte. Mit ihm begann jährlich unsere Weihnachtsfeier – vor der schönen, von Großvater gebastelten Krippe – mit „Adeste fideles".

Mir kamen die kaum getragenen Kleider seiner beiden Söhne Albert und Eric in den Jahren vor dem Krieg zugute, und zu meiner Priesterweihe schickte er mir 400 Dollars, damals 800 D-Mark, damit ich mir einen Kelch kaufen könnte. Ich habe mir dann allerdings ein gebrauchtes Motorrad gekauft, weil ich das nötiger hatte (für die tägliche Messe hatten Kirchen und Kapellen immer genug Kelche). Onkel Aloys war amerikanisch-katholisch geworden, er gehörte dem Orden der „Columbusritter" an. Er hatte bei seiner Auswanderung die in der Heimat angesammelten Ersparnisse meiner Mutter anvertraut. Ich besitze sie noch – ganze Bündel von Reichsmark-Scheinen. Mutter hatte das Geld auf der Bank immer in die jeweils geltenden Scheine umgetauscht. Er konnte es nie verstehen, dass sie in der Inflation der 20er Jahre jeden Wert verloren hatten, als ein Brot Milliarden oder Billionen kostete. 1964 ist er gestorben.

Meine Großmutter

Als Großvater Martins erste Frau gestorben war, fiel seine Trauer einer zierlichen Frau auf, die täglich das Münster besuchte. Sie hatte großes Mitleid mit ihm – und schließlich heirateten die beiden. Sie war meine Großmutter Emma Klotz, geborene Gampp, aus dem kleinen Dorf Eschbach bei Waldshut am Hochrhein, der Schweiz gegenüber. Ihr Vater war dort Lehrer und Organist. Er zog im Alter nach Freiburg. Zum Abschied meines Urgroßvaters vom Dorf im Jahr 1890 schrieb die dortige Zeitung:

14

„Eschbach, 17. Okt. Nächster Tage wird uns Herr Hauptlehrer Gampp verlassen, der 39 Jahre in unserer Gemeinde gewirkt hat. Er hat den Schuldienst dahier aufgegeben, um den Abend seines Lebens bei seinen Kindern in Freiburg zu verleben. Wenn wir ihm die wohlverdiente Ruhe auch gönnen, so sieht doch die ganze Gemeinde denselben ungern scheiden; denn der größere Theil hat bei ihm seine Schulbildung empfangen, und alle Einwohner verehren in ihm einen pflichteifrigen, wohlwollenden und charakterfesten Lehrer. Der Scheidende hat eine allgemeine Abschiedsfeier abgelehnt, deshalb versammelten sich am letzten Mittwoch der Ortsschulrath, die Bürgerkollegien und die Stiftungskommission im Schulhaus, um den Herrn Lehrer zu einer kleinen Abschiedsfeier im engen Kreise in den Gasthof zum ‚Ochsen' abzuholen. Daselbst hob Herr Pfarrverweser Saile die Verdienste des Gefeierten als Lehrer, Erzieher und Rathgeber der Gemeindeangehörigen gebührend hervor und betonte besonders die christliche Gesinnung, von welcher seine ganze Thätigkeit getragen war, und übergab ihm als Zeichen der Anerkennung und des Dankes eine Statue des hl. Joseph. Herr Bürgermeister Eckert dankte im Namen der Gemeinde für das segensreiche Wirken des Lehrers und überreichte eine Remuneration von 50 Mark. Tiefgerührt dankte Herr Lehrer Gampp und betonte, wie es ihm allezeit eine Freude gewesen sei, in Schule und Kirche nach Kräften zu wirken, er scheide jetzt, da sein Alter eine fernere Wirksamkeit ihm unmöglich mache, von seiner zweiten Heimath Eschbach, seine Liebe werde er derselben bewahren bis ans Ende. Möge Herr Lehrer Gampp noch recht lange die wohlverdiente Ruhe genießen!"

Einer unserer Vorfahren mütterlicherseits war Müller auf der stattlichen Mühle von Unteralpfen, die mit ihrem gewaltigen Staffelgiebel mit der Jahreszahl 1560 und dem riesigen Wasserrad bis heute erhalten ist und die in der Geschichte des südlichen Schwarzwalds eine große Rolle spielt. Einer unserer direkten Vorfahren ließ dort ein steinernes Kreuz setzen, auf dem man bis heute lesen kann: „Lieber Gott, alles hast Du mir gegeben – gib mir noch ein dankbares Herz". Diese Gegend des Schwarzwalds heißt „Hotzenwald". Die heimelige Sprache ist dem Schweizer Dialekt sehr verwandt. Die Frau des Lehrers Gampp, meine Urgroßmutter Justina, stammte von dieser Mühle. Ein Vetter meiner Großmutter hieß Josua Leander Gampp. Er studierte an der Kunstakademie in Karlsruhe, unter anderem bei dem „Schwarzwaldmaler" Hans Thoma, wo er später auch Professor wurde, und schuf vor allem kolorierte Holzschnitte. Er war ein unkirchlicher Naturmystiker. Seine kleinen Kalender, die ein Verlag jedes Jahr erfolgreich herausbrachte, habe ich bis zu ihrem Ende in den 80er Jahren sehr gern gehabt. Onkel Josua heiratete eine evangelische Frau, Anna Erika. Wir haben sie gemocht und einen regen Briefwechsel mit ihr geführt, aber wir konnten diese „Mischehe" doch nicht gut verstehen. Als ihr Sohn Caspar, evangelisch getauft, in den 30er Jahren in Hitlers SA eintrat, haben wir uns deswegen nicht sehr gewundert. So war die Mentalität damals.

Ich habe gute und schöne Erinnerungen an meine Großmutter mütterlicherseits. Als ich klein war, litt sie bereits sehr an ihrer Herzkrankheit, an der sie dann starb. Sie saß meistens in einem Sessel bei uns, und ich war gern bei ihr, vergrub mich in ihre bodenlangen schwarzen Kleider und Schürzen. Wenn ich Unfug anstellte, zum Beispiel mit einer Schere in ihre Schürze schnitt, nahm sie mich immer in Schutz. Im Dezember 1932 starb sie. Meine Mutter trauerte ganz außergewöhnlich um sie. Nachdem sie tot war, gingen wir bis zum Beginn des Krieges, sieben Jahre lang, Sonntag für Sonntag zu ihrem Grab auf dem Freiburger Hauptfriedhof. Vom Münsterplatz aus war das in einer Richtung ein Fußweg von 40 Minuten, aber vom späteren Heim aus konnten wir die Straßenbahn nehmen.

So wurde ich als Kind durchaus mit dem Tod vertraut, und zwar keineswegs in einer schockierenden Weise. Ich habe die Großmutter auf ihrem Totenbett gesehen, Sterbekreuz und Rosenkranz in Händen, ein Kreuz und zwei Kerzenleuchter auf dem Nachttisch. Und schon früher durfte ich mit Großvater zu dem im Dezember 1931 verstorbenen Erzbischof Carl Fritz in das „Erzbischöfliche Palais" am Münsterplatz gehen, wo der Leichnam im offenen Sarg aufgebahrt war. Ich durfte ihm Weihwasser geben. Ich erinnere mich gut an den Marmorfußboden und an die aufgestellten Lorbeerbäume. Meine Großeltern hatten einen Hausarzt, Dr. med. et phil. Bernhard Brendle, einen gebürtigen Basler, einen Grandseigneur der alten Schule. Er betreute meine Großeltern und später dann meine Mutter bis zu ihrem Tod. Verheiratet war er nicht, er war das Opfer einer Hausdame geworden, für die die Bezeichnung „Drache" angebracht war. Persönlich hatte er einen naiven Glauben. Er besaß eine gotische Madonnenstatue aus Holz. Bei Fliegeralarm legte er sie in sein Bett, damit sie die mit Antiquitäten reich ausgestattete Wohnung beschütze. Beim großen Angriff 1944 verbrannte sie samt der Wohnung. Er hat sich um die Gesundheit der Familie sehr verdient gemacht.

Großvater Martin und seine Frau Emma, meine Großmutter, sie hatten zwei Kinder, meine Mutter Maria und ihren jüngeren Bruder Josef. Meine Mutter liebte ihr jüngeres „Brüderle" sehr. Er muss ein lebenslustiger Bursche gewesen sein (so wie meine Mutter auch, die außer dem Zitherspiel und ihrem Singen auch gern ins Musiktheater ging). Er erlernte einen kaufmännischen Beruf und eröffnete in der Freiburger Gerberau ein eigenes Milch- und Buttergeschäft – aber er wurde 1914 zum Krieg eingezogen. Über seine Einstellung zu Krieg und Militär berichte ich später, denn sie haben mich durch die Erzählungen meiner Mutter sehr beeinflusst. Sein Tod in Nordfrankreich im Dezember 1914, in dem Ersten Weltkrieg, den der ihm aus Herzensgrund verhasste, größenwahnsinnige deutsche Kaiser vom Zaun gebrochen hatte, prägte meine Kindheit durch die ständig wiederholten Erinnerungen. Und die Erzählungen meiner Mutter, wie oft und wie intensiv sie im Freiburger Münster an der großen Marienstatue für das Leben ihres Bruders gebetet hatte, sie blieben beim Nachdenken über das Bittgebet lebendig in mir.

Übrigens war auch ein Freund meiner Mutter, den sie vielleicht geheiratet hätte, ebenfalls in diesem mörderischen Krieg gefallen. Ich habe meine Mutter heiter, fröhlich und gleichzeitig traurig erlebt. In den vielen Messen, die wir zusammen gefeiert haben, zumal in den Jahren, als mein Vater „in den Krieg" musste (1941–1945), hat sie viel geweint. Ich kehre zurück zum Großvater Martin. So etwas wie eine Siesta, ein Mittagsschläfchen, kannte er nicht. Er hatte ein Gefühl dafür entwickelt, wann das Münster ihn nicht direkt brauchte – denn es gab zwar damals, nach dem Ersten Weltkrieg, bereits Touristen, vor allem Engländer, die durch das Münster geführt werden wollten, aber keine Touristenhorden wie heute –, und solche Pausen nützte er aus, um mit mir über den „Karlsplatz" (in der Barockzeit militärischer Exerzierplatz) und durch den „Stadtgarten" mit seinen Blumenbeeten und kleinen Tiergehegen mit Dachsen, Fasanen und vielen Tauben auf den „Schlossberg" zu spazieren. Gewöhnlich war der „Kanonenplatz" das Ziel. Von dort aus konnte man die ganze Altstadt mit den Dächern, Türmen, vor allem mit dem Münster und den beiden Stadttoren überblicken, aber auch in das Dreisamtal in Richtung der Schwarzwaldberge schauen (wo wir später wohnen würden). So hat er in mir die Liebe zur Heimatstadt grundgelegt. Aber vor allem habe ich seine großen, warmen Schreinerhände in Erinnerung, die ich während dieser Gänge nicht losließ. Ich habe mich bei ihm völlig geborgen gefühlt.

Mit ihm stieg ich auch die vielen Stufen im Inneren des Turmes empor. Man kam zu der Wach- und Wohnstube des Türmers mit den Pechfackeln und Tute-Hörnern, mit denen er die Stadt auf eine drohende Feuersbrunst aufmerksam machen sollte. Dort oben war auch der Glockenstuhl mit der uralten „Hosanna", gegossen im Jahr 1258. Die Schläge zu jeder Viertelstunde oder das „Zusammenläuten" waren schaurig-schöne Erlebnisse. Das Münster war – und ist, trotz der Verunstaltungen – wirkliche Heimat für mich, ein Ort, an dem ich nie bleiben werde, von dem ich aber herkomme. Zu den Hochfesten wurde und wird der Hochaltar des Münsters mit dem „Silbernen Altar" aus der Barock- und Rokokozeit geschmückt, so auch am Ostermontag 1928, als meine Eltern vor dem Hochaltar von Domkapitular Schuldis getraut wurden und ein Kollege meines Vaters, Josef Bernauer, das Largo von Händel auf dem Cello spielte. Sie traten kurze Zeit danach eine Hochzeitsreise an, nach Nervi bei Genua, von wo sie aber bald wegen einer schweren Erkältung meiner Mutter zurückfahren mussten. Übrigens bin ich nicht in der Münsterpfarrei getauft worden. Meine Eltern wünschten die Entbindung beider Kinder durch den besten Gynäkologen, den Freiburg damals aufzuweisen hatte, den Professor Hegar, der in der Wilhelmstraße seine Privatklinik hatte, betreut von evangelischen Diakonissen. Sie lag im Bereich der katholischen Pfarrei St. Martin, und deren Kooperator (Kaplan) Eiermann taufte mich im Krankenhaus. Es war eine bare Selbstverständlichkeit, dass wir alle, die kleine Familie, Sonntag für Sonntag das Hochamt im Münster besuchten. Im Hochchor hatten wir unsere Plätze. Eines Sonntags, so erzählten mir meine Eltern, trat ich als Fünfjähriger in die Mitte des Chorgestühls und sagte: „Dominus vobiscum".

Alter Münsterplatz

Zu dem Glück meiner Kinderjahre gehörte der Freiburger Münsterplatz, und zwar die Nordseite, nicht die Südseite mit dem „Erzbischöflichen Palais", mit der Weinstube „Oberkirch" für die konservativen Honoratioren und dem „Historischen Kaufhaus". Auf der Nordseite war (und ist) der Bauernmarkt. Neben unserem kleinen Haus, in dem meine Eltern mit ihren zwei Kindern das Dachgeschoss bewohnten, war das „Dillengässle", das zur Herrenstraße – im Mittelalter „Pfaffengasse" – führte, in dem das „Bächle" mit dicken Holzbrettern, den „Dillen", bedeckt war, was beim Darüber-Rennen ein besonders schönes Geräusch verursachte. Neben dem „Dillengässle" stand das ehemalige mittelalterliche Waisenhaus, das nun dem Freiburger Domchor als „Probelokal" diente. Seine Gesänge sind mir mehr in Erinnerung als die krächzenden Geräusche der ersten Radios. Wir durften dort die Wäsche aufhängen.

Nach einem weiteren Gässle (Engelstrasse) mit den mittelalterlichen Pflastersteinen stand im rechten Winkel zu unserem kleinen Häuschen ein stattlicher Barockbau, an beiden Seiten mit großen Erkern flankiert, gelb-ocker verputzt (und nach der Kriegszerstörung durch einen unsäglich hässlichen Neubau ersetzt). Er beherbergte im unteren Geschoss die „Volksbibliothek" und im oberen Geschoss das „Stadtschulamt". Dort thronte in seinem herrschaftlichen Amtszimmer der Herr Oberstadtschulrat Wintermantel, Herr über alle Freiburger Schulen. Mit seinen freundlichen Augen, hinter der Brille hervorlugend, die Haare und der Schnurrbart weiß, flößte er mir Vertrauen ein – und er mochte mich. Wenn ich am Bächle spielte und er zum Fenster herausschaute, rief er mich, und ich brachte manchen Vormittag bei ihm und seiner Sekretärin zu. Sie repräsentierten eine gemütliche, menschenfreundliche Behörde, falls es so etwas überhaupt gibt.

Neben dem „Stadtschulamt" befand sich das Bettengeschäft Schleinzer. Auch mit dessen Inhabern stand ich auf gutem Fuß. Was mir aber bis heute lebhaft vor Augen ist: das Haus war von oben bis unten umrankt von Glyzinien, dem Blauregen. Die blaue Farbe der Blütentrauben war mir so sympathisch, dass ich in Altenberge auch zwei solcher Stöcke pflanzte.

Noch ein paar Schritte weiter stand das Gasthaus „Zum Rappen". Seine erste Etage mit einem großen Raum lag etwas unterhalb des Münsterplatz-Niveaus. Man konnte hinunterschauen. Da begab sich nun die schlimmste Missetat meiner Kindheit. In einem Sommer saß eine Runde älterer Herren, Zigarren schmauchend, vor ihrem Frühschoppen. Ich wollte ihnen eine Erfrischung verschaffen, füllte ein Eimerchen im Bächle mit Wasser und kippte es über diese Runde. Vor unseren Kellerfenstern waren große, hölzerne Fensterläden. Sie waren so hoch, dass ich mich dahinter verstecken konnte ... Die Erfrischung blieb folgenlos.

Eltern

Meine Eltern haben sich am Münsterplatz kennen gelernt, nämlich im Bankhaus Krebs, das noch bis Ende des 20. Jahrhunderts existierte. Meine Mutter hatte eine kaufmännische Ausbildung mitgemacht. Sie führte zunächst während des Ersten Weltkriegs das Geschäft ihres gefallenen Bruders Josef in der Gerberau weiter. Dort fielen französische Fliegerbomben, die Mutters jüdischem Nachbarn, Metzgermeister Mayer – er pflegte zu meiner Mutter zu sagen: „Knoblauch und Weihrauch vertragen sich gut" – ein Bein abschlugen und Mutters Geschäft beschädigten. Sie gab es auf. Danach arbeitete sie als „Bankbeamtin", wie man damals sagte, um ihre Eltern zu unterstützen, die vom Domkapitel nur einen Hungerlohn erhielten. Außerdem arbeitete sie engagiert im „Katholischen Kaufmännischen Verein Veritas" mit. Mein Vater nahm nach seinem glänzenden Abitur 1922 ein Studium an der Universität vor allem in Philosophie auf, bei dem ihn dann die Vorlesungen Heideggers besonders beeindruckten, aber auch er musste Geld verdienen, und so arbeitete er ebenfalls im Bankhaus Krebs, bis er zum Deutschen Caritasverband wechselte.

Beide Eltern waren überzeugte, „praktizierende" Katholiken. Mein Vater war mit religiösen Äußerungen zurückhaltend, während meine Mutter oft und gern vom Beten, von der Vorsehung Gottes und von den Heiligen sprach. Später erzählte sie mir, dass sie von meinen ersten Lebenstagen an (auch als ich noch nicht geboren war!) mit mir zu beten versuchte. Das kleine Gebetbüchlein trug den sentimentalen Titel „Betende Händlein in betender Hand". Trotz dieser selbstverständlichen Frömmigkeit oder wegen ihr existierte eine unterschwellige antiklerikale Stimmung bei meinen Eltern. Mein Vater hatte im Caritasverband seine eigenen Erfahrungen mit mehr oder weniger intelligenten Prälaten, und meine Mutter litt unter der Schäbigkeit des Domkapitels gegenüber meinem Großvater. Bei uns nannte man die Geistlichen nicht „Priester" oder „Pastor", man sprach einfach von „Pfarrern", und so pflegte sie zu sagen: „Man sollte die Pfarrer nur am Altar kennen".

In meinem Elternhaus verkehrten, bei Mutter und Vater berufsbedingt, unterschiedliche Priester. Zwei Dinge sind in meiner Erinnerung hängen geblieben. Diese Besucher gehörten zur innerkirchlichen Opposition gegen Erzbischof Conrad Gröber, der sich bei den Nazis – die auf dem Münsterplatz brüllend agitierten – angebiedert hatte; von da her ist mir die Redewendung „der braune Conrad" geläufig. Und eine andere Redensart, die ich aufschnappte (und einmal zum Ärger meines Vaters gegenüber einem Besucher altklug wiedergab – er drohte mir für den Wiederholungsfall Schläge an), lautete: „Hitler bedeutet Krieg".

Krieg

Hier gebe ich zwei Briefe aus dem Ersten Weltkrieg wieder, die ich besitze und aus denen mir meine Mutter schon früh vorlas.

Handgeschriebene Briefe von Onkel Josef (Bleistift, Sütterlinschrift, Orthographie beibehalten):
Lorgis b/ Neuchatel, d. 8. XI. 14.
Meine Lieben! Schön waren die Tage, welche ich dorten verbrachte & schlimmer als die heutigen können nicht gleich welche sein. Ihr könnt Euch keine Vorstellung machen von dem was hier vorgeht. Hier sind nichts als Trümmerstätten erinnernd an andere Zeiten. Jede Sekunde ist Mord, Mord & nochmals Mord Trumpf. Gewehrgeknatter den ganzen Tag & Nacht verbunden mit dem donnernden Getöse der Geschütze. Die Erde bebt; außer sich & mit jähem Schrecken & bitterem Verlangen wagt man sich kaum, an seine Lieben in der Heimat zu denken. Jeder von uns brütet vor sich hin, seiner letzten Minuten stets gedenkend, mit einem Wort: Unmenschlich. Jedem von uns ist der Mut so ziemlich gebrochen, sie haben alle genug. Gestern machten wir einen Sturmangriff gegen die Engländer bekamen von vornen, links & rechts Flankenfeuer, jedoch habe nichts abgekriegt. Auch eine Gabe Gottes! Betet soviel Ihr, meine Lieben, könnt, dass

dieser unheilvolle Krieg so rasch wie möglich sein Ende erreicht. Bei diesem Angriff haben wir in unserem Bataillon 100 Mann verloren. Neben mir fiel ein Kamerad, hat einen Schuss in den Kopf bekommen, dass ihm das Blut bei den Ohren, Augen, Mund & Nase in Strömen herausquoll. Es ist ein Wunder, wenn noch ein Mann davonkommt. Trauert hierüber nur; jedoch Hoffnung auf den Herrn unsern Gott! Es sollten dies alle Menschen mal mitmachen müssen, sie würden einen Begriff von einem Kriege bekommen & nicht so viel Hurra schreien. Ich denke eben gar nichts mehr, sondern habe stets Gott in meinen Gedanken, der mir hoffentlich nach seinem Willen helfen wird. Momentan liegen wir in dem Schützengraben, den Engländern gegenüber, die sehr gut schießen. So eine Hasenjagd, schon alles eher als menschlich. Bei Nacht unterhalten die Engländer gewöhnlich das Feuer, damit sie von uns ja auch jeden bekommen, welcher seinen Graben verlässt. Nur auf Gott vertraut! Euere Photographien betrachte ich mir jeden Tag & spreche als mit Euch, habt Ihr noch nie etwas davon vernommen? Was macht Ihr wohl, Ihr meine Lieben. Führt mir mein Geschäft, mein Alles, schön fort. Grüßt alle Leute von mir. Riegerts Franz habe ich noch nicht getroffen. Viele Grüße an die Familie Riegert & Lehmann. Ihr meine Lieben, liebs Mutterle, Väterchen, Mariechen seid recht herzlich gegrüßt von Eurem Josef Hoffentlich habt Ihr meine Karten & Briefe bekommen. Grüße an Onkel und Tante Anna. Gesundheit lässt zu wünschen übrig. Grüße an Schlageter & Nachbars. Schreibt mir recht oft 2. Komp. Infant. Regt 142 XIV Arm. Korps 29. Division 58. Inf. Brigade. Auch Grüße an Alois, Anna & Albertle. Von den mit mir eingerückten werden es noch 5 Mann sein. Gestern hatten wir viele Verluste, welche nicht nötig waren.

In den Schützengräben, den 12. XI. 14 *(Brief an die Geschwister meines Großvaters)*
Liebe Tante Bertha, Alexandrine, Kreszens & Pathe Ferdinand! Soeben mit Euch in Gedanken versunken & zurückdenkend vor 4 Wochen als ich mit Euch gesprochen, wäre ich

glücklich wenn ich jetzt auf einige Zeit von unserem Herrgott krank gemacht werden würde, damit ich Euch & meine lieben Eltern wieder sehen könnte, denn wo ich jetzt bin, möchte ich keinen Menschen auch nur eine Minute hinwünschen. Was hier vor sich geht ist alles weniger als menschlich. Den ganzen Tag sausen einem die Granaten über den Kopf nebst den unzähligen Flintenkugeln. Hier ist die Stätte des Todes & Verderbens, keine Minute vergeht, das nicht unzählige Menschen ihr Leben unschuldiger Weise lassen müssen. Die Dörfer & Städte sind fast zum Teil alle vernichtet. Es ist direkt himmelschreiend wie es bei uns aussieht. Die Toten liegen haufenweise herum. Ich möchte Euch bitten, betet so viel Ihr könnt, damit wir recht bald den Frieden wieder bekommen. Wir haben in unserer Kompagnie noch 80 Mann zur Zeit & werden mit Allen doch ungefähr 500 Mann gewesen sein. Letzten Samstag machten wir einen Sturmangriff, d. h. wir sind über ein Stück Feld gesprungen, gerade wie bei einer Hasenjagd wo die Treiber die Hasen alle nach einer Richtung jagen nur noch mit dem üblen Unterschied, dass wir von allen Seiten beschossen wurden, so sieht ungefähr die Sache aus. Unmenschlich! Wie geht es bei Euch. Hoffentlich besser als bei mir! Pflegt nur wie Ihr mir erzählt habt den Sakramenteempfang so weiter, damit unser Herrgott doch bald die Friedensfakel leuchten lassen möge. Ich bete auch den ganzen Tag & glaube bestimmt, dass mir der Herrgott aus diesem Grunde das Leben bis jetzt geschenkt hat. Wollen wir in der Hoffnung sein, dass er dies auch in Zukunft tun wird & wir uns glücklich auf dieser Erde begrüßen dürfen, sonst auf alle Fälle im Jenseits. Also wollen wir das Beste hoffen & ich möchte Euch inzwischen auch alle andern Verwandten herzlich grüßen Euer Josef Klotz.

Ich habe auch die zwei Briefe vor mir, in denen Eltern und Geschwistern der Tod von Josef Klotz mitgeteilt wurde *(handschriftlich Bleistift, Sütterlinschrift):*

Licoin, den 1.1.14 (!)
(ohne Anrede und Gruß)
Zu meinem tiefen Schmerz muss das Regiment mitteilen, dass
der Reservist Josef Klotz nicht mehr unter den Lebenden
weilt. Er starb treu seinem Fahneneid in mutiger Aufopfe-
rung des Lebens den Heldentod fürs Vaterland bei Angres
am 31.12.14. Er ist beerdigt in einem Massengrab bei Angres.
Hans Müller
Lt. u. Komp. Führer

Licoin, den 14.l.15
Frl. Marie Klotz Freiburg
Auf Ihren Brief vom 6.l.15 teile ich Ihnen mit, dass sich die
Todesanzeige Ihres lb. Bruders leider bestätigt. Durch Ein-
schlag einer Granate in ein Haus hat er mit noch 6 Kamera-
den am 31.12.14 den Heldentod gefunden. Eine spätere
Überführung der Leiche ist leider nicht möglich. Die hinter-
lassenen Sachen Ihres lb. Bruders wurden an die Kassenver-
waltung des l/142 übergeben und werden von dort aus den
Angehörigen zugestellt.
Soester
Hauptmann u. Komp. Führer

Das Wort „Krieg" ist bei mir von Kindheit an mit diesen Erzählungen verbunden. Meine Eltern waren überzeugte Pazifi-
sten, und ich bin es auch geworden. Das bedeutet für mich:
Sollte unsere Heimat von äußeren Feinden überfallen werden,
dann bleibt immer noch ein gewaltfreier Widerstand. Siegt er
auf längere Sicht nicht, indem das Böse durch das Gute über-
wunden wird, dann ist es allemal besser zu sterben als eine
Waffe in die Hand zu nehmen. Die Kirche hat sich in Patriotis-
mus verrannt – ich habe die Beispiele von Gröber bis Galen
vor Augen – und den Unfug des Fahneneids nach Kräften
unterstützt. Was hat Kapitel 13 des Römerbriefs nicht an Bö-
sem angerichtet und den Verbrechern von Kaiser Wilhelm bis
Hitler Kanonenfutter geliefert! Ich möchte meine Auffassung

natürlich nicht verallgemeinern. Aber nicht nur im Universitätsstudium, auch bei Adenauers Wiedererrichtung der Wehrmacht, bei dem westdeutschen Schrei nach Atomwaffen und beim Zweiten Vatikanischen Konzil und seiner Auseinandersetzung mit den Massenvernichtungswaffen habe ich wiederholt die theologischen Lehren vom gerechten Krieg und der erlaubten Notwehr gründlich studiert. Ich habe jedenfalls für mich persönlich für die Gewaltlosigkeit optiert. Einen Märtyrer der Gewaltlosigkeit kannte ich persönlich, Max Josef Metzger, Priester der Erzdiözese Freiburg. Seine Schwester wohnte in meiner Heimatpfarrei, wo er sie öfter besuchte. Als er im Gestapogefängnis war, entschuldigte sich Erzbischof Gröber in einem Brief an Hitler wegen Metzgers „Vaterlandsverrat" – um Metzger die Hinrichtung zu ersparen, die dann 1944 durch Enthauptung doch erfolgte. Noch 1956 erklärte Pius XII., der Christ habe kein Recht auf Kriegsdienstverweigerung (neun Jahre später hat das Konzil das Gegenteil erklärt). Ein anderes Vorbild des Pazifismus war für mich Pastor Martin Niemöller, den ich auch persönlich kennen lernen durfte. Ich sehe bis heute die stärkeren christlichen Argumente in den Aufrufen Jesu zu Gewaltlosigkeit und Feindesliebe (auch im Jesus-Wort an Petrus im Garten Gethsemani: „Stecke Dein Schwert in die Scheide. Denn alle, die zum Schwert greifen, werden durch das Schwert umkommen"; Mt 26,52).
Traurig und beklommen denke ich an die volkstümliche Gottesvorstellung, die auch in den Briefen meines Onkels Josef zum Ausdruck kommt, als ob Gott Krankheiten schicke und vor dem Tod durch menschliche Gewalttätigkeit bewahre.

2. Jugendzeit unter dunklen Wolken

In Freiburgs Osten, im Dreisamtal

Als Großvater Martins Kräfte spürbar nachließen, besonders eine Arthritis in den Knien ihn plagte, so dass er die vorgeschriebenen Kniebeugen im Münster nicht mehr zustande brachte, bot ihm das Domkapitel die Pensionierung an. Anfang 1934 zu „Dreikönig" stimmte er dem zu. Erzbischof Gröber schickte ihm zum Dank für 50-jährige treue Dienste eine Postkarte, die das bischöfliche Porträt und das Autogramm „+ Conrad" trug. Das kleine, aber schöne alte Haus am Münsterplatz musste verlassen werden.

Meine Eltern wünschten ein Wohnungseigentum. Damals, in Hitlers ersten Jahren, förderte dieser nach Kräften das Siedlungswesen. Im Osten Freiburgs, im Dreisamtal, Richtung Kirchzarten und Höllental, im Kranz der ersten Schwarzwaldberge, entstand eine neue Siedlung, das „Waldseeviertel". Dort, in der Neumattenstraße, bauten die Eltern kostengünstig die Hälfte eines Doppelhauses – die andere Hälfte gehörte einem Malermeister namens Otto Kunkler. Mit ihm und seiner Familie verstanden wir uns bestens. Ich möchte hier seinen Namen festhalten, weil er im Juli 1944 von der Gestapo verhaftet wurde. Er hatte, als sich am 20. Juli in einer Wirtschaft die Nachricht vom fehlgeschlagenen Attentat auf Hitler verbreitete, laut gesagt: „Schad, dass er nicht hin ist". Wegen einer ähnlichen Äußerung kam der Märtyrer Karl Leisner ins Konzentrationslager.

Unser Umzug vom Münsterplatz in das eigene Heim erfolgte im September 1934. Ich habe dort 34 Jahre gewohnt. Wir hatten die große Sorge, ob Großvater den Abschied von seinem Münster gut bestehen würde. Aber er schaffte ihn in großartiger Weise. Vom Schlafzimmer der Eltern aus konnte man die Spitze des Münsterturms sehen – aber er wollte davon keinen Gebrauch machen. Im Keller wurde ihm eine kleine Werkstatt mit Hobelbank eingerichtet. Er zimmerte unter anderem eine Eckbank für das Wohnzimmer, einen Schrank für den Keller, eine Gartenbank, eine Standleiter. Ich besuchte ihn oft als 6-, 8-, 10-Jähriger, nicht nur, um mit ihm Mühle zu spielen, sondern auch, weil es immer ein Gläschen Klosterlikör für mich gab. Die ersten Jahre ging er mit uns noch spazieren in den umliegenden Wäldern, aber seine Arthritis verschlimmerte sich. Er saß jeden Vormittag zufrieden vor dem großen Familienkreuz im Wohnzimmer, betete mehrere Rosenkränze und las in seinem Gebetbuch.

Das gab es damals, in der Nazi-Zeit, noch: Die Freiburger Tageszeitung „Tagespost" – nicht zu verwechseln mit der nach dem Krieg gegründeten rechtsgerichteten Zeitung „Deutsche Tagespost" – brachte am 22. November 1938 folgenden Artikel:

„Der frühere Münstersakristan Klotz 80 Jahre alt. Wer kannte ihn nicht, den unermüdlichen und pflichtgetreuen Münstersakristan, Herrn Martin Klotz! Schon von frühester Jugend an mit dem Münster aufs engste verbunden, während der Schulzeit als Messdiener und später als Sakristan, war er für viele Münsterbesucher gewissermaßen ein Stück des Münsters selbst geworden. Durch 50 lange Jahre hindurch (1885–1935) [hier irrte die Zeitung! es musste heißen: 1884–1934] hat er treu das Heiligtum unserer Stadt behütet und gepflegt, bis er in den wohlverdienten Ruhestand trat, den das Domkapitel mit Rücksicht auf sein fortgeschrittenes Alter und seine Gesundheit ihm anbot. Am 25. November feiert nun Herr Klotz in voller geistiger und körperlicher Frische seinen 80. Geburtstag. Möge ihm noch ein schöner und ruhiger Lebensabend beschieden sein im Kreise der heranwachsenden jungen Generation, für die er durch sein grundehrliches Wesen, seine vorbildliche Dienst- und Pflichtauffassung und seine große Liebe zur Heimat stets nachahmenswert bleiben wird".

28

Großvater Martin stirbt

Als Hitler 1939 den Krieg entfesselte und man eine Beschie-
ßung Freiburgs von jenseits des Rheins befürchten musste,
brachte meine Mutter ihn mit Hilfe des Prälaten Eckert – von
ihm später – einige Monate in einem kleinen Altersheim in
Hüfingen bei Donaueschingen in Sicherheit. Großvater teilte
unsere Sorgen um unseren zwangsweise zum Militär eingezo-
genen Vater, er betete täglich für ihn. Am 7. April 1943 be-
wahrheitete sich bei ihm das badische Sprichwort „Wie gelebt, so gestorben". Er segnete mit seinem Sterbekreuz die vier
Mitglieder der Familie, schlug bei „Jesus Dir leb ich" dreimal
kräftig an die Brust, dann ließ er die Hand sinken und war tot.
Eine Totenmesse hielt Dompfarrer Geis in Großvaters gelieb-
tem Münster. Die Totenrede stellte sein Sakristan-Kollege Geb-
hard Fuchs von Maria Hilf unter das Motto: „Martin Klotz, ein
Mann des Glaubens". Prälat Eckert schrieb folgende zwei hand-
schriftlichen Briefe per Feldpost an meinen Vater, die unsere
und seine Gefühle im Stil jener Zeit wiedergeben:

Freiburg, 4.4.43
Lieber Freund Vorgrimler!
Zunächst herzl. Dank für Ihren lieben Brief. Er hat mich recht
gefreut, wenn auch das, was ich zwischen den Zeilen lese,
nicht erfreulich ist. Ich bin eben gerade mit einem unserer
jungen Abitur-Soldaten gegangen, der kurzen Urlaub hat. Er
hat mir in allen Punkten ein Gleiches erzählt. Steht aber auch
so unerschütterlich und kerzengerade drin wie Sie. Und das
ist doch für uns daheim immer die Ermunterung, die beten-
den Hände nicht sinken zu lassen. Je weniger es sind, denen
diese Aufgabe ernst ist, umso mehr fühlen wir uns pflichtig.
Von daheim sind Sie gut orientiert. Es geht dem lieben Großvater nicht gut. Er ist sehr zurückgegangen. Ich habe ihn
gestern Abend versehen. Er hat alles ganz klar und schön
mitvollziehen können. Es war eine Stunde der Erbauung.
Heute Morgen habe ich ihn wieder besucht. Er ist recht
schwach, aber doch noch ganz dabei. Die Schwester wird

heute Nacht bei ihm bleiben. Frau und Kinder sind nicht nur sehr tapfer, sie wissen sich alle im letzten Scheine einer Kerze, die sich ganz für Gott und Seinen hl. Dienst verzehrt hat. Es geht wirklich ein Leuchten aus auch vom Abschluss dieses Gott gehörigen Lebens. So sind Sie alle stark und getragen von der Kraft, die dieses Leben so fruchtbar gemacht hat und ihm nun einen weihevollen Abschluss gibt. Wie lange dieses letzte Warten auf den kommenden Herrn sein wird, kann man nicht sagen. Wenn der Großvater aber seinen Martin noch herbeiholen darf, wird er es tun und auch den Lebensodem halten, bis er Sie nochmals gesehen. Es ist etwas ganz Schönes um ein Menschenleben, das so in der Sonne der Liebe und Güte ausreifen darf wie das des Großvaters. Sie, lieber Freund, haben wesentlich dazu beigetragen. Möge Gott Sie reichlich dafür lohnen. Während Sie draußen stehen, hat Ihre Familie schon Fürbitte dieser vorbildlichen Haltung zu ernten. Sie können ganz ruhig sein, der Großvater ist bestens besorgt und Ihre Familie weiß diese Zeit würdig mitzuleben.

Ihnen aber möge das Gebet des Kranken Gottes Schutz und baldige Heimkehr erwirken.

Mit Gruß und Segen
Ihr Eckert

Freiburg, 11.4.43
Grüß Gott lieber Freund!
Bis heute Abend habe ich noch auf Ihr persönliches Kommen gewartet. Nun darf ich mit der schriftlichen Übermittlung meiner Teilnahme nicht länger warten. Es geht mir ja eigentlich nicht um den Ausdruck einer Teilnahme. Das Wort ist da gar nicht am Platz. Es hat sich ja etwas überaus Befriedigendes und Beglückendes in Ihrem Hause zugetragen. Der Großvater hat in der Atmosphäre eines christlichen Heims, in der Sonne der Liebe und Güte seiner Angehörigen und in der Gnade Gottes sein Leben vollendet. Die Engel Gottes haben erstmals Ernte gehalten in Ihrem Haus und haben eine reife Frucht in voller Garbe in die ewigen Scheunen gebracht. Der

Diakon Tod hat nach tiefem Verneigen die geheiligte Seele aus dem Tabernakel des Leibes genommen und sie in das Sacrarium des Himmels getragen. Ich war verreist. Als ich nach Hause kam, hörte ich, dass Großvater im Sterben liege. Sofort ging ich hin. Unterwegs begegnete mir Herbert mit der Nachricht: Er ist gestorben. Ich ging sofort hin und fand den Toten so wie unsern Tabernakel, wenn ich am Gründonnerstag das Sanctissimum zum Seitenaltar getragen habe. In großer Ehrfurcht standen wir vor dem entseelten Leib, der wie seine Kerzen sich im heiligen Dienst verzehrt hatte. Ergriffen von der Nähe des Ewigen, das sich hier aufgetan, beteten wir: „Kommt herbei, ihr Heiligen Gottes; eilt ihm entgegen, ihr Engel Gottes." Niemand konnte weinen, auch Ihre Frau nicht. Wir alle mussten Ehrfurcht haben und danken. Heimgekehrt schaute ich das Messformular an, mit dem ich in der kommenden Frühe für den lieben Heimgegangenen zum Altar treten wollte. Da kam die größte Überraschung: Wir gingen zur Stationskirche des hl. Martin mit entzückend herrlichen liturg. Texten für diesen Gottesdienst. Der Introitus beginnt mit: „Freude dem Herzen, das suchet den Herrn" – und die Communio schließt: „O Gott, von meiner Jugend an warst Du mein Lehrer; bis in mein hohes Alter, Gott, verlass mich nicht." Solches Zusammentreffen ist nicht von ungefähr.

Da kann man nicht Beileid aussprechen; da können auch die Angehörigen nicht trauern wie so manche. Die Wunde, die der Tod geschlagen, ist schmerzlich. Aber Gott selbst tröstet mit Seinem: „Selig die Trauernden."

Ich war heute wieder bei Ihrer Familie; alle sind ganz gefasst. Morgen bringen wir den Leib in die geweihte Erde des Gottesackers, wissend und glaubend, dass wir ihn einmal verklärt wieder sehen werden.

Dass Sie bei diesem Heimgang nicht sein konnten, wird Ihr größter Schmerz sein. Aber der Heimgegangene ist bei Ihnen. Von seiner Fürbitte erwarten wir Ihre gute Heimkehr zu uns.

Gott befohlen

Ihr Eckert

In der Schule

Von da aus kehrt der Bericht acht Jahre zurück. In das Jahr 1935 fiel ein wichtiges Ereignis für mich: Ich kam in die Schule, damals Emil-Thoma-Volksschule genannt. An die Lehrer der ersten vier Klassen, die ich dort besuchte, erinnere ich mich sehr gut. Lehrer Kiefer war ein gutmütiger Opa. Den Unterricht begann er oft mit der Geige und dem Lied „Weißt Du wieviel Sternlein stehen?" Einmal hatte ich einen kleinen Konflikt mit ihm, weil ich bei Schulbeginn bereits die Zeitung lesen konnte und wahrscheinlich meine Langeweile zu deutlich zeigte. Aber ich mochte ihn sehr; seine Art half mir, mich vom Familien-Nest flügge zu machen. Bei den Jagdbomberangriffen im Februar 1945 wurde seine Frau verschüttet; sie wohnten in unserer Nähe. Wir freuten uns mit ihm über die Rettung. Ich stand mit ihm im Briefwechsel bis zu seinem Tod Jahrzehnte nach dem Krieg. Die Lehrerin der zweiten Klasse wollte mit „Fräulein Forster" angeredet werden. Sie war eine kleine, ältere Dame, am ganzen Körper gleichmäßig rund, daher tauften wir sie „Nilpferd". Aber wir mochten sie. Die Art, wie sie über das Beten sprach, hat mich sehr beeindruckt. Herr Neckermann in der nächsten Klasse war ein freundlicher, aber sachlicher Herr. Ich habe bei ihm viel in „Heimatkunde" über meine badische Heimat, Geographie und Geologie gelernt (das Buch „Schmiedledick" mit seinen vielen Erklärungen der Heimat liebte ich sehr). Für alle drei lege ich noch heute meine Hand ins Feuer, dass sie keine Spur von Nazis waren. Anders der Lehrer der vierten Klasse, Herr Lemmer. Ich weiß nicht, ob er in der Partei war. Er zählte sich zu den Religionslosen, die sich damals „Gottgläubige" nannten. Die Klasse hasste ihn, weil er die „Tatzen", die Schläge mit einem Stock zur Strafe auf die Innenflächen der Hände, mit einem Dreikant-Stock erledigte, was besonders schmerzte. Vor Weihnachten 1938 sollten wir einen „Weihnachtsbaum" zeichnen. Ich zeichnete unter den Christbaum in aller Unschuld eine Krippe. Er schrie mich an: „Wenn Du mir noch einmal mit einem solchen Judenstall kommst, kannst Du was erleben". Mir brockte er dann

eine so schlechte Note in Rechnen ein, dass ich eine Zusatz-
prüfung zur Aufnahme in das Gymnasium machen musste.

Heimat Kirche, so und so

Nun kehre ich zurück zum Jahr 1934. Ohne das Münster waren wir zunächst kirchlich heimatlos. Unsere Siedlung gehörte
zur Pfarrei Maria Hilf. Dort herrschte in einem herrschaftlichen Anwesen der seltsame Stadtpfarrer Karl Maria Hausch,
hochgewachsen, mit rötlichen Haaren und goldgerahmter Brille. Als die Pfarrei Maria Hilf wegen des Bevölkerungszuwach-
ses geschaffen wurde, erreichte er durch beharrliche Einwir-
kung auf die kirchliche Baubehörde, dass man von dem gewohnten neu-romanischen Baustil abging und die neue Pfarrkirche in Neo-Barock errichtete – wegen Geldmangels nur mit
einem Dachreiter statt mit zwei Türmen. Ebenso beharrlich
suchte Hausch Spender und vor allem schwerkranke Spende-
rinnen, die ihm die Ausstattung der Kirche mit Originalkunst-
werken und nachempfundenen Gemälden ermöglichten. Zu
den Kunstmalern, die er engagierte, gehörte der Vater des späteren Bischofs Hemmerle, Franz Valentin Hemmerle. Im Bild
des linken Seitenaltars hat er nicht nur seinen Sohn Klaus als
Jesusknaben in der heiligen Familie abgebildet, sondern auch
den heiligen Josef mit sechs Zehen gemalt. Hausch war bei
uns Kindern sehr unbeliebt. Er trug in seiner „Soutanelle",
dem für Priester in Deutschland damals vorgeschriebenen wil-
helminischen Bratenrock, rückwärts einen Rohrstock und zö-
gerte nicht, bei Disziplinschwierigkeiten Mädchen und Jungen über die Bank zu legen und kräftig zu schlagen. Das passte wenig zu der honigsüßen Art, mit der er zu lächeln und zu
reden pflegte. Meine Schwester und ich mussten wohl oder
übel den Erstbeicht- und den Erstkommunion-Unterricht bei
ihm absolvieren. Dabei erzählte er so grauenvolle Gruselge-
schichten, dass wir sie ihm bereits als Achtjährige nicht glaubten. Mein Vater hatte ähnlich sadistische Erfahrungen mit einem seiner Dorfpfarrer gemacht, der seine Schulkinder mit

einem glühenden Schüreisen zu strafen pflegte, so dass er unser Schimpfen über den Herrn Stadtpfarrer zustimmend ertrug. Wir suchten eine andere kirchliche Heimat.

Aber Hausch führte mich 1937 zur Erstkommunion in seiner Kirche und im gleichen Jahr zur Firmung durch Erzbischof Gröber im Freiburger Münster. An die kirchlichen Feiern erinnere ich mich nicht mehr, wohl aber an die Armbanduhr und an das Essen.

In unserem „Waldseeviertel" wohnte in einem kleinen Park der Diözesancaritasdirektor Alois Eckert (1887–1976). Meinem Vater war er von der gemeinsamen Arbeit her gut bekannt. Auch er bewohnte eine ehemalige Fabrikantenvilla, in deren Erdgeschoss der Kindergarten St. Carolus, von Erlenbader Franziskanerinnen betreut, lag. Es war auch die Station einer Ordens-Krankenschwester, die Hausbesuche machte. Eckert hatte sich eine kleine Hauskapelle eingerichtet, in der er Gottesdienste, Eucharistiefeiern und Andachten, im neuen liturgischen Stil abhielt. Auch Prozessionen und Krippenfeiern mit den Kindergartenkindern und ihren Angehörigen gehörten dazu. Eckert war mit Romano Guardini befreundet und ließ sich von dessen Liturgieverständnis inspirieren. In manchem nahm er die Liturgiereform des Zweiten Vatikanischen Konzils vorweg. Sonntags wurden Vesper und Komplet nach den Heftchen des Leipziger Oratoriums deutsch gesungen. Zu den Andachten an Herz-Jesu-Freitagen wurde das Gebetbuch von Hohenlind in Köln benützt. Erzbischof Gröber und Stadtpfarrer Hausch lehnten das alles vehement ab.

Aus dem neuen Stadtviertel erhielt Eckert so viel Zuspruch, dass er bei den Behörden hartnäckig um die Erlaubnis eines Kapellen-Neubaus ersuchte. Eine kleine Kapelle mit circa 60 Sitzplätzen wurde ihm genehmigt, sie wurde 1936 gebaut. Man konnte ein großes Fenster zum größten Zimmer des Kindergartens öffnen, so dass man Platz für etwa 100 Personen bekam. St. Carolus wurde unsere zweite kirchliche Heimat, nach dem Münster. Heimat ist etwas, das nicht bleibt.

Der Großvater Franz auf dem Land

Es ist Zeit, den andern Großvater zu erwähnen. In den 30er Jahren musste mein Vater sich mit dem Familien-Stammbaum beschäftigen, denn alle Institutionen, auch kirchliche und so auch die Caritas, mussten nachweisen, dass ihre Angestellten arischer, das heißt nichtjüdischer Abstammung waren. Wir hatten zu Hause bis in die 60er Jahre kein Telefon. So musste mein Vater zahlreiche Pfarrer anschreiben und, unter Hinweis auf den staatlichen Druck, um Auszüge aus den Kirchenbüchern bitten. Bis zum Dreißigjährigen Krieg kam man überall zurück. Das reichte sogar den Nazis. Väterlicherseits waren fast alle Vorfahren kleine Bauern. Einer machte im 18. Jahrhundert eine Ausnahme. Er stammte aus dem Unteribental im Schwarzwald, heiratete eine Frau aus St. Märgen und war Uhrenhändler. Diese Vertreter eines neuen „Industriezweigs" kamen damals weit herum, zu Fuß. Der genannte Vorfahr siedelte sich in dem kleinen Dörfchen Schmidhofen bei Staufen an. Die „Vorgrimler" waren, soweit man zurückforschen konnte, zunächst im Wiesental ansässig. Die „Wiese" ist das kleine Flüsschen, „des Feldbergs liebliche Tochter" (Johann Peter Hebel), das im hohen Schwarzwald entspringt und in Basel in den Rhein mündet. Offenbar in Folge der Verelendung nach dem Dreißigjährigen Krieg wanderten die Vorgrimler über die Berge beim Belchen in die Rheinebene westlich von Staufen. Dort wie im Wiesental war der gesamte Grundbestand Besitz des Benediktinerklosters St. Trudpert im Münstertal, und eine Möglichkeit zum Ortswechsel der Pächter war ja nur mit Zustimmung dieser hohen Obrigkeit möglich.
Der Name „Vorgrimler" enthält die Silbe grm (oder auch krm) = Händler, Krämer. „Vor" bedeutet: Händler vorne im Dorf. „Ler" meint: kleiner Krämer, im Ganzen also „Kleiner Krämer vorn im Dorf". Vater meinte, wenn wir je ein Wappen bräuchten, müsse eine Waage hinein, aber der Fall trat nie ein. Der Name wurde und wird oft verunstaltet, zum Teil die Folge von verständlichen Hörfehlern. Zum Beispiel wird er manchmal mit dem geläufigeren „Furtwängler" verwechselt. Eine Linie

der verzweigten Familie schreibt sich heute mit zwei m. Die schlimmste Variante leistete sich eine Saarbrücker Zeitung in der Ankündigung eines Vortrags, den ich dort Ende der 50er Jahre zu halten hatte: „Zertrümmler".

Die Vorgrimler siedelten sich in dem Dorf Tunsel, westlich von Staufen, nahe zum Rhein an. Der Dorfname ist keltischen Ursprungs; die beiden Belchengipfel östlich und westlich des Rheins, die man beide von Tunsel aus gut sehen kann, waren bedeutende keltische Kultstätten. In Tunsel hatten die Äbte von St. Trupert einen Pfarrhof errichtet; ihr Wappen ist dort heute noch zu sehen. Das Dorf hatte endlose Streitigkeiten mit dem Kloster wegen des Zehnten, den die Äbte unnachsichtig eintrieben. Sie dauerten bis ins 19. Jahrhundert, als man in der Folge der Säkularisation gegen das Kloster bzw. dessen Nachfolger prozessieren konnte. Die Vorgrimler beteiligten sich heftig an der Abwehr der unsozialen Ansprüche an die kleinen Bauern. Ich bewahre einige Dokumente davon auf.

So wie bei meinen männlichen Vorfahren von Mutters Seite der Vorname Martin häufig ist, so heißen viele meiner Vorgrimler-Vorfahren Franz. Die Familie meines Großvaters Franz Vorgrimler konnte bereits nicht mehr von den landwirtschaftlichen Einkünften leben. Der Großvater bewarb sich bei der Deutschen Reichsbahn um eine Arbeit in der Nähe von Tunsel. Er wurde angenommen als Streckenwärter und bekam ein winzig kleines Haus in Tunsel in dem Stil, wie es überall entlang der Bahn üblich war, zugewiesen. Dort war mein Vater Martin zu Hause, dort starb 1926 meine Großmutter Rosa, die ich nicht kennen gelernt habe, noch keine 50 Jahre alt. Meine Großmutter stammte von einem kleinen Bauernhof in Schmidhofen, zwischen Tunsel und Staufen gelegen. Dort wohnten ihre zwei ledigen Schwestern. Als meinem Großvater die Arbeit bei der Bahn zu beschwerlich wurde und er ins Pensionsalter kam, zog er dorthin, nach Schmidhofen, und war nur noch ein kleiner „Landwirt" mit einem Pferd und vier Kühen, vier Schweinen und einem Dutzend Hühner.

Die religiöse Welt meiner bäuerlichen Vorfahren war absonderlich. Alle waren katholisch, alle gingen sonntags zur Mes-

se, aber kaum jemand kommunizierte außer nach der Oster-
beicht, die gegenüber dem Pfarrer mit einem eigenen Beicht-
zettel nachgewiesen werden musste, alle hielten Maiandacht
und Rosenkranz in Ehren, alle leierten vor und nach Tisch
endlose Gebete herunter, alle schimpften auf die Pfarrer. Mit
dem evangelischen Nachbardorf Wettelbrunn verkehrten sie
jedoch nicht. Und sie waren abergläubisch. Großvater stellte
nachts ein Näpfchen mit Milch in den Kuhstall, damit das
„Nachtschrättele", ein kleiner böser Geist, den Kühen nicht
schadete. In der kleinen barocken Kapelle in Schmidhofen, die
er betreute, glaubte er nachts die Füße seiner Vorfahren zu
hören. Eines seiner Kinder hieß Margretle. Als es wenige Wochen alt war, saß eines Tages eine Katze auf seinem Bettchen.
Großvater warf ein Holzscheit nach ihr und traf sie am Bein.
Seither hinkte die Nachbarin, die „Roberti". Großvater war
davon überzeugt, dass sie die Hexe war. Das Margretle starb
bald danach (1910), es war noch kein Jahr alt. Wir besuchten
mit meinem Vater das Grab jedes Mal, wenn wir in Tunsel
waren.
Vater hatte zwei jüngere Geschwister. Ludwig wurde Ingenieur
und bekam eine hervorragende Stelle als Konstrukteur bei der
Rüstungsfirma Mauser in Oberndorf am Neckar. Dort entwik-
kelte er eine Pistole für die Wehrmacht. Er war kein Nazi, aber
ein Waffennarr, wertfrei, ohne darüber nachzudenken, was mit
den Waffen angerichtet wird. Als es mit der Hitlerei zu Ende
ging, setzte er sich rechtzeitig nach Spanien ab. Er konstruier-
te nun Waffen für den katholischen Diktator Franco. 1952
besuchte ich ihn in Madrid. Er verschaffte mir zum ersten Mal
in meinem Leben das Erlebnis eines Stierkampfs, in Wirklichkeit eine Sequenz von sechs Stierkämpfen. Der Interpretation,
es handle sich um das Symbol des Kampfes zwischen dem
hohen sittlichen Ethos und der rohen Sinnlichkeit, vermochte
ich nicht zu folgen. Zu meinen eindringlichsten Erlebnissen
gehört das Schicksal seines Sohnes Klaus (1941–1992), meines Vetters. Er war ein wilder und wagemutiger Bursche, ein
exzellenter Jazztrompeter. Bei der Bundeswehr wurde er Dü-
senjägerpilot. Später promovierte er; er bekam einen hohen

Posten in der rheinischen Braunkohlenindustrie. Er heiratete eine hellblonde Maid aus Rothenburg ob der Tauber – zum Leidwesen seiner Mutter, einer bigotten Schwäbin, war sie evangelisch, und sie heirateten evangelisch und ließen ihre Kinder evangelisch taufen. Sie bekamen zunächst eine Tochter Kathrin und danach einen Sohn Martin. Als Kathrin 13-jährig an einem Nierenkrebs gestorben war, sagte die fromme Schwäbin zu Klaus am offenen Grab: „Das ist die Strafe Gottes für die evangelische Hochzeit". Der Bruch wurde nie repariert, aber Klaus litt an all dem, auch noch, nachdem eine kleine Tochter Barbara geboren wurde. Er wurde krank. Ich habe die gute Beziehung zu ihm nicht abgebrochen. Beim letzten Anruf sagte er zu mir, kurz vor seinem Tod: „Wenn ich tot bin, sag doch bitte niemand, ich sei alkoholkrank gewesen. Ich habe mich absichtlich zu Tod gesoffen".

Die Schwester meines Vaters hieß Rosa. Sie hätte gern einen angesehenen Beruf gehabt, aber sie musste meinem Großvater und seiner ledigen Schwägerin Anna Ruf, meiner Taufpatin (der Pate war Onkel Aloys in USA) den Haushalt führen und in der Landwirtschaft helfen. Die Männer waren ihr Problem. Im Krieg wurde ihnen ein französischer Kriegsgefangener als Hilfe zugeteilt – Nahrungsmittelproduktion war ja kriegswichtig. Edmond aus der Normandie bekam entgegen den Vorschriften vollen Familienanschluss, er wohnte zusammen mit den andern und hatte ein eigenes kleines Zimmer. Ich habe mich gern mit ihm unterhalten; er hat mir Text und Melodie der Marseillaise beigebracht. Und Tante Rosa hat ihn „herumgekriegt". Sofort nach Kriegsende beeilte er sich, zu seiner Familie zurückzukommen. Tante Rosas Briefe beantwortete er nicht. Nach einem arbeitsreichen Leben als Bäuerin verbrachte sie ihr Alter in einem Pflegeheim; sie wurde 95 Jahre alt.

Großvater Franz besuchte uns oft in Freiburg. Er hatte vieles mit meinem Vater zu besprechen. Er fühlte sich um eine gerechte Rente betrogen und führte deshalb einen Papierkrieg. Mit den Nazi-Behörden stritt er wegen der „Feldbereinigung", durch die Flurstücke zwangsweise zusammengelegt wurden, wobei er meinte, die besseren Äcker verloren zu haben. Außerdem hasste er sie, weil sie ihm die „Amerikaner", Trauben, die einen guten Rotwein lieferten, aus ideologischen Gründen verboten hatten. Er rächte sich, indem er „schwarz" Schnaps brannte und „schwarz" schlachtete. Uns Kindern war er ein liebevoller Großvater, und so fuhren wir mit Freuden an Ostern und Weihnachten und in der Sommerzeit zu ihm, zu Tante Rosa und zur Patin Anna. Ich konnte ihm ein wenig bei der Ernte helfen, und anhand der Kälbchen, Kätzchen und Küken lernte ich rechtzeitig, woher die Kinder kommen. Mein Vater hatte einen Führerschein; für die Ausflüge nach Schmidhofen lieh er mehrfach einen Opel P 4, den man mit einer Kurbel anlassen musste, was manchmal auch gelang. Spannender war die Fahrt mit dem Zug, denn man konnte dem Heizer zuschauen, wie er die Feuerung der Lokomotive mit Kohlen fütterte. Von Schmidhofen aus ließen sich die Rauchfahnen der Züge von denen der Schiffe auf dem Rhein unterscheiden.

Nach dem Tod des Großvaters Franz im Jahr 1941, mein Vater war zwangsweise beim Militär, setzte meine Mutter die guten Beziehungen zu den beiden Frauen in Schmidhofen fort, und das war für beide Seiten von Vorteil. Als es für die Bauern nirgendwo mehr Ferkel für die Aufzucht zu kaufen gab, kundschaftete meine Mutter aus, dass man in St. Peter im Schwarzwald verbotenerweise Ferkel kaufen konnte. Mit einem kleinen Leiterwagen gingen sie und ich dort hinauf, 10 km von zu Hause, und bei Nacht mit quiekenden Ferkeln zurück und nochmals 18 km bis Schmidhofen. Als gegen Kriegsende das Gemüse in der Stadt rar wurde, fuhr ich mit dem Fahrrad zu Tante Rosa und brachte das Gewünschte, dazu Butter und Speck nach Hause. „Hamstern" nannte man das. Einmal kam ich dabei in direkte Kriegsberührung. Ich fuhr schwer bepackt bei Schallstadt zurück und geriet in eine Kolonne deutscher Militärlastwagen. Plötzlich stürzten sich zwei amerikanische Jagdbomber schießend auf diese Kolonne – zum Glück konnte ich mich in einem tiefen Graben in Deckung bringen. Auch die Kartoffeln brachte ich noch heim.

Wir hatten im Keller ein Fässchen aus Eichenholz. Solang es Schmidhofen gab, war es mit Wein von der im „Markgräfler

Land" so beliebten Sorte Gutedel gefüllt. Wenn ich zusammen mit Mutter das geliebte Vesper einnehmen konnte, morgens um 11 Uhr, dann gab es auch für mich neben dem Speckbrot ein kleines Glas Gutedel.

Besonders an den Sommertagen war es in der Rheinebene glühend heiß. Man wurde von den großen Rheinschnaken und von den „Bremsen" bedrängt, besonders in der Nähe der Kühe. Von dem zum Greifen nahen Belchen kam kein kühles Lüftchen. Wenn ich etliche Säcke mit Korn auf den Boden geschleppt hatte, war ich ehrlich geschafft. Und dennoch scheint mir, dass es glückliche Tage in Schmidhofen waren. Als die Schwäbin, Onkel Ludwigs böse Frau, der Tante Rosa Haus und Hof für einen Spottpreis abgeluchst hatte, das war in den 70er Jahren, da war es mit dem Leben auf dem Lande vorbei.

Nachbarn in Freiburg

Zurück in die Freiburger Neumattenstraße, in der wir von 1934 an wohnten. In Nr. 3 lebte in einer winzigen Dachwohnung Frau Antonie Wiegelmesser. Sie war die letzte Sekretärin von Rudolf Steiner gewesen, dem Gründer der Anthroposophie, und selber zutiefst von der Anthroposophie überzeugt. Sie versuchte, uns Kinder anzusprechen und uns die Schätze ihres Lebens zu vermitteln. In einer Vitrine hatte sie eine Sammlung wunderschöner Edel- und Halbedelsteine. Sie erklärte meiner Schwester und mir die einzelnen Bedeutungen und schenkte uns einen riesigen Amethysten und einen Bergkristall. Außerdem hielt sie uns an, mit Farben zu malen und nicht nur zu zeichnen. So wollte sie uns die anthroposophische Lebensphilosophie beibringen, die Ehrfurcht vor allem Lebenden und Gewachsenen. Von Steiners Religion, einer eigenwilligen Bibelexegese und ausgewählten Elementen aus dem Buddhismus, sprach sie nie. Sie überzeugte unsere Mutter, uns jeden Tag Kalknährsalz zu verabreichen – und tatsächlich mussten wir viel weniger zum Zahnarzt gehen als andere. Als der Krieg zu uns in die Nähe kam, verloren wir sie

aus den Augen. Zu spät erfuhren wir, dass sie im Winter 1945/
46 verhungert war. Sie hatte keine „Beziehungen". Mit Sigrid
Loersch als Patientin war ich 1995 in der Lukasklinik im
Schweizerischen Arlesheim, einer anthroposophischen Krebs-
klinik. Dort erinnerte mich alles an Antonie Wiegelmesser,
Farben und Steine. Das tägliche Tischgebet lautete:

Brot vom Korn
Korn vom Licht
Licht von Gottes Angesicht.

Es gibt sehr vieles, was mich mit Anthroposophen verbindet.
Heinrich Böll war dort auch Patient gewesen und hatte der
Klinik einen schönen Brunnen gestiftet.
Und wieder in die Neumattenstraße: Schräg gegenüber von
unserer Nr. 11 wohnte in einer Doppelhaushälfte die Familie
Steidle. Herr Lothar war, nach erfolglosen Jahren in Argenti-
nien, wo er sich „Lotario" nannte, Korrektor bei Herder. Seine
Frau Euphrosyne war zwei Köpfe größer als er. Steidles halfen
mir das zu verstehen, was man mit „Pantoffelheld" meint. Die
Kinder Melanie und Waldemar durften unserem Spielen nur
vom Gartentor aus zuschauen. Waldemar, gleich alt wie ich,
sollte nach dem Willen seiner Mutter Priester werden. Ein Versuch bei den Weißen Vätern misslang. Er bekam, Jahre nach
dem Krieg, eine kleine Stelle beim Erzbischöflichen Ordinariat, stürzte sich aber leider dort aus dem Fenster.
Neben Steidles wohnten Rubys. Auch bei ihnen hatte die Ehe-
frau die Hosen an. Sie war Oblatin von Maria Laach und ver-
kündete, wer auch immer es hören wollte, sie wolle als Kinder
zwölf Apostel bekommen. So stand und steht auch in Stein
über ihrer Haustür: „Haus Kinderglück". Sie bekamen tatsächlich zwölf Kinder, aber zu ihrem Leidwesen waren drei Mädchen darunter (Maria war nach dem Krieg in meiner Klasse im
Gymnasium). Mit den zwei jüngsten Kindern, Maria und Rudolf, konnten wir gut spielen. Von den neun Jungen schlugen
sechs mit einem gewissen Nachdruck seitens der Mutter den
geistlichen Weg ein. Leider fielen drei im Krieg. Karl, Josef
und Franz wirkten an unterschiedlichen Orten als Priester. Das

Kinderzimmer der Jungen im Dachgeschoss sah aus wie eine Kasernenstube: vollgestellt mit Etagenbetten. Frau Ruby nahm Theologiestudenten in Pension, die ihr „externes Jahr" in Freiburg verbrachten. So lernten wir Karl Leisner, den Seligen des Münsterlandes, der seine Gitarre in die Carolus-Kapelle mitbrachte, und „Hein" Janssen, später Bischof in Hildesheim, kennen. Auch Heinrich Mussinghoff, heute Bischof in Aachen, gehörte nach dem Krieg zu diesen Studenten. Als der NS-Frauenbund Frau Ruby das Mutterehrenkreuz anbot, lehnte sie entrüstet ab. Ihr Mann schenkte ihr ein christliches Kreuz, das später Brustkreuz des Bischofs Janssen wurde. Mit dem Sohn Rudolf, der wie alle Rubysöhne schnelles Fahren liebte, war ich nach dem „Wirtschaftswunder" mehrfach in Chevetogne, wo wir ostkirchliche Gesänge für seine Schallplattenfirma „Harmonia Mundi" aufnahmen, und in Paris bei der französischen Abteilung dieser Firma, wo wir bei einem Abbé De Nys Gespräche führten. Mit Rudolf Ruby brachte ich auch Karl Rahner in Verbindung. In Rudolfs Porsche fuhren wir, ich auf dem Rücksitz etwas beengt, zu dritt auf den Schauinsland, um Rahners Plattenaufnahmen zu besprechen. Leider machten die Rubys die Veränderungen in der Kirche durch das Konzil, zum Beispiel die „Äquidistanz" zu politischen Parteien oder das Bekenntnis zur Kriegsdienstverweigerung nicht mit. Sie blieben konservative CDU-Anhänger, lasen nur die entsprechenden Blätter und konnten sich mit meiner Auffassung von Welt und Kirche nicht anfreunden.

Wir wohnten, wie gesagt, in der Doppelhaushälfte Nr. 11. In der benachbarten Doppelhaushälfte, Nr. 9, wohnte Herr Haas mit Frau, Tochter Ruth und einer Schwägerin. Haas war einer der Lehrer, die mit dem Beruf auf dem Dorf nicht zufrieden waren und sich vom „Dritten Reich" Beförderung versprachen. So kam er als Parteigenosse in die Stadt. Als wir ihn nachbarlich kennen lernten, trug er nur noch braune Uniform mit braunen Reitstiefeln und Schirmmütze, unter der Nase ein kleines schwarzes Bürstchen wie sein geliebter Führer. Er war Ortsgruppenleiter der Ortsgruppe Waldsee der Nazipartei. Wenn ich ihm morgens begegnete und grüßte „Guten Morgen, Herr

Haas", kam es immer zurück „Heil Hitler, Herbert". Ruth war ein kleines bisschen älter als ich, groß gewachsen, mit hellblonden Zöpfen, eine echt „arisch-nordische" Schönheit. Ich war durchaus verliebt in sie, aber sie erklärte mir, mit einem Messdiener wolle sie nichts zu tun haben. Ja, ich war mehr als 10 Jahre lang Messdiener, aber darüber später. Zurück zur Familie Haas. Als nach Kriegsende französische Soldaten sich nach Nazis erkundigten, zeigte Nachbar Steidle, der eine argentinische Fahne gehisst hatte, auf Haasens Haus (sie waren geflüchtet; die Schwägerin stammte aus Messkirch). Die Soldaten besetzten das Haus, warfen kistenweise Waffen aus den Zimmern auf die Straße, demolierten Bilder, Möbel und Geschirr. Die Familie Haas wurde nicht mehr gesehen.

Schwarzwald

Aus diesen Jugendjahren ist noch etwas zu ergänzen. Meine Mutter war schon vor ihrer Hochzeit sehr befreundet mit einem Fabrikantenehepaar aus Häusern bei St. Blasien im Schwarzwald. Die Gattin hieß Mathilde, der Gatte Josef Behringer. Sie bestanden darauf, dass sie bei uns Kindern Tante Mathilde und Onkel Josef waren. Onkel Josef war einer der ersten Autobesitzer noch vor dem Ersten Weltkrieg; er war bei der Hochzeit meiner Eltern Trauzeuge. Eine Schwester der Tante Mathilde war mit unserem Metzger, Reichenbach in der Freiburger Herrenstraße, verheiratet. (Übrigens: An Reichenbachs Sohn kamen uns die eugenischen Untaten der Nazis zum Bewusstsein. Er war in einen Kessel mit kochender Wurstbrühe gefallen. Die Genesung dauerte lang. In der Klinik wurde er zwangssterilisiert, da zu befürchten war, dass er keinen „erbgesunden" Nachwuchs bekäme.)
Die „unechten" Verwandten beschenkten uns Kinder reich, und Onkel Josef, der (leider) eine Jagd gepachtet hatte, brachte oft einen Rehbraten nach Freiburg. Mutter hatte in Folge der Entbehrungen des Ersten Weltkriegs Heu-Asthma bekommen, eine bösartige Variante des Heuschnupfens. Unser Haus-

arzt konnte herausfinden, dass das Asthma von der Blüte einer bestimmten Gräserart herkam. Eine Hilfe war ein Ortswechsel: auf die Höhe ziehen, wenn diese Gräser in der Ebene blühten. Tante Mathilde war sofort hilfsbereit. Meine Mutter, meine Schwester und ich waren mehrfach bei Behringers in der Sommerzeit in Häusern, in etwa 1000 Metern Höhe. Es waren unbeschwerte, naturverbundene Ferien. Seither liebe ich besonders den südlichen Schwarzwald: die Abwechslung von Tälern und Höhen, Tannenwäldern und Wiesen, mit seinen die Äste bis zum Boden schwingenden Tannen (ich weiß, es sind botanisch gesehen Fichten), mit den moosüberzogenen Granitsteinen, den Heidelbeerbüschen, mit den Düften, im Sommer nach Heu und Himbeeren, im Winter nach Holzfeuern. Mit den Blicken in die Tiefe, zur Rheinebene, nach Freiburg, und in die Ferne, zu den schneebedeckten Schweizer Alpen und zu den Vogesen. Mit seinen Barockkirchen, St. Peter an erster Stelle, steingewordene Musik.

Warum dann „Jugend unter dunklen Wolken"?

Wir hielten als kleine Familie, so gut es ging, unsere vermeintlich heile Welt aufrecht. Ein fester Halt waren die Gottesdienste und andere Veranstaltungen bei Prälat Alois Eckert in St. Carolus, wo meine Eltern ebenso wie Familie Ruby und Familie Buchgeister zum „harten Kern" gehörten. In den 30er Jahren, 1935–1939, hielt Eckert mit seinen Bemühungen um Ministranten, hielten die Franziskanerinnen mit den „Mittwochskindern" einfach ein „Gegengewicht" zur Staatsjugend aufrecht. Von Seiten des Staates oder der Partei wurden wir in unserem Leben in dieser „Altargemeinde" (eine Pfarrei war es ja nicht) nicht bedroht. Wir – unsere Familien, einzelne Personen ausgenommen – waren kein Teil des Widerstands gegen die Hitlerei. Weder die Kraft noch die Möglichkeiten zu einem echten Widerstand waren vorhanden. Wir wollten mit „denen" nichts zu tun haben und duckten uns einfach weg. Wir hatten eine sehr egozentrische Angst vor dem Martyrium.

Es gab Möglichkeiten zu dieser oder jener Verweigerung. Im Krieg spielte Reinhold Schneider, als katholischer Dichter von Eckert schon jahrelang sehr verehrt, eine wichtige Rolle in der kleinen „Altargemeinde", wie Eckert immer sagte. Er half Schneider über die Jahre kümmerlicher Existenz; er erhielt, auf primitivem Papier vervielfältigt, Schneiders Sonette, er interpretierte sie in den Predigten. Vor mir liegt ein vergilbtes Heft im DIN-A-5-Format. Es enthält 39 Sonette Schneiders, vervielfältigt und an die „Kriegspfarrer und Wehrmachtseelsorger" 1942 zur Verteilung an die Soldaten verschickt von der „Kirchlichen Kriegshilfe" im Deutschen Caritasverband. Darin findet sich das Schneider-Sonett, das zum klassischen katholischen Widerstands-Lied wurde:

„Allein den Betern kann es noch gelingen,
Das Schwert ob unsern Häuptern aufzuhalten
Und diese Welt den richtenden Gewalten
Durch ein geheiligt Leben abzuringen.

Denn Täter werden nie den Himmel zwingen:
Was sie vereinen, wird sich wieder spalten,
Was sie erneuern, über Nacht veralten,
Und was sie stiften, Not und Unheil bringen.

Jetzt ist die Zeit, da sich das Heil verbirgt,
Und Menschenhochmut auf dem Markte feiert,
Indes im Dom die Beter sich verhüllen,

Bis Gott aus unsern Opfern Segen wirkt,
Und in den Tiefen, die kein Aug entschleiert,
Die trocknen Brunnen sich mit Leben füllen."

Eckert war über die Schwierigkeiten christlicher Existenz inmitten der Nazi-Ideologie auf dem Laufenden. Heinrich Höfler, auch aus der Carolus-Gemeinde, kam ins Gestapo-Gefängnis nach Berlin-Moabit. Er hatte in der Caritas die „KiKriHi" geleitet, die „kirchliche Kriegs-Hilfe", die an die Soldaten subversive christlich-fromme Literatur schickte. Gertrud Luckner, die mit meinem Vater zusammengearbeitet hatte, nahm sich der Juden an und kam ins Konzentrationslager. Ebenso kam Heinrich Auer, der Bibliothekar der Caritas, ins Konzentrationslager. Er hatte sich an all diesen kirchlichen „Hilfsmaßnahmen" beteiligt. Heinz Bollinger, ein aktives Mitglied der „Altargemeinde", Universitätsassistent der Philosophie, Mitarbeiter der „Weißen Rose" in München, wurde ins Konzentrationslager eingeliefert. Andere Gemeindemitglieder kamen an die Front, verwundet ins Lazarett oder in Gefangenschaft. Eckert betete unverschlüsselt für alle diese in der Messe, nicht selten unter Tränen – und wir „Hitlerjungen" waren über die Situation informiert.

Aber in einer heute unbegreiflichen Weise waren wir „immunisiert". Wir fanden die christlichen Schicksale schrecklich, dachten aber, die Verfolgten hätten wohl doch zuviel riskiert. Wir wussten von der Existenz von Konzentrationslagern; schon 1935 war in der Zeitung zu lesen, wie viele aufsässige Elemente wieder nach Dachau gebracht worden waren (ich besitze noch solche Zeitungsexemplare). Wir hielten uns aber für klüger. Wir trauerten um die uns bekannten Juden, die nicht mehr – im Unterschied zu anderen, so die Carolus-Familie Edelstein, die nach Island emigrierte – ins Ausland fliehen konnten, zum Teil mit gefälschten vatikanischen Pässen, aber wir juxten trotzdem in der Schulklasse: „Pass auf, sonst wirst Du RIF". „RIF" stand auf der schrecklichen, grauen Seife, die es nur noch zu kaufen gab; „Reine Industrie-Fertigung", aber wir verstanden es im Spaß als „Reines Juden-Fett". Alle hatten wir irgend etwas gewusst, gar nicht mitgemacht, aber wir waren weggeduckt.

St. Carolus

Als wir, die neu zugezogene Familie Vorgrimler, den ersten Kontakt zu Eckerts „Altargemeinde" bekamen, wurde meine Schwester Maria in den Kindergarten St. Carolus aufgenommen. Ich war 1935 in die „Volksschule" gekommen. Für solche neu eingeschulten, aber mit dem Kindergarten verbundenen Kinder gab es die Institution der „Mittwochskinder". Jeden Mittwoch-Nachmittag trafen wir uns, Staatsjugend hin oder her, bei der unendlich beliebten Franziskanerin Schwester Michaelis – von einer unsensiblen Oberin wurde sie nach 50 Jahren in St. Carolus weg versetzt, aber wir, Gerhard Buchgeister und ich, hielten ihr die Treue, auch als sie im Schwarzwald im Exil sein musste – , die uns aus Büchern vorlas, mit uns sang und Spiele machte. Aus diesen „Mittwochskindern" entstand Eckerts Ministrantengruppe aus 12–14 Jungen. Er schulte uns im „andächtigen" Altardienst, erklärte uns die Liturgie, aber er machte mit uns auch Ausflüge aufs Land, zu Fuß von Freiburg zur Wallfahrtskapelle auf dem Lindenberg, aber auch in kirchliche Häuser, in denen er das Sagen hatte, wo er Kuchen und Limonade bestellen konnte.

Wir hatten in der Carolus-Kapelle noch einen anderen Priester, auch einen Caritas-Mann, Walter Wilhelm Baumeister. Seine Messen liebten wir nicht, denn er absolvierte sie in rasantem Tempo („herunter-gehudelt" nannten wir das im Dialekt). Aber er war im Dienst des Anti-Alkoholismus weit gereist und konnte mit Dias unglaublich spannend zum Beispiel von den Landschaften und Menschen Lateinamerikas erzählen. Die wichtigeren Messen waren die von Eckert. Er betete lange vorher und lange nachher. War mit größter Konzentration dabei, ohne sich im geringsten zu beeilen. Begann keine Messe – immer morgens 6.15 Uhr – ohne kleine „geistliche Einführung". Erklärte die Texte des sonntäglichen Wortgottesdienstes im voraus. Er hielt die Herz-Jesu-Freitage mit besonderer Liebe, mit Sammlung für Notleidende in einem vor dem Altar aufgestellten Waschkorb, und machte vor dem Krieg, während des Krieges und nach dem Krieg den „barmherzigen Menschen" zum Zentrum seiner Seelsorge – wiederum total im Gegensatz zum unbarmherzigen Ausrottungskrieg der Nazis und zum unbarmherzigen Wirtschafts-Wunder-Aufbau der Nachkriegszeit. Und er machte Angebote, während der Woche außerhalb der Gottesdienste geistliche Texte zu hören, verbunden mit seinen Erklärungen. Ich erinnere mich: So nahmen wir mit ihm das Buch von Romano Guardini, „Der Herr", Zeile für Zeile durch, und ebenso die Enzyklika Pius' XII. über die Liturgie, „Mediator Dei". Den Dichter Reinhold Schneider und den „Friedenspriester" Max Josef Metzger lud er zu Vorträgen in die Kapelle ein. Meine Eltern gehörten zu dem Kernkreis, den er so gebildet hatte, und ich war von 1937 bis 1948 sein Messdiener (die Jahreszahlen hat er selber in einer Buchwidmung festgehalten). Hier sind die Wurzeln meines Berufsweges zu finden. Er war dasjenige, was man wohl „ein Vorbild" nennt. Ein konstruktives, faszinierendes Vorbild, ein Gegensatz zu dem, was wir an den Domherren des Münsters oder an Pfarrherren wie Hausch erlebten. Für mich sollte es eine Berufung im „Contra" werden, nicht in Anpassung und Konformität. Natürlich gehörte er im Erzbistum Freiburg zu den Nicht-Angepassten, aber man musste ihn doch sehr respektieren wegen seiner findigen caritativen Begabung, wegen seiner zahlreichen Gründungen von Alters- und Erholungsheimen. Als Erzbischof Gröber ihn zum „nichtresidierenden Domkapitular" ernannte, hieß das: er konnte bei uns im Carolus-Haus wohnen bleiben. In dieser Funktion erlangte er für mich später noch eine besonders positive Bedeutung.

Durch Eckerts Bezugnahmen auf mögliche drohende Katastrophen, durch die prophetischen Mahnungen Reinhold Schneiders, durch die Kontakte mit den Familien der inhaftierten Caritas-Leute stellte sich bei uns das Gefühl einer ständigen Bedrohung ein. Hitlers Manöver in den 30er Jahren trugen massiv dazu bei, die Remilitarisierung des Rheinlandes, die „Heimholung" Österreichs ins Reich, die sogenannte Sudetenkrise, die Besetzung der Tschechoslowakei, die Querelen mit Polen, diese Manöver vermehrten jedes Mal das Gefühl, eine große Katastrophe stehe bevor. Es gab eine behördlich angeordnete „Entrümpelung" des Dachbodens; so sollte erwarteten Brandbomben die Nahrung entzogen werden. Ein Eimer mit Wasser und eine „Feuerpatsche" mussten schon in den 30er Jahren nachweislich dort oben bereitstehen. An der Speichertür wurde eine Blechplakette mit der Aufschrift: „Entrümpelt. Reichsluftschutzbund" angebracht. Mein Vater musste mit anderen Caritas-Mitarbeitern wöchentlich zu einem „Wehr-Sport" gehen. (Später erzählte mir meine Mutter, sie hätten gern noch mehr Kinder gehabt, sich aber eben wegen Hitlers permanenten Weltkrisen nicht dazu getraut.) Schließlich kam das Jahr 1939, das Jahr, in dem Hitler durch den Überfall auf Polen den Zweiten Weltkrieg entfesselte.

Leben auf dem Feldberg

Zu Eckerts Gründungen gehörte ein großes Haus auf dem Feldberg im südlichen Schwarzwald. 1939 machte unsere Familie zu viert bei herrlichem Sommerwetter einen Ausflug zum Caritas-Haus am Feldberg. Wir bestiegen diesen höchsten Berg des Schwarzwalds in Begleitung einer Franziskanerin, Leiterin von St. Carolus, Sr. Goswina. Kurz danach, in den Schulferien, brachten mich meine Eltern für ein paar Wochen auf Eckerts Veranlassung in das Kindersanatorium, das dem Caritas-Haus auf dem Feldberg angeschlossen war, weil ich angeblich zu blass aussah. Dort hatte ich unglaubliches Heimweh. Nach dem Mittagessen musste man sich zwei Stunden lang unter einer Decke in einem Liegestuhl zwangsweise an der frischen Luft erholen. Diese Stunden verbrachte ich immer mit Weinen. Beim Ballspiel mit anderen Jungen, die aus norddeutschen Großstädten stammten, erfuhr ich nicht nur deren körperliche Überlegenheit. Ich empfand mich beim Reden als regelrecht gehemmt, angesichts des Tempos, in dem sie sprachen, und angesichts ihres vergleichsweise riesigen Wortschatzes. Dass die süddeutsche Langsamkeit und die Liebe zum alemannischen Dialekt ihre Vorzüge haben, die sie möglicherweise den „Schnellschwätzern" überlegen machen, habe ich erst lange Zeit nach dem Krieg gelernt.
Wenige Wochen nach dieser qualvollen Feldberg-Zeit war Krieg. Mein Vater wurde sofort „eingezogen", noch nicht zum Militär, sondern zum „Reichsarbeitsdienst", obwohl er dafür bereits zu alt war. Er wurde einem Trupp zugeteilt, der am

Tuniberg, in der Rheinebene, Gräben gegen anrückende Panzer ausheben musste. Eckert brachte mit seinem Opel P 4 unseren Großvater Martin Klotz in das von ihm gegründete Altersheim in Hüfingen, meine Mutter, meine Schwester und mich fuhr er zum Caritas-Haus am Feldberg, das ich so zum dritten Mal in diesem Jahr wiedersah, ohne Heimweh, weil ja meine Mutter dabei war.

Der geistliche Direktor hieß Friedrich Gnädinger. Ich diente ihm jeden Morgen bei der Messe, vor dem Altarbild Hans Frankes, „Madonna auf dem Feldberg", das ich bis heute liebe, wenn die Kunstkenner es auch für Kitsch halten. Dem Haus gehörte eine ansehnliche Kuhherde, die er hielt, weil die erholungsbedürftigen Kinder gute Milch brauchten. Er beauftragte mich, die Kühe auf der Weide zu hüten, der „Knecht" war beim Militär. Ich musste sie jeden Morgen über die Feldbergstraße hinab zum Feldsee treiben, sie dort bewachen und gegen Abend wieder zurückbringen. So ging es etwa sechs Wochen, September/Oktober 1939. Die Zeit als Kuhhirt war für mich sehr fruchtbar. Ich dachte, von Gebeten unterbrochen, über das Leben, über einen möglichen Beruf, über Gott und seine Vorsehung nach, so gut das ein Zehnjähriger eben kann. Immer wieder kamen mir Eckert und seine Art, die Liturgie „andächtig" zu feiern, in den Sinn, aber in Gedanken an die wortgewandten Norddeutschen, die mir Wochen zuvor gewaltige Minderwertigkeitskomplexe eingejagt hatten, zweifelte ich sehr, ob ich je „so einer" wie Eckert werden und ein Theologiestudium an der Universität überhaupt packen könnte.

Im Oktober wurde die ganze Familie, einschließlich Vater und Großvater, wieder in der Neumattenstraße vereint. Für knapp zwei Jahre konnten wir das gewohnte Leben weiterführen; für mich bedeutete das Dienst als Messdiener, Dienst in der Schule, Dienst in Hitlers Staatsjugend, aber auch Spielen mit Gerhard Buchgeister. Mit seinem jüngeren Bruder bildeten wir eine „Bande". Meine Schwester und ich bekamen nur ein paar Pfennige als monatliches Taschengeld; es reichte für ein Eis-Hörnchen zu 5 Pfennigen jeden Sonntag. Einmal, nur ein einziges Mal, ging die Familie ins Kino. Gezeigt wurde ein ein-

drucksvoller Film über Zugvögel, „Sehnsucht nach Afrika".
Nie haben wir uns über Hitlers Siege gefreut – wir waren immer wieder zutiefst getroffen, wenn einer aus unserer Nähe im Krieg gefallen war, so auch Buchgeisters ältester Sohn Hansjörg.

Im Familienumkreis der Carolus-Kapelle wohnte 1941 ein junger, hochgewachsener, blonder Priester aus Westfalen namens Josef Vienenkötter. Er stand uns Messdienern in der kumpelhaften Lebensart näher als die Respektsperson Eckert. In den Schwarzwald und damit nach Freiburg war er von seinem Bischof geschickt worden, um eine Lungentuberkulose auszukurieren. Eines Tages im Spätjahr 1941 überraschte er mich damit: Ich hätte doch Zugang zur alten Schreibmaschine meiner Mutter. Und ich hätte doch über die Caritas die Möglichkeit, an besonders dünnes Schreibpapier, nach dem Messbuch „Schottpapier" genannt, zu kommen. Als ich bejahte, musste ich ihm für das Folgende feierlich Stillschweigen versprechen. Er bat mich, einen Text mit so vielen Durchschlägen wie immer möglich abzutippen. Es waren die Predigten des Bischofs von Galen in der Lamberti-Kirche in Münster gegen das Euthanasieprogramm der Nazis. Vienenkötter verschickte die Texte an alle ihm bekannten Soldaten aus dem Münsterland. Er war später eine Art Pfarrverwalter in Muggenbrunn im Schwarzwald, wo er noch im Krieg mit Hilfe der Bevölkerung eine ansprechende kleine Kirche erbaute. Nachdem er zurück nach Münster beordert war, wurde er Geistlicher Direktor der dortigen Clemensschwestern. Ich blieb bis zu seinem Tod mit ihm, den wir „Jupp" nannten, noch in Verbindung.

Von Nazis und anderen Leuten und vom Vater im Krieg

Im „Werthmannhaus", der Zentrale des Deutschen Caritasverbandes, in der Nähe der Universität gelegen, waren zwei Spitzel der Nazis tätig. Der eine spielte jeden Morgen in der Messe des grenzenlos naiven Generalsekretärs, eines Prälaten namens Kuno Joerger, das Harmonium, er spielte ergreifend sentimentale Lieder, vorzugsweise „Näher, mein Gott, zu dir" oder „So nimm denn meine Hände". Nach dem Krieg wurde er Hausmeister im Collegium Borromaeum. Der andere war eine Art Berater der Caritas. Nach dem Krieg wurde er Mitgründer der CDU in Freiburg. Mein Vater hat es nach dem Krieg abgelehnt, deren Namen und Machenschaften zu veröffentlichen, er hat aber deren Namen im Caritas-Archiv hinterlegt. Diese Leute hatten ihre Finger im Spiel bei den von mir schon erwähnten Verhaftungen; sie waren auch schuld daran, dass mein Vater 1941, im Alter von 39 Jahren, zum Militär eingezogen und so in Freiburg „unschädlich" gemacht wurde. Mein Vater kam zur Luftwaffe. Zunächst musste er die militärische Grundausbildung mitmachen; stationiert war er auf dem Fliegerhorst Echterdingen bei Stuttgart. Offenbar hatten seine Vorgesetzten gemerkt, dass er für den Dienst an der Waffe zu ungeschickt, in Bürodingen und in Fremdsprachen aber sehr bewandert war. Sie brauchten einen Fachmann, der organisatorisch und kaufmännisch imstande war, für die Verpflegung der Luftwaffensoldaten mit Speisen und Getränken zu sorgen. Nach einer mehrmonatigen Ausbildung in München für diese Aufgaben kam mein Vater nach Messina auf Sizilien. Im dortigen Oberkommando war er für die Organisation dieses waffenlosen „Nachschubs" für die Luftwaffensoldaten auf Sizilien zuständig; weil man das für so wichtig hielt, bekam er Status und Privilegien eines Offiziers. Wie das bei den Vorgrimler üblich ist, lag ihm das Ergehen der kleinen italienischen Leute, auf die man angewiesen war, sehr am Herzen. Er liebte Land und Leute der Insel Sizilien, er beherrschte nicht nur die italienische Sprache, sondern sogar den sizilianischen Dialekt. Er erlebte aber auch, wie Amerikaner und Engländer, ohne nach Zivilisten zu fragen, sizilianische Städte bombardierten. Messina wurde zu einem großen Teil zerstört. Als Amerikaner und Engländer 1943 auf der Insel landeten und sie Zug um Zug besetzten, setzte mein Vater mit dem Oberkommando auf das italienische Festland über. Da Italien von Hitler abgefallen und zu den Alliierten übergegangen war, brachte dieser Trupp sich über Montecassino nach Aviano in Norditalien in der Provinz Udine in Sicherheit. Dort blieb Vater über ein Jahr lang auf dem deutschen Fliegerhorst. Von dort aus konnte er auch Urlaub bewilligt bekommen und mit dem Zug zu uns nach Freiburg fahren. In den Jahren 1942 bis 1944 bin ich sozusagen teilweise erwachsen geworden. Ich fühlte mich verpflichtet, bei Mutter und Schwester den Beschützer zu spielen; ich fühlte mich in Verantwortung für sie. Die Zeit als Muttersöhnchen war vorbei. Ebenso vorbei war die Zeit, in der ich die Kinderbücher von Nonni und Manni, Max und Moritz und Struwwelpeter, die Tierbücher von Hermann Löns, die Indianerbücher verschlungen habe. Ich hatte nun zwei, in die ich mich vertiefte, Nietzsche und Pascal. Bei Pascal bin ich hängen geblieben.

So wie um 1943 der Religionsunterricht an den Schulen verboten wurde, so gingen nun auch alle Zeitschriften und Zeitungen ein, in denen man auch nur von fern eine Spur christlichen Geistes witterte. Man behauptete, es herrsche ein Mangel an Papier. Die Freiburger „Tagespost" wurde eingestellt, das Kampf- und Hetzblatt „Der Alemanne" hatte nun das Monopol. Ich hatte dessen Propagandastil durchschaut, seit ich zur Vernunft gekommen war. Aber nun wollte ich informiert sein, ich wollte auch abschätzen können, wie es mit dem Krieg weitergehen würde. Von da an hörte ich regelmäßig ausländische Sender. Im allgemeinen stand darauf die Todesstrafe. Ich wollte nicht durch die deutschsprachigen Sendungen der Londoner BBC einer anderen Art von Propaganda ausgeliefert sein, auch deswegen nicht, weil die humanistischen Sprüche, die dort geklopft wurden, in härtestem Kontrast zu dem Terror standen, den die Luftwaffen der Alliierten gegen die deutschen Zivilisten (und Kulturdenkmäler) entfesselten. So hörte ich regelmäßig den Schweizer Sender Beromünster. Oder meine Mutter hörte ihn. Wir tauschten die Neuigkeiten aus und nannten ihn vorsichtshalber „Bollschweiler" nach dem Namen eines Dorfes in der Umgebung Freiburgs. Es war nicht ungefährlich. Unsere nächste Nazi-Aufsichtsperson war der NS-Blockwart Engler, Vater des späteren Wissenschaftsministers in Stuttgart, ein pensionierter Lehrer, der für die

Überwachung unseres Straßenquadrats zuständig war. Er konnte natürlich von außen Radiotöne hören, vor allem die Signale von BBC. So war häufig einer von uns, meine Mutter oder ich, zur Nachrichtenzeit im Garten, um uns gegenseitig zu warnen: „Der Engler schleicht ums Haus". Ich konnte die Zögerlichkeit nicht verstehen, mit der die Alliierten ihre Invasion vorbereiteten und die Rote Armee ihren Sieg bei Stalingrad nicht auswertete. Ungeduldig warteten wir auf die deutsche Niederlage. Es gab bei Radio Beromünster einen Kommentator namens J. R. von Salis, der wöchentlich die Lage souverän analysierte. Nur davon, dass die neutrale Schweiz für Hitler Kanonen baute, davon sprach er nicht.

Prälat Eckert brachte mich in direkten Kontakt mit Reinhold Schneider. Dieser wollte (aus mystischen Gründen?) nur noch von Brot und Wein leben, Wein aber gab es in den Läden nicht. Eckert hatte Verbindung zu einem kleinen Weingut in Pfaffenweiler bei Freiburg, das kurioserweise Eckerle hieß. Er bat mich, mit dem Fahrrad von dort Wein abzuholen und zu Schneider zu bringen. So begegnete ich dem hochgewachsenen, aber gebeugt gehenden Mann mit den Gesichtszügen eines Propheten, vor dem ich größte Hochachtung hatte. Er befragte mich über mein Verständnis von Jugend in dieser Zeit und über das Messdiener-Dasein. Er beschenkte mich mit einem kleinen Buch über Ignatius von Loyola, in das er die Widmung schrieb: „Die Reinen dürfen Ungemessnes wagen", und in der Folge dieser Weinlieferungen bekam ich fortan seine damals erhältlichen, oft im Elsass gedruckten Schriften mit seinen Widmungen.

3. Fug und Unfug des Gymnasiums und der Zusammenbruch

Das streng humanistische Berthold-Gymnasium in Freiburg war Nachfolgerin der mittelalterlichen Lateinschule, die von den Jesuiten zu einem „Gymnasium Academicum" ausgebaut worden war. Der Sandsteinbau war im Neo-Renaissance-Stil Mitte des 19. Jahrhunderts errichtet worden. Er lag dem pompösen Stadttheater gegenüber, dessen Proben mit Musik und Gesang wir bei geöffneten Fenstern mitbekamen. Im Hof befanden sich ein nüchterner Neubau, notwendig geworden angesichts der großen Schülerzahlen, eine geräumige Turnhalle und eine Art Hühnerstall. Im Herbst 1939 waren die Neuzugänge besonders zahlreich; die Sexta wurde in mehrere Klassen geteilt. „Meine" Klasse mit etwa 40 Schülern war rein männlich; erst nach dem Krieg kam ich in eine Klasse mit einigen wenigen Mädchen. Die meisten meiner Mitschüler waren katholisch, einer, Leo Teutsch, war ein Jude. Mit List und Tücke wurde er durch den Krieg gebracht, doch leider starb er nach dem Krieg bei einem Flugzeugabsturz. Klaus Hemmerle, später Bischof von Aachen, war in meiner Sexta, Kurt König, später Medizinprofessor und Gründer der kardiologischen Reha-Klinik in Waldkirch, ebenso, Werner Herz, später Direktor des humanistischen Gymnasiums in Villingen, wurde mein bester Schulfreund.

Keiner in meiner Klasse hatte irgendwelche Sympathien für die Nazis, die Hitlerei und ihre Ideologie. Keiner hielt die nordische Rasse für allen anderen überlegen, keiner verachtete Juden und Slawen als ausrottungswürdige Untermenschen, keiner vertrat die Parole: „Dein Volk ist alles, Du bist nichts", keiner wollte nach dem Prinzip leben: Der Mann führt das Schwert, die Frau schenkt dem Volk (und dem „Führer") Kinder. Unter den Lehrern waren etliche Opportunisten, die das Parteiabzeichen trugen ohne Nazis zu sein. Kurt Königs Vater war unser Direktor; er hielt die vorgeschriebenen Fahnenappelle ab, mit aufgeblähten Kampfreden, die auch sein Sohn verachtete. Unseren Klassenlehrer Karl Späth (die Klassenlehrer wechselten, er aber war es am häufigsten) liebten wir sehr. Er unterrichtete Latein und Griechisch. Er war ein typisch liberaler Katholik, aber an meiner Primiz 1953 nahm er teil. Im Ersten Weltkrieg hatte er ein Bein verloren – in unserer Schulzeit genoss er das Leben als Junggeselle und leidenschaftlicher Klavierspieler. Er beschimpfte unsere Faulheiten mit badischen Schimpfworten, die aber nie so gemeint sind wie sie klingen. Im Lauf der Zeit stellte sich der Konsens der Klasse mit ihm in der Ablehnung der Hitlerei heraus. Als auf dem Höhepunkt des Krieges „politischer Unterricht" zu Beginn eines jeden Tages vorgeschrieben wurde, sagte er: „Machen wir politischen Fez" und ließ uns die Todesanzeigen der Gefallenen aus der Tageszeitung vorlesen. Bis zum Verbot des Religionsunterrichts 1943 war Dr. Meinrad Vogelbacher unser Religionslehrer. Er war im römischen „Germanicum" gewesen und stramm auf neuscholastische Linie getrimmt (auch Karl und Hugo Rahner hatten bei ihm bereits Religionsunterricht gehabt). Das sorgte für nicht wenig Langeweile, besonders, als er uns die verschiedenen Arten von Gottesbeweisen nahe zu bringen versuchte. Gegen die körperlichen Versuchungen der Pubertät empfahl er das häufige Trinken von Gemüsesäften. 1943/1944 besuchte ich mit einigen Getreuen die „private" Fortsetzung seines Unterrichts in den Räumen der Pfarrei St. Martin – eher als Demonstration gegen das Verbot des staatlichen Religionsunterrichts denn als Zustimmung zu seinen didaktischen Fähigkeiten. Vogelbacher hatte beträchtlichen Einfluss im Vatikan und in der Freiburger Kirchenpolitik – ich habe noch eine Postkarte von ihm an Rahner, in der er schwört, dass er an der Ernennung Schäufeles zum Erzbischof keine Schuld hatte –, aber davon merkten wir Schüler natürlich nichts.

Wir hatten im Gymnasium zwei ausgewachsene Nazis. Unser großes Glück war, dass sie beide, jeder auf seine Art, Witzfiguren waren. Herr Azone sollte wohl Geographie lehren. Wir hatten ihn aber auch in Turnen. Lächerlich war der Hallensport: Am Klavier intonierte er „Ihr Kinderlein kommet"; wir mussten dazu in Umzugsbahnen marschieren. Sadistisch war sein Schwimmunterricht: Ein deutscher Junge kann von allein schwimmen – in das Wasser, marsch! Der schmächtige und ungeschickte Klaus Hemmerle verlor seine Badehose – er wurde vor der ganzen Klasse lächerlich gemacht. Damals getraute sich keiner, den Schulmeister zu beschimpfen. Azone hatte eine irrationale Wut auf die Schweiz. Mehrfach erklärte er uns, was er nach dem Endsieg mit dieser „Eiterbeule" anzufangen gedenke. Zu großer Form lief er auf als Luftschutzwart des Gymnasiums. Er kam, ein unglaublich fetter Mann, mit grauer Phantasieuniform, einen Offiziersdolch an der Seite, geflochtenen silbernen Schulterstücken, Schirmmütze, Reitstiefeln, und erläuterte stundenlang das Funktionieren von Brandbomben. In der Nacht des Fliegerangriffs war das alles umsonst.

Der zweite Nazi war der Hausmeister Arnegger. Mit Vorliebe trug er die braune SA-Uniform. Er überwachte die behördlich befohlenen Sammelaktionen. Mal mussten wir auf den Äkkern bei St. Georgen Kartoffelkäfer in Gläsern sammeln, um die Ernte zu retten. Mal hieß es, Brombeerblätter seien zu pflücken, damit die kämpfende Truppe genug Tee bekäme. Wir sammelten einige Körbe voll Blätter, lieferten sie am erwähnten Hühnerstall an Arnegger ab – und füllten sie durch ein Loch in der Hinterwand des Hühnerstalles wieder auf. So konnte man sich einen faulen Tag machen und gleichzeitig beim Verlieren des Krieges helfen. Arnegger hing manchmal seine braune Uniform im Treppenhaus des Gymnasiums zum Lüften auf, bis zu dem Tag, an dem wir Schwefelwasserstoff in ihre Taschen schütteten. Am 6. Juni 1944 kam er in Uniform in die Klasse, salutierte und rief: „Melde gehorsamst, die Invasion hat begonnen!"

Ein strenger, nicht unsympathischer Lehrer war Greinacher, der Vater des späteren Pastoraltheologen Norbert Greinacher. In Deutsch konnte er redundanten Stil in den Aufsätzen nicht leiden. Das habe ich mir zu Herzen genommen. Er verwaltete die Schulbibliothek. In stillem Einverständnis lieh er mir auch Bücher vergangener Jahre aus, die kirchlich unerwünscht waren, so von Felix Dahn, „Ein Kampf um Rom". Ich konnte schon als 14-jähriger die Gängelei der Lektüre nicht leiden.

Der Griechischunterricht machte mir keine Mühe: Ilias, Odyssee, Thukydides lernte ich kennen, ohne dass sie mich faszinierten. Platon kam damals sehr zu kurz. In Latein liebte ich Horaz über alles. Cicero wurde mir erst später wegen der stoischen Weltanschauung wichtig. In Deutsch hatten wir einen kleingewachsenen, aber wissenschaftlich großen Germanisten mit Namen Ochs, Begründer eines Badischen Wörterbuchs. Goethe lag mir mehr als Schiller, und mehrmals forderte er mich auf, der Klasse ein Goethegedicht auswendig vorzutragen: „Des Menschen Seele gleicht dem Wasser ..." Auch Hölderlin, Eichendorff und Rilke kamen mir sehr nahe. All das hatte keinerlei Bezug zur Hitlerei, auch der Geschichtsunterricht nicht. Dass wir Geschichte als Siegergeschichte, als Abfolge von Kriegen und Herrscherdynastien vermittelt bekamen, dass die „kleinen Leute" keinerlei Rolle spielten, das war nicht typische Nazi-Ideologie; es war das seit Jahrzehnten eingebürgerte deutsche Geschichtsverständnis. In Mathematik, Physik und Chemie war ich ausgesprochen schlecht, aber ich denke, dass das zum Teil auch an der Didaktik der unlustigen Lehrer lag. Der Physik- und Chemielehrer war ein ehrenwerter, aufrechter, schon ziemlich alter Mann namens Ehret. Sein Unterricht sah etwa so aus: „Nehmen wir an, unser Versuch wäre gelungen, was sehen wir dann?" „Ein Körper ist etwas, das nimmt man in die Hand. Und wenn man dann die Hand zumachen will, dann geht's nicht".

Ich bin gern in das Gymnasium gegangen, machte bei allem Unfug mit und hatte in der Anstrengung zu „Leistungen" Höhen und Tiefen. Lehrer Ehret notierte einmal in mein Zeugnisheft „Etwas bequem". Das betraf den Sportunterricht, denn über diesen musste im Zeugnis eigens berichtet werden und ihn hasste ich. Von Seiten meiner Eltern hatte ich keinerlei Druck. Wenn ich nicht zur Schule gehen wollte, schrieb mir meine Mutter bereitwillig eine „Entschuldigung", die nach dieser Freizeit vorzulegen war. Statt des vorgeschriebenen „Heil Hitler" unterschrieb sie immer „Mit deutschem Gruß". Einige von diesen Zetteln habe ich noch aufbewahrt.

In der Staatsjugend

Habe ich schon erwähnt, dass Kinder nur dann eine Aussicht hatten, eine Höhere Schule besuchen zu können, wenn sie der Staatsjugend angehörten? So war ich, um in das Berthold-Gymnasium aufgenommen werden zu können, Mitglied des „Jungvolks" im Stadtteil Waldsee geworden. Unser „Führer" hieß Helmut Engler; ein Nachbar aus unserer Straße; er war später CDU-Wissenschaftsminister in Stuttgart. Es gab regelrechtes Exerzieren – wenn es auf Sonntag angesetzt wurde, ging ich einfach nicht hin –, Kampflieder-Üben, Geländespiele. Im Krieg musste man gelegentliche Ausfälle gegen die „Plutokratien" England und USA, gegen die „Bolschewiken" und gegen die „dekadenten" Franzosen anhören, aber meines Erachtens beeindruckte das niemand.
Einiges von dem auswendig Gelernten und Gesungenen bleibt in mir wohl bis zum Tod haften:

> Jugend:
> Vorwärts! Vorwärts!
> schmettern die hellen Fanfaren.
> Vorwärts! Vorwärts!
> Jugend kennt keine Gefahren.
> Ist das Ziel auch noch so hoch
> Jugend zwingt es doch.
> Unsre Fahne flattert uns voran.
> Wir marschieren für Hitler durch Nacht und durch Not
> Mit der Fahne der Jugend zu Freiheit und Brot.
> Unsre Fahne flattert uns voran.
> Unsre Fahne ist die neue Zeit.
> Und die Fahne führt uns in die Ewigkeit.
> Ja, die Fahne ist mehr als der Tod.

Wir werden weiter marschieren, wenn alles in Scherben
fällt.
Denn heute gehört uns Deutschland und morgen die
ganze Welt!

Anders wurde die Lage, als wir, ohne gefragt zu werden, mit
der Vollendung des 14. Lebensjahres vom „Jungvolk" in die
„Hitlerjugend" übergeführt wurden. So erging es mir Anfang
1943. Zunächst hatten wir eine Grundausbildung. Aus den
harmlosen Geländespielen wurde ein Kriechen durch Dornen-
hecken, Stacheldrahtverhaue und durch Pfützen. Man musste
Schießen und das Werfen von Handgranaten lernen. Auch
Boxen mit Boxhandschuhen gehörte zu dieser Ausbildung. Wir
hatten ein „Heim" im Dachgeschoss eines Baumarktes in der
Hammerschmiedstrasse. Unser Raum war ausgemalt mit der
Hitlerjugend-Parole „Flink wie Windhunde, zäh wie Leder,
hart wie Kruppstahl". Das Gelände wurde von einer großen
dänischen Dogge bewacht. Meine Eltern hatten mir, natürlich
mit meiner Zustimmung, keine Hitlerjugend-Uniform angeschafft. Zur „Strafe" dafür musste ich eines Tages an der Spitze einer Reihe („Gänsemarsch") auf das Heim zumarschieren.
Die Dogge tat ihre Pflicht, stürzte sich auf mich zu und biss
mich in die linke Brustseite. Windjacke und Hemd waren ein
bisschen zerfetzt. Seit diesem Ereignis hasse ich Hunde. Meine
Mutter ließ den „Führer", Heinz Schulz hieß er, war nach dem
Krieg Studienrat im Gymnasium, zu sich kommen und erklärte ihm, er habe mich mehrere Monate vom Dienst zu befreien,
sonst werde sie sich an ein Parteigericht wenden. Er war sehr
kleinlaut und ließ sich auf alles ein. Nach dieser Grundausbildung hatte man die Möglichkeit, sich für eine Spezialabtei-
lung der „Hitlerjugend" zu entscheiden. Werner Herz und ich
entschieden uns für die „Nachrichten-HJ". Die hatte mit Spio-
nage, Geheimdiensten, Stasi-Methoden usw. nichts zu tun.
Vielmehr lernte man das Morsen und Funken, das Verlegen
von Feldtelefon-Leitungen und ähnliches. Unterrichter war ein
kriegsbeschädigter Feldwebel, der eine widerliche ordinäre
Sprache hatte, aber sonst in Ordnung war. Der Unterricht fand

im Alten Wiehrebahnhof statt. So war von militärischer Dressur keine Rede mehr. Das kam der Schule zugute.

Der Dreifaltigkeitssonntag wurde in der Nazi-Zeit als „Jugendbekenntnissonntag" begangen. Ich besuchte an diesem Tag 1943 die Predigt des Erzbischofs Gröber im Münster. Die Zuhörer standen dicht gedrängt. Als ich ohnmächtig wurde, konnte ich deshalb nicht umfallen. Ich kam im Haus eines Domherrn, wohin man mich getragen hatte, wieder zu mir. Während dieser Predigt zündete die Hitlerjugend einen Knallfrosch am Erzbischöflichen Palais. Seither fühlte sich Gröber als Nazi-Verfolgter.

Meine unternehmungslustige Mutter fuhr im Sommer 1944 mit meiner Schwester und mir mit dem Zug in das von Hitler annektierte Elsass. Von Freiburg aus musste man zunächst nach Mülhausen fahren. Wir freuten uns an den mittelalterlichen Kirchen und Gassen in Colmar und bestaunten das Straßburger Münster. Die Hakenkreuzfahne in seinem Chorraum – „germanisches Kulturgut" – tat uns in der Seele weh. Auf der Plattform des unvollendeten Turmes (zwei sollten es werden) erlebten wir, neben der Sirene stehend, einen Fliegeralarm.

Mit meinem Kinder-, Jugend- und Messdienerfreund Gerhard Buchgeister setzte ich die phantasievollen Geländespiele in den Sommerferien 1944 fort. Mit den großen „Wackensteinen" der Dreisam errichteten wir unweit unserer Wohnungen eine Insel im Flussbett, die wir zu unserem Stützpunkt erklärten. Im Eifer des Bauens vergaß ich, dass ich nasse und kalte Füße hatte. Ich bekam eine doppelseitige Lungenentzündung, die Heilung war mühselig – es gab ja noch kein Penicillin, keine Antibiotica. Wenn ich mich recht erinnere, hieß das Medikament „Sulfonamid". Im Herbst wurde ich zur militärischen Musterung befohlen. Dort begegnete ich leibhaftig dem ersten und einzigen Mitglied der SS, mit dem ich je in Kontakt kam, dem Militärarzt Schumacher (oder Schuhmacher). Er hörte meine Lungen ab und sagte: „Mit diesen Lungen lass ich Dich nicht an die Front". Er befreite mich für ein Vierteljahr vom Kriegsdienst. Ich würde gern sein Grab besuchen und ihm danken – wenn ich die Stätte kennen würde.

Wir hatten nach den Sommerferien noch einige Wochen Unterricht, aber der 27. November 1944 änderte alles. Es war ein sonniger Spätherbsttag gewesen, der Vater war für ein paar Tage aus Italien auf Urlaub gekommen. Abends heulten die Sirenen. Der Vater erkannte am nebligen Himmel die Markierungslichter der alliierten Bomber, „Christbäume" genannt, und rief uns zu: „In den Keller, diesmal gilt es uns". Wir vier versammelten uns in der Waschküche, wir beteten aus Leibeskräften, die Bomben krachten, der Boden bebte, das Häuschen zitterte – nach einer guten halben Stunde war es ruhig. Draußen stank es nach Feuer und Asche. Der Himmel über der Altstadt war trotz des Nebels rot.

Am andern Morgen ging Vater in seiner Offiziersuniform zum Münsterplatz. Das Münster, soweit man sehen konnte, stand noch. (Übrigens habe ich einen Ausschnitt aus der Soldatenzeitung, die mein Vater bekam. Darin stand, das Freiburger Münster mit dem berühmten Turm sei total zerstört worden.) Dort, wo wir gewohnt hatten, auf der Nordseite, war eine Luftmine niedergegangen. Sie hatte Ziegel und Fenster des Münsters zum großen Teil weggeblasen, den Bau selber aber kaum beschädigt. Anders die Südseite. Dort waren in den hölzernen Dachstühlen der Altstadt zahllose Brandbomben am Wüten. Damit sollten nach dem Willen der Alliierten („Vorwärts, christliche Soldaten!") die mittelalterlichen und barocken Stadtkerne zerstört werden. Auch Erzbischof Gröbers Dachstuhl hatte Feuer gefangen. Es war, wie überall, zuerst klein, aber für die Feuerwehr gab es keinen Weg durch die Trümmer; außerdem waren die Wasserleitungen zerstört. Vater half, Gröbers Bibliothek zu retten – mehr war an dem Morgen nach dem Angriff dort nicht zu machen, die Uniform nützte ihm sehr gegen die Partei-Krakeeler.

Prälat Eckert schickte mich anderntags mit einem Freund und einem Leiterwagen ebenfalls in die Stadt. Er hatte ein Büro am Karlsplatz gehabt und war der Hoffnung, dort sei der Vervielfältigungsapparat (Gstetner) erhalten geblieben. Ob wir danach fahnden würden? Wir kamen durch den kaum getroffenen Stadtteil Wiehre zur Altstadt und standen vor rauchenden, stinkenden Trümmerbergen, über die wir einen Pfad suchen mussten. Und wir trafen auf die Überreste verstümmelter, halbierter und verbrannter, entsetzlich stinkender Menschen. Das war ein Schock, der in mir bis heute, mehr als 60 Jahre danach, anhält. Diese Erfahrung versetzte mich in einen Lebensernst, der mich davon abhielt, in den Jahren nach dem Krieg in lärmende Fröhlichkeit zu verfallen. Wir fanden und bargen allerdings den Vervielfältigungsapparat.

Nach den Forschungen des Militärhistorikers Gerd R. Ueberschär, Der Luftkrieg in Freiburg (1990) in britischen, amerikanischen und deutschen Quellen waren an dem Angriff auf Freiburg 292 britische Bomber unter dem Kommando des berüchtigten Luftmarschalls Harris beteiligt. Sie kamen in drei Wellen, die dritte Welle warf „nur" Brandbomben ab. Insgesamt fielen auf Freiburg 1.725,9 Tonnen Bomben, rund 4.300 Sprengbomben, darunter 400 sogenannte Luftminen, und 10.200 Brandbomben. Die amtliche Statistik zählte 2.685 identifizierte Tote und 112 unbekannte Tote sowie rund 4.500 Verwundete. Die britischen Quellen sagen eindeutig, dass Freiburg keinerlei militärische Bedeutung besaß, weder wichtige Kasernen noch einen nennenswerten Flugplatz noch stationiertes Militär, keine Industrieanlagen und nichts, was den Krieg hätte verlängern können. Es handelte sich also um einen reinen Terrorangriff auf eine unbewaffnete Zivilbevölkerung, ohne Zweifel ein Kriegsverbrechen.

Wie es den „Ausgebombten" zumute war, zeigt ein Brief, den der geliebte Lehrer Karl Späth an Werner Herz und mich schrieb *(handschriftlich):*

6.III.45
Lieber Vorgrimler! Lieber Herz!
Gestern erhielt ich Euern Neujahrsgruß, der auf irgendeine Weise zuerst nach Waldkirch geraten war. Herzlichen Dank dafür! Dass ich ausgebombt worden bin, werdet Ihr ja wohl erfahren haben. Seither sitze ich in Überlingen und habe

schrecklich Heimweh nach Freiburg. Kein Heim mehr zu haben und nicht wissen, ob, wie u. wann man wieder mal so etwas wie eine Heimat bekommt, ist schlimm. Hier fehlt es einem an allem; zu kaufen gibt's so gut wie nichts mehr. Wenn wir nicht bei Bekannten wohnten, die uns mit dem Nötigsten aushelfen, wüssten wir nicht, wie wir es machen sollten. Ich hätte Euch, meinen Getreuen, schon längst gerne geschrieben, wusste aber Eure Adressen nicht, obwohl ich sie, weiß nicht wie oft, in Listen habe schreiben müssen. Nun versuche ich es mal; vielleicht erreicht dieser Brief das Ziel. Anfangs wäre ich so froh gewesen, wenn ich mit einem von Euch in Verbindung gestanden hätte; ich hätte ihn dann gebeten, in der Colombistr. 6 mal etwas Ausgrabungen zu veranstalten; ob im Keller nicht noch etwas zu finden sei? Als ich von Frbg. wegfuhr (Anfang Dezember), glühte es noch dort, weil die Kohlen unter der Aschendecke noch weiter glühten, so dass ich nichts ausrichten konnte. In der Waschküche wäre noch mein Rad u. ein Koffer gestanden, vielleicht auch sonst noch was, was vielleicht zu retten gewesen wäre. Jetzt ist wohl auch dort die Decke eingestürzt u., was dort lag, ist wohl durch Regen u. Schnee kaputt gegangen. Wenn's Euch Spaß macht und es gerade ruhig ist, könnt Ihr ja mal nachsehen! Dabei weiß ich nicht mal, ob Ihr oder sonst wer vom „Verein" überhaupt noch in Frbg. seid u. nicht schon lange wo im Einsatz steht. Hier ist's seit neustem auch nicht mehr gemütlich, seitdem sie hier angefangen haben, Bomben zu werfen. An hellen Tagen ist von früh bis spät Alarm; nachts öfters auch mal. Mit meiner Gehbehinderung bin ich besonders schlimm dran. Rad habe ich auch keines mehr, u. mein Fuß ist durch das viele Gehenmüssen recht schmerzhaft geworden. Na ja, früher war eben manches anders u. schöner; vielleicht wird's wieder mal besser!
Euch u. allen Klassenkameraden wünsche ich alles Gute!
Schreibt mir mal, wenn Ihr gerade Lust und Zeit habt!
Mit vielen Grüßen
Euer K. Späth
Überlingen am See, Rosenobelstr. 6

Mit dem Bombenangriff auf Freiburg war sehr vieles Lebenswichtige des Behördenapparats über Nacht vernichtet worden. Es dauerte lange Zeit, bis aus den Archiven Ersatz beschafft worden war. Seit dem November 1944 existierte keine Hitlerjugend, auch keine „Nachrichten-HJ" mehr. Die Parteibüros waren zerstört, die Meldeunterlagen für Einwohner und Wehrpflichtige waren verbrannt. Ausgebrannt war auch das Berthold-Gymnasium und mit ihm alle unsere unsterblichen Klassenarbeiten. In die unzerstörten Häuser nahm man ganz selbstverständlich Obdachlose, „Ausgebombte", auf. So wohnten dann in unserer kleinen Doppelhaushälfte zusätzlich zu uns eine über 70-jährige ledige Schwester meines Großvaters namens Kreszenz sowie eine frühere Sekretärin meines Vaters namens Doldinger mit ihrer Mutter. Dank meiner „Hamsterfahrten" nach Schmidhofen kamen wir gut über diesen Winter. Ich nützte die Zeit – über ein halbes Jahr gab es keinen Schulunterricht mehr – zur ausgiebigen Lektüre aus dem Bücherschrank meines Vaters. In der Nähe der Kirche Maria Hilf gab es ein Kino. Dort besuchte ich, mit Mutters Einverständnis, die Filme, mit denen die Nazis den Durchhaltewillen der Bevölkerung stärken oder für Aufheiterung sorgen wollten. Von der ersten Art waren die historischen Filme über Bismarck, über den Kampf Friedrichs des sogenannten Großen bis zum letzten Soldaten, über preußische „Kadetten" und ihren Heldentod. Bei der zweiten Art machte sich vor allem Heinz Rühmann um Jux und Dollerei verdient. Nur bei dieser Art trat bei mir der erwartete Erfolg ein. Mit den Filmen war immer eine „Wochenschau" verbunden. Da es noch kein Fernsehen gab, war das die einzige Möglichkeit anzuschauen, was sich an den Fronten „vom Eismeer bis zum Schwarzen Meer" ereignete. Für mich war es leicht, dieses Propagandainstrument mit den nüchternen Nachrichten von Radio Beromünster zu vergleichen. Sonntags hörte ich im deutschen Radio das Wunschkonzert mit seinen sentimentalen Schlagern, „Heimat, Deine Sterne", mit den Grüßen an die Soldaten an den vielen Fronten. Es war ihnen gewiss ähnlich traurig zumute wie mir.

Mit Hilfe der „Feldpost" hatten Mutter und Vater ständig Briefe gewechselt, die ich noch bei mir habe. In seinem letzten Brief an mich, der mich per „Feldpost" erreichte, schrieb Vater am 17.12.1944 unter anderem: „Dann wünsche ich noch vor allem, dass Du die nächsten 6 Monate bei der Mutter bleiben kannst. Wenn das erreicht ist, ist alles gut. Sagen wir halt in allem, der Wille Gottes geschehe, dann ists schon recht." Die Nachrichten von Vater hörten erst auf, als er zu Beginn des Jahres 1945 zu den Fallschirmjägern versetzt, das heißt, als Infanterist an die Front östlich von Berlin kommandiert werden sollte. An der Front kam er allerdings nie an.

Meine Mutter, meine Schwester und ich gingen in diesem Winter 1944/45 jeden Abend zu Prälat Eckert, denn die Kapelle St. Carolus war weit und breit der einzige Bau, der eine Betondecke hatte. Wir konnten in einem Gästezimmer Eckerts schlafen, wenn nicht gerade Fliegeralarm war, und der war häufig. Tagsüber konnte man mit bloßem Auge die Bomberschwärme sehen, die in Richtung Bayern unterwegs waren. Sie hinterließen viele Kondensstreifen am Himmel. Gefährlich waren die Jagdbomber, die tagsüber auch in den Straßen Freiburgs nach Militärbewegungen suchten. Eine kleinere Bombe explodierte am 8. Februar 1945 in unserem Garten, wenige Meter vom Küchenfenster entfernt. Damals gab es „Drahtglas" als Glas-Ersatz zu kaufen. So musste ich als Folge dieser Bombe Drahtglas an unsere Fenster nageln, außerdem waren bei uns und in der Nachbarschaft ziemlich viele Ziegel zu ersetzen. Ich hätte Glaser oder Dachdecker werden können.

Kriegsdienstverweigerer und Kriegsende

Im März bekam ich den roten Zettel, die Einberufung zum Kriegsdienst. Ich war 16 Jahre alt. In dem Alter wurde man, wie die über 60 Jahre alten Männer, zum „Volkssturm", dem letzten Aufgebot, eingezogen. In Nordbaden und in Württemberg rückten die Amerikaner in Richtung Karlsruhe und Stuttgart vor. Französische Soldaten überquerten den Rhein in

Richtung Schwarzwald. In dieser Situation nahm mich Eckert auch tagsüber in seine Wohnung auf; er hielt mich regelrecht versteckt. So habe ich fünf oder sechs Wochen den Kriegsdienst verweigert. Hätten sie mich erwischt, es wäre mein sicherer Tod (und derjenige Eckerts) gewesen.

Am 21./22. April zeigte das tiefe Brummen von Panzermotoren an, dass französische Truppen Freiburg erreicht hatten. Es gab keinen nennenswerten militärischen Widerstand. Mutige Freiburgerinnen und Freiburger zeigten die weißen Fahnen. Einige Nazi-Idioten glaubten, die Franzosen aufhalten zu können: sie sprengten Brücken in der Stadt in die Luft. Panzer konnten das Flüsschen Dreisam auch ohne Brücken überqueren, die Zerstörungen waren, wie alles Naziwerk, sinnlos.

Am Sonntagmorgen, 22. April, waren wir wie jeden Tag um 6.15 Uhr bei Eckert in der Messe. Am Nachmittag kamen die Panzer und Jeeps. In unserem fast unzerstörten Waldseeviertel suchten die französischen Soldaten Quartiere. Ich weiß nicht, wie es anderswo war; bei uns jedenfalls kamen sie, über Wochen erstreckt, in drei Wellen. Als erste kamen Algerier (Tunis, Algier und Marokko waren damals noch französische Kolonien). Zu uns waren sie ausgesprochen freundlich. Sie wohnten in dem Haus der Familie Haas. Einer namens Kervalla bat meine Mutter, die ein wenig Französisch sprach, sie möge sich seiner Wäsche annehmen. Als Gegendienst versorgte er uns mit reichhaltigen Militärpaketen amerikanischer Herkunft, die für ihn als Muslim suspekt waren („Ham and eggs"). Auf die Franzosen hatte er einen unbändigen Hass. Mit einer Geste zeigte er, was er mit den Franzosen nach seiner Heimkehr machen wollte: die Kehlen durchschneiden. Die nächste Welle bestand aus Marokkanern. Sie verhielten sich distanziert. Unangenehm fielen sie uns nur dadurch auf, dass sie in unseren Gärten Hammel und Lämmer am offenen Feuer brieten und so für penetranten Gestank sorgten. Erst in der dritten Welle kamen weiße Franzosen und durch sie erhielt meine Frankophilie kräftige Risse. Als erstes requirierten sie unser Radio (das wir später zurückbekamen). Sie zerschossen die Lampe an unserer Tür. Nachts durchsuchten sie unser Haus –

wir schliefen vorsichtshalber weiterhin bei Prälat Eckert – und stahlen einen Wecker und silbernes Besteck.

Eines Tages im Juli kam mein Vater, er bestand nur noch aus Haut und Knochen. Mit „Kameraden" war er von Bernau bei Berlin stiften gegangen. Er hatte in allen Militärjahren keinen Schuss abgefeuert. Sie schwammen durch die Elbe, um nicht in sowjetische Gefangenschaft zu geraten. So fielen sie den Engländern in die Hände, die in Schleswig-Holstein große Gefangenenlager unterhielten. Die Engländer waren von deren Unterhalt überfordert. Für Vater gab es mehr als sechs Wochen kein Dach über dem Kopf und als Nahrung fast nur salzige Heringe. Bei uns erholte er sich rasch. Auf kurzen Strecken gab es wieder Zugverkehr. Wir fuhren mehrfach nach Schmidhofen, um unsere Verpflegungslage aufzubessern. Abends herrschte in Freiburg eine von den Franzosen angeordnete Ausgangssperre. Wir hatten einmal eine kräftige Zugverspätung, mussten zu Fuß vom Freiburger Bahnhof nach Hause gehen, fast eine Stunde Weg. Die Sperrzeit war angebrochen. Es gab ja weder Taxis noch Straßenbahnen, und die letzten Hotels waren alle von französischen Soldaten belegt. Nun, bis dahin hatte ich mich immer gefreut, dass wir von Franzosen befreit waren, statt von Amerikanern und Engländern besetzt zu sein. Aber zehn Minuten von unserem Haus entfernt begegneten wir einer französischen Militärpatrouille. Sie bedrohten uns mit Erschießen und beschimpften meinen Vater auf unflätigste Weise. Meine Sympathien für Frankreich fielen auf den Nullpunkt, als die Besatzungsmacht anfing, den Schwarzwald systematisch abzuholzen. Später begann ich zu differenzieren.

In irgendeinem Sender wurde Anfang Mai verbreitet, der „Führer" sei „kämpfend" an der Spitze „seiner Soldaten" in Berlin gefallen. Eckert hatte sein Radio behalten dürfen. So erfuhren wir, dass das Monster sich selber in den Mund geschossen hatte. Ebenso hörten wir von der Wehrmachtskapitulation in Ost- und Westeuropa. Als die Amerikaner mit ihren Atombomben die Massenmorde an Zivilisten in Ostasien begingen und der Zweite Weltkrieg zu Ende war, besaßen wir unser Radio wieder. Es nahm also doch kein Ende mit den

68

Bedrohungen und den dunklen Wolken. Wie ein böses Gespenst schwebte das Wort „Atombombe" über uns.

Der Vater

Mein Vater nahm ein riesiges Arbeitspensum auf sich. Das war auf Kosten meiner Mutter, die oft bis spät in die Nacht auf ihn wartete. Aber sie nahm dieses Schicksal auf sich, weil es ja um die Caritas, um die Armen ging. Ich habe nie auch nur geringe Streitigkeiten meiner Eltern miteinander erlebt. Sie liebten sich sehr, bis zum Ende.
Gern möchte ich hier darüber berichten, wer und was mein Vater war. Dr. Karl Borgmann schrieb über ihn in dem Artikel „Martin Vorgrimler" in Band III der „Badischen Biographien" (Stuttgart 1990) S. 278f.:

„Vorgrimler war über viele Jahre eine der bedeutendsten und einflussreichsten Persönlichkeiten in der deutschen wie in der internationalen Caritas. Nach einer Banklehre [aus finanziellen Gründen nach seinem Abitur 1922 begonnen] trat er 1927 in das Generalsekretariat des Deutschen Caritasverbandes im Freiburger Werthmannhaus ein. Bereits damals beherrschte er sieben Fremdsprachen. Er besaß ein unglaublich gutes Gedächtnis und verfügte über eine riesige Arbeitskraft. Nachdem er 1931 das Examen als staatlich anerkannter Wohlfahrtspfleger abgelegt hatte, hörte er sechs Semester Vorlesungen in verschiedenen Fakultäten der Universität Freiburg – alles neben seiner vollen Berufsarbeit. Bald war er dem damaligen Caritaspräsidenten Benedikt Kreutz und dessen Generalsekretär Msgr. Kuno Joerger so unentbehrlich, dass sie ohne ihn kaum eine wichtige Entscheidung trafen. Mit den Jahren wuchsen ihm immer mehr Ämter und Aufgaben zu, bei denen er den weiteren Präsidenten Franz Müller, Alois Eckert und Albert Stehlin entscheidende Impulse gab. Um nur einiges zu nennen: Er war Mitglied des Zentralrates, des Zentralvorstandes und der Direktion des Deutschen Caritasverbandes, Personalreferent im Werthmannhaus, Verwalter mehrerer caritativer Fonds, Erbauer des Katharinenstifts für alte Leute in Freiburg und bis zu seinem Tod Mitgeschäftsführer des caritaseigenen Lambertus-Verlages, den er zu einem angesehenen Fachverlag für Sozialarbeit und Sozialpädagogik entwickelte. Er gehörte auch zum Vorstand des Caritasverbandes für die Erzdiözese Freiburg.

Sein Hauptarbeitsgebiet aber war die Auslandshilfe, die er alsbald nach seiner Heimkehr von dem ihm aufgezwungenen Militärdienst neu aufbaute. Unter seiner Leitung sind in den ersten vier Nachkriegsjahren Medikamente und Lebensmittel vom Päpstlichen Hilfswerk, aus der Schweiz, den USA und vielen andern Ländern nach Deutschland geflossen in einem Gesamtwert von damals 600 Millionen DM. Diese Gaben haben zahllosen Menschen, insbesondere kleinen Kindern, Alten und Kranken das Leben gerettet.

Sobald sich Deutschland wirtschaftlich erholt hatte, schuf Vorgrimler eine neue Hilfsaktion, durch die nun von Freiburg aus ungezählten Einzelpersonen und Volksgruppen in Ost und West geholfen wurde, wobei er besondere Schwerpunkte bei Polen, Ungarn, der Tschechoslowakei, in Südindien, bei den vertriebenen Palästinensern, im Nahen Osten sowie – vor dem Aufblühen der Bischöflichen Hilfswerke – in Lateinamerika setzte. Auch für viele Einheimische ist er damals ein letzter Nothelfer geworden.

Wie Vorgrimler das alles schaffte? Er arbeitete fast täglich bis abends zehn Uhr, oft bis zur letzten Straßenbahn, in seinem armselig eingerichteten Büro, selbst an dienstfreien Tagen und ohne je Urlaub zu nehmen. Als ihn sein Präsident einmal zur Schonung mahnte, antwortete er mit dem französischen Wort: ‚Pour le repos nous avons l'éternité – zum Ausruhen haben wir die Ewigkeit.'

Bei all seinen weitreichenden Befugnissen blieb er der einfache unscheinbare Mann, der er von jeher war. Orden und Ehrenzeichen lehnte er für sich ab; nur der Ernennung zum Ritter des Ordens vom heiligen Silvester (1952) durch Pius XII. glaubte er sich nicht entziehen zu dürfen.

Mit Vorgrimler, der 1967 in den Ruhestand trat, ging eine Epoche, genauer: eine Stilepoche der Caritasverwaltung zu Ende. In dieser stark patriarchalisch geprägten Zeit hat die Caritas Großartiges geleistet. Damals herrschte im Werthmannhaus selbst, nicht zuletzt durch Vorgrimler, eine warme familienhafte Atmosphäre. Wer den gutherzigen ‚Patriarchen‘ heute, da es zumindest in der Caritaszentrale zeitnotwendige demokratische Strukturen und Arbeitsmethoden gibt, schelten wollte, wäre unhistorisch und ungerecht. Denn der ist wahrhaft groß, der seiner Zeit am besten gedient hat. Vorgrimler wird man immer dazu zählen."

71

4. Wie die Neuanfänge in Freiburg aussahen

Mein Schulfreund Werner Herz hatte nichts mit St. Carolus zu tun. Er gehörte ganz und gar zur Pfarrei Maria Hilf und hörte nicht auf, den Kaplan Alfons Ketterer zu loben. Ketterer (1912–1993) war dort 1940–1948 Kaplan. Er war jung, drahtig, mit schwarzen Locken und schwarzer Brille, ein Sportsmann und zugleich ein großer Musikliebhaber. Wegen dieser letzteren Seite begann ich mich für ihn zu interessieren. Unter den Tannen im Garten des Pfarrhauses baute er seinen Plattenspieler auf. Für eine einzige Tschaikowsky-Sinfonie („Pathétique") brauchte man einen ganzen Stapel von Schellackplatten. Die große Musik, die Ketterer so für uns vermittelte, war für mich eine Offenbarung. Neben dem Pfarrhaus von Maria Hilf gab es einen Saal in der früheren Scheune. Ketterer begann nun, Künstler, die sich in Freiburg nach dem Krieg eingefunden hatten, um Konzerte zu bitten. Hier taten sich für mich neue Welten auf. Heinrich Schlusnus und Dietrich Fischer-Dieskau konnten wir bei der Interpretation der Lieder vor allem von Schubert aus der Nähe erleben. Karl Erb, ein berühmter Bach-Sänger, trug geistliche Musik vor. Ich begann, Unterricht auf einer Violine zu nehmen, die sich in Schmidhofen gefunden hatte. Leider habe ich nicht konsequent geübt. In den Jahren 1945 bis 1948 brachte ich es nur zu einem bisschen Haydn. Mein Vater hat nach seiner Rückkehr aus der Gefangenschaft sofort Kontakte zu Geistlichen der amerikanischen Caritas und zu deutschen Personen, die in die Schweiz emigriert waren, aufgenommen, um Hilfsaktionen für hungernde deutsche Menschen zu organisieren. Zwei amerikanische Patres, Father Flynn und Father McSweeny, kamen oft zu uns nach Hause, und einer schenkte uns einmal einen modernen Plattenspieler mit zwei modernen Langspielplatten, den Violinkonzerten von

Beethoven und Tschaikowsky, gespielt von Isaac Stern. Ich konnte sie nicht oft genug hören.

Im Lauf des Jahres 1945 wurden Theater und Universität in provisorischen Räumen wieder eröffnet. Der erste Nachkriegsrektor der Albert-Ludwigs Universität war der Alttestamentler Arthur Allgeier. Ich ging zu seiner Eröffnungsrede. Sie begann ein wenig merkwürdig, er sagte, es sei ein Tag der Freude, die Universität sei nun ein Haus der Freude, ein wahres Freudenhaus geworden. Eine meiner ersten Opern, in einem nüchternen Saal gespielt, war „Martha" von Flotow.

Wieder zur Schule

In dem fast unbeschädigten Friedrichs-Gymnasium, einst ebenfalls ein humanistisches Gymnasium im Stadtteil Herdern, wurde auch die Schule wieder eröffnet. Sie hieß nun nur einfach „Gymnasium". Zu meiner Freude verbot die französische Besatzungsmacht den Unterricht in Englisch, einer Sprache, die ich nie leiden konnte, in Physik und Chemie, die ich ebenfalls nicht leiden konnte. Die Mehrzahl der alten Lehrer war verschwunden. Ob sie inzwischen pensioniert waren? Oder waren sie in den Maschen der Entnazifizierungsbehörde hängen geblieben? Mit Sicherheit weiß ich nur, dass Direktor König Berufsverbot für alle Zeiten hatte. Unser geliebter Lehrer Karl Späth war wieder da. Von den anderen Neuen, die schon älter als üblich waren, habe ich den Deutschlehrer Sauer in guter Erinnerung; er erzählte mehrfach, wie wonnevoll es sei, abends bei Kerzenlicht und Rotwein Goethegedichte zu lesen. Ein anderer sehr liebenswerter Lehrer war Herr Strasser. Er gab Mathematik und war im Abitur mein Retter. Ich wäre sicher mit Logarithmen und Geometrie durchgefallen, wenn er nicht neben der Tafel gestanden und mir das Richtige eingeflüstert hätte. Wir waren 1948 die erste Klasse, die auf Befehl der Franzosen ein Zentralabitur machen musste; niemand kannte die Prüfer im Schriftlichen und Mündlichen, aber die eigenen Lehrer durften beim Mündlichen anwesend sein. In böser Erinnerung habe ich den „neuen" Religionslehrer, den Prälaten Krämer. Er war ein Mannheimer Hitzkopf, sparte nicht mit Polemik auch politischer Art, verfügte über Tiraden von Schimpfworten, trumpfte mit historischen Fakten auf, aber von Glaube und Spiritualität war kaum die Rede. Mir persönlich tat er nichts zuleid, aber meinem Freund Kurt König warf er einmal einen Schlüsselbund an den Kopf. Damit ging der Kirche ein Anhänger verloren.

Politik

Politik hat mich eigentlich von klein auf begleitet. Schon in den letzten Kriegsjahren hatte ich mich ausdrücklich und näher mit Politik beschäftigt. Ich studierte die demokratische Literatur aus der Weimarer Zeit, die sich im Bücherschrank meines Vaters fand. In Freiburg war der Einfluss der kirchlichen Hierarchie nach dem Krieg sehr groß. Zwei Richtungen zeichneten sich ab, solche, die eine Wiederherstellung der rein katholischen Zentrumspartei wünschten, und solche, die, gerade angesichts der so sehr gefürchteten bolschewistischen Bedrohung, einen kämpferischen Zusammenschluss der Christen befürworteten. In der alten Freiburger Zentrumspartei waren die „linken", für Völkerverständigung und soziale Gerechtigkeit eintretenden Kräfte dominierend gewesen. Der ihr angehörende Reichskanzler Josef Wirth, einst Mathematiklehrer Karl Rahners, hatte mit der Sowjetunion den Vertrag von Rapallo geschlossen und vertrat die Auffassung: „Der Feind steht rechts" (1949 machte mich Erzbischof Rauch in seinem Vorzimmer mit Wirth persönlich bekannt; Adenauer verhinderte die Rückkehr Wirths in die deutsche Politik). Aber Erzbischof Gröber wollte von dieser Richtung nichts wissen. Er favorisierte, auch bei der Besatzungsmacht, die spätere CDU und setzte sich durch. Die Franzosen wünschten in dem von ihnen besetzten Südbaden eine eigene Regierung. Ich besuchte wiederholt die Sitzungen des kleinen Landtags. Bei den Parteichristen fanden sich würdige Herren, die in der Öffentlichkeit gern in Frack und Zylinder auftraten

74

und schon dadurch dokumentierten, an welche guten alten Zeiten sie anknüpfen wollten. Ein Mustertyp war der Staatspräsident Dr. Leo Wohleb, einst Professor, wie man in Baden sagte, an einer Höheren Schule gewesen, er hatte Latein und Griechisch als Fächer. Ich respektierte ihn sehr. Unter den von den Nazis verfolgten Sozialdemokraten waren viele biedere Handwerker. Die Liberalen stellten ein Sammelbecken der Unternehmer dar, deren Fabriken sehr unter den Demontagen litten. Meine Sympathie gehörte den Kommunisten, die Leute in ihren Reihen hatten, die wegen ihrer Überzeugung im KZ gequält worden waren und die dort Freundschaften mit Christen, auch mit Geistlichen, geschlossen hatten. Ihr Fraktionschef war der evangelische Pfarrer Erwin Eckert, ein überzeugend wirkender Redner. Ihr Programm, Enteignung der Großgrundbesitzer, Vergesellschaftung der Industrie, kompromissloses Eintreten für Frieden und Völkerverständigung, leuchtete mir ein. Man konnte damit die immer noch existierenden Kräfte, vor allem in Wirtschaft und Industrie, die das Unglück heraufbeschworen hatten, in die Schranken weisen. Für Stalin, der viele deutsche Kommunisten umgebracht hatte, hatten sie keine Sympathien, und mit den Kommunisten in Berlin hatten sie auch nichts im Sinn. Ich studierte Karl Marx und sein „Kommunistisches Manifest". Was dort über die Situation der „Arbeitnehmer" gesagt ist, hielt ich nicht für falsch, und es trifft heute, im Zeichen der gnadenlosen Globalisierung, erst recht zu. Es gab immer wieder Vertreter der christlichen Soziallehre, die darauf hinwiesen, wie recht Marx mit seinen Situationsanalysen und mit seinen Appellen zur Veränderung der Verhältnisse hatte, die von seinen Lösungsversuchen und von späteren Deformierungen unabhängig sind. Oswald von Nell-Breuning SJ sagte einprägsam: „Wir stehen alle auf den Schultern von Karl Marx". Nach Jahrzehnten, in denen auch Katholiken Marx für „erledigt" hielten, kommt da und dort eine andere Sicht auf. Der katholische Bischof von Trier, Reinhard Marx, sagte zum Beispiel 2006:

Wenn die Kapitalrendite zum höchsten Gut wird und die Arbeit an Wert verliert, kann die Gesellschaft doch nur ins Rutschen geraten. Wenn es so weitergeht, wird das System an die Wand gefahren. Der alte Marx hat ja nicht nur unrecht gehabt mit seiner Kritik am ungebremsten Kapitalismus. Seine Frage, was einem die bürgerliche Freiheit nutzt, wenn man nichts zu essen hat, ist berechtigt. Ich habe viel von Marx gelesen während des Studiums und dabei gelernt, dass die sozialen Menschenrechte und die bürgerlichen Freiheiten zusammengehören (DER SPIEGEL 21/2006 S. 60).

Vieles von dem, was nach dem Zweiten Weltkrieg über die Kommunisten in Frankreich und besonders in Italien (von Gramsci und Togliatti) und ihren revidierten Marxismus zu erfahren war, imponierte mir damals. Aber die Entwicklung in Nachkriegsdeutschland führte ja bald zu immer weniger gebremstem Kapitalismus und zur völligen Marginalisierung der Kommunisten bei uns.

Man las in den ersten Zeitungsjahrgängen nach dem Krieg von Überlegungen in Frankreich, die alemannischen Regionen Südbaden, Südwürttemberg, Hohenzollern und Vorarlberg zu annektieren und zu Provinzen Frankreichs zu machen. Ich hätte nichts dagegen gehabt. Das Elsass war ein Beispiel, wie die Nationalitäten wechseln können, ohne dass eine Identität ganz zugrunde geht. Meine Heimat war die alemannisch sprechende Region um Freiburg, auch das südliche Badenerland. Deutschland oder eine deutsche Nation oder ein deutsches „Vaterland" spielten für mich keine Rolle. Mit größtem innerem Widerstand nahm ich nach der „Wende" zur Kenntnis, wie bestimmte Politiker an der Stelle der im Osten verlorenen „Werte" ein gemeinsames Nationalgefühl wiederzubeleben versuchten.

Pfarrjugend

Der schon erwähnte Kaplan (wir sagten „Herr Vikar") Ketterer gewann mich für die Pfarrjugend, die er in Maria Hilf aufbauen wollte. Ich fasste sie nicht als Konkurrenz zu Eckerts Ministrantenkreis in St. Carolus auf. Ketterer machte ich den Vorschlag, thematische Abende zum Thema Kunst zu machen, denn dieses war in den Schulen der Nazizeit wahrlich zu kurz gekommen. Ich übernahm einen Vortrag zu Michelangelo mit Lichtbildern. Unter den Büchern meines Vaters hatte ich Michelangelos Gedichte gefunden, die er der Fürstin Vittoria Colonna gewidmet hatte; als ich diese im Vortrag zitierte, fanden sie große Aufmerksamkeit. Mit dieser Pfarrjugend verbinde ich ein Erlebnis, das für mich einmalig war. Unter Leitung von Benni Küpferle, der später Förster wurde, fuhr ich mit einer Gruppe älterer Jungen in ein „Lager" im tiefsten Allgäu. Wir „wohnten" in einem Heustadel und kochten täglich einen „Kartoffelstampf" am offenen Feuer. Das Tal war von Bergen umgeben, die mir unglaublich vorkamen: Mädelegabel, Hohes Licht. Wir bestiegen das Nebelhorn. Der Blick auf die Gipfel ringsum erfüllte mich mit jubelnder Freude über Gottes Schöpfung.

Eine andere Erfahrung war negativ. Im Winter 1944/45 hatte sich Hans Maier sehr um mich bemüht, der spätere CSU-Minister in München und Präsident des „Zentralkomitees der deutschen Katholiken". Er war mit seiner Mutter und seinem Bruder Bernhard „ausgebombt" worden und wohnte nun in meiner Nähe im Waldseeviertel. Bei ausgedehnten Waldspaziergängen waren wir nicht selten am Politisieren. Ich war nicht immer einig mit ihm, zum Beispiel war ich über ein Buch befremdet, das er mir schenkte: „Das nordische Dreigestirn", Biographien dreier höchst militanter skandinavischer Könige, die ich nicht gerade für exemplarische Menschen hielt. Mit Monarchien wollte ich mich nicht anfreunden und Militär hielt ich für eine Strafe Gottes, für ein Unglück. Er gehörte nach Kriegsende ebenfalls zur neuen Pfarrjugend in Maria Hilf. Messdiener war er nicht, aber er spielte ganz hervorragend Orgel. Es dauerte nicht lange, da kam es zu einem ausgewachsenen Streit zwischen ihm und mir. Er suchte Ketterer zu überreden, ehemalige Hitlerjugend-Führer zu Gruppenführern in der Pfarrjugend zu machen. Ich machte Stimmung dagegen und drohte damit, die Franzosen – mein Vater hatte inzwischen gute Kontakte zu ihnen – um ihre Meinung zu dieser Politik

zu fragen. Dadurch entstand ein Bruch, der bis heute nicht
geheilt ist. Bei Maier zeichnete sich ab, was Adenauer dann in
großem Stil machte: Nazis mit ins Boot zu holen
Nach der Gründung des „Bundes der Deutschen Katholischen
Jugend" (BDKJ) 1947 kam allmählich das Ende der Pfarrjugend mit ihrer Autonomie in jeder einzelnen Pfarrei.

Die Säuberungen

Tief berührt haben mich die Nachkriegsschicksale zweier meiner Freunde. Der schon erwähnte Gerhard Buchgeister, geboren 1930 (übrigens im Gymnasium in der Klasse Hans Maiers),
wohnte mit seinen Eltern und Geschwistern in einem modernen Haus mitten im „Universitätsstadion". Es war eine Dienstwohnung, denn der Vater, früher selber ein dekorierter Sport-
ler, war Direktor des Universitätsinstituts für Leibesübungen.
Beide Eltern stammten aus Westfalen. Sie waren katholisch
bis ins Mark, hatten keinen Sinn für Kritik an der kirchlichen
Obrigkeit. Sie gehörten, wie erwähnt, zum Kernkreis von St.
Carolus. Der Vater Buchgeister war im Ersten Weltkrieg Offizier gewesen und als Soldat genau so ergeben gegenüber der
Obrigkeit wie als Katholik. Ich erlebte ihn häufig in der Messe.
Im Krieg war er Major der Reserve, ein hoher Offizier, der immer in Uniform die Messe besuchte. Nun stellte sich nach der
Besetzung Freiburgs durch die Franzosen heraus, dass Buchgeister in der Nazipartei gewesen war. Die Franzosen beschlag-
nahmten das ganze Stadion samt Wohnhaus; Buchgeisters
waren obdachlos, sie kamen in einer schäbigen Hinterhaus-
wohnung unter. Das Gehalt des Vaters wurde sofort für Jahre
gesperrt. Für die Familie begannen Hungerzeiten, meine Mutter half mit Brotmarken. In der Not alarmierte Prälat Eckert
den damaligen Caritaspräsidenten Dr. Benedikt Kreutz, der als
schlitzohriger Schwarzwälder den Caritasverband durch die
Nazizeit laviert hatte. (Sein Widerstand war nicht nach meinem Geschmack. Ich hörte ihn einmal predigen: „Unser wahrer Führer residiert im Panzerturm des Tabernakels. Von dort

schleudert er vernichtende Blitze auf die Feinde des Glaubens und der Kirche".) Kreutz verfasste eine Bescheinigung für Buchgeister zur Vorlage bei der Entnazifizierungsbehörde:

Der Präsident des Deutschen Caritasverbandes
Bescheinigung
Unsere schon seit 25 und mehr Jahren existierenden sozialen Schulen wurden nach den Jahren 1933 gezwungen, entweder zu schließen oder auch das Fach „Nationalpolitik" in den Lehrplan einzubeziehen. Wir sahen uns einem recht großen Dilemma gegenüber. Da wir auf Nachwuchs an sozial-caritativen Kräften auf dem Gebiete der kirchlichen Liebestätigkeit nicht verzichten können, haben wir uns entschlossen, einen Ausweg zu suchen. Wir wussten, dass Herr Buchgeister zwar äußerlich zur Partei gehörte, dass er aber innerlich gar keine Gemeinschaft mit den Partei-Idiomen hatte, dass er ein positiver Christ war, ein trefflicher Pädagoge, der ohne die Seelen innerlich zu verwunden, das vorgeschriebene Lehrfach vorzutragen wusste. Wir sahen in der Person des Herrn Buchgeister eine glückliche Lösung dieser Angelegenheit. Herr Buchgeister hat uns durch die Übernahme dieses Faches einen guten Dienst erwiesen und mitgeholfen, die Ausbildungsstätte zu erhalten, ohne ihr inneres Wesen zu berühren oder gar zu gefährden.
30. Juli 1945
Dr. Kreutz
Hausprälat S. Heiligkeit des Papstes
Apostolischer Protonotar a. i. p.

Davon ließ sich die Entnazifizierungsbehörde nicht beeindrucken. Es gab jedoch in der Universität einen eigenen „Säuberungsausschuss". Dieser stellte Buchgeister folgendes Zeugnis aus:

Universität Freiburg i. Br.
Personal des Hochschulinstituts für Leibesübungen
Freiburg i. Br., 5. Sept. 1946

Am ausführlichsten haben wir uns über den Institutsdirektor Heinrich <u>Buchgeister</u> zu äußern. Buchgeister ist im Mai 1933 der NSDAP beigetreten, nachdem dies ihm und seinen Berufsgenossen auf einer Diensttagung in Berlin dringend nahegelegt worden war. Seine Äußerung, dass er 2 – 3 Jahre später den Beitritt nicht mehr vollzogen haben würde, ist wohl glaubwürdig, denn B. war bekannt als ein Mann, der seiner Gesinnung nach nicht in die Partei gehörte. Vor allem blieb er ein treuer Katholik und lehnte sonntags den SA-Dienst ab. Parteiämter hat B. nicht übernommen. „Nationalpolitischen" Unterricht hat er auf Wunsch des Caritasverbandes erteilt; dort wusste man, dass B. diesen Unterricht ohne Verletzung des christlichen Empfindens erteilte und war ihm dankbar, dass durch ihn der Übergang zu einem wirklichen Nazi vermieden wurde.

Der SA ist B. im Juli 1933 beigetreten, nachdem sich diese Gliederung des Turn- und Sportwesens an den Hochschulen bemächtigt hatte, um seine Sache nicht im Stich zu lassen, zumal damals auch einige hervorragende Vertreter der katholischen Kirche auf eine günstige Entwicklung der Partei und ihrer Gliederungen hofften und ein Mitmachen guter Kräfte gar nicht ungern sahen. Innerhalb der SA hat B. keine Funktion ausgeübt, also kein Amt innegehabt, er wurde nur pro forma beim Stabe des Standartenführers geführt und ganz schematisch entsprechend seinem Aufsteigen als Reserveoffizier in der Wehrmacht mehrfach befördert, zuletzt zum Obertruppführer.

Der Ausschuss vertritt die Auffassung, dass Buchgeister nicht unter die Richtlinien der Militärregierung fällt und wünscht dringend sein Verbleiben im Amte. Sollte die Militärregierung wegen des Ranges in der SA Bedenken haben, so wäre noch darauf hinzuweisen, dass Buchgeister sich die ganze Zeit hindurch nicht nur als gläubiger Katholik treu geblieben ist, sondern auch als gerechter und hilfsbereiter Mensch gegenüber Juden. Bei einem akademischen Sportfest schützte er jüdische Korporationen gegen Angriffe und Beleidigungen anderer Studentenverbindungen und im Kriege nahm er den Ehemann einer ins Konzentrationslager verschickten Jüdin in sein Haus auf.

v. Dietze
Beringer
Nessler

Diese Stellungnahme ist umso bemerkenswerter, als Professor Constantin von Dietze, ein bekennender evangelischer Christ, selber zu den Verschwörern des 20. Juli 1944 gehört hatte und Opfer, Gefangener des Naziregimes war. Aber auch dieses Zeugnis blieb wirkungslos.

Zwei Bemerkungen sind noch anzubringen. Die im letzten Satz erwähnte Familie Arendt gehörte auch zu den Leuten von St. Carolus. Ich kannte sie gut. Nachdem Frau Arendt als Jüdin ins Konzentrationslager Ravensbrück gebracht worden war, bekam ihr Ehemann täglich sein Essen bei Buchgeisters.

Der Hinweis auf „hervorragende Vertreter der katholischen Kirche" kann in erster Linie niemand anderen meinen als den Freiburger Erzbischof Gröber. Er hatte an die Katholiken appelliert, in der Nazi-Bewegung mitzuarbeiten und den Geist des neuen Reiches zu beeinflussen. Er selber war ja bis 1945 förderndes, also zahlendes Mitglied der SS geblieben. Es soll ihm nicht vorgeworfen werden, dass er sich geirrt hat. Errare humanum est. Man muss ja nicht gleich mit Heidegger sagen: Nur wer groß denkt, der darf auch groß irren. Aber Gröber hat sich für sein Fehlverhalten nie entschuldigt, hat den Opfern seiner Appelle kein Wort des Bedauerns zukommen lassen, hat sich selber als Opfer des Regimes feiern lassen. Eine letzte Gelegenheit dazu hätte sich bei der Feier seines Goldenen Priesterjubiläums 1947 geboten. Ich habe daran teilgenommen. Sie fand unter riesigem Zulauf im Freiburger Straßenbahndepot statt, dem damals größten unzerstörten Raum. Das Orchester spielte Schuberts Unvollendete, und Gröber interpretierte sie, kunstsinnig und ästhetisch wie er war, als Sinnbild seines Lebens mit Höhen und Tiefen, wobei die Tiefen aber nicht als Irrtümer aus dem eigenen Innern, sondern als Bedrohungen durch äußere böse Mächte verstanden wurden. Die kleinen

Leute in der Kirche kamen in seinem Rückblick nicht vor. Wenige Monate danach starb er.

Der Vater Buchgeister musste jahrelang um eine kleine Pension kämpfen, er starb 1977. Aber sein Sohn Gerhard musste sich noch in den 90er Jahren gegen Verunglimpfungen des Vaters in der örtlichen Presse wehren. Verfasser waren Journalisten aus jener ganz jungen Generation, die von gar nichts etwas wussten, von Fairness und Gerechtigkeit nichts hielten, aber auf einem hohen Ross der Selbstgerechtigkeit sitzend andere moralisch hinrichteten (und hinrichten).

Auch der Vater meines anderen Freundes Werner Herz (geboren 1929) war ein Opfer Gröbers. Er war Lehrer im Prechtal bei Waldkirch gewesen. Auf den Appell Gröbers hin war er 1932 der Nazipartei beigetreten, ohne sich je der Kirche zu entfremden. Er wurde Lehrer an einer Volksschule in Freiburg. Nach Kriegsende wurde er sofort entlassen, seine Bezüge wurden gestrichen. Er wurde von der Militärregierung zum Schutträumen kommandiert. Mein Vater versuchte vergeblich, bei französischen Offizieren eine Begnadigung zu erreichen. Vater Herz starb 1950 in seinem Schrebergarten an einem Herzinfarkt.

Weite Horizonte

Die Kulturabteilung der französischen Militärregierung machte nach ersten Anlaufschwierigkeiten den üblen Eindruck wieder gut, den die (weißen) französischen Soldaten bei mir gemacht hatten. Wahrscheinlich ist die tiefe Kluft zwischen Kultur und Soldaten typisch für das Militär zu allen Zeiten und an allen Orten. Das „Französische Institut" in Freiburg (später auch in Innsbruck) veranstaltete Ausstellungen und verschaffte mir den Zugang zu Matisse, Braque, Picasso und anderen. Jean Cocteau rührte mich zutiefst, sowohl mit dem Film „Orphée" als auch mit dem Theaterstück für eine Person „Die geliebte Stimme". Für den Französischunterricht wurden Bücher herausgebracht in einer Ausstattung und didaktischen Präsentation, wie sie vorher für mich unvorstellbar waren. Ich erinnere mich besonders an Gedichte von Verlaine und an Geschichtsdarstellungen von Michelet. Einer anderen neuen, zugleich zutiefst humanistischen und anti-religiösen Welt begegnete ich bei André Gide und Jean-Paul Sartre. Zu religiöser und theologischer Literatur aus Frankreich, die sich gerade mit dieser Welt auseinandersetzte und nicht geruhsam-selbstgefällig war wie die deutsche, vermittelte der Dokumente-Verlag in Offenburg. Für ein paar (wertlose) Pfennige konnte ich antiquarisch die Werke Dostojewskijs und Tolstojs erstehen. Sie behielten ihren Einfluss auf mich bis heute.

Das deutsche Buchwesen lief nur langsam wieder an. Der Rowohlt-Verlag brachte Romane im Zeitungsformat zum billigen Preis heraus, „ro-ro-ro" genannt, „Rowohlts Rotations-Romane". Ich kaufte alles, wofür mein Taschengeld reichte. Von bleibender Erinnerung sind mir die Romane des Engländers Graham Greene (1904–1991). Sie waren ganz dicht an einem Leben, das ich überhaupt nicht kannte, in dem Schnaps, Frauen, schmuddelige Hotels und Verbrechen eine große Rolle spielten. In dem meisten, was ich von dem eigenwilligen Katholiken Greene las, ging es um die Koexistenz von Sünde und Gnade, um eine Vergebung, bei der man nicht unbedingt auf die Beicht angewiesen war. Das war für mich von existentieller Bedeutung. „Etiam peccata". Weniger in die Tiefe gehend, aber dennoch packend waren Hemingways Schriften. Unter den „besseren" Büchern, die wir zum Teil durch Schweizer Hilfe erhalten konnten, waren die kulturkritischen Werke des Arztes Max Picard (1888–1965) und ein Glaubensbuch des Konvertiten Alfred Döblin (1878–1957), das ich zusammen mit dem Schulfreund Werner Herz las. Ich denke, dass beide heute zu Unrecht vergessen sind. Auch bei ihnen ging es um den Unterschied und die Koexistenz von Gut und Böse und um die Wahrnehmung von Gnade.

Mein Vater hatte zwei Zeitschriften abonniert, die ich aufmerksam las, solange sie ihr Niveau behielten. In den „Frankfurter Heften" erschien in den ersten Nachkriegsjahren der „Brief über die Kirche" von Ida Friederike Görres, der sehr kritisch mit der kirchlichen Hierarchie ins Gericht ging. Erzbischof Gröber verfasste gegen ihn einen eigenen Hirtenbrief. Das „Hochland", das unter der Leitung von Carl Muth ein neues, offenes Denken in die Kirche einbringen wollte, gerade auch im Bereich der Literatur, konnte wieder erscheinen und brachte unter anderem einen Beitrag von Ernst Wolfgang Böckenförde über jene katholischen Theologen (u. a. M. Schmaus, K. Adam, J. Lortz) und sonstigen Wissenschaftler, die mit den Nazis paktiert hatten.

Mit dem Verlag Herder in Freiburg war damals nicht nur ich böse. Verlag und Druckerei funktionierten wieder, aber kein Buch, auch kein Gebetbuch, keine Bibel, nichts war in den Buchhandlungen erhältlich. (Eine Ausnahme bildeten einige Zeitschriften.) Als 1948 die große Währungsreform kam, das Besatzungsgeld seinen Wert verlor und die ersten Kopfquoten an guter D-Mark ausgegeben waren, da waren auf einmal die Buchhandlungen voller Herder-Bücher. Die Schlaumeier hatten sie für den Tag x, von dem man schon lange munkelte, zurückbehalten.

Noch ein Vorbild

Mit dem Verlag Herder hatte ein Priester zu tun, Karl Becker (1907–1986), der mit Eltern und Dackel nach dem Krieg unweit von mir in der Neumattenstraße wohnte. Er war Benediktiner in Neresheim gewesen, hatte über einen Abt von Salem promoviert und war nun „Dompräbendar" (ein Zwischenstand zwischen Domvikar und Domkapitular) am Freiburger Münster, außerdem Studentenpfarrer an der Universität. Nicht nur sein Gesang in den Hochämtern, auch seine Predigten waren faszinierend. Ich besuchte sie, so oft ich konnte. Stets brachte er mehrere Bücher auf die Münsterkanzel mit, und neben seinen eigenen treffenden Formulierungen trug er eindringliche Zitate vor. Es waren spirituell anrührende Predigten, die nichts Moralisierendes und nichts Propagandistisches an sich hatten. Er war das genaue Gegenteil zu dem lärmenden Marktschreier

Pater Leppich SJ, dem man leider sogar den Münsterplatz zur Verfügung stellte. Für junge Menschen brachte Becker bei Herder seit 1946 die anspruchsvolle Zeitschrift „Der Fährmann" heraus, die in den ersten Jahren ein riesiger Erfolg war. Der ersten Nummer gab er den programmatischen Titel „Wir heißen euch hoffen". Ich hatte eingehende und zum Teil heftige theologische Diskussionen mit ihm, und er wurde für mich zum guten Freund. Er schenkte mir die französische Erstausgabe des Buches „Surnaturel" von Henri de Lubac. Werner Herz und mich lud er auf seine Kosten mehrfach zu gemeinsamen Ferien ein. Wir machten Bergwanderungen in Tirol – Geistliche durften damals umsonst auf den Berghütten wohnen, wenn sie dort für die Wirtsleute eine „Tischmesse" hielten, was zwar nicht erlaubt, aber geduldet war –, 1952 reisten wir mehrere Wochen mit der Eisenbahn durch ganz Spanien. Ich konnte Orte der Mystik kennenlernen, Avila und Loyola, Montserrat; die Bauten der „katholischen Majestäten", den Escorial in erster Linie, die arabische Architektur in Andalusien. Der katholischen Franco-Diktatur begegneten wir nur am Strand von San Sebastian, wo zwei elegant weiß gekleidete Offiziere der Sittenpolizei die Kürze unserer Badehosen beanstandeten. Während der Diktator seine Gegner mit der Garotte erdrosseln ließ, kümmerten sich seine Offiziere um Badehosen. Es war typisch für damalige katholische Politik.
Für Herder verfasste Becker eine theologische Darstellung der Osternacht und ein Buch, in dem er verschiedene Stimmen über das „Vater unser" sammelte. Später wurde er Rundfunkbeauftragter des Erzbistums, danach Professor an der Pädagogischen Hochschule in Karlsruhe. Den Ruhestand verbrachte er in Kirchhofen im Markgräflerland.
Er war neben Eckert der zweite Mensch, der mich in seiner „priesterlichen Existenz" überzeugte. Seit dem Wiederbeginn des Schulunterrichts 1945 war ich von Jahr zu Jahr gewisser, dass ich es wagen könnte, ihnen nachzufolgen. Vielleicht sollte ich hier einige Worte zu dem Thema „Berufung zum Priestertum" sagen. Noch immer sind Menschen in der Kirche der Meinung, es handle sich bei „Berufung" um ein mystisches

Erlebnis, etwa um das Hören einer göttlichen Stimme, wenn nicht gar um eine Erscheinung. Gegen solche Auffassungen hatte schon im 19. Jahrhundert die römische Kirchenleitung Stellung genommen. In großer Nüchternheit erklärte sie, zum Priester berufen sei derjenige, der für diesen Dienst Eignung und Neigung mitbringe und von der kirchlichen Autorität angenommen werde. Die Neigung war mir in langen Jahren klar geworden. Meine Zweifel an meiner Eignung hatten fortlaufend abgenommen. Ob mich die Freiburger Kirchenleitung akzeptieren würde, darauf musste ich es ankommen lassen.

Wir hatten nach dem Krieg fünf Mädchen in der Klasse. Eine von ihnen, Anne Bücheler, wurde eine gute Freundin von mir. Sie hatte (und hat) einen tiefen Sinn für Spiritualität und Liturgie, und ich konnte sehr gut lange theologische Gespräche mit ihr führen, wobei sie mich in meiner Absicht, in meinem Lebensweg bestärkte. Sie lehrte später Latein und Französisch am Gymnasium in Villingen, kümmerte sich um Menschen, die im Leben zu kurz gekommen waren und wirkte in Arbeitskreisen ihrer Pfarrei mit.

Am 7. Juli 1948 legte ich das Abitur mit der Note „Sehr gut" ab; von der Schule bekam ich als Preis ein Buch über den Zweiten Weltkrieg in der Sicht des Schweizerischen Militärs, na ja, auf jeden Fall ist es schön in Leinen gebunden. Den Abitur-Aufsatz in Deutsch habe ich über das Thema „Im Anfang liegt das Ende" geschrieben, das auch ein Buchtitel bei Reinhold Schneider war.

„Priesteramtskandidat"

Ich musste mich nun näher mit den kirchlichen Richtlinien für die Priesterausbildung befassen. Da sich in der Zwischenzeit so vieles verändert hat, gebe ich die damalige, lange Zeit gültige Regelung wieder. Die Priesteramtskandidaten mussten vier Semester im Collegium Borromaeum wohnen und das Priesterleben spirituell und disziplinarisch einüben, während sie gleichzeitig an der Universität studierten. Das 5. und 6. Semester durften sie in der „Externitas", in einer anderen Stadt an einer theologischen Fakultät, die den Oberen zusagte, verbringen und so ihren priesterlichen Lebensstil auf die Bewährungsprobe stellen. Das vierte Jahr fand wieder so statt wie die ersten beiden Jahre. Im fünften Jahr zog der ganze „Kurs" um in das Priesterseminar, die wunderschöne ehemalige Benediktinerabtei St. Peter im Schwarzwald, wo Kurse in praktischer Moraltheologie (Beichthören) und Liturgie abgehalten wurden und viel Zeit für geistliche Vertiefung war. 2006 wurde das Priesterseminar in das Collegium Borromaeum nach Freiburg verlegt. Äußerer Sparzwang und geistige Dürftigkeit gaben sich die Hand.

Ich meldete mich also nach dem Abitur gleichzeitig bei der Universität und im Collegium Borromaeum an. Damals, 1948, wurde man nur immatrikuliert, wenn man einige Wochen Aufbauarbeit in der Trümmerlandschaft geleistet hatte. So brachte ich mehr als zwei Monate in der zum großen Teil zerstörten Universitätsklinik zu. Aus dem Betonskelett mussten die Trümmer entfernt werden, indem man sie aus den Fenstern schaufelte oder, wo das nicht ging, in Säcken auf der Schulter nach außen trug.

Das Collegium Borromaeum in Freiburg war zum Teil auch noch vom Krieg zerstört. Das machte die Wohnverhältnisse sehr beengt. An Einzelzimmer war nicht zu denken. Das Regiment dieses „kleinen Priesterseminars" setzte sich aus vier „Vorstehern" zusammen. Die Küche und übrige Versorgung wurde von den Vinzentinerinnen betreut, Ordensschwestern, die damals markante hochgiebelige Hauben trugen, die von weitem Segelschiffen glichen. Die Vorsteher seien kurz und bei der notwendigen Kürze gewiss auch sehr einseitig charakterisiert.

Der „Herr Direktor" war Dr. phil. Dr. theol. Hermann Schäufele. Sein Vater war, ähnlich wie mein Großvater, Streckenwärter bei der Bahn gewesen, aber da er in Rom studiert und zweimal promoviert hatte, war er nun gehobenen Standes geworden.

Ich habe in meinem kirchlich-klerikalen Leben, das jetzt fast 60 Jahre dauert, die feste Überzeugung gewonnen, dass die

Einrichtung des von Jesuiten gegründeten und geleiteten „Collegium Germanicum" in Rom ganz unheilvoll für den inneren Zusammenhalt der Priester einer Diözese ist. Nach einer Prüfung der Kandidaten in intellektueller, moralischer und disziplinarischer Sicht wurden einige Auserwählte – pro Diözese damals rund zwei pro Jahr – nach Rom geschickt, wo sie nach der Studienordnung der Jesuiten drei Jahre Philosophie und vier Jahre Theologie zu studieren hatten. Sie sollten sich in dieser Zeit zu einem Promotionsstudium, möglichst zu zwei Doktoraten, in Philosophie und in Theologie, entscheiden. Bereits in Rom bewegten sie sich in kardinalsroten Talaren abgehoben von den übrigen Priesterstudenten durch die Universität Gregoriana und durch die Stadt. Das Ziel war nicht nur die Heranbildung eines anspruchsvoll ausgebildeten Klerus, sondern auch die Produktion absolut konformer, dem Papst bedingungslos ergebener, kritikloser Figuren. Diese Leute bildeten in jedem Bistum einen Kader, auf den „Rom" jederzeit zurückgreifen konnte. Nach wenigen Jahren in der Seelsorge wurden sie in höhere Positionen befördert, zum Beispiel in die Laufbahn von Universitätsprofessoren. Vor allem aber bildeten sie das Reservoir, aus dem „Rom" Bischöfe und Weihbischöfe ernennen konnte. Für die Bischöfe war es natürlich vorteilhaft, Mitarbeiter zu haben, die in Rom Leute und Zustände kannten. Aber rechtfertigte das die evidenten Nachteile? Es versteht sich von selbst, dass durch dieses ausgeklügelte System, das in den Grundlinien bis heute gilt, der Klerus einer Diözese in eine Zwei-Klassen-Gesellschaft auseinanderfiel und auseinanderfällt. Die „Germaniker" bildeten zuhause noch einmal zwei verschiedene Gruppen. Die Mehrheit war und ist bis zur Selbstverleugnung dem römischen System angepasst. Die Minderheit entdeckt die Deformierung, die mit diesem Ausbildungssystem den Menschen angetan wird. Sie versucht, sich davon zu emanzipieren und wird innerkirchlich nichtkonform bis aufsässig. Ein markantes Beispiel dafür ist der Germaniker Hans Küng.

Das Gegenteil davon war Direktor Schäufele. Er war durch und durch ein „Römer". Papst Pius XII. verherrlichte er, wo er konnte. Er empfahl uns, wir sollten uns lieber mit dessen Enzykliken als mit der dunklen, unpräzisen und schwer verständlichen Bibel abgeben. Im Tonfall und in der Gestik ahmte er Pius XII. nach. Als Schüler des Jesuiten F. Hürth verstand er sich als Moraltheologe, aber seine Theologie sah in Gott nur den Gesetzgeber des Naturrechts und des natürlichen Sittengesetzes. Seine Ausrichtung war streng neuscholastisch. Er wollte ein Gegengewicht gegen Theodor Müncker bilden, der an der Universität Moraltheologie dozierte, den Schwerpunkt aber bei der Psychologie setzte. Müncker hatte ein Auge auf mich geworfen, weil er meinen Vater gut kannte, und lud mich – den Anfänger! – ein, bei ihm zu promovieren, und habilitieren wollte er mich auch. Er hatte einen einzigen Schüler namens Heinen, der später mein Kollege in Münster wurde, und mit dem die Moralpsychologie auch zu Ende ging. Nachdem ich sein Buch über Fehlformen des Liebeslebens gelesen hatte, war es klar: weder die Moraltheologie nach Schäufele noch die Moralpsychologie nach Müncker waren mein Fall.

Die „Vorsteher" mussten abends der Reihe nach „Punkte" vortragen, das heißt Vorlagen, nach denen die Priesteramtskandidaten morgens ihre „Betrachtung" formen konnten. Schäufele pflegte das unter umfangreicher Verwendung von Rilke-Zitaten zu tun, aber mir war bald klar, dass er Rilkes Religiosität und Philosophie überhaupt nicht verstanden hatte.

Unter dem Direktor standen zwei geistliche „Repetitoren", die den Studenten helfen sollten, die Angebote der Universität sinnvoll auszuwählen und den Vorlesungsstoff im Hinblick auf die Examina zu bearbeiten.

Dr. Robert Schlund war eine achtunggebietende Persönlichkeit. Er war in zeitgenössischer deutscher Philosophie und Theologie sehr bewandert; seine „Punkte" waren spirituell anspruchsvoll. Er hatte im Krieg in Russland ein Bein verloren. Das trug bei ihm mit zu einer ausgeprägten Spiritualität bei. Aber ich kann mich nicht erinnern, dass sie deutlich österlicher Natur war. Er bevorzugte eine Jesus-Nachfolge in Kreuzesmystik. Als ich ihn während des Freiburger Studiums in einer Predigtreihe in Maria Hilf hörte, fiel mir eine andere

Schlagseite auf: Er interpretierte die „Hymnen an die Kirche" von Gertrud von Le Fort, in denen die Kirche zur „Mutter" hypostasiert wurde. Diese Mutter ist bedingungslos zu lieben, und ihre Schläge erträgt man in Demut, denn sie hat ein Recht zu strafen. Dieses Kirchenbild lehnte ich rundweg ab. Später wurde Schlund Nachfolger Schäufeles als Konviktsdirektor, noch später, als Schäufele Erzbischof wurde, war er dessen Generalvikar. Er zeigte sich als ein harter Kirchenpolitiker, der für selbständige Initiativen und Neuerungen seiner „Untergebenen" keinen Sinn hatte, ergebene Kreaturen aber nach Kräften förderte. Unsympathisch war mir eine Reaktion, als er mich im Cura-Examen in Moraltheologie prüfte. Auf die Frage nach einem Moralprinzip antwortete ich, mein Moralprinzip sei Albert Schweitzers Maxime: „Ehrfurcht vor dem Leben". Er antwortete, wir hätten keinen Grund, den Protestanten nachzureden. Das Ende war versöhnlich. Kurz vor seinem Tod schrieb er mir einige Briefe mit Erinnerungen an meinen Großvater, den er im Münster erlebt hatte.
Der andere Repetitor hieß Willi Vomstein. Man hatte den Eindruck, dass er seine Aufgaben nur mit Unlust erfüllte. Knochentrocken waren seine „Betrachtungspunkte". Später wurde er Domkapitular. Für sein schlichtes theologisches Gemüt spricht folgende Begebenheit. Als Karl Rahner und ich 1961 unser „Kleines theologisches Wörterbuch" schrieben und bei Herder in Druck gaben, war er der Zensor für das „Imprimatur", die kirchliche Unbedenklichkeitserklärung. Er hatte zwei gravierende Beanstandungen. Wir hatten „das jüdische Mädchen Maria" geschrieben und den Begriff „Selbsttranszendenz" häufig verwendet. Rahner und ich suchten ihn in seinem Büro auf. Rahner entlockte ihm geschickt, dass er die Wendung bei Maria für anstößiger hielt als den ungewohnten Begriff „Selbsttranszendenz". Rahner schlug ihm vor, dass wir auf das „jüdische Mädchen" verzichteten und dafür die „Selbsttranszendenz" behielten. Damit war er einverstanden.
Spiritual war der Jesuitenpater Gottfried Dümpelmann. Er war der offizielle „Seelenführer" und Beichtvater, von dem man aber keinen Gebrauch machen *musste*. Sein Vorgänger war

der Schweizer Jesuitenpater Saurer gewesen, den der Vatikan mit Sondervollmachten ausgestattet hatte für den Fall, dass die Nazibehörden Erzbischof Gröber etwas antäten. Die „Exhorten" (= geistliche Ermahnungen und Ermunterungen) Dümpelmanns, die wir ebenfalls regelmäßig anhören mussten, waren eher einfältig. Aber er meinte es gut mit mir, und er half mir auf seine Weise bei einer wichtigen Entscheidung. Als im Lauf des Jahres 1949 die Frage auftauchte, wo ich mein externes Studienjahr zubringen würde, haben die „Vorsteher" offenbar etwas von einem Promotionsstudium und von Rom gemurmelt. Dahinter steckte mein letzter Gymnasiumsdirektor namens Breithaupt. Er stand dem damaligen Erzbischof Wendelin Rauch sehr nahe und hat mich diesem nachhaltig empfohlen. Rauch hat mich darauf hin mehrfach empfangen und mir Bücher geschenkt, darunter meinen ersten „Denzinger" und das Buch eines Bibelwissenschaftlers namens Leonhard Rost über Bibelübersetzungen. Dümpelmann nahm mich zur Seite und sagte: „Mein Lieber, gehen Sie nicht nach Rom. Dort brechen sie Ihnen das Rückgrat, sie beugen Ihren Charakter. Innsbruck hat ja auch eine Päpstliche Fakultät. Dort ist der berühmte Liturgiker Jungmann, und dort sind die Brüder Hugo und Karl Rahner. Ich sage Ihnen, Karl Rahner ist ein aufgehender Stern." Dümpelmann war 1932 bei denen gewesen, die gemeinsam mit Karl Rahner in der Michaelskirche in München zu Priestern geweiht worden waren. Er pflegte gute Beziehungen zur Mutter Rahner. Karl Rahner lächelte über den „Dümps", aber er schrieb ihm oft und hielt ihm die Predigt 1957 zum Silbernen Priesterjubiläum. Ich entschied mich für Innsbruck, nicht wegen Dümpelmanns Worten, nicht wegen des kommenden Sterns, sondern weil ich von Rom aus sieben Jahre nicht hätte nach Hause fahren dürfen, und meine Eltern hatten ja kein Geld, um nach Rom zu fahren.

Meine Beziehungen zu Direktor Schäufele waren nicht spannungsfrei. Er testete mich schon früh im Blick auf die Förderung, die der Gymnasiumsdirektor Breithaupt empfohlen hatte. So lud er mich zu einem Waldspaziergang nach St. Ottilien, einem stillen Wallfahrtsheiligtum gut eine Stunde von Freiburg entfernt, ein. Er fragte mich nach meiner bevorzugten theologischen Lektüre und war höchst unzufrieden, als ich sagte: von Guardini „Der Herr". Das hielt er nicht für Theologie. Er empfahl mir einen neuscholastischen Philosophen namens Hans Meyer, der über die Seinsordnung bei Thomas von Aquin geschrieben hatte. Meyer lag mir nun überhaupt nicht. Im zweiten Studienjahr mussten wir Probepredigten halten. Dabei habe ich mir einen schlimmen Fehler gegen jegliche Diplomatie geleistet. Ich wandte mich gegen das Gebet in der Messliturgie, dass Gott den Menschen wunderbar erschaffen und noch wunderbarer erneuert habe. Vielmehr sei der Mensch nach wie vor dem Bösen ausgesetzt, immer wieder strauchle er, falle er in Sünden und stehe wieder auf. Das könne man doch nicht als wunderbare Erneuerung bezeichnen. Zu allem hin hatte ich so begonnen: „Eine Predigt von mir für uns". Schäufele explodierte. Ein für alle Mal verbiete er, dass einer für den Kurs predige, das sei ausschließlich Sache der Vorsteher. Und dann dazu noch so abwegige Gedanken! Der Kurssprecher Hans Wilckens, Bruder des späteren evangelischen Bischofs Ulrich Wilckens, verteidigte mich energisch. Ich hatte ein gutes Verhältnis zu meinem Kurs.

Ich hatte mir hinsichtlich der Freizeit auch viele Freiheiten herausgenommen, weil ich bei meinen Eltern sein wollte. Diese nicht genehmigten „Ausflüge" nützte ich auch zu kurzen Besuchen beim Prälaten Eckert. Bei der Rückkehr musste ich jeweils den Garten durchqueren, in dem oft Schäufele auf und ab ging, das Brevier betend und darauf achtend, wer gegen die Hausordnung verstoßen hätte. Ich grüßte ihn höflich und sagte, ich komme von Domkapitular Eckert. Er wagte nicht, etwas dagegen zu sagen, aber er ließ mich seinen Grimm merken. Als ich kurze Zeit in Innsbruck war, wurde er Weihbischof und nach dem Tod des guten Erzbischofs Seiterich dessen Nachfolger. Nach dem Konzil hatte ich noch einmal mit ihm zu tun. Er besuchte mich im Verlag Herder. Dieser bereitete eine Buchausstellung am Ende des Konzils im Vatikan vor und bat Schäufele um eine einleitende Rede zur Theologie des Konzils. Schäufele seinerseits bat mich, für ihn diese Rede zu verfassen. Er bekam sie. Nach dem Tod meines Vaters 1975 schrieb er meiner Schwester und mir einen schönen Beileidsbrief. So entstand ein versöhnlicher Rückblick auf einen Menschen, den ich für die Aufgaben in der Priesterausbildung und als Erzbischof für gänzlich ungeeignet gehalten habe. Aber auf meine Meinung kommt es ja nicht an.

Im Collegium Borromaeum hatten wir eine provisorische Kapelle im Keller, weil die Konviktskirche noch zerstört war. Diese Kapelle war mir der liebste Ort im ganzen Haus. In den Gebeten und Meditationen ist mir etwas aufgegangen, was ich nicht breit ausführen möchte, was man kurz überschreiben könnte: Jesus als die Brücke zum Vater.

1950 wurden die vorgeschriebenen einwöchigen Exerzitien von Hugo Rahner SJ aus Innsbruck gehalten. Er war von sehr angenehmem Auftreten, mit einer warmen, tiefen Stimme und lebhaften blitzenden Augen. Aber vom Inhalt seiner Betrachtungen war ich zutiefst enttäuscht. Er legte das spätmittelalterliche Buch von der „Nachfolge Christi" zugrunde, das mir wegen seiner negativen Weltsicht und seiner individualistischen Spiritualität unsympathisch war, und er garnierte seine Ausführungen mit Zitaten aus den zahlreichen Reden Pius' XII., der mir schon deshalb unsympathisch war, weil er für Schäufele das Ein und Alles darstellte.

Der erste Kurs im Wintersemester 1948/49 begann zwar mit 71 Studenten, aber eine große Zahl kam zu der Einsicht, dass sie sich das hehre und erhabene Priesterbild Schäufeles nicht zu eigen machen konnte. Man muss ihm zugute halten, dass er damit nicht allein stand. Erzbischof Rauch sagte zum Beispiel in einer abendlichen Exhorte: „Was ist es Großes um den katholischen Priester. Er hält den ewigen allmächtigen Gott in seinen Händen und macht mit ihm Zeremonien". Von diesem Kurs wurden 38 im Jahr 1953 geweiht. Unter den Kursgenossen waren nicht wenige, die den Krieg als Soldaten mitgemacht, zum Teil in Gefangenschaft gewesen waren. Einige waren 15 Jahre älter als ich.

Heute haben die Bischöfe im allgemeinen einen guten Kontakt, eine Situation aufrichtiger Gespräche mit ihrem Priesternachwuchs. Das war damals ganz anders Ich habe Erzbischof Gröber und seinen Nachfolger Erzbischof Rauch nach den wirklich großartigen Orchestermessen im Freiburger Münster erlebt. Sie trugen über den Münsterplatz die „Cappa magna", einen violetten Mantel mit Schleppe, die so lang war, dass zwei Mann sie tragen mussten. Im Winter gehörte dazu ein schulterlanger Kragen aus weißem Hermelinfell, durchsetzt mit den schwarzen Schwanzspitzen der Hermeline, genau so, wie etwa bei den französischen Königen des 16. und 17. Jahrhunderts. Sie waren ja auch „Exzellenzen", die mit „Exzellenz" in der dritten Person angeredet sein wollten. Huldvoll erteilten sie den in die Knie gesunkenen Untertanen ihren Segen, und wenn sie etwas für die einfachen Leute übrig hatten, dann waren sie „leutselig", Fürsten ohne Land. Im allgemeinen kamen Theologiestudenten mit diesen Herrschaften nur in Kontakt bei den sogenannten Skrutinien, regelrechten Verhören vor den Höheren Weihen, bei denen man schamlos und indiskret nach einem vorgegebenen Fragebogen durchleuchtet wurde. In mir bildete sich damals ein inneres Kriterium, solche Dinge zu erleben und abzulehnen, nämlich die Frage, die ein franziskanisch geprägter Freund so formulierte: Und was hat der Herr Jesus mit all dem zu schaffen?

Studieren – aber was?

Ich wollte an der Universität nicht nur Theologie studieren. Man musste jedoch wegen etwaiger anderer Fächer Schäufele um Erlaubnis fragen. Er gestattete, dass ich Volkswirtschaft bei Martin Lohmann und Kunstgeschichte bei Kurt Bauch hörte. Vorlesungen in Psychologie verbot er mir. Das hinderte mich natürlich nicht, Bücher von Freud, Jung und Frankl zu lesen. Auch meine späteren Favoriten in der Lektüre, Heinrich Böll, Max Frisch, Friedrich Dürrenmatt, Simone de Beauvoir, waren gar nicht nach Schäufeles Sinn.
Das Theologiestudium in Freiburg folgte damals noch der Studienordnung der Kaiserin Maria Theresia. Die ersten Semester

waren überwiegend historisch orientiert, dazu kam die „Propädeutik", die Einführung in theologische Begriffe. Man musste die Vorlesungen in sein Studienbuch eintragen und sich am Ende des Semesters den Besuch testieren lassen. Da die Studentenzahlen überschaubar waren (Laientheologen gab es damals nur ganz vereinzelt), konnte der Professor durchaus nachhalten, wer regelmäßig anwesend war und wer nicht. In den Pflichtfächern, Vorlesungen oder Seminaren, musste man nach jedem Semester eine Prüfung ablegen.

Die Propädeutik wurde von zwei Professoren vorgetragen. Klaudius Jüssen war ein über die Welt erhabener, durchaus liebenswürdiger Prälat, der die Neigung hatte, sich sprachlich zu verhaspeln (eine „Metapher" lautete bei ihm: „Das blühende Häschen auf der lachenden Wiese"). Jedenfalls trug er sehr zur Klärung der Begriffe bei, die mir später in der Innsbrucker Dogmatik begegneten. Max Müller, ein jugendbewegter Neudeutscher, der zuweilen in kurzen Hosen die Vorlesung hielt, kein Priester, hatte die Konkordatsprofessur inne, die ihn verpflichtete, nicht nur in der philosophischen, sondern auch in der theologischen Fakultät Vorlesungen zu halten und dort christliche Philosophie vorzutragen. Ich hatte nicht den Eindruck, dass er sich weit von seinem Lehrer Heidegger entfernte, und die Brücke von der „Lichtung des Seins" zur Theologie konnte er meines Erachtens auch nicht schlagen. Er war mir nicht sympathisch. Bei den Exegeten hörte ich die biblischen Einleitungswissenschaften. Bei dem Alttestamentler Arthur Allgeier schrieb ich meine erste wissenschaftliche Arbeit, über den Begriff „berith" (= Bund), eine kritische Auseinandersetzung mit Paul Kahle. Der Neutestamentler Alfred Wikenhauser hat sich in Veröffentlichungen mit der Christusmystik des Apostels Paulus beschäftigt, damit konnte ich in privater Lektüre theologisch und spirituell durchaus etwas anfangen. Die Vorlesungen in Kirchengeschichte trug Johannes Vincke vor. Es waren echte, wirkliche Vorlesungen, denn er las das mehrbändige Werk von Bihlmeyer buchstäblich Seite für Seite vor, nur gelegentlich unterbrach er dies für einige persönliche Randbemerkungen. Im Seminar schien er mir „fortschrittlich" zu sein, denn er trug mir ein Referat über die Volkssprache in der Liturgie auf und gab mir ein „Sehr gut" dafür. In der Universität stritt er mit Max Müller und einigen anderen: er wollte die Wiederbelebung der farbentragenden Studentenkorporationen. Der Kunsthistoriker und Archäologe Prälat Sauer hatte seine beste Zeit schon hinter sich. Seine Patrologie beschränkte sich auf eine Aufzählung der Werke der einzelnen Kirchenväter. In Fundamentaltheologie wirkten verschiedene Dozenten. Faszinierend waren für mich zunächst die Vorlesungen des jungen Bernhard Welte, sehr scharfsinnig und kritisch über Wesen und Unwesen der Religion (mit gewagten Formulierungen: „das Christentum in seiner katholischen Erscheinungsform", „der Geist weht, wo er will, und wenn es bei Hegel ist"). Seine Ergründungen über das Heilige, in welchen Situationen und an welchen Orten es wahrnehmbar ist, kamen sehr nahe an das heran, was ich eigentlich vom Theologiestudium erwartet hatte. Der Religionsgeschichtler Straubinger war nicht imstande, positiv über nichtchristliche Religionen zu sprechen; er urteilte rein apologetisch. Anders der Fundamentaltheologe Seiterich, der 1954 Erzbischof von Freiburg wurde. Er legte scharfsinnig, fair und kritisch die Bemühungen der französischen sogenannten Immanenzapologetik mit ihrem Kronzeugen Blondel dar. Für mich waren das Offenbarungen einer denkenden, nicht nur Begriffsakrobatik treibenden Theologie. Ich war stolz auf meine „Einsernoten", die ich bei Seiterich bekam. Ich habe ihn sehr gemocht.

Die Studienzeit in Freiburg war für mich eine Zeit intensiver Lektüre. Es gab wieder Bücher! Ich entdeckte ein Universum des Glaubens, der nicht besitzen wollenden Liebe und des Leidens an der Nicht-Erfüllung in Claudels „Seidenem Schuh". Bernanos zeichnete das Bild eines armen und demütigen, unansehnlichen „Landpfarrers", eine Art des theologischen Vorbilds für die bald kommenden Arbeiterpriester, im Gegensatz zu den Pfarrherren, die diesseits und jenseits des Rheins in ihren Pfarrhöfen thronten. Mauriac führte das auf seine weniger mystische Weise fort, mit vielen politischen Beobachtungen. Gertrud von Le Fort beschrieb im „Kranz der Engel" das spirituelle Ringen von Konvertiten, deren Partner anderen Glaubens waren.

Freunde

Wichtig waren für mich in diesen zwei Jahren die Freundschaften mit Eduard Klausmann und Werner Thoma. Edi Klausmann aus Konstanz gehörte zu meinem Kurs. Er war ein unglaublich sensibler Musiker. Beethovens Violinkonzert spielte er auswendig. Er schenkte mir den Gedichtband von Josef Leitgeb, „Vita somnium breve" (Karl Alber Verlag München 1943), Gedichte aus den Jahren 1920–1940. Ich mag sie bis heute. Im Alter von 65 Jahren ist er 1993 in den Bergen tödlich abgestürzt. Werner Thoma aus Freiburg begann ebenfalls mit mir das Theologiestudium. Er führte mich in Freiburg zu J. S. Bach, zum Weihnachtsoratorium, zur Matthäuspassion, zu den Brandenburgischen Konzerten. Während ich das externe Studium in Innsbruck aufnahm (1950), ging er nach München. Ich besuchte ihn 1951 dort, wir erlebten die Kammerspiele mit Gertrud Kückelmann und Rudolf Vogel, die Barockkirchen in der „Nähe" wie Ettal und Oberammergau. Und wir fuhren im gleichen Jahr zu den Salzburger Festspielen, die damals noch ganz ohne Schickeria und für Studenten, die im Priesterseminar mit Massenunterkünften zufrieden waren, durchaus erschwinglich waren. Wir erlebten die „Zauberflöte" mit Furtwängler und mit Wilma Lipp als Königin der Nacht in der Felsenreitschule, „Ideomeneo", ein Mozart-Konzert mit Bernhard Paumgartner, das Shakespeare-Schauspiel „Wie es euch gefällt" mit Gründgens. Dazu machten wir kleine Ausflüge zu den Schlössern im Salzburger Land und an den Wolfgangsee. 1952 gab er das Theologiestudium auf und studierte für das Lehramt.
Ich hatte im Herbst 1950 das große Zwischenexamen über meine ersten vier Studiensemester ablegen müssen, „Philosophicum" genannt. In acht Fächern wurde ich mündlich geprüft. Weil ich mich mit dem Philosophen Max Müller über

die Aufzählung der Kategorien nicht einigen konnte, erhielt ich „nur" die Note 1,8. Es war trotzdem ein ordentlicher Abschluss dieser intensiv gelebten Phase meines Lebens, in der sich mir „Theologie" dennoch nicht zur Einheit zusammengefügt hatte.

1930 auf dem Freiburger Münsterplatz vor dem Elternhaus
(1944 zerstört).

1931 mit
dem Großvater
Martin Klotz.

Nazis auf dem Freiburger Münsterplatz 1933,
im Hintergrund links das Elternhaus.

Mit Mutter,
Schwester Maria
und dem Großvater
am neuen Haus
1936.

Ich als Messdiener (links) bei Prälat Eckert, mit Robert Hug,
Erntedank 1937.

Prälat Eckert und Reinhold Schneider 1938.

Prälat
Eckert.

Familienbild 1939.

Berthold-Gymnasium Sexta 1939, rechts am Pfeiler
Lehrer Karl Späth und Schüler Klaus Hemmerle,
ich in der 3. Reihe von oben, 5. von links.

104

Freiburg 1945.

Familienbild 1947.

5. Innsbruck

Im Spätherbst 1950 zog ich mit dem Zug von Freiburg nach Innsbruck. Mit mir fuhr Gerhard Römer aus Säckingen am Hochrhein. Auch er war von der Kirchenbehörde für diese Externitas ausersehen worden. Ich möchte eben an seinen Lebensweg denken. In Innsbruck war er der einzige Mitstudent, mit dem ich badisch reden konnte. Er schrieb bei dem angesehenen Liturgiewissenschaftler Jungmann eine weithin beachtete Dissertation über die Karfreitagsliturgie. Im Gehorsam gegenüber Erzbischof Schäufele nahm er die Stelle eines Subregens am Priesterseminar St. Peter an. Dort musste er Moraltheologie für künftige Beichtväter dozieren. In den Semesterferien besuchte ich ihn dort einige Male. Er klagte mir, dass der Erzbischof zuweilen in seine Vorlesungen komme und aufpasse, ob er ja die kirchlichen Sittennormen vertrete. Als Schäufele ihm mitteilte, er habe ihn als Weihbischof ausersehen, ohne ihn vorher zu fragen, verließ er mit der Bibliothekarin das Seminar. Sie heirateten und er ließ sich im Bibliothekswesen ausbilden. Er wurde ein höchst angesehener Direktor der Landesbibliothek in Karlsruhe. Einmal rief er mich an und fragte im Namen der Nietzsche-Gesellschaft, ob ich ihnen einen Nietzsche-Vortrag in Sils Maria halten würde. Damit wäre ich überfordert gewesen. Bis heute tauschen wir Grüße aus.

Im Gefängnis

Die Stadt Innsbruck im Kranz der Karwendelberge hatte ich in den Sommerferien vorher schon kennen gelernt und das mir von der Kirchenbehörde zugedachte internationale Theologenkonvikt „Canisianum" mit Schrecken inspiziert. Es stand unter Leitung der Jesuiten und erwies sich hinsichtlich seiner Hausordnung als das, was es auch äußerlich zu sein schien, ein Gefängnis. Bis in den Winter klagte ich den Bergen mein Heimweh. Das Reglement mit „Betrachtungspunkten" am Abend, frühmorgens Meditation und Messe, langen Tischen im Speisesaal mit einem erhöhten Podest für die „Vorsteher" war ich ja von Freiburg her schon gewohnt. Aber nun musste man nach jedem Mittagessen eine halbe Stunde mit demjenigen im Garten unter Dächern spazieren gehen, mit dem man zufällig an der Tür des Speisesaals zusammentraf. In Gefängnissen nannte man das „Hofgang". Im Foyer hing eine Holztafel, in der der Präfekt uns ungefragt mit Holzpflöckchen jeweils zu zweit für eine Wanderung am Donnerstagnachmittag zusammensteckte, das war der „Gesteckte". Auch das war ein „Muss", aus dem es kein Entrinnen gab. Der Besuch von Gasthäusern, Kinos und Theater war streng verboten. Man „musste" studieren zu den festgesetzten Zeiten, abends wurde das „Licht aus" streng kontrolliert. Die ganze Haus- und Studienordnung war „streng".

Die Theologische Fakultät ist etwa 10 Minuten vom „Canisianum" entfernt. Man konnte entweder durch die Kaiserjägerstraße, vorbei an Polizei und Kaserne, dorthin kommen oder durch den wunderschön bepflanzten Hofgarten. Alle im Haus wohnenden Theologiestudenten mussten schwarze Talare mit dem gestärkten weißen Ringkragen tragen, nach amtskirchlicher Ansicht ein Hinweis auf das Himmelreich. Ein Zug dieser schwarzen Gestalten bewegte sich morgens zu den Vorlesungen, mittags wieder zurück. Die Nachmittage waren für den Besuch von Seminaren, vor allem aber für das Studium bestimmt.

Die Studenten im Haus waren in unterschiedliche „Landsmannschaften" gegliedert, die je einen Abend in der Woche für sich (in geselligem „Muss") verbringen konnten. Römer und ich gehörten zur süddeutschen Landsmannschaft. Aus der norddeutschen wurden Hubertus Brandenburg, Josef Homeyer, Viktor Dammertz und Max Georg von Twickel später Bischöfe; Clemens August von Galen hatte dieser Landsmannschaft auch angehört. Es gab weiter eine Schweizerische, aus der Ivo Fürer Bischof wurde, eine österreichische, eine spanische und eine ungarische Landsmannschaft. Die letztere war etwas merkwürdig. Die ungarischen Bischöfe hatten, als die Macht der Kommunisten immer drückender wurde, diese Studenten in den Westen geschickt. Sie sollten ein Reservoir für die künftigen Bischöfe bilden. Dies merkte man ihnen deutlich an. Die nordamerikanische Landsmannschaft hielt sich streng gegen außen hin abgeschlossen. Ihre Mitglieder hatten keinen Sinn für theologische Fragen und Probleme, wohl aber waren ihnen Sport und Popcorn überaus wichtig. Zwei Mitstudenten waren Ukrainer. Ich begriff, dass „katholisch" nicht gänzlich „römisch-katholisch" bedeutet. Sie lebten in Gemeinschaft mit dem Papst, hatten aber den byzantinischen Ritus mit der kirchenslawischen Sprache. Da sie nicht Mönche, sondern Weltpriester werden wollten, mussten sie vor den „Höheren Weihen" auf Brautschau gehen, denn vor diesen Weihen durften sie heiraten, nachher aber nicht mehr. So konnte man in dem internationalen Konvikt manche Merkwürdigkeiten entdecken. Darüber, dass die Küche miserabel und die Hygiene noch schlimmer war – es gab in den Zimmern Flöhe, und das war nicht nur lustig – möchte ich mich nicht verbreiten. Etwas vom Schönsten an den Landsmannschaften waren die sehr seltenen, aber erlaubten Tagesausflüge ins Gebirge. Ich erinnere mich an die Besteigung der Serles („Hochaltar Tirols" genannt, südlich von Innsbruck), des „Kraxentrager" nahe der italienisch-südtiroler Grenze und des „Zuckerhütl" im Stubaital im Sommer, bei denen sich das jubelnde Alpen-Hochgefühl wieder einstellte, und an den Ski-Unterricht im Winter, bei dem ich die Freude am Skifahren entdeckte, aber auch einen bleibenden Schmerz im linken Knie davontrug.

Neue Art von Studium

Da ich für die in Innsbruck geltende Studienordnung Philosophie, Biblische Einleitungswissenschaften, Fundamentaltheologie, Patrologie und Kirchengeschichte bereits in Freiburg absolviert hatte, konnte ich in Innsbruck gleich mit dem eigentlichen Theologiestudium beginnen. Die Hauptfächer waren Dogmatik und Moraltheologie, die Nebenfächer (die nicht jeder als Nebenfächer verstand) waren Exegese, Kirchenrecht, Liturgiewissenschaft und Katechetik. „An sich" waren die Professoren dieser Päpstlichen Fakultät gehalten, ihre Vorlesungen in lateinischer Sprache zu halten, aber schon damals hielten sich nicht alle konsequent daran. Alle Hörer der Vorlesungen in den beiden herrlichen Barockräumen waren in meiner Studienzeit Priesteramtskandidaten, darunter zahlreiche Jesuiten, „Scholastiker" genannt. Eine einzige Frau bildete die Laien-Ausnahme: Herlinde Pissarek-Hudelist, die Jahre später sogar Professorin und Dekanin an dieser Fakultät wurde.

Für Dogmatik und Moraltheologie gab es eigene Innsbrucker Lehrbücher, die mehrbändige Dogmatik von L. Lercher, das ebenfalls mehrbändige Lehrbuch der Moraltheologie „nach den Normen des Codex Iuris Canonici" von H. Noldin, beide Werke von den damals lehrenden Dozenten aktualisiert. Von Prälat Eckert her und durch den guten Start bei Vincke (Volkssprache in der Liturgie) hatte ich eine große Zuneigung zur Liturgie und lebhaftes Interesse für ihre Geschichte mitgebracht, so dass ich auf den schon damals weltbekannten Liturgiker Josef Andreas Jungmann SJ (1889–1975) neugierig war. Ich besuchte sein Hauptseminar und verfasste als Seminararbeit die Untersuchung „War die altchristliche Ostervigil eine ununterbrochene Feier?", die Jungmann mit „Sehr gut" bewertete. Er nahm sie in die Innsbrucker „Zeitschrift für katholische Theologie" auf, deren Hauptschriftleiter er damals war. Sie erschien 1952 (Wegsuche Band I S. 263–278); sie zeigte die Gründe auf, warum man seit dem 5. Jahrhundert die gesamte Osternachtfeier auf den Morgen vorverlegte. Jungmann, der im Zusammenhang mit den Liturgiereformen Pius' XII. die Osternachtfeier wiederhergestellt sehen wollte, sandte die kleine Arbeit nach Rom und erhielt vom „Vicegeneralrelator" der Ritenkongregation Pater Löw CSSR den Bescheid, man werde sie bei der Reform berücksichtigen. Das war der erste

Text von mir, der je gedruckt wurde. Ich hätte gut und gern zum Promovieren bei Jungmann bleiben können, aber mein Freiburger Mitbruder Römer hatte bereits eine feste Abmachung mit ihm und die Erzdiözese Freiburg brauchte keine zwei Liturgiefachleute. Jungmann hatte volles Verständnis dafür. Ich habe die Beziehung zu ihm nie abgebrochen, durfte auch bei seiner Festschrift „Paschatis sollemnia" 1959 mitarbeiten. Er besuchte mich in Freiburg, als es um seinen Kommentar zur Liturgiekonstitution des Konzils ging (LThK Vat. II Band I). Aus dieser Zeit datiert sein letzter schriftlicher Gruß an mich:

Innsbruck, 21.12.68 *(handschriftlich)*
Lieber Herr <u>Kollege</u>!
Es freut mich sehr, Sie nun auch als solchen begrüßen zu können – in Ihrem hoffnungsvollen Aufstieg, ich selber nahe am Ruhepunkt angekommen. Mit Freude habe ich auch den letzten Konzilsband erhalten, ich danke Ihnen für all Ihre zuvorkommende Hilfe und Fürsorge.
Anbei ein kleines Zeichen meiner immer noch nicht ganz erloschenen Tätigkeit: es ist, wie Sie sehen würden, eine Rückkehr zu meinen Anfängen.
Mit herzlichen Wünschen für eine gnadenreiche Weihnacht und ein glückliches Neues Jahr
Ihr Jos. A. Jungmann SJ

Im „Canisianum" war ein Mitstudent namens Adolf Darlapp (später schrieb er sich Darlap). Er war damals in engem Kontakt mit Oratorianern, vor allem mit dem berühmten Philipp Dessauer in Frankfurt, und wurde ein wichtiger und interessanter Gesprächspartner für mich. Wir waren beide gleichermaßen von den Exegeten, Hofbauer für das Alte und Gaechter für das Neue Testament, enttäuscht. Er brachte mich auf die Spur der Hermeneutik, auf der ich bald Bultmann begegnete, und er war bereits in gutem Kontakt mit Karl Rahner. Ich hatte diesen meinerseits schon bald nach meinem Anfang in Innsbruck besucht, weil ich ihm Post und Päckchen der Mutter

Rahner zu bringen hatte. Exegese der Innsbrucker Art, Moraltheologie und Kirchenrecht schieden für mich als Promotionsfächer aus, die beiden anderen Dogmatiker, Engelbert Gutwenger SJ und Franz Lakner SJ waren mir gar nicht sympathisch. Die Vorlesungen Karl Rahners waren, nachdem ich seinem Latein folgen konnte, genau das, was ich in der Theologie suchte: Deutungen und Vertiefungen des Glaubens auch in der Verantwortung vor der menschlichen Vernunft. Immer wieder wies er auf die Grenzen der menschlichen Vernunft hin, die sich dem unendlichen göttlichen Geheimnis annähern, aber nie über es verfügen, nie es ergreifen und erfassen kann. Auch dem Anfänger, der Rahner zum ersten Mal hörte, wurde klar, dass die Unbegreiflichkeit für Rahner die zentrale Eigenschaft Gottes ist. Sie kam immer wieder zur Sprache. Und noch etwas Wichtiges: Von Rahner ging ein Geist der Freiheit auch in der Kirche, ein Geist der Eigenverantwortung aus, der sich nicht mit dem Ungeist des Jesuiten-„Gefängnisses" vereinbaren ließ.

Rahner bedeutete für mich eine unverzichtbare Stabilisierung meiner Lebensentscheidung. Hatten mich die überzeugenden Priestergestalten von Alois Eckert und Karl Becker zu einem freudigen Ja geführt, auf das mancher Schatten gefallen war, so lernte ich bei Rahner einen unerschütterlichen Dennoch-Glauben kennen. Die jugendlichen Emotionen, mit denen kirchliche Rattenfänger so gern spielen, machten einer nüchternen Treue Platz, die sich durch nichts und niemand mehr irritieren ließ und lässt.

Die erste Vorlesung Rahners, die ich in meinem ersten Innsbrucker Semester besuchte, im Winter 1950/51, galt der Gnadenlehre. Ich hatte schon mal in gängige neuscholastische Dogmatiken hineingeschaut und war befremdet, wie sie die Gnadenlehre damit begannen, die verschiedenen Arten von Gnade und die Unterschiedlichkeit ihrer Wirkweisen aufzuzählen. Alles war bis in Einzelheiten ausgeklügelt, zweifellos streng logisch, aber was das für einen selber bedeutete, das kam da nicht vor. Rahner setzte bei der Selbstmitteilung Gottes an den Menschen an (Röm 5,5 war eine der wichtigsten

Bibelstellen für ihn), eine Selbstmitteilung, die in Wort und Geist erfolgt, und schon wurden große Zusammenhänge sichtbar. Rahner war in der Theologiegeschichte sehr bewandert; er hatte die Bibel anhand von Kommentaren studiert, hatte selber zur Gnadentheologie der Kirchenväter publiziert, aber er war auch in der aktuellen Diskussion auf dem Laufenden. Das Verhältnis von Natur und Gnade war zwischen 1945 und 1950 lebhaft diskutiert worden, und Pius XII. hatte 1950 mit der Enzyklika „Humani generis" in diese Diskussion eingegriffen. Rahner zeigte uns, dass Henri de Lubac SJ mit den päpstlichen Warnungen nicht gemeint sein konnte, obwohl bösartige Gerüchtemacher das behaupteten. Das Schulbuch von Lercher schätzte er in seiner begrifflich klaren Art, aber Zusammenhänge und Problemfragen fand er darin nicht. Er legte daher einen eigenen hektographierten „Codex De gratia" für die Vorlesung und als Examensstoff zugrunde. Gerade bei Problemen und aktuellen Fragestellungen verließ er die Schulsprache Latein und ging zum Deutschen über. Diese didaktische „Aufbereitung" sagte mir sehr zu.

Rahner war durch die Ordnung der Jesuitenfakultät an seinen Vorlesungsstoff, und zwar in einer vorgeschriebenen Reihenfolge gebunden. Er hatte dogmatische Lehrstücke, „Traktate", vorzutragen. Außer der Gnadentheologie gehörten „De Deo creante et elevante, de peccato originali", Schöpfungstheologie, und „De paenitentia", Bußtheologie mit Krankensalbung und Ablass zu seinem „Pflichtstoff". Andere Themen konnte er in Sondervorlesungen oder in Seminaren behandeln.

Ich hatte die pflichtgemäße Patrologie schon in Freiburg absolviert, aber Karls Bruder Hugo Rahner interessierte mich sehr; außerdem kam er meinen theologiehistorischen Neigungen entgegen. Er hielt damals ein Hauptseminar über Maria und die Kirche, ausgelöst durch das Dogma Pius' XII. über die Aufnahme Marias in den Himmel (1950). Ich nahm daran teil und erlangte auch eine sehr gute Note. Der Unterschied der beiden Brüder Rahner in der Gestaltung der Seminare war denkbar groß. Bei Hugo Rahner gab es die klassische Form akademischer Seminare, mit Referaten, Diskussionen, Protokollen und Hausarbeiten, wie er es bei seinem Bonner Lehrer Dölger gelernt hatte. Hugo Rahner war wie Karl auch nicht von akademischem Dünkel und Bierernst beflügelt; er sprach bei aller Ernsthaftigkeit locker und geistreich. Karl verteilte ebenfalls Referate, aber kein einziges konnte bis zum Ende vorgetragen werden. Karl hakte ein, sobald er eine Frage oder ein Problem bemerkte; er griff es auf, ging reflektierend, dozierend auf und ab und kam am vorgeschriebenen Ende der Sitzung durchaus nicht immer an ein Ende. Bei beiden konnte man vieles lernen! Aus dem Hugo-Seminar ging übrigens dessen Buch „Maria und die Kirche" hervor.

Ich suchte natürlich nach Literatur, in der ich das finden konnte, was Rahner nicht behandelte. Nach verschiedenen Versuchen mit deutschsprachigen Büchern entschied ich mich für die mehrbändige Dogmatik der spanischen Jesuiten, die in lateinischer Sprache erschien. Ich habe diese Wahl eines umfassenden Einblicks in die „Schultheologie" nicht bereut.

Karl Rahner hatte, aus welchem Grund auch immer, eine gewisse Freude an den Diskussionen mit mir. Ich besuchte ihn manchmal in seiner ganz schlichten Studierstube in der Innsbrucker Sillgasse 8, mit der auch sein Schlafgemach verbunden war; damals, in meinen ersten Innsbrucker Jahren, konnte jedermann bei „Pater Rahner" jederzeit anklopfen. Jede Frau nicht, die Frauenbesuche waren in die Sprechzimmer verbannt. Den direkten Zugang wollte ich aber nicht überstrapazieren. Karl Rahner fand eine Lösung: er kam meist 10 Minuten vor Beginn seiner Vorlesung; wir gingen vor dem gewaltigen barocken Ölgemälde auf und ab und sprachen über den Vorlesungsstoff, die Unterschiede zwischen Freiburg und Innsbruck, die Defizite der Studienordnung, über Gott und die Welt. Sechs Semester ging es so. Rahner wollte ein Oberseminar für Doktoranden anbieten. Er sagte mir eines Tages, ein Student namens Metz habe sich dazu auch angemeldet. „Wer ist denn dieser Metz?" Johann Baptist Metz hatte nach dem Abitur mit Auszeichnung in München sogleich in Innsbruck mit dem dreijährigen Studium der Philosophie begonnen, bei dem Emerich Coreth SJ als Lehrmeister Rahner am nächsten stand. So haben wir trotz der räumlichen Nähe im Canisianum und im Fakultätsgebäude, wo die Philosophie der Theologie benachbart war, nie gemeinsam „studiert". Wir wurden aber in Rahners Doktorandenseminar aufgenommen, zusammen mit Adolf Darlap, Walter Kern SJ, Georg Muschalek SJ. Thema war die Theologie des Todes.

Freiwillige Mitarbeit bei Karl Rahner

Durch die Kontakte mit Karl Rahner wurde mir schon vor Weihnachten 1950 dessen akademische Situation klar. Er hatte weder Assistent noch Sekretärin noch Hilfskraft. Da er bereits Anfragen zu auswärtigen Vorträgen erhalten hatte – er war 1949 in Innsbruck zum Professor für Dogmatik und Dogmengeschichte ernannt worden –, bat er manchmal die Söhne der befreundeten Familie Körte um Reinschriften der Manuskripte, die er auf seiner uralten Schreibmaschine mit einem Finger getippt hatte. Seine Sorge galt jedoch noch vor den Vorträgen den Codices zu seinen drei dogmatischen Traktaten, denn neben der Gnadenlehre hatte er auch zur Schöpfungstheologie und zur Buße mit Bußgeschichte solche Codices erarbeitet. Sie hatten jeweils mehrere hundert Seiten. Die internationale Theologie war nach 1945 allmählich wieder aufgeblüht; es gab immer mehr Neuerscheinungen in Artikeln und Büchern. Rahner sammelte die neueste Literatur zu seinen Veröffentlichungen und Vorlesungen handschriftlich auf Zetteln. Es gab ja keine Computer, mit deren Hilfe man ins Internet und zu theologischer Literatur kam und in denen man Gefundenes speichern konnte. Die beste Quelle waren die bibliographischen Annexe zu den belgischen „Ephemerides Theologicae Lovanienses". Auch sie musste man auf Zetteln exzerpieren. Nachdem ich seine desolate Situation erkannt hatte, bot ich ihm meine Hilfe bei diesen Arbeiten an: Suche nach Literatur, Exzerpieren, Einfügen an den richtigen Stellen in den Codices. So wurde ich für Jahre sein engster Mitarbeiter, ohne je sein Assistent gewesen zu sein.

Besonderes Augenmerk schenkte Rahner seinem Codex über Geschichte und Theologie des Bußsakraments. Dazu hatte er mehrere gewichtige Aufsätze verfasst (von Dorothea Sattler in Band 11 seiner „Sämtlichen Werke" 2005 sachkundig ediert). Nun näherte er sich immer mehr dem Gedanken, den Buß-Codex in Buchform zu veröffentlichen. Ein starkes Defizit seines Textes spürte er bei der biblischen Begründung des Bußsakraments. Nachdem ich den Mut gefasst hatte, bei ihm zu promovieren, und ihn um ein Thema bat, trug er mir auf, genau diesen Komplex zu untersuchen: Wie verstand man, von den Kirchenvätern angefangen bis zum Konzil von Trient, neutestamentliche Texte als Begründung des Bußsakraments? 1952 war ein Buch des evangelischen Theologen Rudolf Bohren über die „Kirchenzucht" im Neuen Testament erschienen. Speziell mit diesem Werk sollte ich mich auseinandersetzen. Meine Untersuchungen über den genaueren Inhalt von „Binden und Lösen" in Matthäus 16 und 18 gingen in Rahners letzte Codex-Ausgabe ein; ich habe die Ergebnisse auch in mehreren Aufsätzen veröffentlicht. Da ich sehr viele Kirchenväter, die Konzilstheologen von Trient und die neueren Bibelkommentare sowie die evangelischen und katholischen Dogmatiken studieren musste, und da ich in Freiburg in den sogenannten Ferien mannigfache Aufgaben zu erfüllen hatte, brauchte ich zur Fertigstellung der Dissertation fast fünf Jahre.

Auf „menschlicher" Ebene gab es ebenfalls Kontakte mit Karl und Hugo Rahner, nicht nur in der Wissenschaft. Schon im zweiten Semester luden sie Römer und mich zu einem Wandertag ein. Wir fuhren zu viert mit dem Zug nach Fiecht. Von dort aus stiegen wir, einem wilden Bergbach entlang, eine felsige Klamm hinauf bis zu dem kleinen Benediktinerkloster St. Georgenberg, einem beliebten Tiroler Wallfahrtsort. Dort feierten wir die Eucharistie. Nach dem Frühstück wanderten wir immer am Berg entlang weiter bis zum Schloss Tratzberg. Es gehörte den Grafen Enzenberg, die in Innsbruck unweit vom Jesuitenkolleg auch ein Stadtschloss besaßen. Hugo Rahner mit seiner humanistischen Bildung und seinen angenehmen Umgangsformen war in adeligen Kreisen ein gern gesehener

Gast; ihm oblag ja auch die Zelebration der Sonntagsmessen bei dem greisen Erzherzog Eugen von Österreich und seinem kleinen Hofstaat in Igls. So konnten wir beim Tee mit der Gräfin Enzenberg wieder den Unterschied der beiden Brüder wahrnehmen. Während Hugo ein glänzender Unterhalter war, trug Karl nichts zu den (sehr oberflächlichen) Gesprächen bei. Zum Abschluss der Wanderung gab es in Jenbach in einem Biergarten eine kräftige Brotzeit. Beiden war Bier lieber als Wein. Im Wald über dem Stadtteil Hötting liegt die kleine Kapelle „Höttinger Bild", so genannt nach einem Marienbild. Dorthin pilgerten die Studenten in Examensnöten. Das Bild hieß darum bei der Innsbrucker Bevölkerung, natürlich unzutreffend, „Die dumme Studentenmutter". Karl Rahner pflegte um 4 Uhr morgens aufzustehen und um 4.30 Uhr seine „stille Messe" zu halten. Nun lud er mich manchmal ein, zur gleichen Uhrzeit hinauf zum Höttinger Bild zu wandern, um dort die Eucharistie zu feiern.

Diese privaten und wissenschaftlichen Kontakte mit Karl Rahner wurden von der Leitung des „Canisianums" geduldet. Für mich bedeuteten sie ein Minimum an Freiheit.

An Fahrten mit einem Auto war damals nicht zu denken, im Umkreis der Jesuiten gab es keines, und erst recht keines bei den Studenten. Aber ein Jesuit namens Allmenröder hatte im Krieg einen Pilotenschein gemacht. Damit der nicht verfiel, musste er jährlich etliche Flugstunden absolvieren. Das tat er mit einer kleinen einmotorigen, dreisitzigen, mit Segeltuch bespannten Maschine vom Innsbrucker Flugplatz aus. Durch die Flüge mit ihm rund um die Alpengipfel wurde Karl Rahner zu einem Flugbegeisterten. Das Problem war, dass die beiden das Geld für das Tanken auftreiben mussten. Sie fanden in mir einen „Sponsor" und einen ebenso begeisterten Mitflieger.

Ordensleben?

Es war mir schon bald aufgefallen, dass Karl und Hugo Rahner sich verhältnismäßig oft vom Jesuitenhaus absetzten und

diese oder jene Bekannten in der Stadt aufsuchten. Besonders
an Sonntagnachmittagen war das der Fall. Da ich Karls Leben
näher kannte als das seines Bruders, der als Rektor im „Canisianum" wohnte, war mir das Urteil darüber auch leichter: die
Jesuitenkommunität in Innsbruck war von Lieblosigkeit und
sozialer Verwahrlosung gekennzeichnet. Lieblos: Rahner wurde wegen seiner zunehmenden Erfolge beneidet, mit kleinen,
gehässigen Sticheleien auch gegenüber Außenstehenden; er
wurde wegen der Damenbesuche in der Sprechstunde bespit-
zelt, mit der Uhr kontrolliert; er musste beim „Minister", dem
Hausökonom, um jeden Schilling (die österreichische Wäh-
rung, ein Schilling war viel weniger wert als eine D-Mark)
betteln; er rauchte damals, die billigste Austria-Sorte, und
musste jede Zigarette halbieren, weil eine ganze zu teuer gewesen wäre. Die Kommunität hatte nur eine Sorte Unterwä-
sche. Samstags lag sie stapelweise im Treppenhaus zum Mit-
nehmen. Was nicht passte, wurde mit Sicherheitsnadeln usw.
passend gemacht. Die „Wohnzellen" hatten geölte Holzböden.
Die Bewohner mussten auf Filzlappen durch die Zimmer rutschen, eine planmäßige Schmutzverteilung. Ein Mit-Jesuit
Rahners hatte die Aufgabe, das Blättchen „Sendbote des Herzens Jesu" zu redigieren. Nachdem er mit einer lebensgefährlichen Operation wochenlang (das gab es damals) in der Klinik
gelegen war, wurde er am Tag der Rückkehr vom Tischnach-
bar gefragt: „Waren Sie gestern verreist?" Er hat es mir ge-
klagt: „Soziale Verwahrlosung" oder auch Vereinsamung.
Hat man sich einmal für einen geistlichen Berufsweg in der
Kirche entschieden und hat man schon nähere Einblicke gehabt, dann stellt sich einem zuweilen die Frage, wie man sich
selber zu einem Eintritt in einen Orden stelle. Nach meiner
bisherigen Biographie mussten bei dieser Frage bestimmte „tätige" Orden mit Schwerpunkten in der Mission oder in der
Krankenpflege ausscheiden, obwohl ich sie sehr hoch ein-
schätzte. Ich hatte von Freiburg aus die Benediktiner kennen
gelernt, durch Fahrten mit Werner Herz auf dem Fahrrad nach
Beuron, aber auch bis nach Niederaltaich in Niederbayern; an
beiden Orten lebten in den dortigen Klöstern Patres aus der

Freiburger Gegend. Ich hatte gewiss ein offenes Herz für hohe Kirchenmusik. Dazu rechnete ich nicht nur die h-moll-Messe von Bach, die Missa solemnis von Beethoven, die großen Mozartmessen, Mozarts Requiem, sondern auch die polyphonen Chöre der russischen und ukrainischen Liturgie. Bei all diesem fühlte ich mich angerührt vom göttlichen Geheimnis. Aber die Gregorianik der Benediktiner rechnete ich nicht dazu. Ich habe selber mehrere Semester in der Innsbrucker Seminarschola gesungen und weiß, wovon ich rede. Eine Antiphon, bei der man minutenlang das a, e oder o auf und ab singt, hat für mich keinen religiösen, sondern nur einen musikhistorischen Wert. Das Absingen vieler Psalmen war weder für Karl Rahner noch für mich ein wirkliches Gebet. Die meditative Aufmerksamkeit für die Inhalte der Psalmen Israels war beim Gemeinschaftsgesang gar nicht möglich. Ora et labora – was war denn wirkliche Arbeit, vor allem der Mönche, die nur zu gern die Arbeit den Laienbrüdern überließen? Sie nannten ihre Liturgie „heiliges Spiel". Wenn sie zu zwei und zwei ihre Einzüge bei der Liturgie vollführten – hatte Jesus das gemeint, dass es zu seinem Andenken zu tun sei?

Johann Baptist Metz hat immer wieder auf den großen Ernst, die Radikalität der Nachfolge Jesu aufmerksam gemacht. In seinem kleinen Buch „Zeit der Orden" (1977) hat er ein Ordensideal skizziert, wie es Christentum und Kirche „heute" bräuchten. Ein solches Ideal in der Verbindung von Politik und Mystik möchte ich natürlich auch bejahen, aber ich habe tiefe Zweifel, ob es in „Häusern", in Klöstern, in (relativ) großen Gemeinschaften auch nur angestrebt, geschweige denn verwirklicht werden kann. Jesus hat seine Jünger zu zweit ausgesandt. Benedikt, der Vater des abendländischen Mönchtums, war kein Benediktiner, er hat jeweils zwei für genügend gehalten, um eine Gründung in seinem Sinn zu verwirklichen. Franz von Assisi wollte gewiss kein Franziskaner- oder Kapuzinerkloster gründen. Zu zweit sandte er die Brüder aus.

Von Ferne war mir das Leben als Jesuit, ohne Chorgebet, mit vielerlei Arbeitsmöglichkeiten, interessant erschienen, aber nur von Ferne. Hatte ich bei den Kontemplativen meine Zweifel an der Spiritualität des Nichtstuns, dann fiel mir beim Gedanken an „Gemeinschaften" der Jesuiten stets das Bibelwort von den „falschen Brüdern" ein. Ich habe in ihrem „Gefängnis" in Innsbruck nur sechs Semester zugebracht, und das war bereits eine zu lange Zeit.

Freunde trotz allem

Natürlich muss ich gestehen, dass sich in dem „Gefängnis" auch „Partikularfreundschaften" fanden, die von den Oberen verteufelt wurden, und dass sich Cliquen bildeten, die gegen die Gefängnisordnung rebellierten. In der süddeutschen Landsmannschaft befanden sich die Brüder Schuster aus Koblenz, im ganzen Lebensstil schillernde Paradiesvögel. Heinz Schuster (1930–1986) wurde in Innsbruck mein bester Freund, später promovierte er bei Karl Rahner, wurde Schriftleiter des Rahnerschen Pastoralhandbuchs und Theologieprofessor in Saarbrücken, bis er allzu früh an Krebs starb. Wir haben sonntags die Rahner-Predigten in der Spitalkirche besucht, um anschließend im Café, das uns ja verboten war, einen Cognac zu trinken. Wir gingen ohne Erlaubnis ins Kino, sahen die herzrührenden Filme mit Maria Schell, Ruth Leuwerik und O. W. Fischer, und schwärmten von Ingrid Bergman. Einmal gab es einen massiven Krach mit dem Regens, als wir nach einem ausnahmsweise erlaubten Theaterbesuch zu viert noch die Bar im Hotel Maria Theresia aufgesucht hatten, um das zu probieren, was man Cocktail nennt. Der Hausmeister war beauftragt, die Zeit unserer Rückkehr mitzuteilen.
Von den ganz selten erlaubten Theaterbesuchen sind mir zwei in lebendiger Erinnerung. Das eine Mal fand im Tiroler Landestheater eine Gastvorstellung der Wiener Staatsoper statt, „Fidelio" von Beethoven, mit Gundula Janowicz und Julius Patzak. Das andere Mal dirigierte Paul Hindemith eigene Orchesterwerke, „Mathis der Maler", „Das Engelkonzert".
Im Lauf der Innsbrucker Semester hatte ich die „Niederen Weihen" durch Innsbrucks Bischof Paul Rusch erhalten. Im

Zusammenhang damit dachte ich natürlich, auch in der Kapelle des Canisianums, an den Fortgang des geistlichen „Stufenwegs", der mich zur Priesterweihe führen sollte und an dem ich keinen Moment gezweifelt hatte. Ich kam zu dem Entschluss, so bald wie irgend möglich um die „Höheren Weihen" zu bitten. Sie waren für mich selbstverständlich ein spiritueller „Wert an sich", aber sie hätten den erwünschten Nebeneffekt, dass ich das „Gefängnis" verlassen und in einem kirchlichen Haus in der Stadt wohnen könnte. Die Fragen besprach ich mit meinen Eltern. Sie waren beide zu den „Niederen Weihen" nach Innsbruck gekommen und in einem sehr bescheidenen Hotel nahe beim „Canisianum" abgestiegen. Ich freute mich, ihnen einige der Schönheiten Tirols mit Hilfe der Öffentlichen Verkehrsmittel zeigen zu können. Auf die „Subdiakonatsweihe" folgte in kürzestem Abstand die „Diakonatsweihe" durch Bischof Rusch, zu der meine Mutter allein kam. In der zweiten Hälfte 1952 kam von Freiburg der Bescheid, dass Erzbischof Rauch damit einverstanden sei, dass ich im relativ jungen Alter von 24 Jahren zum Priester geweiht werde, dass er aber als Heimatbischof die Weihe selber erteilen wolle. Da ich mich nach den Innsbrucker Semesterplänen (mit weniger Ferien als in Deutschland) richten musste, konnte ich den Weihetermin mit „meinem" Freiburger Kurs nicht akzeptieren. Gerhard Römer schloss sich meinem Weg an, und wir erhielten einen Sondertermin im März 1953.

6. Unterbrechungen

Im März 1953 reisten Gerhard Römer und ich im Zug von Innsbruck nach Freiburg. Wir machten im Collegium Borromaeum die vorgeschriebenen Weiheexerzitien. Mein Vorsatz stand fest: Ich wollte ein Priester wie Alois Eckert werden, mehr „innerlich" sein als „äußerlich", im Dienst einer würdig gefeierten Liturgie, und zwar wollte ich mich dem Freiburger Bischof für die Gemeindeseelsorge zur Verfügung stellen. Wenn das Doktorat auf meinen Weg irgend einen Einfluss haben sollte, dann sollte mein Weg ähnlich dem von Karl Bekker werden. An eine theologische Professur habe ich nicht im entferntesten gedacht. Ich wollte in der Kirche nichts „werden", keine Karriereleiter aufbauen, sondern mich „schieben" lassen. Ich wollte das als „Fügung Gottes" auffassen.

Zusammen mit einigen Franziskanerfratres wurden Römer und ich am 22. März 1953 in der Freiburger Konviktskirche durch Erzbischof Rauch zu Priestern geweiht. Es war der Passionssonntag. „Mein" Kurs war vollzählig aus St. Peter gekommen. Meine Eltern, meine Schwester und die Freunde Heinz Schuster und Werner Herz hatten im Chorgestühl Platz genommen. Andere Freunde und Verwandte hatten Plätze im Kirchenschiff.

In der Neumattenstraße wurde mit den Verwandten aus Schmidhofen und mit den Freunden aus Häusern ein ganz bescheidenes Mahl eingenommen, das die Eltern aus einem Restaurant hatten kommen lassen. Am darauf folgenden Mittwoch, 25. März, war das Fest Mariä Verkündigung. Am Morgen hielt ich in der Kapelle St. Carolus meine erste „eigene" Eucharistiefeier. Neben den Verwandten und Freunden, die schon an der Weihe teilgenommen hatten, waren Dr. Schlund, Pater Dümpelmann und mein alter Lehrer Karl Späth anwesend. Prälat Eckert assistierte mir und hielt die „Primizpredigt". Sie bewegte sich in den meditativen Gedankengängen des Regensburger Bischofs Johann Michael Sailer (1751–1838) zum Leben und Auftrag eines Priesters. Eine Sammlung der Sailerschen Gedanken in Buchform hatte mir Eckert geschenkt.

Seelsorgehilfe

Während meiner Innsbrucker Semester hatte sich die kirchliche Lage um St. Carolus verändert. Der Stadtteil Waldsee war nach Osten bis zum bisherigen Vorort Littenweiler gewachsen. Eine Pfarrei „Hl. Dreifaltigkeit" wurde für mehrere tausend Katholiken errichtet, Eugen Walter (1906–1999) wurde zum Pfarrer der neuen Gemeinde ernannt. Eugen Walter war theologisch sehr gebildet; er hatte den Schwerpunkt seiner Interessen bei den Theologien des Neuen Testaments gesetzt. Dem „Kommen des Herrn" widmete er mehrere Bände (Herder Freiburg 1948ff). Ein gewichtiges Werk, „Wesen und Macht der Liebe" (Lambertusverlag Freiburg 1955) setzte sich unter anderem mit dem Auseinanderreißen von Eros und Agape bei A. Nygren auseinander, ganz so, wie das die Enzyklika „Deus Caritas est" 2005 tut. Er schrieb zunächst in einer kleinen Pfarrei am Bodensee, denn gesundheitlich war er labil, unter anderem litt er an einer Tuberkulose in einem Knie. In der Amtszeit des Erzbischofs Gröber musste er unter einer dunklen Wolke leben. Als Walter noch im Priesterseminar St. Peter war, musste er einmal einen Festvortrag halten. Der damalige Domkapitular Gröber war anwesend und sagte: „Jeder Satz eine Häresie!" Walter war zutiefst verletzt (so berichtet er in seiner Broschüre „Aus meinem Leben. Erinnerungen aus neun Jahrzehnten", Freiburg 1996). Gröber neigte zu unüberlegtem, selbstherrlichem Geschwätz. Er hatte Walter ein anderes Mal auch als „Erzhäresiarch" (Oberketzer) bezeichnet. In dem berüchtigten 17-Punkte-Memorandum von 1943 (in meinem Büchlein über Karl Rahner von 1963 hatte ich erstmals darüber berichtet; Theodor Maas-Ewerd hat es später wissenschaftlich ediert) wandte sich Gröber ausdrücklich gegen Walter. Dieser hat in dem autobiographischen, immer noch lesenswerten Büchlein „Alle meine Quellen sind in dir" (Echter Würzburg 1962) über seine Intentionen und Schwierigkeiten berichtet. Dort tauchen die Namen jener auf, ohne die das Zweite Vatikanische Konzil nicht denkbar gewesen wäre und die heute doch allesamt vergessen sind. Nach Gröbers Tod besserte sich Walters Schicksal. Er wurde kurze Zeit Studentenpfarrer in Freiburg, wo ich ihn in den Semesterferien erstmals kennen lernte. Er predigte sehr substantiell und ebenso lang wie Karl Becker, erreichte aber dessen „Glanz" nicht; er wirkte langatmig und einschläfernd. Ich habe ihm nicht gern zugehört. Nun war er „mein" Pfarrer. Spät, zu spät erhielt er die Ehrendoktorwürde der Freiburger Theologischen Fakultät.

Die städtischen Behörden hatten zugestimmt, dass auf einem von Stadtpfarrer Hausch erworbenen Grundstück die Kirche errichtet werden konnte, der die Nazi-Behörden so lange Zeit die Zustimmung verweigert hatten. Mit dem Bau wurde der Architekt Schröder beauftragt, der im Stadtteil wohnte, der Vater des späteren CDU-Regierungspräsidenten Conrad Schröder. Er bevorzugte den Markgräfler Kirchenstil (Turm mit Satteldach) mit gewissen Modifikationen. Auf der Altarwand sollte der ebenfalls im Pfarrgebiet wohnende Kunstmaler Rudolf Kaufhold den thronenden Jesus Christus abbilden, wie er mit offenen Armen die Gemeinde empfängt. An der rückwärtigen Kirchenwand über dem Hauptportal wünschte Eugen Walter eine Rosette in kräftigen Farben: Das himmlische Jerusalem. Das Hauptportal erhielt eine Bronzetür des Bildhauers Erhardt mit biblischen Bildern für die Kirche (wobei manche einfältige Gemüter an den kräftig dargestellten Brüsten der Frauen Anstoß nahmen).

Eugen Walter hatte gewünscht, dass ich mit der Primiz warte, bis die neue Kirche fertig war, aber Prälat Eckert widersetzte sich dem, mit Recht, denn ich gehörte zur Kapelle St. Carolus. Die neue Kirche war auch im Sommer 1953 noch nicht fertig. Eugen Walter zuliebe willigte ich in eine „Gartenprimiz" ein, die bei schönstem Sommerwetter von der Terrasse des Carolushauses aus stattfand. Eugen Walter predigte über Hebr 10,5–7:

„Daher sagt er [Jesus Christus] bei seinem Eintritt in die Welt: Opfer und Gabe hast Du nicht gewollt, einen Leib aber hast Du mir bereitet.

An Brandopfern und Sündopfern hast Du kein Wohlgefallen gefunden.

Damals sprach ich: Siehe, ich komme – in der Schriftrolle steht über mich geschrieben – um Deinen Willen, o Gott, zu tun".

Der Text sagte mir sehr zu, ich ließ ihn gern als programmatisch für mich gelten. Als Subdiakon und Diakon amtierten, wie damals noch üblich, zwei Priester, Karl Ruby und Karl Becker. Mein Vater hatte sie eingeladen.

In der Zwischenzeit zwischen erster und zweiter Primiz hatte mich Eugen Walter, sobald ich in den Semesterferien war, wiederholt um Aushilfe, auch mit Predigten, gebeten. Dies nahm nun vom Sommer 1953 an ungeahnte Ausmaße an. Walter ging wochenlang mit seinem Freund Bernhard Welte in Ferien, die Freude an Alpenwanderungen verband sie beide, außerdem musste er Kuren seines Knies in Schweizer Sanatorien absolvieren. Wenn ich die Wochen zusammenzähle, in denen ich in der Pfarrei allein war, dann ergibt sich, dass ich über ein Jahr lang die Pfarrei allein geleitet habe. Es war alles dabei, was damals die Amtshandlungen des Pfarrers ausmachte: Tägliche Eucharistiefeiern, Beichthören, Gespräche, Taufen, Trauungen, Beerdigungen, Hausbesuche, Krankenkommunionen. Eugen Walter tat sich schwer, Kontakt zu einfachen Menschen zu finden. Sein Hauptwunsch war, ich möge für ihn eine Pfarrjugend aufbauen, und das tat ich auch. Ich konnte auf die Ministrantengruppe von Alois Eckert zurückgreifen. Aus ihr sollten die künftigen Gruppenleiter hervorgehen. Neben Conrad Schröder möchte ich namentlich noch Paul Klemmer erwähnen, der ein hervorragender Wirtschaftsprofessor in Bochum, päpstlich hoch ausgezeichnet, wurde († 2005), und Helmut Becker, Lehrer am Gymnasium in Ettenheim. Beim Aufbau der weiblichen Pfarrjugend half mir die Erlenbader Franziskanerin Clarissa, die Eugen Walter als Pfarrhelferin bekom-

men hatte. Großzügig hatte Pfarrer Walter eine kleine Holz-
hütte, die zu einem Bauernhof im Schwarzwälder Zastlertal
gehörte, als unsere „Pfarrhütte" angemietet. Dort verbrachte
ich manches Wochenende mit den angehenden Gruppenführern, wobei oft die Wahl schwer fiel zwischen dem Strohlager
auf dem Dachboden und einer Nachtwanderung unter dem
Sternenzelt.

An besonderen Ereignissen dieser ersten Priesterjahre möchte
ich zwei hervorheben. Mit dem Auto der befreundeten Arztfa-
milie Schroff, deren Sohn Michael mich oft besuchte, und zusammen mit ihr fuhren meine Mutter und ich zu der berühmten Wallfahrtskirche in Ronchamp, die Le Corbusier errichtet
hatte. Wir waren alle ergriffen und begeistert. In einer der
kleinen runden Seitenkapellen habe ich zum ersten Mal mit
dem Gesicht zu den Anwesenden die Eucharistie mit ihnen
gefeiert.

Mit Eugen Walters Pfarrfrauen, die eben einen Bus mit circa
50 Plätzen füllten, machte ich eine Fahrt zu modernen Schweizer Kirchen wie Riehen oder St. Antonius in Basel. Wir besuchten auch Geburts- und Wohnhaus sowie die Einsiedelei
des heiligen Bruders Klaus von Flüe, der neben Karl Borromä-
us Patron der Dreifaltigkeitskirche und auf der Pfarrfahne ein-
gestickt war. In der Kapelle bei der Einsiedelei, am Hang einer
tiefen Schlucht gelegen, feierten wir die Eucharistie. Auch das
war ein ergreifendes Ereignis. Frau Fischer, Mutter von mindestens vier Kindern, bei der Josef Vienenkötter in seiner Freiburger Zeit gewohnt hatte, erlebte dort ihre Berufung zum
Klosterleben. Sie trat bei den Benediktinerinnen von Kellen-
ried ein. In den Gesprächen mit ihr musste ich die Frage eines
individuellen mystischen Rufes Gottes überdenken, ohne zu
einer bleibenden Antwort zu kommen.

In der Obhut von Schwestern

Zu den „Unterbrechungen" der Arbeit an meiner Dissertation
gehörte auch der Ortswechsel in Innsbruck. Ich blieb das Som-

mersemester 1953 noch im „Canisianum". Die „Neugeweihten" hatten bestimmte Privilegien und Aufgaben im Haus. So wurde ihnen zum Beispiel das sonntägliche Hochamt aufgetragen. Werktags hielten die Neuen ihre „stille heilige Messe" an den Seitenaltären der Seminarkirche. Damals waren noch die Gebete Leos XIII. nach der Messe, drei Ave Maria und das Gebet zum Erzengel Michael gegen den Teufel, vorgeschrieben. Auch musste man auf dem Weg zum und vom Altar das Birett auf dem Kopf tragen. So wie ich es bei Karl Rahner erlebt hatte, ließ ich beides weg. Die Messe war streng auf 30 Minuten beschränkt, weil der Nächste schon wartete, und eine andächtige Messe war mir wichtiger als nebensächliche Rubriken. Die beiden für Liturgie verantwortlichen Mitstudenten, Franz Attems und Berthold Mayr, strichen mich wegen dieses Sündenfalls aus der Liste für das sonntägliche Hochamt. Ich hab's gut überlebt, aber ich hatte erstmals, wie später noch oft, eine Kostprobe von kirchlichem Fanatismus und Zelotentum erhalten.

Im Sommer 1953 verließ ich das „Canisianum". Adolf Darlap wohnte im Pfarrhaus des Stadtteils Saggen, dort besorgte er mir ein kleines Zimmer. Pfarrer Ruepp hatte ich schon in den Tiroler Ferien mit Karl Becker kennen gelernt. Er war ein Bär von einem Kerl, bis ins Innerste hinein unverfälscht und unverbogen. Er war mir ein angenehmer Mitbruder.

Im Oktober 1954 lud er mich ein, mit ihm zusammen einen kleinen Tiroler Pilgerzug nach Rom zu führen. Natürlich war die Stadt Rom ein überwältigendes Erlebnis für mich. Wir wohnten in einem von österreichischen Nonnen geführten Pilgerhospiz. Ich wurde, über ein Jahr nach der Priesterweihe, immer noch als Neupriester deklariert und musste nicht nur in der Kapelle, sondern auch auf den Fluren und im Speisesaal unentwegt den „Primizsegen" erteilen. Das kirchlich herausragende Ereignis war ein Hochamt mit Pius XII. im Petersdom, bei dem er das Gnadenbild „Salus Populi Romani" mit einer goldenen Krone schmückte. Der Einzug des Papstes war erschreckend. Von Garden in verschiedenen Uniformen geleitet, schwebte er, von der massiven Tiara gekrönt, auf der „Sedia gestatoria" hoch über den Menschen, huldvoll gemessen nach allen Seiten segnend, eine Statue in Goldbrokat. Hinter ihm wurden die zwei riesig hohen Pfauenwedel, die Insignien der ägyptischen Pharaonen, getragen. Die Leute hörten nicht auf, „Evviva il Papa" zu schreien, zu kreischen, zu rufen. Mein Nachbar, ein stämmiger Tiroler Wirt aus Reutte in Lederhosen, konnte damit gar nicht aufhören, auch nicht, als die Kardinäle der päpstlichen Assistenz den Pontifex mit dem Fußkuss begrüßten. Für mich war der Abgrund von diesem Pomp und Personenkult zu dem armen Jesus zu groß. Einmal mehr konnte ich den Titel „Stellvertreter Christi auf Erden" nur ablehnen.

Das politische Interesse habe ich auch während der Studienzeit nicht verloren. Karl Rahner hatte damals schon sehr heftige Worte gegen die Restauration alter Verhältnisse in der Bundesrepublik Deutschland gefunden. Die Manöver von Adenauer und Strauß zur Wiederbewaffnung konnte ich nur an einem kleinen, uralten Transistorradio verfolgen. Der Osten war natürlich auch nicht rein friedliebend und zog mit der Aufrüstung nach. Die großen Blöcke entstanden. Pius XII. hatte, wie sein Privatsekretär Robert Leiber SJ in der 2. Auflage des LThK schrieb, den Bolschewismus mehr gefürchtet als die Nazis; er ergriff Partei für den westlichen, von den USA dominierten Block. In meiner Heimat hat die CDU im Verein mit der FDP das alte Land Baden abgeschafft – ich hatte immer zu den „Altbadenern" gehalten – und den „Südweststaat" geschaffen. Ein Hauptmotor dafür war der in meiner Heimatpfarrei lebende Architekt Albert Maria Lehr (1913–1997), ein, wie ich erst später merkte, CDU-Freund von Pfarrer Walter. Lehr arbeitete nicht nur mit anständigen Tricks. In seinem Alter ließ er sich, nachdem die Mutter seiner zahlreichen Kinder tot war, vom Bischof von Banja Luka zum Priester weihen. In Freiburg durfte er aber nur in einem Studentenheim die Messe halten. Er hatte polarisiert, statt zu versöhnen.

Solbad Hall

Die hohe Miete im Pfarrhaus Saggen in Innsbruck machte mir sehr zu schaffen. Ich hatte ein Abonnement für ein billiges Mittagessen in einer Brauerei, aber das Geld, das meine Eltern für mich erübrigen konnten, reichte mir nie. Adolf Darlap vermittelte mich zum Sanatorium der Kreuzschwestern, das damals in der Kaiserjägerstraße lag (später wurde es in einen Neubau nach Hoch-Rum verlegt, wo dann der sterbenskranke Karl Rahner aufgenommen wurde). Ich bekam dort für einen stundenweisen Krankendienst mit „Letzten Ölungen" einen Mittagstisch. Die Oberin war mir gegenüber sehr wohlwollend. Sie veranlasste, dass das Provinzhaus der Kreuzschwestern in Solbad Hall mir ein Angebot machte. Man suchte dort einen jüngeren Priester, der dem Hausgeistlichen, einem alten, sehr korpulenten Kapuziner namens Joseph Cupertin, zur Hand gehen würde. Die Hauptaufgabe wäre, den etwa 90 alten Schwestern, die im angebauten Altersheim lebten, morgens um 5 Uhr die Kommunion zu bringen und sie gegebenenfalls beim Sterben zu begleiten. Der Pater konnte die Treppen nicht mehr bewältigen. Für diese Hilfe würde man freigehalten werden. Ich nahm an. Dass ich für das Kelchgeld von Onkel Aloys gleich nach der Primiz ein gebrauchtes Motorrad anschaffte, habe ich schon erwähnt. Mit ihm konnte ich leicht zur Bibliothek und zu den Seminaren nach Innsbruck fahren, aber auch Ausflüge ins Tiroler Land machen.

In Solbad Hall lernte ich den Generalvikar der Ukrainer im Exil, Prälat Myron Hornykiewitsch, kennen. Er hatte vom Innsbrucker Bischof das kleine gotische Salvatorkirchlein und die angrenzende winzige Wohnung zugewiesen bekommen. Als Weltpriester des ukrainischen Ritus war er verheiratet; er hatte eine Tochter, die Ärztin wurde. Gern kam er zu den Kreuzschwestern. Der einfältige Pater Joseph ließ ihn nur an einem Nebenaltar die Messe halten, weil er verheiratet war. Als Pater Joseph in Ferien war, habe ich das geändert. Der „Herr Prälat" ließ sich gern nach dem Essen auf dem Soziussitz meines Motorrads nach Hause bringen; wir machten auch Ausflüge, zum

Beispiel nach Seefeld und ins Zillertal. So wurden wir enge Freunde. Ich lernte bei ihm etwas Russisch. Wenn er in der Salvatorkirche die byzantinische Liturgie hielt, assistierte ich ihm dabei. Bei meiner Promotion war er mit seiner Familie anwesend, ebenso beim anschließenden Festessen. Vor dem Krieg war der „Herr Prälat" Pfarrer der Wiener Kirche St. Barbara, die bis heute den unierten Ukrainern gehört. Er hatte dort eine Broschüre mit der deutschen Übersetzung der Chrysostomusliturgie herausgebracht; diese Liturgie kommt in den Ostkirchen während des Kirchenjahres am häufigsten vor. Nachdem er sich und seine Familie vor der heranrückenden russischen Front in Sicherheit gebracht hatte, war es sein größter Wunsch, wieder eine solche deutsche Übersetzung herauszubringen. Schließlich übernahm ich diese Aufgabe. Prof. Endre von Ivánka nahm meinen Vorschlag an, sie dreisprachig und gebunden als Buch herauszugeben; ich mühte mich um die Umschrift des griechischen und des kirchenslawischen Textes. Ich besorgte auch eine sachkundige Einleitung durch den Jungmann-Schüler Hans Joachim Schulz. Den Apostolischen Visitator der Exil-Ukrainer, Erzbischof Butschko in Rom, bat ich um ein Geleitwort. Dabei lernte ich die Bemühungen der Ukrainer um Selbständigkeit gegenüber den Russen kennen. Ich hatte die Meditationen von Nikolai Gogol in das Buch mit aufgenommen, weil sie zum tieferen Eindringen in den Geist der östlichen Liturgie sehr geeignet sind. Butschko verlangte von mir, dass wir „Hohol" schrieben, weil Gogol Ukrainer gewesen und sein Name so auszusprechen sei. Nur ungern gab er meinem Hinweis nach, dass „Gogol" in der gesamten Kulturwelt eingebürgert sei. Als das Buch im Styria-Verlag 1962 erschien (als Band II von Ivánkas Reihe „Geist und Leben der Ostkirche"), war Prälat Hornykiewitsch bereits drei Jahre tot. Ich war sehr traurig. Die Einnahmen des Buches habe ich seiner Tochter zukommen lassen. So oft ich nach Tirol komme, besuche ich das Grab des „Herrn Prälat" und seiner Frau in Solbad Hall am Fuß der mächtigen Karwendelberge.

Die Kreuzschwestern im Provinzhaus in Solbad Hall hatten mich, warum auch immer, ins Herz geschlossen. Sie verwöhnten mich übermäßig, angefangen von der Provinzoberin, der zarten Frau Consolata Außerladscheiter, und ihrer Stellvertreterin, der mächtigen Schwester Maria Alacoque. Häufig durfte ich das Konventamt halten, weil Pater Joseph weder singen konnte noch wollte. Der Konvent zählte damals etwa 100 Schwestern. Wenn ihr Chor die „Deutsche Messe" von Franz Schubert sang, war ich mit ganzem Herzen dabei. Dem Provinzhaus angeschlossen war eine Krankenpflegeschule. Man bat mich, den angehenden Krankenschwestern Religionsunterricht zu geben. Ich ging freudig darauf ein – aber es war unvernünftig angesichts dessen, dass ich der Kirchenbehörde in Freiburg Rechenschaft darüber geben musste, warum ich so viel Zeit für meine Dissertation benötigte.

Wenn Weihbischof Bruno Wechner aus Feldkirch in Vorarlberg Ferien im Provinzhaus machte, ging ich mit ihm im Garten spazieren. Er war von einem ganz anderen Format als mein Erzbischof Schäufele. Unter anderem klagte er darüber, wie leichtfertig die Kirchenbehörden das „Imprimatur", die Unbedenklichkeitserklärung, für zweifelhafte Erzeugnisse geben. Der Hintergrund war aktuell. In Innsbruck lebte Frau Gabriele Bitterlich, Mutter meines Mitstudenten Hansjörg Bitterlich. Diese Frau hatte Visionen von Engeln; sie hatte Botschaften aus dem Himmel erhalten und seit 1947 aufgezeichnet. Ihre Tochter Roswitha fertigte nach den Angaben der Mutter riesige Gemälde der Engel an. Das alles erfuhr ich bei einer Einladung zum Kaffee bei Familie Bitterlich. Hansjörg und ein anderer Mitstudent aus dem „Canisianum", der Ungar Georg Blasko, gründeten und leiteten dann zusammen das „Engelwerk". Schon 1951 wurden in Innsbruck Schutzengelweihe, Engelweihe und Sühneversprechen kirchlich approbiert, ebenso wurde 1961 in Innsbruck die erste „Schutzengelbruderschaft" kirchlich errichtet. In meiner Tiroler Zeit kursierten Traktätchen und Bildchen dieses merkwürdigen Werkes mit kirchlicher Druckerlaubnis. Schon 1960 fiel ihm auch die Diözese Augsburg zum Opfer. Erst 1984 und 1992 reagierten die römischen Behörden auf das Bedenkliche an den Sonderlehren.

131

1955 nahm die Provinzleitung auch Johann Baptist Metz in das Haus in Solbad Hall auf. Er hatte in Philosophie an Coreths Institut promoviert und im Jahr nach mir die Priesterweihe erhalten. Wie ich verließ er dann sogleich das „Canisianum"; er wohnte zunächst bei den Benediktinerinnen der Ewigen Anbetung, einer kleinen, aber sehr zerstrittenen Kommunität. Er bekam in Hall das Zimmer neben meinem; wir sahen uns beim Mittags- und Abendtisch bis zu meinem Wegzug 1958. Das Einvernehmen mit ihm war für mich sehr angenehm, weil es alle Bereiche umfasste. Im „Canisianum" hatte er eher auf Distanz zu allen anderen gelebt, voll auf die Philosophie konzentriert. Einmal habe ich ihm die Haare geschnitten. Auch er war bei meiner Promotion dabei.

Ebenso in das Jahr 1955 fiel die Priesterweihe meines Freundes Heinz Schuster. An ihr im Dom zu Trier und an seiner Primiz in St. Joseph in Koblenz nahm ich teil. Er wurde sogleich Kaplan in der Pfarrei St. Remigius in Völklingen an der Saar. Pfarrherr war Prälat Nikolaus Jonas; er hatte drei Kapläne. Jonas konnte großzügig sein, er war aber auch sehr streng. Heinz Schuster wurden Ferien genehmigt unter der Bedingung, dass er für eine Vertretung sorgte. So zweigte ich von meiner Promotionszeit mehrfach drei Wochen für diese Vertretung ab. Ich möchte die Völklinger Erfahrungen nicht missen. Der Katholizismus der einfachen Leute, die alle mehr oder weniger mit den riesigen Röchlingschen Stahlwerken zu tun hatten, unterschied sich total von allem, was ich vorher gekannt hatte. Die Stahlarbeiter pflegten fast wöchentlich bei ihrem Schichtwechsel zwischen 6 und 9 Uhr morgens zu beichten. Also saß ich in diesen Stunden im Beichtstuhl, dazu auch den ganzen Samstagnachmittag bis in die Nacht hinein. Viele Frauen hatten Eheprobleme: Den „Kindersegen zu verhüten" galt als Todsünde. Ein Kaplanskollege von Heinz Schuster hatte der weiblichen Pfarrjugend, Mädchen zwischen 12 und 18 Jahren, das Gelübde ewiger sexueller Enthaltsamkeit („Jungfräulichkeit") abgenötigt. Man hatte viele Arbeit damit, sie wieder von diesem Gelübde zu befreien. Es herrschte ein Klima der Angst vor Gott, viele Menschen befanden sich in einem Zustand ständiger Anklage und Schuldgefühle. Dazu kamen die vielen Arbeitsunfälle. Ich erinnere mich an eine Situation in den Stahlwerken. Ein Arbeiter war in die große Wanne mit glühendem Stahl gefallen und – man verzeihe den Ausdruck – sogleich verzischt. Ich konnte nur noch Gebet und Segen in die glühende Masse schicken. Ein anderer Arbeiter war an der „Thomasbirne" in den glühenden Regen von Stahlfunken geraten. Als er in Öltücher gehüllt in der Klinik lag und ich zu ihm gerufen wurde, wusste ich von den Ärzten, dass er den nächsten Morgen nicht erleben werde. „Herr Kaplan, muss ich sterben? Ich kann doch nicht. Ich bin keine vierzig Jahre alt und habe Frau und vier Kinder". Ich konnte nicht antworten, nur mit ihm beten.

Heinz Schuster musste einige Jahre in Völklingen aushalten. Bei einer Fahrt zum Rhein überredete ich ihn in St. Goar, bei Rahner zu promovieren. Seine Kirchenbehörde in Trier genehmigte das; er wurde Hausgeistlicher in St. Elisabeth in Remagen, einer Promotionsstelle mit Nonnenwerther Schwestern. Von seinem Kaplansgehalt hatte er einen schokoladebraunen VW-Käfer angeschafft. Mit ihm machten wir 1959 eine unvergessliche Fahrt durch Dänemark, Norwegen und Schweden, und Anfang der 60er Jahre eine andere Fahrt nach Sizilien. Auch das alles gehörte zu den „Unterbrechungen".

7. Ende in Innsbruck, neuer Anfang in Freiburg

Das Doktorat

Abgesehen von den „Unterbrechungen" wuchs meine Dissertation über die biblische Begründung des Bußsakraments in
der kirchlichen Lehre in den Jahren 1954, 1955 und 1956 ihrem Ende zu. Rahner war vom Ergebnis sehr angetan. Es ent-
sprach seiner Sicht, dass die eigentliche Vergebung der Sünden durch die Reue geschieht, die einem Menschen von Gottes
Gnade geschenkt wird. Das war die alte kirchliche, schon in
der Bibel greifbare Tradition. Aber in der Kirchenväterzeit setzte sich die Auffassung durch, dass die Versöhnung mit Gott
unvollendet bleibt, wenn sie nicht durch eine Versöhnung mit
der Kirche ergänzt wird; der (schwere) Sünder hat ja die Gemeinschaft der Kirche verletzt, die unter der Weisung Gottes
stand und steht, eine „heilige" Kirche zu sein. Diesen historischen Nachweis musste ich im einzelnen führen. Rahner hat
diese Sicht mehrfach in Publikationen vertreten; deren Spu-
ren finden sich in der Konzilslehre von „Lumen gentium" Artikel 11. Besonders stolz war ich, dass er sich auch meinen
„Fund", die dreifache Bedeutung des „Bindens und Lösens",
und die Entscheidung, dass dieses Wortpaar in Matthäus 16
und 18 „dämonologische Bedeutung" hat, zu eigen gemacht
hat.
Nach der Lektüre meiner Arbeit verfasste Rahner ein sehr positives Gutachten. Die Dissertationen in Innsbruck wurden
nicht benotet; sie wurden, so wie Habilitationsschriften, nur
angenommen (eventuell mit Auflagen) oder abgelehnt. Rahner ließ aber keinen Zweifel daran, dass meine Arbeit in
Deutschland ein „Summa cum laude" erhalten hätte. Angesichts der Materialfülle, die bis zu ägyptischen Zauberpapyri

reichte (sie nennt sich selber ja auch „Studien"), riet er mir, auf eine Buchveröffentlichung zu verzichten und die Ergebnisse in Artikeln zu veröffentlichen. Ein Druckzwang bestand nicht und ein Buchdruck hätte enorme Zuschüsse notwendig gemacht.

Nun musste ich die mündlichen Prüfungen, „Rigorosa" genannt, vorbereiten. Die halbstündigen in Moraltheologie bei den Patres Heinzel und Miller und in Exegese bei Pater Hofbauer und Pater Gaechter bestand ich mit der Note „Sehr gut". In der Dogmatik, in der ich besonders gut abschneiden wollte, ging es mir durch eigenes Verschulden nicht gut. Ich hatte mir, heute sage ich es mit großem Bedauern, angewöhnt, an der Schreibmaschine eine Zigarette nach der andern zu rauchen und starken Nescafé dazu zu trinken. Wenn mich das allzu nervös und zitterig machte, nahm ich Beruhigungsmittel, so auch vor dem Dogmatik-Rigorosum, dessen Hauptprüfer Rahner und Gutwenger waren. Ich war so konfus, dass ich nicht einmal die Fragen verstand; das Examen konnte nicht gelten.

Bei einem Besuch bei Erzbischof Seiterich in Freiburg Ende 1957 fand ich nicht nur vollstes Verständnis, sondern auch wirklichen Trost von seiner Seite. Er war ein herzensguter Seelsorger. Er immunisierte mich gegen die Beruhigungsmittel, ich trat im Frühjahr 1958 noch einmal an, dieses Mal mit bestem Erfolg. Erst im Sommer fand mit dem damals üblichen barocken Pomp die feierliche Promotion in Anwesenheit meiner Eltern, Schwester und der Tiroler Freunde statt. Erst da konnte ich in Solbad Hall meine Sachen packen und das gastliche Haus der Kreuzschwestern für immer verlassen. Das hing mit dem Fortgang der Dinge zusammen.

Unerwartet in Freiburg

Inzwischen hatte sich nämlich eine Entwicklung ergeben, die für mich ungeahnte Folgen haben sollte. In der ersten Hälfte 1955 hatte der Verlag Herder Rahner als Herausgeber der geplanten Neubearbeitung des „Lexikons für Theologie und Kirche" gewonnen. Ich habe dieses Geschehen und die damit zusammenhängenden Einzelheiten in Band 17/1 der „Sämtlichen Werke" Rahners 2002, S. 13–74 im einzelnen dokumentiert. Dort habe ich auch Rahners Motivation dargelegt: Er wollte der Verkündigung, dem Wort Gottes, und den Verkündigern dienen. Er hoffte, viele Menschen mit einem 10-bändigen Lexikon zu erreichen, das zum Beispiel in jedem Pfarrhaus stehen würde. Er fasste seine Arbeit als solidarische Hilfe mit den Mitbrüdern auf, und ich folgte ihm ohne weiteres in dieser Motivation. Aber wo waren die gesuchten Brüder? Die Arbeit wollte getan sein. Eine Nomenklatur musste erstellt werden: Welche Artikel sind überflüssig, welche brauchen mehr Platz? Ein Vergleich des geplanten neuen Umfangs mit dem Vorgänger-Lexikon (1930–1936) war unbedingt notwendig. Für diese Vorarbeiten hatte Rahner Adolf Darlap engagiert, der dafür von Herder ein gewisses Entgelt bezog, da er nicht mehr für das Oratorium studieren wollte. Das alte und das neue Lexikon mussten auf Karten „verzettelt" werden. Ich half Darlap dabei, weil ich mit ihm befreundet war, auch eine der Nebentätigkeiten, die für mein Promovieren hinderlich waren. Dabei hatte ich keineswegs die Absicht, mich selber an das Lexikon zu binden. Rahner nominierte 1956 Darlap als Hauptschriftleiter der neuen Auflage und als Schriftleiter der wichtigsten theologischen Fächer.

Aber Darlap wollte nach dem Erscheinen des 1. Bandes 1957 beide Aufgaben niederlegen und sich wieder theologischen Studien widmen. Assistentenstellen hatte er in Freiburg in Aussicht. Er bedrängte Rahner, sich nach Nachfolgern umzusehen. Der andere Herausgeber des 10-bändigen Lexikons, der römische Prälat Josef Höfer, präsentierte als Hauptschriftleiter den Paderborner Diözesanpriester Remigius Bäumer (1918–1999), der sich für Kirchengeschichte habilitieren wollte. Damit war die Frage nicht gelöst, wer die theologischen Fächer betreuen sollte, die Rahner am meisten am Herzen lagen. Zu allem hin erkrankte Rahner im Winter 1957/58 schwer, er musste das Krankenhaus aufsuchen, man bangte ernstlich um sein Leben. In dieser Situation bat er mich um Hilfe. Er wandte sich im Februar 1958 an den Freiburger Erzbischof Eugen Seiterich, der einer der Protektoren des Lexikons war, und bat ihn, mich nach Abschluss meiner Promotion für diese Nachfolge freizustellen. In diesem Zusammenhang schrieb er über mich den Satz, der mich besonders erfreute: „Er hat mein Vertrauen". Seiterich hatte mir eine Kaplansstelle bei seinem Freund Dr. Richard Hauser in Heidelberg zugedacht. Aber er ließ meine Seelsorgepraxis in der Freiburger Dreifaltigkeitspfarrei gelten und stimmte sofort zu, zwei Wochen vor seinem allzu frühen Tod. Das Lexikon war auch ihm ein Herzensanliegen.

So trat ich ab Mai 1958 in die Redaktion des „Lexikons für Theologie und Kirche" ein. Meine „Fächer" waren zunächst Altes Testament, Aszetik und Mystik, Biblische Theologie, Dogmatik, Dogmengeschichte, Fundamentaltheologie, Moralpsychologie, Moraltheologie und Ethik, Neues Testament, Oecumenica und Una Sancta, Protestantische Theologie, Psychologie, Tiefenpsychologie, Theologiegeschichte. Im Lauf der Jahre kamen noch andere Fächer hinzu. Es begann eine Arbeit, die nicht selten in Stress ausartete, und die mich volle zehn Jahre festhielt, im Interesse einer Theologie, die „an der Zeit" war, und im Interesse vor allem der Seelsorger, die dieses Lexikon benützen sollten. Wie Rahner verstand ich mich nicht als Diener des Verlags Herder, der uns ausnützte und der uns unerbittlich antrieb, auch mit dem Ansinnen, auf jährlichen „Urlaub" zu verzichten. Ich hatte aber nichts dagegen, für die Menschen im kirchlichen Dienst eine Knechtsarbeit zu tun. Zwar kam aus der kirchlichen Praxis so gut wie kein Echo, aber das Lexikon war auf dem kommenden Konzil von Nutzen.

Nach Absprache mit der Freiburger Kirchenbehörde konnte ich im Elternhaus im Waldseeviertel und damit in der Pfarrei Hl. Dreifaltigkeit wohnen.

Die 10 alphabetischen Bände des Lexikons umfassten 21.996 Beiträge, verfasst von 2.677 Mitarbeitern und Mitarbeiterinnen. Das bedeutete für mich den Eintritt in eine ganz neue wissenschaftliche Welt, verglichen mit der einseitig jesuitisch

geprägten theologischen Landschaft in Innsbruck. In Kooperation vor allem mit Rahner, aber auch mit andern Fachbera-
tern mussten zuerst kompetente Experten für jeden einzelnen
Artikel gefunden und brieflich eingeladen werden. Trotz des
schäbigen Honorars, das Herder offerierte, 25 Pfennige pro
Druckzeile, war das Interesse in der Gelehrtenwelt groß, so
groß, dass mich sogar manche Mitarbeiter in der Freiburger
Redaktion aufsuchten und sich für weitere Beiträge anboten,
so der Tübinger Fundamentaltheologe Josef Rupert Geisel-
mann und der Münsteraner Fundamentaltheologe und, wie er
sagte, Universalgelehrte Anton Antweiler. Sobald ein Beitrag
eintraf, ergaben sich die zwei entscheidenden Fragen: Hat sich
der Verfasser an die streng vorgegebene Zeilenzahl gehalten?
Und wurde der Beitrag den qualitativen Ansprüchen gerecht?
Manchen war der Unterschied zwischen einem Essay, in dem
man sich oft beliebig ausbreiten kann, und einem Lexikonar-
tikel nicht von vornherein klar. Ich habe viel gelernt für den
Umgang mit hochempfindlichen Menschen und für den Verzicht auf sprachliche Redundanz, volkstümlich auch „Ge-
schwafel" genannt. Und ich musste feststellen, dass sich manche Gelehrte von Weltruf auf den Lorbeeren ihrer vergangenen Blütezeit ausruhten. So entstanden zwangsläufig Konflik-
te in großer Zahl. Nicht alle waren mit der von mir vorgenom-
menen Kürzung ihres Beitrags einverstanden. Nicht alle ak-
zeptierten, dass Rahner selber oder in einem gewissen Ausmaß auch ich ihre Artikel auf den neuesten Stand der Information und der Fragestellung brachten. Wenn es auf die Qualität der Theologie ankam, kannte Rahner keine Kompromisse.
Es war für ihn eine Gewissensverpflichtung, den Benützern
das Bestmögliche an Information und theologischer Einsicht
zu bieten. Ich erwähne nur zwei Beispiele von vielen. Dem
Münsteraner Dogmatiker Hermann Volk mutete er zu, bei jedem von Volk verfassten Artikel eine Umarbeitung durch Rahner zu akzeptieren – und Volk tat das in der ihm eigenen Be-
scheidenheit. Den Artikel „Gemeinschaft der Heiligen" des
berühmten Laterantheologen Piolanti schrieb Rahner völlig
neu, nicht ohne Folgen für die „römische Stimmung", aber

Piolanti hatte noch nicht einmal neuere Literatur angegeben, geschweige denn verwertet. Wenn unerwartete Absagen zu wichtigen Artikeln, die vorher zugesagt waren, eintrafen, mussten wir sie seufzend in Innsbruck selber schreiben, denn der Verlag drückte unerbittlich auf Einhaltung der Termine. Weil das in verschiedener Hinsicht angebracht war, mussten wir unsere Produkte manchmal von Freunden unterzeichnen lassen. Ich habe von dem Umstand, dass ich Manuskripte, Druckfahnen und Umbruchbogen des Lexikons aufmerksam lesen musste, sehr viel gelernt. Manche Autoren schrieben umfangreiche, erklärende Briefe, die für mich immer eine Bereicherung waren, so, außer den Exegeten, die ich meist mit Gewinn las, zum Beispiel Joseph Ratzinger, Oswald von Nell-Breuning SJ, Bernhard Häring CSSR und Engelbert Kirschbaum SJ. Einen vielsagenden Brief des angesehenen Moraltheologen Häring werde ich später zitieren.

Die Briefe Nell-Breunings waren immer köstlich. Eine Kostprobe möchte ich hier zitieren: „Es ist eine scheußliche Unart der Verlage, die pünktlich liefernden Mitarbeiter auf die unpünktlichen warten zu lassen – genau genommen ist es Vertragsbruch, der nur darum keine Schadensersatzpflicht auslöst, weil der Schaden immaterieller Art ist und als solcher sich überhaupt nicht gut machen lässt. Solchen unpünktlichen Mitarbeitern gehört eine Lehre erteilt: man setzt einen begabten jungen Mann daran, den ausgebliebenen Beitrag zu schreiben, und schickt der Celebrität, wenn sie verspätet doch noch liefert, ihr Elaborat zurück. Ein paar solcher Fälle, und die Herren hätten gelernt, Termine ernst zu nehmen."

Der Kirchenhistoriker und Archäologe Kirschbaum klagte mir einmal seine Erfahrung mit Pius XII. Dieser hatte Ausgrabungen unter St. Peter in Rom angeordnet, weil ihm sehr daran lag, dass endlich das Petrusgrab gefunden würde. Kirschbaum hatte einen zusammenfassenden Bericht über die Ausgrabungen zu schreiben, die unter der Aufsicht einer römischen Archäologin stattgefunden hatten. Er schrieb, man habe die „Tomba", das Grabmonument des Apostels Petrus gefunden. Auf Befehl des Papstes musste er überall „Tomba" durch „Sepolcro" (das Grab) ersetzen. Seinen Kommentar dazu gebe ich nicht wieder.

Eine andere denkwürdige Begegnung war die mit Robert Leiber SJ, dem Privatsekretär Pius' XII., bei seinem Besuch in der Redaktion. Er erzählte, wie er oft nachts gerufen wurde, um ein Diktat des Papstes aufzunehmen. Er fuhr mit dem Fahrrad von der Jesuitenkurie zum Vatikan. Die Diktate musste er kniend aufnehmen, obwohl er asthmakrank war, so wollte es der Papst. Zu uns sagte er: „Solange ich lebe, wird der nicht seliggesprochen".

So war die Arbeit mit vielerlei Gelehrten durchaus unterhaltsam. Und ich habe auch persönliche Freundschaften schließen können, so mit dem Schweizer Moral- und Pastoraltheologen Leonhard Weber (1912–1969) und mit dem Freiburger Neutestamentler Anton Vögtle (1910–1996).

Der Grundkonflikt, der sich um das Lexikon abspielte, war der zwischen Historikern, repräsentiert durch Bäumer, und den Systematikern, das heißt Rahner mit mir zusammen. Es lag wohl in der Natur der Sache, dass jede Seite auf ihre Wünsche und Methoden nicht verzichten wollte, aber manche Streitigkeiten waren bitter und verursachten schlaflose Nächte. Eine Sonderrolle spielte der Münchner Dogmatiker Michael Schmaus (1897–1993). Er hatte mit seinen stark auf die Predigt ausgerichteten Dogmatiken zweifellos zur Überwindung einer sterilen Neuscholastik beigetragen, aber nun konnte er sich nicht damit abfinden, dass Rahners weiterführende Impulse größere internationale Beachtung fanden. Er machte uns gravierende Schwierigkeiten, die den Fortgang des Lexikons in Frage stellten, und drohte unverhohlen mit Eingriffen des römischen „Heiligen Offiziums", der Nachfolgebehörde der Inquisition. Über diese Schwierigkeiten habe ich in dem erwähnten Band 17/1 der „Sämtlichen Werke" Rahners, mit der Wiedergabe des Briefwechsels, berichtet.

Auch in der Zeit der Arbeit am Lexikon gab es „Unterbrechungen", abgesehen vom Weitergang der Seelsorgehilfe in
der Heimatpfarrei. Eines Tages bat mich der theologische Re-
ferent im Domkapitel, der ehrwürdige Prälat Wilhelm Reinhard, zu sich ins Erzbischöfliche Ordinariat. Er erzählte mir,
dass mein früherer Religionslehrer Krämer (von ihm war die
Rede) beurlaubt worden sei. Er werde auf Bitten des Verlags
Herder eine neue Schulbibel erarbeiten, also eine Auswahlbi-
bel, und deren Erscheinen sei das Anliegen des Herrn Erzbischofs Schäufele. So bitte er mich, auch im Namen des Herrn
Erzbischofs, den Religionsunterricht im Berthold-Gymnasium
in den drei Oberklassen (damals: Obersekunda, Unterprima,
Oberprima) zu übernehmen (natürlich ohne Entgelt, ich hatte
ja 700 Mark fürstliches Monatsgehalt von Herder). Ich weiß
nicht mehr, wieso ich damals so leichtsinnig war. Ohne religi-
onspädagogische Ausbildung, ohne Staatsexamen, ohne
Schulpraxis übernahm ich den Unterricht. Er muss nicht total
langweilig gewesen sein, denn es kamen auch evangelische
Schüler, darunter der heutige Berliner Bischof und Ratsvorsit-
zende Wolfgang Huber, der unlängst (2005) bekannte, durch
mich habe er Karl Rahner kennen und schätzen gelernt. Ich
hatte Krämers Notenbüchlein bekommen. Merkwürdig, diejenigen, die bei ihm Note 5 oder 6 bekommen hatten, machten
nun höchst lebendig in meinem Unterricht mit. In roter Tinte
wurden ihre Noten von mir geändert. Aber es gab auch ein
paar Schüler, die kein Interesse an der Sache hatten. Ohne die
hehren Schulgesetze zu kennen, erlaubte ich ihnen, im Keller
der Schule Tischtennis zu spielen. Das neue Berthold-Gymnasium war in der Nähe der Neumattenstraße errichtet worden,
sein Schulhof grenzte an den Garten meines Elternhauses. Das
Treiben im Keller blieb natürlich dem Direktor Kleck nicht ver-
borgen, und er beschwerte sich nicht bei mir, sondern bei der
Kirchenbehörde. Wieder wurde ich zum Prälaten Reinhard gerufen, der mir väterlich eröffnete, nach mehreren Wochen Religionsunterricht sei ich nun davon dispensiert. Ich bin mit

mehreren meiner damaligen Schülerinnen und Schüler in Verbindung geblieben.

Von Familien- und Männerwerken

Aus der Pfarrjugend am Freiburger Münster entstand nach dem Krieg ein Kreis junger Familien, der sich „Alfred-Delp-Werk" nannte. Sie fühlten sich in Freiburg theologisch unterernährt. Ein wesentliches Anliegen war ihnen die „Aufwertung" der „Laien" in der Kirche. Unter anderem spekulierten sie damit, ob nicht der Genesisauftrag an die ersten Menschen als eine Weihe der „Laien" verstanden werden könnte. Auch der Ort der „Laien" in der Liturgie war Gegenstand ihrer Fragen. Was genau meinte „participatio actuosa" (tätige, bewusste Teilnahme)? „Tut dies zu meinem Andenken" – kann das wirklich nur geweihte Priester meinen? Dieser Kreis entdeckte mich durch verheiratete Mitarbeiterinnen des Verlags Herder, und ich fühlte mich ihm bald zugehörig. Wenn die Beziehungen später auch wieder abrissen, habe ich doch gute Erinnerungen an diese produktiven Jahre. Ich denke an zwei früh Verstorbene, Karl Himmelsbach, Firmeninhaber in Freiburg, Dr. Anton Zink, Redakteur für alemannische Sendungen beim Südwestfunk, und von den Lebenden an Prof. Alexander Hollerbach, Staatskirchenrechtler in Freiburg, und an seine Gattin aus dem Herder-Verlag.

Die Verantwortlichen des Verlags Herder engagierten mich ebenfalls „neben" der Tätigkeit für das Lexikon und neben der Seelsorge in der Dreifaltigkeitspfarrei. Im Garten des Verlagsgebäudes stand damals ein Wohnhaus, in dem angehende Buchhändler internatsmäßig wohnten. Der Verlagschef Dr. Theophil Herder-Dorneich bat mich, bei diesen etwa 20 jungen Leuten wöchentlich Unterricht in Fragen des Glaubens und der Ethik zu geben. Ich tat das gern und, wie ich glaube, nicht vergebens. Mit einigen stehe ich noch in Verbindung, mit Familien, die am Kaiserstuhl in der Nähe Freiburgs wohnen, und mit dem pensionierten Buchhändler Manfred Schneider, dem langjährigen bewährten Organisten im Clemenshospital in Münster, führend in der Gesellschaft für christlich-jüdische Zusammenarbeit. Das „Männerwerk" bei Herder hatte vom Chef den Auftrag, für eine Eucharistiefeier jeden Freitagmorgen im Foyer des Verlagsgebäudes zu sorgen. Gern übernahm ich diese Aufgabe mehrere Jahre lang. Immer war die Verlagsspitze anwesend. Aus diesen Kontakten mit den angehenden Buchhändlern und dem „Männerwerk" (zu dem auch Frauen gehörten) entstanden etliche „Einkehrtage" samstags und sonntags auf der Herderhütte, einem uralten Schwarzwaldholzhaus in Todtnauberg. Es wurde ernsthaft meditiert und gebetet, auch mit „Tischmessen" außerhalb der Legalität – doch die Vorräte des Hauses halfen, dass die „Einkehr" auch in anderer Hinsicht ernst genommen werden konnte.

An Pfingsten 1963 führte ich diese jungen Menschen durch Burgund nach Taizé. Dort waren wir mit Roger Schutz zur Abendmeditation versammelt, als die Nachricht vom Tod des Papstes Johannes XXIII. kam. Wir waren alle zutiefst traurig, denn wir hatten ihn sehr geliebt. Seine humorvolle Menschlichkeit, sein einfaches und tiefes Gottvertrauen, sein Widerwillen gegen jeglichen Personenkult, sein Herz für die kleinen Leute, das alles machte ihn so liebenswert. Aber er war nicht der „einfältige Bauer" (so hatte ihn Adenauer bezeichnet). Er war ein ernstzunehmender Historiker und ein gewiefter Diplomat. Er hatte selber die Eröffnungsrede zum Konzil verfasst, und sie enthält Wegweisungen für die Kirche in der Zukunft, die noch längst nicht verwirklicht sind. Sein einbalsamierter Leichnam, der in der römischen Peterskirche zur Schau gestellt wird, vermittelt in keiner Weise einen Eindruck von der menschlichen Persönlichkeit dieses Papstes. Sein Lächeln, seine lebhafte Gestik und Mimik lassen sich nicht konservieren. Auf der menschlichen Ebene entstanden mit den „Herderlehrlingen" viele dauerhafte Beziehungen, die auch der Arbeit im Verlag zugute kamen.

Für künftige Diakone

Als seien diese Nebentätigkeiten noch nicht genug gewesen: es kam noch eine wichtige andere hinzu. Ende der 40er Jahre kam Rahner mit Hannes Kramer in Kontakt, dem charismatischen Motor der Bewegung für eine Erneuerung des Diakonats. Kramer, ein Naturbursche aus dem Allgäu, war früher Förster gewesen und arbeitete nun im Deutschen Caritasverband. Dessen Generalsekretär Georg Hüssler und mein Vater schätzten ihn sehr, sie waren für sein Anliegen gewonnen. Für Kramer lag der Schwerpunkt bei der sozialen Diakonie, bei den Ausgegrenzten und Benachteiligten; an einen liturgischen Priesterersatz dachte er höchstens für katastrophale Zustände in der Dritten Welt. Der künftige Diakon wäre selbstverständlich nicht an den Zölibat gebunden. Ein anderer Vorkämpfer für den Diakonat war der pensionierte Landgerichtsdirektor Josef Hornef aus Fulda. Er hatte Kontakt zu den Personen, die im Konzentrationslager Dachau über mögliche künftige Diakone diskutiert hatten, zum Beispiel Otto Pies SJ. Daraus entstand seine Schrift „Kommt der Diakon der frühen Kirche wieder?" Kramer und Hornef trugen Rahner das Problem vor; er ließ sich ebenfalls für die Sache gewinnen und schrieb 1957 den erwähnten Aufsatz aus dogmatischer Sicht. Als das Konzil in greifbare Nähe kam, regte Hornef bei Herder einen Sammelband an, der die Erneuerung des Diakonats aus internationaler Sicht beleuchten und dem Konzil zur Verfügung gestellt werden sollte. Er wünschte sich auch Rahner als Herausgeber. Dieser nahm an unter der Bedingung, dass ich Mitherausgeber würde – und die Arbeit übernähme. So geschah es, der stattliche Band kam zustande. Er erschien 1962, trug den Titel „Diaconia in Christo" und war den Kardinälen König (Wien) und Wyszynski (Warschau) gewidmet. Mein Vater besorgte Exemplare für die Mitglieder der Theologischen Konzilskommission, Georg Hüssler organisierte lateinische Denkschriften an die Adresse der Konzils-„Väter". Über den Erfolg dieser Aktionen habe ich in dem Büchlein „Karl Rahner verstehen" mit Dokumenten berichtet. Ich war oft mit Hannes Kramer im Frei-

burger Diakonatskreis zu Gast, um theologische und prakti-
sche Fragen zu diskutieren, auch um „Besinnungstage" zu
halten, und wir traten überdies gemeinsam bei öffentlichen
Veranstaltungen zum Thema Diakonat auf. Heute existieren,
nachdem das Konzil zugestimmt hatte, auf der Welt mehrere
Zehntausend ständige Diakone. Hannes Kramer und seine Frau
Erika waren gemeinsam Inbegriffe barmherziger Menschen.
Hannes unterstützte in seinem „Ruhestand" die Arbeit seiner
Frau bei Wagenburgleuten und bei Sinti. Ihr gemeinsamer
Unfalltod im Jahr 2001 auf der Autobahn, als sie beide 71
Jahre alt waren, machte mich sehr traurig, aber ihnen ersparte
er vieles.

Eine ganz anders geartete „Unterbrechung" der Fron am Lexikon bildete die Arbeit an einer Festschrift für Hugo Rahner
zur Vollendung des 60. Lebensjahres. Dass sie für den tod-
kranken Bruder zustande käme, war auch ein „Herzensanliegen" Karl Rahners. Mit seiner Hilfe stellte ich 1959 die möglichen Mitarbeiter, Vertreter der Alten Kirchengeschichte und
Patrologie, aber auch theologische Freunde mit anderen Fachrichtungen zusammen. Bei der Planung suchte ich den Rat
Hans Urs von Balthasars, über den ich noch einmal zu berichten habe. Damals half er mir bereitwillig. Er schrieb einen eigenen Beitrag und übersetzte den Text Henri de Lubacs aus
dem Französischen. Von ihm stammt auch der Titel: „Sentire
Ecclesiam. Das Bewusstsein von der Kirche als gestaltende
Kraft der Frömmigkeit". Manche Autoren machten mir große
Schwierigkeiten, weil sie über terminliche und technische Probleme hoch erhaben waren. An dem Mitherausgeber Jean Da-
niélou SJ hatte ich keinerlei Hilfe. Als das umfangreiche Buch
endlich erschien, war das Geburtstagsjahr 1960 verstrichen,
aber auch 1961 hat es Hugo Rahner große Freude bereitet. Ich
durfte ihn mehrfach besuchen, auch als er körperlich hinfällig
war, und konnte mich von dem zutiefst Deprimierten in einem
Aufblick der Hoffnung verabschieden.

Ein Konzil!

Am 25. Januar 1959 kündigte der unvergessene Papst Johannes XXIII. sein Konzil an. Der übereifrige römische Prälat Höfer meinte, nun müsse man das ganze Lexikonunternehmen sofort stoppen. Davon konnte keine Rede sein; das entstehende Lexikon war ganz nahe beim Konzil und konnte zunächst aus dem Konzil nichts Neues lernen. Wir blieben an der Arbeit.

1961 war weiterhin ein ereignisreiches Jahr. Rahner wurde zum Peritus der Konzilsvorbereitung ernannt, und zwar für den Bereich der Sakramentenpraxis, wahrscheinlich, weil man ihn dort für „ungefährlich" hielt. Er wurde um ein Gutachten zur Erneuerung des Diakonats gebeten, weil er der einzige Dogmatiker war, der (1957) dazu etwas geschrieben hatte; in Rom war er zur Konzilsvorbereitung nie. Als aber im Sommer dieses Jahres die ersten Hefte mit den von der römischen Kurie vorbereiteten Texten kamen und sie ihm von Kardinal König, der Rahner zu seinem persönlichen Berater ernannt hatte, mit der Bitte um Gutachten zugeschickt wurden, trat zur Lexikonarbeit die Konzilsarbeit hinzu, und sie nahm ja bis 1965 kein Ende. Darüber habe ich an anderer Stelle berichtet, und die zum Teil in Freiburg entstandenen Gutachten habe ich auf Wunsch Kardinal Königs veröffentlicht (zuerst 1988 in Zeitschriften, danach in dem Buch: Karl Rahner – Sehnsucht nach dem geheimnisvollen Gott, Herder Freiburg 1990, S. 95–165).

Die persönliche und wissenschaftliche Nähe zu Karl Rahner brachte es mit sich, dass ich auch bei weiteren Aktivitäten Rahners beteiligt wurde, die nichts mit dem Lexikon zu tun hatten. Im April 1961 fuhren Rahner, Hermann Volk, Heinz Schuster und ich nach Frankreich. Zunächst trafen wir uns ohne Volk, aber mit Hermann Herder und Robert Scherer vom Verlag Herder bei den Koryphäen der französischen Pastoraltheologie wie M.-D. Chenu und A. M. Henry in Paris. Es ging um eine mögliche französische Ausgabe des von Rahner geplanten Handbuchs der Pastoraltheologie, bei dessen erster

Planung ich mitgearbeitet hatte. Aus der Kooperation wurde nichts; die Franzosen erwarteten von dem Werk unmittelbare Anwendungsmöglichkeiten in der Praxis, während Rahner unerbittlich eine Reflexion des kirchlichen Tuns im Voraus zur Praxis verwirklicht sehen wollte. Rahner wollte auch den berühmten Pfarrer Michonneau kennenlernen, der in Paris eine Gemeinde von mehr als 10.000 Menschen hatte. Das Erdgeschoss seines Pfarrhauses war ein Saal, für alle offen, die Hunger nach Brot und Durst nach Wein hatten. Dort speisten wir mit ihm. Ich war erschrocken: er hatte sich Streichhölzchen in die Augenlider gesteckt, weil ihm sonst aus Übermüdung die Augen zugefallen wären. Das war am 4. und 5. April.

Danach fuhren Rahner, Volk, Schuster und ich in Schusters VW-Käfer in das von Le Corbusier neu erbaute Dominikanerkloster La Tourette bei Eveux. Bei den französischen Dogmatikern, unter denen auch Y. Congar war, sprachen Rahner und Volk am 6. und 7. April mit unterschiedlichem Erfolg über die deutschsprachige Christologie. Bei diesem Symposion freundete ich mich mit dem französischen Erzbischof F. Marty von Reims und Leiter der „Mission de France" an, der später Kardinal und Erzbischof von Paris wurde. Nachdem wir Volk zum Bahnhof von Lyon gebracht hatten, besuchten wir zu dritt das Jesuitenkolleg Fourvière oberhalb von Lyon. Ich benützte den Aufenthalt, um mich eingehend mit Henri de Lubac SJ zu unterhalten.

Diese „Unterbrechung" oder Nebenbeschäftigung möchte ich hier kurz erklären. In meinen ersten Studiensemestern in Freiburg i. Br. hatte ich durch Karl Becker erstmals Genaueres über die Bemühungen erfahren, die Theologie aus ihren Quellen heraus zu aktualisieren, und zwar nicht nur „so im Allgemeinen", wie das unter anderen Guardini tat, sondern in der Anstrengung, einzelne Dogmen und Lehrstücke „heute" zu verstehen und wenn möglich „für heute" zur Sprache zu bringen. Zu diesen Bemühungen zählte in erster Linie Henri de Lubac, ich hörte aber auch von dem Dominikaner Yves Congar und von dem „Jesuiten" Hans Urs von Balthasar. In dieses lebhafte Interesse „platzte" 1950 die Enzyklika „Humani generis". In verschiedenen „geistlichen Kreisen", vor allem aber bei den Innsbrucker Jesuiten wurde mir dann deutlich, wie schnell man in dieser Kirche und in diesem klerikalen Milieu zum Opfer von Gerüchten werden konnte, in denen unbewiesene Vermutungen als Tatsachen ausgegeben wurden. Die Wahrheit und die Ehre des Mitmenschen waren in diesen Kreisen nichts wert. Ich habe den Fortgang dieses Treibens später weiter erlebt, als es gegen Karl Rahner gerichtet war, und noch weiter, ja sogar bis heute, wo es in sogenannten Konveniats für manche nichts Schöneres gibt, als über Abwesende Klatsch und Tratsch zu verbreiten. Die Enzyklika sei gegen diesen oder jenen gerichtet, hieß es, obwohl sie keinen Namen nannte und man auch kaum herausfinden konnte, ob sie überhaupt gegen jemand gerichtet war. Diese Erfahrung machte mich nicht nur wütend, ich wollte dagegen tun, was ich mit meinen schwachen Kräften eben tun konnte. Zunächst wollte ich ein wahres Porträt von Henri de Lubac zeichnen und veröffentlichen. Diesem Ziel dienten mehrere direkte Begegnungen und ein ausgedehnter Briefwechsel mit ihm (von mir in der Festschrift für Karl Heinz Neufeld dokumentiert). Es folgte meine Bemühung um Hans Urs von Balthasar, auf die ich später eingehen möchte. Und in diesem Rahmen sind auch meine verschiedenen Veröffentlichungen zu Karl Rahner zu sehen: erwiesenem Unrecht begegnen und die wahre Gestalt eines „Opfers" selber authentisch zum Sprechen bringen.

Wenn ich gegen das spätere „nachkonziliare"Verhalten Henri de Lubacs und Hans Urs von Balthasars gravierende Einwände hatte und diese auch in Veröffentlichungen aussprach, so heißt das natürlich nicht, dass ich das Lebenswerk beider nicht sehr schätzen würde. Bei Henri de Lubac habe ich zur Ekklesiologie der Kirchenväter und zur Methode der mittelalterlichen Exegese vieles gelernt. Seine theologiehistorischen Arbeiten zum Begriff des Übernatürlichen sind ebenso bewundernswert wie seine Versuche, den Buddhismus zu würdigen. Bei ihm wie bei Hans Urs von Balthasar imponierte und imponiert mir bis heute, dass ihre Theologie aus einem „brennenden Herzen" lebte, nicht ein trockenes Schreibtischwerk war.

Als Vermittler zu einer großen, heute weithin unbekannten Tradition, die noch wusste, wie Gottes Liebe wahrgenommen werden kann, bleibt Hans Urs von Balthasar unersetzlich. Am 10. April 1961 besuchten Rahner, Schuster und ich zum ersten Mal Taizé. Wir wurden von Roger Schutz und Max Thurian gastfreundlich empfangen. Es lässt sich denken, dass die Begegnung und das der Ökumene gewidmete Gespräch einen nachhaltigen Eindruck bei uns dreien hinterließen.

Das Kleine theologische Wörterbuch

Der Verlag Herder hatte in seiner Taschenbuchreihe ein Wörterbuch der Philosophie, bearbeitet von Max Müller und Alois Halder, herausgebracht und trug nun Rahner den Wunsch vor, er möge ein solches Taschenbuch für die Theologie realisieren. Mit dem Hinweis auf unsere ungewöhnlich gute Zusammenarbeit willigte Rahner unter der Bedingung ein, dass wir zwei dieses Wörterbuch gemeinsam schrieben. Er hatte bereits Vorarbeiten für das Lexikon „Der Große Herder" geleistet. Im Frühjahr 1961 erörterten wir den Plan auf einer Wiese auf dem Schauinsland bei Freiburg. Ich erstellte eine Nomenklatur, die wir vom 20. bis 23. Mai im Garten des Jesuitenkollegs in der Innsbrucker Sillgasse besprachen. Die Arbeit am „Kleinen theologischen Wörterbuch" wurde von einem Ereignis unterbrochen, auf das ich gleich zu sprechen komme. Das Taschenbuch erschien vor Weihnachten 1961 und wurde ein großer Erfolg in der deutschen Ausgabe (16 Auflagen) und in neun Übersetzungen. Auch darüber habe ich in Band 17/1 der „Sämtlichen Werke" Karl Rahners berichtet. Es gab viele, aber keinerlei unfreundliche Rezensionen.

Der Tod meiner Mutter

Am 30. Juni 1961 starb meine Mutter nach einem Kreislaufkollaps und 14-tägigem Klinikaufenthalt in der Universitätsklinik in Freiburg i. Br. Sie wurde 67 Jahre alt. Ich hatte sie jeden Tag mit der Straßenbahn besucht, um ihr die Kommunion aus meiner Eucharistiefeier, aber auch irdische Dinge, die sie gern hatte, zum Beispiel Pfirsiche und Sekt, zu bringen. Karl Rahner hat meine Eltern sehr gemocht. Er war gerade bei mir in Freiburg, als meine Mutter starb; am Morgen nach ihrem nächtlichen Tod erzählte ich ihm von dem Abschied am Abend vorher. Diese Erzählung hat er wiedergegeben in seinem Buch „Einübung priesterlicher Existenz" (Herder Freiburg 1970, S. 180):

„Der Priester muss derjenige sein, der in einem guten und wahren Sinn ein fröhlicher Mensch ist. Vor einiger Zeit ist in Freiburg eine Frau gestorben, die einen Sohn als Priester hatte. Am Abend haben sie noch ein Glas Sekt miteinander getrunken, und dann sagte diese Mutter zu ihrem priesterlichen Sohn: ‚So, Bub, jetzt gehst Du nach Hause und schläfst gut, und ich schlafe in die Ewigkeit hinüber. Mache kein trauriges Gesicht; wenn die Pfarrer ein trauriges Gesicht machen, dann glaubt man ihnen gar nicht, was sie predigen'. Et factum est ita."

Am Abend vor ihrem Tod rezitierte sie alle drei Strophen ihres Lieblingsliedes: „Wer nur den lieben Gott lässt walten." Es fasst ihren Gottesglauben zusammen.

Das Requiem und die Beerdigung habe ich selber gehalten, auf dem parkähnlichen Friedhof Bergäcker in Freiburg-Littenweiler. In dem Grab ruht jetzt auch das Sterbliche meiner anderen Toten, des Vaters († 1975) und der Schwester († 1988). Mein Vater wollte damals, dass auf dem Granit-Grabstein der Vers aus dem „Sonnengesang" von Franz von Assisi zu lesen sei: „Selig jene, die sich gefunden in Deinem heiligsten Willen, denn ihnen kann der Tod nicht an."

Dieser Vers fand sich handgeschrieben im Gebetbuch meiner Mutter. Auf das Totenbild meiner Mutter habe ich das Gebet drucken lassen:

„Vater, Du hast gesprochen und diesen Lebensweg beendet. Wir danken Dir für alles Frohe, Helle und Schöne, womit Du unsere Mutter gesegnet hast, besonders dafür, dass Du sie unseren Herrn Jesus Christus im Glauben hast schauen lassen. Du weißt, was unsere Mutter uns gewesen ist. Aber wir geben sie nicht verloren, sondern wir geben sie Dir. Du bist ihr nun in unverhüllter Herrlichkeit begegnet und hast ihr die Freude geschenkt, ewig bei Dir zu sein. Dafür danken wir Dir noch mehr. Wenn wir auch wissen, dass jetzt ihr Leib im Grabe vergeht, so trauen wir doch Deiner Verheißung, dass er auferstehen wird zum ewigen Leben. Uns aber hilf, dass wir unsere Zeit treu benützen, brauchbar zu werden für Dein Reich. Bald werden auch wir unser Laufen und Arbeiten mit dem Bett in der Erde tauschen müssen. Dann wache auch über unserer letzten Ruhe, bis wir zusammen mit unserer lieben Mutter und allen anderen, die uns vorangegangen sind, Deine Stimme hören, auf die wir uns heute schon freuen. Sage auch uns: ‚Komm!‘, damit wir Dir danken und dienen dürfen ohne Ende. Amen.“

Ich war mehrere Wochen lang arbeitsunfähig, als hätte ich ein großes Stück von mir selber verloren. Von allem anderen abgesehen, was sie mir bedeutete: Meine Mutter war ja in den Semesterferien seit 1953 und von 1958 bis 1961 meine beste Ministrantin gewesen, jeden Morgen in der Kapelle St. Carolus. Sie durfte nicht zum Altar treten, aber die lateinischen Texte kannte sie perfekt. Auch dort vermisste ich sie. Erst ein Aufenthalt bei Heinz Schuster, der ebenfalls beim Tod meiner Mutter in Freiburg gewesen war, und eine Fahrt mit ihm nach Italien brachten mich wieder zu mir selber.

Sigrid

Am Requiem für meine Mutter hatte eine junge sportliche Studentin namens Sigrid Loersch teilgenommen. Sie war auch schon öfter in meinen Predigten gewesen. Mit einer Vespa kam sie von Littenweiler in die Dreifaltigkeitskirche. Im Sommer 1961 bat sie mich, ihr bei der Vorbereitung auf das Diplomexamen in Dogmatik zu helfen. Sie war Alttestamentlerin und hatte keinen Bezug zur Dogmatik neuscholastischer Prägung.

Der Freiburger Dogmatiker Stegmüller war ein überaus gefürchteter Prüfer. Das ganze Diplom erlangte sie im Dezember 1961 mit „Sehr gut". Ihre Diplomarbeit über die Geschichte der Erforschung des Buches Deuteronomium wurde auf Empfehlung ihres Lehrers Alfons Deissler in die Reihe Stuttgarter Bibelstudien aufgenommen und erlangte nach dem Erscheinen 1962 höchstes Lob von den Deuteronomium-Experten Norbert Lohfink und Georg Braulik. Deissler war schon lange mit meiner Familie gut bekannt. Mein Vater hatte ihm bald nach dem Krieg, als an Auslandsreisen für Deutsche nicht zu denken war, durch seine guten Beziehungen zur französischen Besatzungsmacht ein Studium in Paris ermöglicht, wo A. Robert sein Lehrer wurde. Sigrid Loersch hatte in Paris orientalische Sprachen studiert. Deissler nahm im Verein mit Anton Vögtle Sigrid Loersch als Universitäts-Lektorin für die Bibelsprachen Hebräisch und Griechisch auf, eine Stelle, die sie mit großem Erfolg ausfüllte. Sie bekam für mein Leben eine überragende Bedeutung, über die ich später berichten und dann nur von „Sigrid" erzählen werde. Sie hatte eine sehr ärmliche Kindheit gehabt, da ihr Vater in jungen Jahren gestorben war und ihre Mutter nur eine minimale Rente erhielt. In ihrer Schulzeit im Gymnasium musste sie morgens Brötchen austragen und mit der Mutter samstags die Kirche in Velbert putzen. Ihre ausgezeichneten Leistungen in der Schule und die ersten Studienerfolge bewirkten, dass sie Stipendiatin der „Studienstiftung des Deutschen Volkes" wurde. Sie hatte eine große Familie und brachte mich mit ihr zusammen. Nichten und Neffen kamen zu Besuch nach Freiburg, und ich bin mit ihren Geschwistern und den „Jungen" in Kontakt bis heute. Mit ihrer Nichte Birgit verbinden mich eine herzliche Freundschaft und die gemeinsamen Besuche in der Oper.

Exegese und Dogmatik

Mit Rahner fuhr ich im Oktober 1961 (10. bis 13.) zur gemeinsamen Tagung von Dogmatikern und Exegeten nach Würz-

burg. Ich lernte den Dogmatikerpapst Schmaus persönlich kennen; wir waren bei Rudolf Schnackenburg zu Gast und trafen uns mit dem ortskundigen Heinrich Schlier in einer typisch fränkischen Gaststätte. Aber der Verlauf der Tagung war unerfreulich. Sie war zum Teil dem Monogenismus gewidmet, der kirchlichen Lehre, dass alle Menschen von einem einzigen Menschenpaar abstammen und sich eben deshalb die „Erbsünde" zugezogen hätten. Der Schweizer Alttestamentler Herbert Haag trug nicht nur die Einwände moderner Naturwissenschaft und kritischer Exegese gegen diese Lehre vor. Er erklärte die Lehre in Bausch und Bogen für erledigt – und glaubte damit auch eine Handhabe zu besitzen, um von dogmatischen Irrtümern selbst bei Konzilien sprechen zu können, denn das Konzil von Trient hatte die Erbsündenlehre auf der Basis des Monogenismus festgeschrieben. Rahner war das Ko-Referat zugedacht. Er war über Haag so aufgeregt, dass er nach wenigen Sätzen erklärte, nicht weiter reden zu können. Er packte zitternd sein Manuskript in die Aktentasche zurück. Für ihn hatte Haag die „Geschäftsgrundlage" verlassen, die Übereinstimmung, dass die amtliche kirchliche Lehre mit Respekt zu behandeln sei und dass beide Seiten, Exegeten wie Dogmatiker, sich bemühen müssten, die Vereinbarkeit neuer wissenschaftlicher Erkenntnisse mit dem Dogma der Kirche aufzuzeigen. Vergeblich suchte Schmaus die Situation zu retten. Rahner hat später die kirchliche Monogenismus-Lehre anders beurteilt als damals, aber er hat dies so vorgetragen, dass man ihm nicht einen Affront gegen das Dogma vorwerfen konnte. Eine Folge der Tagung war, dass ich für den Grünewald-Verlag in Mainz einen Band „Exegese und Dogmatik" mit früher erschienenen, den Problemen direkt zugewandten Aufsätzen von beiden Seiten als Herausgeber organisierte (1962). Der Band wurde viel beachtet und positiv aufgenommen, aber ein Wasserrohrbruch vernichtete die Exemplare im Lager des Verlags, und zu einem Nachdruck konnte sich der sparsame und vorsichtige Verleger Laubach nicht entschließen.
Die äußeren, politischen Ereignisse ließen uns natürlich nicht unberührt. Wir erlebten die Cuba-Krise mit, als die Welt am

Abgrund eines atomaren Krieges stand, mit der Stimmung, die uns seit 1945 bedrückte, mit dem Gefühl einer drohenden Katastrophe, gegen die wir kleinen Leute nichts machen konnten. Den amerikanischen Präsidenten Kennedy haben wir nicht so wie manche Vertreter der öffentlichen Meinung heroisiert, aber einen kleinen Funken Hoffnung, auf Beendigung des Vietnamkrieges, Gespräche statt Bedrohungen, Ehrlichkeit statt Phrasen, hatten wir in diesen ersten katholischen Präsidenten der USA, der dem kalten Krieger Adenauer gar nicht genehm war, doch gesetzt. Seine Ermordung, so wie die seines Bruders Robert, verstärkten in uns den Pessimismus. Wir würden der überall lauernden Gefahr nicht entrinnen. Und doch wurden weiter Zukunftspläne gemacht.

Habilitand bei Joseph Ratzinger

Während des Fortgangs der Arbeit am Lexikon warf Karl Rahner, um mich sehr besorgt, die Frage auf, wie es mit mir nach Vollendung des Lexikons weitergehen würde. Er war aber zugleich um die Theologie besorgt und suchte mich zu überzeugen, dass ich in der wissenschaftlichen Theologie tätig sein müsse, um der Sache willen. Ich habe lange Zeit überlegt. Gewiss hatte ich in Rahners Nähe Freude an der Dogmatik und an der Dogmengeschichte gewonnen – die Dogmengeschichte bot mir Wege zu heutigem Verständnis der Dogmen, wenn man gründlich danach fragt, in welchen Zusammenhängen und bei welchem Erkenntnisstand eine frühere Lehre formuliert worden ist. Es war für mich durchaus wichtig, wichtiger als dies für Rahner war, nach den Gründen der Entstehung einer Religion zu forschen und dadurch die Grenzen ihres Anspruchs besser zu erfassen. Ich sah auch Möglichkeiten, Wissenschaft und Seelsorge zu vereinbaren. Sollte ich ein Professor werden, wie ich sie in Freiburg und auf der Würzburger Tagung erlebt hatte? Rahner bildete ja das genaue Gegenbeispiel, wie man Professor sein konnte, ohne sich auf die Unarten des deutschen Professorentums einzulassen.

154

Als ich nach dem Hin und Her der Überlegungen zu der Entscheidung kam, ich solle es versuchen, bestand immer noch keine Klarheit über den weiteren Weg zur Wissenschaft. Ich würde wohl um eine Habilitation nicht herumkommen. Aber in Innsbruck war das Habilitieren damals für einen Außenstehenden nicht möglich; es war eine reine Jesuitenfakultät, die kraft ihrer Statuten einen Weltpriester nicht habilitieren würde. Rahner machte sich an meiner Stelle Sorgen. Er meinte, meine Dissertation habe so viele exegetische Anteile und ihre veröffentlichten Resultate hätten auch bei anerkannten Fachexegeten, zum Beispiel bei P. Benoit, Zustimmung gefunden, so dass mich A. Vögtle wohl zur Habilitation übernehmen könnte. Aber Freund Vögtle wies mit Recht darauf hin, dass mich später die „Zunft" ablehnen würde, weil ich eben doch nicht vom Fach Exegese sei. So kamen wir beim Nachdenken über mögliche Dogmatiker auf den Besten, auf Joseph Ratzinger. Er hatte für das Lexikon ganz hervorragende Beiträge geliefert, „Auferstehungsleib", „Benedictus Deus", „Hölle", und war auch für den weiteren Fortgang kooperationsbereit. Der Verlag Herder hatte ein Treffen mit „Arbeitsessen" im Glottertal bei Freiburg organisiert, bei dem mir Ratzinger einen ungemein sympathischen Eindruck machte. Selber hatte er ja auch am System deutscher Universitätsprofessoren und an der Zurückweisung seiner Habilitationsschrift durch Schmaus gelitten. Ratzinger sagte sofort, ohne Umschweife und ohne Wenn und Aber, Rahner zu, mich als Habilitanden zu übernehmen. Das muss bereits 1962 gewesen sein, da ich einen Brief von Generalvikar Schlund an mich vom Dezember 1962 besitze, in dem er mir mitteilt, Erzbischof Schäufele sei sehr zufrieden damit, dass ich mich mit Hilfe Ratzingers habilitieren würde.

Ich besuchte Joseph Ratzinger am 3. Februar 1963 in Bonn. Wir wanderten zum Kaffeetrinken hinauf auf die Godesburg und besprachen meine Zukunft. Ratzinger schlug mir drei Themen für die Habilitationsschrift vor:

1) Rupert von Deutz, seine Geschichtstheologie im Vergleich mit Augustins De Civitate Dei.

2) Der Begriff „Caritas" in der Mönchstheologie. Als Mönche: Wilhelm von St. Thierry und Bernhard von Clairvaux, als Scholastiker Abaelard.

3) Maximos Confessor, sein Aufenthalt in Karthago, sein Verhältnis zu oder Einfluss von Augustinus.

Nachdem ich mich für Rupert von Deutz entschieden hatte, schrieb mir Ratzinger *(maschinenschriftlich)*:

Bad Godesberg, 18. Februar 1963
Wurzerstr. 11
Lieber Herr Doktor,
vielen Dank für Ihren ausführlichen Brief vom 13. ds. Ms. Die Sache mit dem Rigorosum hatte mir P. Rahner schon einmal kurz erzählt. Da ich die theologischen Fakultäten kenne und weiß, wie es bei Promotionen und Habilitationen zugeht, hoffe ich, einigermaßen über die Maßstäbe zu verfügen, um derlei richtig einordnen zu können. Übrigens ist ja allein die Endnote von Bedeutung. Ein bestimmtes Promotionsprädikat ist für die Habilitation in Bonn nicht vorgeschrieben und m. W. auch nicht in Münster. Auf jeden Fall sind Sie durch Ihre Veröffentlichungen so ausgewiesen, dass jede Fakultät Sie mit offenen Armen aufnehmen wird. Die angekündigten Teilveröffentlichungen aus Ihrer Doktor-Arbeit genügen den hier zu stellenden Forderungen vollständig.

Was Ihre Freistellung angeht, so hat mir auch Karl Rahner in München gesagt, dass er Sie so früh nicht entbehren kann. Nun, wenn sich die Sache mit den 15 Stunden im Herder-Verlag durchhalten lässt, ist das ja auch eine akzeptable Lösung für Sie, die vielleicht sogar manche Vorteile hat – zumal ich glaube, dass man sehr viel mehr als 4–5 Stunden pro Tag ohnedies nicht an ein und derselben Sache arbeiten kann.

Schließlich muss ich doch noch anfügen, dass ich mich freue, dass Ihre Wahl auf Rupert von Deutz gefallen ist, ein Thema, das mir von meiner Bonaventura-Arbeit her besonders nahe liegt und gleichsam deren Verlängerung nach vorn werden wird. Vielleicht sprechen Sie einmal über den Fragenkomplex mit Oskar Köhler, der sich ja im Saeculum einmal über die Sache geäußert hat und Ihnen sicher eine Reihe von Anregungen vermitteln kann.

Inzwischen geht das Semester zu Ende; das bedingt Prüfungen, Sitzungen und allerlei Unruhe, aber auch die Hoffnung, bald wieder etwas mehr zur eigentlichen Arbeit zu kommen. Ihnen herzliche Grüße und viele gute Wünsche
(handschriftlich) von Ihrem ergebenen Joseph Ratzinger

Im Herbst 1964 bekam ich vom ASTA der Universität Münster die Einladung zu einem Vortrag – über die Erneuerung des Bußsakraments. Die Zusammenstellung von ASTA und Beicht war für mich sehr befremdlich. Joseph Ratzinger hatte sich zwischenzeitlich von Bonn nach Münster berufen lassen. Ich fragte ihn um Rat und erhielt diesen Brief *(in Maschinenschrift):*

z. Zt. Rom, den 22. September 1964
Coll. Teut. di S. Maria dell'Anima
Via della Pace, 20
Lieber Herr Doktor!
Ich habe ein sehr schlechtes Gewissen, da ich Ihren freundlichen Brief vom 1. September mehr als vier Wochen lang unbeantwortet mit mir herumgetragen habe. Aber Sie wissen ja selber wie es manchmal zugeht, besonders wenn man in den Konzilsanfang hineinsteuert. Ich wäre schon sehr froh, wenn Sie den „Willen Gottes" mehr theologie-geschichtlich aufziehen würden, weil mein Terminkalender für die kommenden Monate schon wieder so voll ist, dass ich versuche, soviel wie möglich abzuladen. Deswegen werde ich wahrscheinlich auch bei der Nachlese offener Artikel, die Sie angekündigt haben, recht bescheiden bleiben.
Der sozialistische Studentenbund in Münster ist, wie verwunderlich es auch klingen mag, sehr katholisch ausgerichtet. Er lädt laufend Prälaten, katholische Professoren und katholische Laien zu Vorträgen ein, so dass es gar nichts Verwunderliches an sich haben wird, wenn Sie einer Einladung des

ASTA folgen und dort einen Vortrag halten. Ein Sturm im Wasserglas entsteht bestimmt nicht und ich werde die Freude haben, Ihnen meine neue Behausung vorzuführen und einmal gemütlich mit Ihnen plaudern zu können.

Dass Sie über P. de Lubac schreiben, freut mich wirklich sehr; er gehört zu den Autoren, die ich am allermeisten verehre, wissenschaftlich wie menschlich, auch wenn das vielleicht nicht mehr ganz modern ist. Aber leider bringe ich im Moment trotz einiger Anläufe meinerseits nichts schriftlich darüber zuwege, es fehlt die innere Ruhe, die Möglichkeit der Konzentration auf einen Gegenstand. Und es ist ganz ernst gemeint, wenn ich sage, dass mein Stil neben Ihrer lebendigen Art zu erzählen, doch sehr holprig und umständlich wirken würde. Bitte verzeihen Sie mir diesen Korb, den ich Ihnen gebe; im Moment bin ich wirklich zu nichts Gescheitem fähig.

Sehr herzlich grüßt Sie

Ihr *(handschriftlich)* Joseph Ratzinger

Der Abend mit Joseph Ratzinger, in seiner Wohnung an der Mauer des Zentralfriedhofs in Münster, mit dem vorzüglichen, von seiner Schwester Maria bereiteten Essen, bleibt mir natürlich unvergesslich.

Rahner geht nach München

Rahner hatte nicht nur seit 1961 mit dem Konzil zu tun. Die Zahl der Einladungen zu Vorträgen im In- und Ausland nahm rapid zu, und er brachte es nicht fertig, Nein zu sagen. Um sich zu entlasten, bat er mich, die theologische Schriftleitung bei der Reihe „Quaestiones disputatae" zu übernehmen, die er zusammen mit Heinrich Schlier 1957 gegründet hatte. Die Idee, im Anschluss an das „Kleine theologische Wörterbuch" zusammen mit mir eine einbändige Dogmatik zu schreiben, blieb noch eine Weile im Raum, aber seine Zeit reichte nicht auch noch dazu. Im Verlag Herder tauchte bereits zu Beginn des Konzils 1962 der Gedanke an eine Konzilsausgabe mit authentischen Kommentaren zu den Texten auf. Als sich das Konzil seinem Ende zuneigte, baten mich Rahner und der Verlag um die Übernahme der Schriftleitung bei dieser Ausgabe, die nun auf drei Bände in Form von Ergänzungsbänden zum Lexikon geplant wurde. Zur Stimmung dieser Jahre gehört, dass an Pfingsten 1962 über Rahner eine römische Vorzensur verhängt wurde. Sie wurde zwar ein Jahr später rückgängig gemacht, aber Rahner war in seiner Arbeitsenergie doch stark beeinträchtigt. (Ich habe in „Karl Rahner verstehen" die Vorgänge dokumentiert.) 1964 nahm er mit Erlaubnis seiner Oberen einen Ruf an die Universität München auf den Lehrstuhl Romano Guardinis für Christliche Weltanschauung und Religionsphilosophie an. Die Kontakte zu ihm waren nun insofern einfacher, als das Telefonieren innerhalb Deutschlands leicht möglich und nicht durch die Jesuitenzentrale in Innsbruck behindert war. Rahner hatte mich dringlich gebeten, als sein Assistent mit nach München zu gehen. Da er zugleich bemerkte, die hauptsächlichste Aufgabe dabei sei das Autofahren – er würde in München ein Auto zur Verfügung haben –, lehnte ich den Gedanken von vornherein ab. Allein schon wegen meiner Augenbehinderung bin ich nicht für den motorisierten Straßenverkehr geschaffen. Ich überlegte eine Hilfe für ihn und riet ihm, den Germaniker Karl Lehmann zu gewinnen, der ihm beim Hektographieren für das Konzil geholfen hatte und in Rom vor dem Abschluss seines theologischen Doktorats bei Pater E. Dhanis SJ stand. Rahner befolgte den Rat und war mit Lehmann als Chauffeur höchst zufrieden.

Schließlich soll eine weitere, sehr „gewichtige" Unterbrechung angeführt werden. Die römischen Vorbehalte gegen Rahner, die sich in der Vorzensur von 1962 äußerten, haben bei mir eine Trotzreaktion hervorgerufen: Jetzt erst recht! Er sollte zur Vollendung des 60. Lebensjahres eine wirklich bedeutende Festschrift bekommen. Auf Heinz Schuster geht der Titel zurück „Gott in Welt", den Hans Urs von Balthasar bei seiner Weigerung mitzuarbeiten „allein schon eine Unverschämtheit" nannte. Die vielen Beiträge der zwei umfangreichen Bände sind nicht nur der Theologie gewidmet. Auch Vertreter anderer Wissenschaften wollten Rahner ehren. Die Theologen, die mit Rahner auf dem Konzil zusammenarbeiteten, waren alle vertreten, Ratzinger, Semmelroth, Grillmeier usw. Als Herausgeber zeichnen Mitglieder seines ersten Doktorandenkreises, Adolf Darlapp, Walter Kern SJ, Johann Baptist Metz und ich, aber um der Wahrheit willen muss ich schon sagen: Die Arbeit mit den Korrespondenzen, die Korrekturen usw. musste ich allein bewältigen. Ich hatte mir vorgenommen, eine „Tabula gratulatoria" möglichst umfangreich zu halten. Bei ihrer Zusammenstellung half mir Adolf Darlapp, der einen Romaufenthalt benützte, um direkt bei Kardinälen und Bischöfen vorzusprechen. Die kirchliche Hierarchie war mit 14 Kardinälen, 2 Patriarchen, 24 Erzbischöfen und 150 Bischöfen eindrucksvoll vertreten – Rahner meinte, es könne ein Schutzschild für ihn in der Zukunft sein –, aber auch sonstige prominente Personen, die in Rahners Leben eine Rolle spielten, waren dabei, wie Gertrud von Le Fort, Martin Heidegger und Heinrich Böll; außerdem die bedeutenden evangelischen Theologen K. Barth, R. Bultmann, G. Ebeling, O. Cullmann und W. A. Visser't Hooft. Die Feier der Übergabe im Verlag Herder war mehr als kärglich, aber zu Rahners Freude war seine fast 90-jährige Mutter anwesend.

8. Eine Zwischenbilanz und eine Zwischenstation in Luzern

Während der alphabetische Teil des „Lexikons für Theologie und Kirche" noch drei Jahre bis zum Abschluss brauchte (ich hatte mich von Rahner und Herder überreden lassen, zusätzlich einen 11. Band mit Registern zu übernehmen), nahm das Konzil einen großen Teil meiner Zeit und Arbeitskraft in Anspruch.

Das Konzil

Für mich war das Konzil natürlich ein Ereignis. Ich saß nicht nur mit Rahner über den Texten zusammen. Gute Kontakte ergaben sich auch mit Journalisten, die das Konzil in Rom verfolgten und die ich jederzeit zu Ablauf und Hintergründen befragen konnte: Mario von Galli SJ, Ludwig Kaufmann SJ, Leo Waltermann vom WDR. Rahner hatte mich ja dringend gebeten, um des Lexikons willen in Freiburg zu bleiben und nicht nach Rom zu kommen.

Rahner meinte wiederholt, im Konzil sei die Kirche als Weltkirche zu sich selber gekommen. In der Tat, nachdem die etwa 70 von der römischen Kurie vorbereiteten Dokumente allesamt von der Bildfläche verschwunden waren (welch ein Erlebnis!) und nachdem die ersten weit reichenden Impulse von europäischen Bischöfen ausgegangen waren (vor allem in den dogmatischen Konstitutionen über die Kirche und über die Offenbarung, im Dekret über die Ökumene), entstanden zukunftsträchtige Texte durch Initiativen von außerhalb Europas. Ich möchte nur drei Dokumente nennen. Persönliche Freundschaft schloss ich mit Prälat John Oesterreicher (Newark, New Jersey, USA), dem die Konzilserklärung zu den nichtchristlichen Religionen „Nostra aetate" im Wesentlichen zu verdanken ist. Oft bin ich mit ihm in Freiburg zusammengetroffen. Ohne Beiträge aus den USA wäre die Erklärung über die Religionsfreiheit (und Toleranz!) nicht zustande gekommen. In die Pastoralkonstitution „Gaudium et spes" gingen nicht nur theologische Analysen von Joseph Ratzinger und von französischen Theologen ein; auch Lateinamerika mit seinen Problemen prägt den wichtigen Text. Als ich wochenlang mit Karl Rahner über den Texten zusammensaß, um die endgültige Übersetzung auf Bitten der deutschsprachigen Bischofskonferenzen herzustellen (mit großartiger Hilfestellung durch Ratzinger), machten wir uns mehr als einmal gegenseitig auf Möglichkeiten aufmerksam, die in diesen Texten für die Zukunft der Kirche enthalten waren.

Für beide war es klar, dass es sich allein wegen dieses Positiven lohnen würde, Zeit und Kraft in den Dienst der Verbreitung der Konzilsaussagen zu investieren.

Natürlich ließ das Konzil auch Wünsche offen. Es hat eine große Kraftanstrengung unternommen, über die Kirche „nach innen" und über die Kirche „nach außen" zu sprechen. Das war, nach all den „Kirchenbildern" vom 16. bis 19. Jahrhundert, „an der Zeit". Dringlicher wäre allerdings gewesen, das Konzil hätte ein tiefgehendes, gründliches Wort über die Krise des Gottesglaubens gefunden. Diese war ohne Zweifel durch den Krieg, die Massenmorde und Vertreibungen und die dauernd gegenwärtige Angst ausgelöst worden, durch das Schweigen Gottes und durch die vielen nicht erhörten Gebete. Wer behauptet, das Konzil sei an der Erosion des Glaubens schuld, dem fehlt jede Spur von Intelligenz.

Daneben gab es auch Anlass zu bedauern, dass manchmal Passagen in einem schwülstigen „pastoralen" Stil aufgenommen worden waren, die dem Programm Johannes' XXIII., das Alte müsse in neuer Sprache gesagt werden, in keiner Weise entsprachen. Es fanden sich nicht wenige nichtssagende hohle Phrasen. Aber besonders ärgerlich waren die Einschübe, die Paul VI. veranlasst hatte aus Sorge, das päpstliche Amt käme nicht genug zur Geltung. Joseph Ratzinger hat in seinem Kommentar zur „Nota praevia" zu „Lumen gentium" darauf aufmerksam gemacht, dass noch nicht einmal das Erste Vaticanum 1870 sich so massiv über die Ansprüche des Papsttums geäußert habe. Viele konkrete Vorschläge waren in den Wind gesprochen. Sie zeigen noch heute, welche große Reformhoffnungen man auf das Konzil gesetzt hatte: Man solle die Nuntiaturen abschaffen, die nur Denunziationsagenturen seien; man solle mit der amtlichen Leichenschändung, der Versendung von Knochenteilen, aufhören und die überall vorhandenen Reliquien ehrfürchtig begraben ...und vieles andere mehr, was nicht irgendwelche aufsässige Rebellen, sondern Bischöfe in der Konzilsaula gesagt hatten.

Paul VI. hat seine Autorität, aus welchen Gründen auch immer, sehr massiv ins Spiel gebracht. Liturgie- und Kalenderreform wurden einfach angeordnet, ohne Rücksicht darauf, ob die Gemeinden wirklich darauf vorbereitet waren (und nicht nur die Profis aus der Zunft der Liturgiewissenschaftler). Bei Themen, die den Menschen in der Kirche wichtig waren, hat er zum Teil eine Diskussion verboten, zum Teil eine Entscheidung an sich gezogen, zum Teil die Impulse des Konzils verwässert. So konnten zwar Gremien mit großer Beteiligung von „Laien" entstehen, aber ohne wirkliche Befugnis zur Mitbestimmung; auch die vom Konzil gewünschte Bischofssynode hat nur beratenden Charakter. Ein Stimmungsbild (Momentaufnahme) aus der Zeit, als ich den Konzilskommentar betreute und als die Menschen über die „Pillenenzyklika" „Humanae vitae" empört waren, gibt ein Brief des hoch angesehenen Moraltheologen Bernhard Häring an mich wieder *(Maschinenschrift):*

Rom, den 24. Oktober 1968
Lieber Herr Kollege,
ich sehe die Lage im Wesentlichen so wie Sie sie sehen. Wir gehen durch all die Geburtswehen einer neuen Epoche, mit einem Papste, der sich offenbar nicht mit den geeigneten Ratgebern umgeben hat. Der Kampf gegen das Konzil mit

einem verängstigten Papste, der dem Konzil treu bleiben will, geht weiter. Es gelang jenen Kräften, die gegen alles im Konzil waren, den Papst zu verängstigen und gegen all jene einzunehmen, die den Mut haben, den Weg nach vorwärts zu gehen.

Warum ich schrieb, dass jene Kardinäle ein Wagnis auf sich genommen hätten? Es wäre wohl besser gewesen, dies anders auszudrücken. Und nachdem uns Humanae vitae belehrt hat, dass es doch nichts hilft, sich übervorsichtig auszudrücken, würde ich es auch anders sagen. Was ich sagen wollte: Sie (jene Kardinäle) haben dabei den Mut gehabt, sich über ein m. E. unbegründetes Verbot des Papstes hinwegzusetzen, und die Frage eben doch, wenn auch vorsichtig, vor das Konzil zu bringen. Es war ein Risiko neuer Spannungen im Konzil und vor allem von Spannungen mit dem Papst. Suenens erhielt ein scharfes Monitum. Die Moderatoren hatten höchst peinliche Erlebnisse mit einem so sehr auf seine Privilegien bedachten Papste und Leuten, die das stets zu fördern verstehen. Vielleicht ist gerade damals im Papste psychologisch die Entscheidung gefallen, eben doch zu beweisen, dass er allein zu entscheiden hat.

Im Staatssekretariat hat damals jemand alles in meine Schuhe schieben wollen, als ob ich die Interventionen der Kardinäle aufgesetzt hätte – welche Naivitäten!! Ich hatte nur mit [Patriarch] Maximos in der Sache konkret zusammengearbeitet, aber Maximos hatte sich seine Meinung schon vorher gebildet gehabt.

Ich dachte nicht, dass das Wagnis nur Unannehmlichkeiten für einen Mann bedeutet: es ist ein Wagnis, eine Sache, hinter der so viele verdrängte Komplexe und so traumatische Erlebnisse stehen, einmal mutig anzugreifen. Es ist ein Wagnis auch in der Frage nach dem Wie.

In der Frage Humanae vitae habe ich in USA auf alle Windungen verzichtet. Sie sehen das wohl in meinem Artikel in Commonweal und meinem Vortrag in Canon City, der von der Presse weitgehend zitiert wurde. Denn ich dachte mir schließlich, dass man jetzt nach allem einmal „auspacken" soll. Aber in Europa und in den USA hat man immer noch Schwierigkeiten mit Zensur usw. In Italien ist der Druck enorm. Es ist nicht nur eine Frage der Zivilcourage, sondern auch eine Frage des Nervenkrieges und ein Risiko, schärfere Risse herbeizuführen.

Natürlich hätte ich es mir gewünscht, dass die Bischöfe nach Humanae vitae den gleichen Mut aufgebracht hätten wie die meisten Theologen. Aber man muss doch den deutschen, österreichischen, kanadischen und belgischen Episkopaten bescheinigen, dass sie eine Wende eingeleitet haben, ohne das Risiko eines Schismas heraufbeschworen zu haben.

Sie sehen richtig, dass die Lage trist ist. Aber sehen Sie wohl genügend, dass die Lage auch außerordentlich gefährlich ist? Aber vielleicht haben Sie recht, wenn Sie glauben, die Lage könnte vielleicht eher gemeistert werden, wenn alle fest dastünden.

Ich meinerseits habe in den letzten Jahren wiederholt im Hl. Offizium und im Staatssekretariat sehr freimütig gesprochen und mir Feinde gemacht. Geholfen hat es offenbar gar nichts. Vertraulich kann ich Ihnen sagen, dass nach meinen Äußerungen zu Humanae vitae der Papst schließlich in Bogota den Schlusssatz eingefügt hat: „Mögen die von unserer Enzyklika ausgelösten Diskussionen zu einer besseren Kenntnis des Willens Gottes führen." Er hat entschieden, nicht den Weg harter Maßnahmen zu beschreiten. Aber die Lage ist doch sehr delikat. Mein Generaloberer hat mich glücklicherweise im Staatssekretariat geschickt gedeckt. Ich hatte eine lange freundliche und sehr offenherzige Aussprache mit dem Kardinal Staatssekretär. Aber wir sitzen eben doch auf einem Vulkan.

Auch der italienische Klerus ist sehr kritisch geworden. Ich habe das in zwei Kursen gesehen, die ich in Sardinien und Sizilien für Priester gegeben habe. Es war schon erstaunlich, dass die Bischöfe die Einladungen aufrecht erhalten haben trotz meiner Stellungnahme gegen Humanae vitae.

Nach meinen vielfachen scharfen und zum Teil auch polemischen Äußerungen über Humanae vitae und über die Situation im Vatikan habe ich für meinen Teil beschlossen, wieder auf mehr sanften „Touren" weiterzuarbeiten und nicht unnötig Reaktionen auszulösen. Aber ich habe ganz eindeutig klar gemacht, dass meine Vorbehalte und kritische Einstellung zu Humanae vitae und zu vielem anderem unverändert bleiben.

Meine größte Befürchtung ist nunmehr, dass der Papst mit seinen Ratgebern wie Kard. Pericle Felici und Ciappi OP eine Enzyklika über Autorität und Gehorsam in der Kirche schreiben wird. Anderseits seh ich doch auch einige Zeichen dafür, dass man die Lage doch sehr realistisch beurteilt. Man bemüht sich jetzt im Staatssekretariat offenbar auch, die Situation in Washington (40 Priester suspendiert!) zu entschärfen.

Wir müssen uns für diese Zeiten mit Gebet und großem Gottvertrauen wappnen. Der Herr ist trotz allem im Boot.

Mit den besten Grüßen

Ihr im Herrn ergebener

(handschriftlich) Bernhard Häring CSSR

In den 10 bis 15 Jahren nach dem Ende des Konzils wuchs bei den vielen interessierten Menschen in der katholischen Kirche der Unmut über die Art und Weise, wie die römische Kurie mit dem Konzil umging, aber auch der Zorn auf die deutschen Bischöfe, die sich auf dem Konzil so mutig gezeigt hatten und nun alle möglichen Ängste an den Tag legten. Hier ist nicht der Ort, um Einzelheiten anzuführen. Vielfach entstanden düstere Zirkel von psychisch gestörten Personen, die sich zu wahren Glaubenswächtern aufschwangen. Mit ihren inhaltsarmen lautstarken Einwürfen verunsicherten sie die Bischöfe zusätzlich zu deren Angst vor dem Nuntius und vor „Rom", zumal wenn sie sich als besonders romtreu profilierten. Es gab auch Ausgrenzungen aus der Kirche: die Sekte des ehemaligen Erzbischofs Lefebvre, in der trotz des päpstlichen Verbots Priester- und Bischofsweihen vorgenommen wurden, die aber die Legitimität des römischen Papstes nicht anzweifelte, und die „Sedisvakantisten", die behaupteten, Pius XII.

sei der letzte legitime Papst gewesen und es gebe seither keinen Bischof von Rom mehr. Viele kirchliche Würdenträger in Rom und in der Weltkirche hatten eine panische Angst vor diesen Leuten; sie befürchteten, die Einheit der Kirche ginge ganz verloren.

Zu diesen nachkonziliaren Unruhen gehörte ein Sturm im Wasserglas, der auch mich persönlich betraf. Ich hatte unbeirrt am Konzilskommentar gearbeitet, der von jenen Persönlichkeiten gestaltet wurde, die selber am Entstehen der Texte beteiligt gewesen waren. Herder hatte gewünscht, dass dieser Kommentar in drei Bänden, „Ergänzungsbänden" zum Lexikon, erscheinen solle. Im Jahr 1968 hatte ich den dritten und letzten Band zum Druck vorbereitet. Das Lexikon selber hatte den Ortsbischof von Freiburg traditionsgemäß als „Protektor" angeführt, eine Demonstration der Kirchentreue des Hauses Herder. Dieses Protektorat sollte bei den Kommentarbänden weitergehen – aber man konnte den Erzbischof Schäufele allein beim besten Willen nicht positiv mit dem Konzil in Verbindung bringen. So kam dem Verleger die Idee, ihm den Kölner Kardinal Frings als Protektor an die Seite und voran zu stellen. Dem gemäß wurden beide in den Bänden 1 und 2 genannt. Aus heiterem Himmel legten beide Protektoren 1968 ihr Protektorat nieder. Sie wollten den Verlag Herder dafür bestrafen, dass er eine deutsche Übersetzung des holländischen Katechismus unter einem erfundenen Verlagsnamen herausgebracht hatte. Das Werk war in Rom beanstandet worden. Ich sah in dem Verhalten der beiden Bischöfe eine Diffamierung auch der Mitarbeiter an dem Kommentar und protestierte in Köln energisch dagegen. Es entstand ein umfangreicher Briefwechsel mit dem Kirchenrechtler Heinrich Flatten, an den Köln die Korrespondenz übertragen hatte. Dieser gestand bei diesem Briefwechsel, dass er der eigentliche Treiber bei dem bischöflichen Schritt gewesen war. In einem Brief vom 7.1.1969 an mich ließ er sich zu der Versicherung herbei: „Das wird mich jedoch nicht abhalten, die hervorragende Qualität des Konzilskommentars wie auch Ihre eigene persönliche Leistung bei diesem Werk rückhaltlos anzuerkennen." Band 3 erschien ohne die Namen der beiden Protektoren, und niemand vermisste sie.

Rahner hatte in München nicht das von ihm erhoffte Echo. Der Stil, in dem Guardini ein breites Bildungspublikum angesprochen hatte, war nicht sein Stil. In der Münchner Theologischen Fakultät, zu der er ja nicht gehörte, gab es Rahner-Gegner, aus welchen Gründen auch immer: den Neutestamentler O. Kuss, den Dogmatiker M. Schmaus, den Kirchenrechtler K. Mörsdorf, den Liturgiker J. Pascher. Sie lehnten seinen Wunsch, bei Promotionen und Habilitationen mit ihnen zu kooperieren, klar ab. Seine Freunde, der Fundamentaltheologe H. Fries und der Pastoraltheologe L. Weber, waren dagegen machtlos. Rahner nahm, gegen die Vernunft, zu viele Einladungen zu Vorträgen nicht nur in europäische Länder, sondern auch nach Übersee an. Er „verzettelte" sich, und keiner seiner Assistenten hinderte ihn daran. Vielleicht war er auf der Flucht vor München. Von einer USA-Reise schrieb er mir, ob wir nicht nach einem nordamerikanischen Vorbild eine Taschenbuchausgabe der Konzilstexte machen sollten. Natürlich stimmte ich zu. Das „Kleine Konzilskompendium" entstand. Unsere Einleitungen sollten solider sein als die im amerikanischen Vorbild. Rahner schrieb eine allgemeine, sehr eingehende Einleitung, ich die Einzeleinleitungen zu den 16 Dokumenten, die wir in der bischöflich autorisierten Fassung aufnahmen. Das voluminöse Buch erschien 1966, inzwischen hat es über 30 Auflagen erlebt.

Dialoge

Eine andere, für mich folgenreiche Tätigkeit ergab sich im Zusammenhang mit der Paulus-Gesellschaft. Diese war 1955 von dem charismatisch bewegten Priester Erich Kellner (1917–1986) gegründet worden. Ihr Ziel war es, das gestörte Verhältnis von Kirche und moderner Wissenschaft zu bereinigen, Fronten in der gespaltenen Welt zu beseitigen und Wege zu einem „neuen Apostolat" der Kirche anzubahnen. Kellner suchte auf ausgedehnten Reisen, die ihn auch zu Rahner nach Innsbruck und zu mir nach Freiburg führten, Mitarbeiter bei diesen Anliegen zu gewinnen (eine Übersicht findet sich in der Einleitung von H.-D. Mutschler zu Band 15 der „Sämtlichen Werke" Rahners). Ich besuchte mehrere der von Kellner organisierten Symposien, die zunächst dem Verhältnis von Theologie und Naturwissenschaft galten, aber bald den Schwerpunkt bei den Gesprächen von Christen und Marxisten hatten. Der gemeinsame Freund aus der Konzilszeit, Kardinal Franz König, war an beiden Komplexen äußerst interessiert. Er hatte ja regelmäßig an den Lindauer Treffen der Nobelpreisträger teilgenommen und im Vatikan darauf gedrängt, Galilei zu rehabilitieren. Der Name Galileis stand jahrzehntelang symbolisch für den Konflikt zwischen Kirche und moderner Naturwissenschaft (die Rehabilitierung erfolgte 1992). Als Präsident des vatikanischen „Sekretariates für die Nichtglaubenden" förderte er die Begegnungen von gesprächsbereiten Theologen mit atheistischen Marxisten. Sein Bischofssitz Wien und die Neutralität Österreichs in den Blockbildungen der Nachkriegszeit erlaubten ihm, offizielle Missionen des Vatikans in Ostblockländern auszuführen, zum Beispiel in Ungarn und Jugoslawien. Durch die Teilnahme an den Tagungen der Paulus-Gesellschaft lernte ich eine Reihe kulturell hochstehender Kommunisten kennen, die in keiner Weise dem Feindbild entsprachen, das in Deutschland im Umlauf war. Es wurde ganz deutlich, dass bei Marx selber wichtige humanistische Ansätze gegeben waren, dass der frühe Marx teilweise von Lenin überdeckt worden war. Viele dieser Persönlichkeiten waren im Konflikt mit ihren Parteiführungen; sie galten als „Revisionisten": A. Schaff, M. Machovec, R. Garaudy, C. Luporini, B. Bosnjak, K. Farner. Der Sowjet-Experte des Vatikans, der Jesuit Gustav A. Wetter, wies darauf hin, dass das Verhältnis des kommunistischen Zentralkomitees zu den „Revisionisten" sein Vorbild im Verhältnis des römischen „Heiligen Offiziums" zu den theologischen „Vordenkern" hatte. Mit Milan Machovec († 2003) verband mich eine persönliche Freundschaft. Verbunden waren wir auch durch die beiderseitige Bewunderung für die Person Jesu von Nazaret. Er war ein außergewöhnlich musikalischer Mensch. Als er seine philosophische Professur an der Karls-Universität in Prag verlor, verdiente er seinen Lebensunterhalt durch Orgelspielen in einer katholischen Kirche. Er besuchte mich wiederholt in Westdeutschland, in Mainz, Ravensburg und in der Schweiz. Einmal erfüllte ich ihm den Wunsch, gemeinsam ein Choralhochamt in der Erzabtei Beuron zu besuchen.

Die Tagung der Paulus-Gesellschaft in Salzburg vom 29.4. bis 3.5.1965 war dem Thema „Christliche und marxistische Zukunft" gewidmet. Von christlicher Seite sprachen Rahner, Metz und Moltmann mit besonders nachhaltigem Eindruck. Eine Fortsetzung erfolgte in Herrenchiemsee 1966. Kardinal König regte danach die Gründung einer Zeitschrift an, die dem Dialog von Menschen unterschiedlicher Weltanschauung gewidmet sein sollte. Sie sollte internationalen Charakter haben. König wandte sich an den Verleger Dr. Theophil Herder-Dorneich, der damals die Expandierung seines Verlags auf internationaler Ebene betrieb. Im Lauf der Vorüberlegungen kamen beide überein, dass ich diese Zeitschrift leiten solle; ich weigerte mich nicht, bestand aber darauf, dass Rahner mit einzubeziehen sei. Alsbald zeigte sich ein gravierendes Problem. In Wien leitete der rührige Journalist Günther Nenning († 2006) eine Zeitschrift „Neues Forum". Er war wie ich bei den Symposien der Paulus-Gesellschaft gewesen und hatte alsbald seine Zeitschrift mit dem Untertitel „Dialog" versehen. Aus dem Kreis der Tagungsteilnehmer gewann er für ein Redaktionskomitee unter anderen Metz und Garaudy. Dieser letztere intervenierte bei Kardinal König, die Gründung der Herder-Zeitschrift möge unterbleiben, der kapitalistische Herder-Verlag garantiere keine Objektivität. Kardinal König und ich trafen am 4. und 5.12.1967 auf dem Pariser Flugplatz Orly mit Garaudy zusammen. Er brachte eine Dame des US-Verlages Doubleday mit, an die er Nennings Zeitschrift vermitteln wollte. Er blieb bei seiner unerbittlichen Haltung. So musste ich wohl oder übel eine Einigung mit Nenning versuchen. Sein pfiffig aufgemachtes Blatt machte in den Augen des Herder-Verlegers nicht einen allzu seriösen Eindruck, es brachte manchmal sogar ausgesprochen pornographische Beiträge. So lautete die Einigungsformel, die Nenning und ich in Freiburg aushandelten: Nennings Zeitschrift bewegt sich auf einem nicht wissenschaftlichen, journalistischen Niveau, die Herder-Zeitschrift sollte streng seriös und wissenschaftlich geprägt sein. Die Folge war, dass im damaligen Dialog-Enthusiasmus Nennings „Neues Forum" zeitweilig 20.000 Abonnenten hatte, während Rahners und meine „Internationale Dialog Zeitschrift" auch in der Blütezeit nicht über 2.000 Abonnenten hinauskam. Roger Garaudy gehörte nicht mehr lange Zeit dem Zentralkomitee der kommunistischen Partei Frankreichs an. Er wandte sich der transzendenten Dimension des Menschen und damit der Religion zu, dem Christentum und dem Buddhismus.

Kardinal König wollte mich näher an sich und seine vatikanischen Aktivitäten binden. Ich bekam ein von Kardinal Staatssekretär A. G. Cicognani am 16.1.1968 unterzeichnetes Dokument, der Papst habe mich zum Consultor des vatikanischen „Sekretariats für die Nichtglaubenden" ernannt. Danach richtete König an mich die Bitte, ein solches Atheisten-Sekretariat für die deutschsprachigen Länder aufzubauen. Ich schrieb alle bischöflichen Ordinariate (Generalvikariate) an und bat um die Benennung von Experten, die mitarbeiten könnten. Wir brauchten aber auch einen bischöflichen Leiter dieses Sekretariats, denn ein bloßer „Sekretär" war ja nicht repräsentativ genug. Rahner und ich schlugen für diese Aufgabe den Augsburger Bischof Josef Stimpfle vor, der gegen Ende des Konzils einen durchaus guten Eindruck gemacht hatte. Er nahm die Aufgabe an. Persönlich habe ich immer ein gutes Verhältnis zu ihm gehabt; ich wohnte bei ihm im Bischofshaus und traf auch mit ihm in Zürich zu einem „Arbeitsessen" zusammen. Dass er für den Dialog mit Atheisten, Freireligiösen, Freimaurern gänzlich ungeeignet war und sich darüber hinaus mit merkwürdigen Personen aus dem „Engelwerk" umgab, haben wir zu spät bemerkt.

Die „normalen" Sitzungen des König-Sekretariats brachten interessante persönliche Begegnungen und viele Informationen, zum Teil auch eindringliche Gespräche mit sich. Sie fanden meist in Rom statt, manchmal auch in Wien. Ein groß angelegtes Treffen führte die Mitglieder des Sekretariats mit führenden Persönlichkeiten der Humanistischen Unionen in Brüssel zusammen. Diese erklärten sich als Atheisten. Ihre Mehrzahl kam aus englischsprachigen Ländern. Es stellte sich heraus, dass eine Verständigung am ehesten auf der Basis der Philosophie Kants möglich wäre. Natürlich fanden Themen der Ethik mehr Beachtung als Fragen des Gottesglaubens. Eine Ethik, die von Gott als dem Gesetzgeber der sittlichen Ordnung ausging („Herr über Leben und Tod"), stieß von vornherein auf die Ablehnung durch die „ungläubige" Seite. Ganz erhebliche Resultate hatten diese Bemühungen nicht, aber es war wichtig, dass Menschen so unterschiedlicher Weltanschauungen überhaupt mit einander redeten.

Hans Urs von Balthasar

Noch eine weitere Persönlichkeit sorgte sich um meine Zukunft. Neben Rahner und Ratzinger war das Hans Urs von Balthasar (1905–1988). Ich war ihm zuerst durch sein Buch „Herz der Welt" begegnet, das noch in der Zeit vor Adrienne von Speyr entstanden war und in einer hingerissenen und hinreißenden, unverbrauchten Sprache Zeugnis vom Glaubensweg und -ringen des Verfassers ablegte. Seither las ich alles von ihm, was ich nur erreichen konnte. Die Zeit, in der er vom kirchlichen Milieu als „Ex-Jesuit" verfemt war, erlebte ich zornig und erbittert mit. Die Vorbereitung der Festschrift für Hugo Rahner sollte Möglichkeiten zur direkten persönlichen Begegnung bringen. Von 1959 bis 1972 haben wir uns öfter getroffen, in Basel und in Freiburg. Ich durfte ihn zum Essen einladen, in Schweizer Restaurants und zu meiner Schwester ins Elternhaus. Einmal schlug er mir einen gemeinsamen Besuch bei Adrienne von Speyr (1902–1967), der Frau des Basler Historikers Werner Kaegi, vor; sie wohnte im Kaegi-Haus am Basler Münsterplatz, ein Stockwerk über ihr wohnte von Balthasar. Durch ihre Krankheit war sie sehr beleibt geworden. Sie trug ein bodenlanges weißes Kleid mit Schärpe und thronte inmitten eines Meeres von duftenden Blumen. Die Begegnung mit der Mystikerin und Visionärin war freundlich. Hans Urs von Balthasar sandte mir nicht nur seine Werke mit Widmung, sondern auch Adriennes Schriften, die er in seinem Johannes-Verlag herausgab.

Seit Beginn der 60er Jahre versuchte er mich zu überreden, die Arbeit bei Herder – und das hieß natürlich in erster Linie: für Rahner! – aufzugeben. Er sah ganz zutreffend, dass das ein einziger Karrendienst für andere war, und meinte, ich müsse zu Eigenem kommen. Gegenüber Herder hatte er eine tief sitzende Abneigung. In den Jahren, als er ökonomisch sehr bedürftig war, konnte Herder, das „winselnde Mammut", wie er zu sagen pflegte, ihm keinen Pfennig für Beiträge in Sammelwerken zahlen (darum fehlt er in den Festschriften für Karl Rahner und für Heinrich Schlier). Als Rahner 1964 nach München ging, befasste ich mich näher mit seinen Vorschlägen, aber ich verzögerte eine Entscheidung, bis ein Ende des dreibändigen Konzilskommentars in Sicht war. Für die theologischen Porträts, die ich von ihm und von Henri de Lubac für den 4. Band der „Bilanz der Theologie im 20. Jahrhundert" (1969/70 von Robert Vander Gucht und mir bei Herder herausgegeben) zu schreiben vorhatte, beantwortete er mündlich und schriftlich ausführlich alle meine Fragen. Ich habe das zum Teil dokumentiert in der Festschrift für K. H. Neufeld SJ.

Mitte der 60er Jahre hatte er bei den Kirchenleitungen wieder Gnade gefunden und in der Schweiz, in der er sich immer etwas heimatlos fühlte, ein wenig Fuß gefasst. In seiner Vaterstadt Luzern gehörte Dr. Walter Gut der von ihm gegründeten Akademikergemeinschaft an; er arbeitete in der „Erziehungsdirektion" des Kantons Luzern (nach deutschen Verhältnissen: im Kultus- und Wissenschaftsministerium eines Bundeslandes). Mit Dr. Gut zusammen plante er eine Verjüngungskur für die friedlich vor sich hin schlummernde Theologische Fakultät des Kantons Luzern. Bei dortigen Politikern bestanden sogar Pläne zur Errichtung einer Universität als Gegengewicht gegen die stark „protestantisch" geprägten Universitäten Basel, Bern und Zürich und als Konkurrenzunternehmen zu der Universität Fribourg, die damals fest in den Händen von Dominikanern war. In diesen Zusammenhängen benannte von Balthasar dort sowohl Karl Lehmann als auch mich als Kandidaten für die Dogmatik-Professur in Luzern. 1967 gab ich meine Zustimmung dazu. Es konnte jedoch nur einer von uns beiden berufen werden. Die Luzerner Fakultät bat Karl Rahner um eine Entscheidung, wer von beiden genommen werden sollte. Rahner optierte für mich. Lehmann hat ihm das nie verziehen. Zu Beginn des Jahres 1968 sagte ich in Luzern zum 1. August 1968 zu.

Hans Urs von Balthasar schickte mir ein Bankbüchlein mit einer Einlage von 4.000 Franken. Obwohl er selber jeden Rappen umdrehen musste, hatte er das Geld von einer „Gönnerin" erbeten, damit ich mir eine Wohnung einrichten könne. Ich richtete mir zwei Zimmer ziemlich spartanisch ein und bemühte mich, ihm das Bankbüchlein bald wieder komplett zurückzugeben.

Eine Berufung an eine Theologische Fakultät ohne Habilitation kam damals faktisch einer Habilitation gleich. Ich war überzeugt, dass ich neben der Hauptaufgabe, Vorlesungen, Seminare und Prüfungen vorzubereiten und abzuhalten, überdies an Sitzungen teilzunehmen, die Habilitationsschrift bei Joseph Ratzinger nicht würde weiterführen können. Sobald ich das einsah, teilte ich ihm diesen Verzicht mit. Er antwortete mir folgendermaßen *(alles handschriftlich):*

Tübingen, 17.4.68
Lieber Herr Kollege,
da ich in den Tagen seit dem Eintreffen Ihre Briefes meine ersten Schritte als Dekan tun musste und außerdem einige ganz dringende Termine zu erledigen hatte, ist die Antwort an Sie immer noch nicht abgegangen; bitte entschuldigen Sie das!
Nun aber meinen ganz herzlichen Glückwunsch zu Ihrer Ernennung, über die ich mich sehr freue und die wirklich wohl-

verdient ist. Für mich sind Sie durch Ihre Leistung längst habilitiert und ich hoffe, dass das irgendwann einmal auch eine deutsche Fakultät begreifen wird; im übrigen glaube ich, dass Luzern, das in einer aufsteigenden Entwicklung sich befindet, ein schönes Arbeitsfeld bieten wird mit weniger Verwaltungskram als an unseren Universitäten. An diesen Moloch haben Sie Ihren Tribut reichlich entrichtet und ich freue mich für Sie und für die Theologie, dass Sie nun einmal selbst direkt an der Sache arbeiten können und nicht bloß andern ebenso undankbare wie notwendige Handlangerdienste zu leisten brauchen. Im übrigen hätte es ein Lehrer-Schüler-Verhältnis zwischen uns ohnedies nicht geben können; Sie waren auch ohne mich „gelehrt" – höchstens hätte ich helfen können, dass Ihre Arbeit auch das juristische Etikett erhielt, auf das Sie der Sache nach längst Anspruch hatten. Dass das nicht mehr nötig wurde, spricht für Luzern.

Nun alle guten Wünsche für den neuen Anfang und herzliche Grüße in der Hoffnung auf ein gelegentliches Wiedersehen.

Ihr Joseph Ratzinger

Es ist wohl klar, dass dieser Brief mich bis heute erfreut! Luzern ist in meinen Augen eine wunderbare Stadt. Ich habe in meinem Leben so viel Glück gehabt, immer in schönen Städten leben und arbeiten zu dürfen: Freiburg, Innsbruck, Luzern und Münster.

Professor in Luzern

Die Theologische Fakultät war sehr ärmlich, wenig ansprechend in einer ehemaligen Kaserne (heute abgerissen) am Ufer der Reuss untergebracht. Alle Professoren zusammen hatten eine Sekretärin, die resolute Trudi Baschung. Seminare der einzelnen theologischen Fächer gab es nicht; dementsprechend existierte auch keine Bibliothek: man war auf die kantonale Zentralbibliothek angewiesen. Die Aufnahme durch die Kollegen war sehr herzlich; man traf sich oft zu gemeinsamem Abendessen. Neben der Theologischen Fakultät existierte ein Katechetisches Institut für Studentinnen und Studenten, die den Beruf als Religionslehrerinnen und Religionslehrer anstrebten. Dadurch wurden die Angebote der Theologischen Fakultät, von wenigen Ausnahmen abgesehen, nur von Kandidaten für das Priesteramt besucht. Neben den Anwärtern für das Bistum Basel und Lugano (wie das damals hieß) waren das aufgeweckte junge Männer, die zu der Schweizer Missionsgesellschaft Bethlehem gehörten. Unter ihnen war Giancarlo Collet, den ich später als Professor für Missionswissenschaft nach Münster holte.

In Deutschland war im Lauf des Jahres 1968 der Aufstand der Studenten explodiert: „Unter den Talaren der Muff von tausend Jahren!" Erbittert wurde um die Mitbestimmung im gesamten Universitätsleben durch den „Mittelbau" der Assistenten und durch die Studenten gekämpft. In Luzern entstand keinerlei Unruhe: die Studenten hatten von vornherein das Recht zu voller Mitbestimmung, und Assistenten gab es ja nicht. Ich hatte ein sehr gutes Verhältnis zu den Studenten. Als ich die positive Stimmung bemerkte, lud ich die Examenskandidaten zu Kaffee und Kuchen in ein Café ein, wo sie ihr Examen leichter bestanden und ihre Zukunftsperspektiven mit mir beraten konnten. Umgekehrt hatten die Studenten Zugang zu einem Blockhaus in den Bergen, wohin sie mich zum Kochen und zu einer (?) Flasche Dôle einladen konnten.

Ich musste natürlich im Lauf der Semester den ganzen traditionellen Stoff der Dogmatik in Vorlesungen erläutern. Dabei zeichneten sich jedoch Schwerpunktsetzungen ab, die ich auch später in Münster beibehielt:

Die Gottesfrage und Gottesrede. Hier stellten sich die Probleme des theoretischen und praktischen Atheismus, die andrängenden Fragen der Theodizee (Gott und das Leid), die historische Ergründung des „Gottesbildes": Wie kommt es zu einer Katalogisierung der Eigenschaften Gottes? Wie zeitbedingt sind Gottesvorstellungen und Gottesreden? Mit Kurt Tucholsky gefragt: Wer ist das eigentlich – Gott?

Die Eschatologie. Woher der Tod? Die Forderungen nach einem natürlichen Tod. Die Selbstbestimmung des Lebensendes. Was sagt Gottes Offenbarung über das Kommende? Die Manipulation der „letzten Dinge" in der kirchlichen Verkündigung. Seelsorge durch Einschüchterung. Das Verhältnis von irdischer und himmlischer Zukunft. Wir wissen nichts, aber wir können hoffen.

Die Sakramententheologie. Es sind in der katholischen Kirche sieben symbolische Handlungen, die nicht künstlich unter einen Begriff „Sakrament" gepresst werden dürfen, die nicht mechanisch nach dem gleichen Schema „wirken". Ort und Relevanz der einzelnen Sakramente. Der Unterschied von katholischer und evangelischer Sakramentenauffassung. Die Fragen nach dem „geweihten Amt".

Das Erbe des Judentums im Christentum. Jüdische Religion als eigener Heilsweg. Narrative Rede von Gott. Die Psalmenfrömmigkeit. Die Eigenheiten jüdischer Liturgie und Festtage. Die Gründe des Antisemitismus. Verständigung mit Juden über „Menschwerdung Gottes", über den Messias und über „Erlösung"?

Die Theologiegeschichte des 20. Jahrhunderts. Die Modernismus-Krise zu Beginn des Jahrhunderts. Die „von unten" entstehenden „Bewegungen": Liturgische Bewegung, Ökumenische Bewegung („Una Sancta" und ihre Märtyrer), Bibelbewegung. Vorsichtige Öffnung bei Pius XII. in den 40er Jahren und Rückkehr zu Restriktionen in den 50er Jahren. Die Hauptträger einer theologischen Erneuerung. Das Konzil und seine Folgen.

Wenn ich auch bleibend die tiefsten theologischen Einsichten und unbeantwortbare Fragen an Gott Karl Rahner verdankte und verdanke, so ist es doch jedem, der die Zusammenhänge und Abläufe einigermaßen kennt, klar, inwiefern ich gerade bei den genannten Themen nicht einfach Rahner „übernommen" habe.

Die Eigenart des theologischen und akademischen Arbeitens brachte es mit sich, dass man gegen diese oder jene Sicht eines anderen Stellung nehmen musste Ich selber habe mich bei zwei Themenbereichen mit dem Dogmatikerkollegen Gisbert Greshake auseinander gesetzt. Er hatte eine Monographie über den dreieinen Gott vorgelegt („Der dreieine Gott"), in der er sich meines Erachtens in subtile, weithin unverständliche Spekulationen verrannt hatte, bei denen am Ende eine Liebeskommunität an der Stelle des einen und einzigen Gottes stand, eine Gotteskonzeption aus drei Subjekten – denn für Greshake war die Verschiedenheit die höchste Form von Einheit. Ich sah und sehe darin den Glauben Israels (Deuteronomium 6), der auch der Gottesglaube Jesu (Markus 12) war, verraten. Daher erhob ich meinen Widerspruch, und ich fand mich dabei in voller Übereinstimmung mit Rahner und auch mit dem evangelischen Theologen Karl Barth.

Den zweiten Widerspruch erhob ich gegen Greshakes Priesterbild, das er in einem von Bischöfen lebhaft empfohlenen Buch („Priestersein") verbreitet hatte. Ich konnte im Priester nicht einen Repräsentanten Jesu Christi, ein erhabenes Gegenüber zur Gemeinde sehen, nicht einen Vollmachtsträger, der etwas „kann", was andere Christen grundsätzlich nicht „können". Es kam mir nicht redlich vor, das Priesterbild künstlich so hoch zu stilisieren, dass es für jüngere Männer weiterhin attraktiv sein würde. Für mich hat der Priester eine Ordnungsfunktion: er „darf" etwas, was andere nicht „dürfen", um des Friedens und der Einheit in den Gemeinden willen. Sein Dienst ist der eines ganz einfachen, bescheidenen Knechtes Jesu Christi.

Mit den Luzerner Exegeten Rudolf Schmid und Eugen Ruckstuhl zusammen schrieb ich ein kleines Buch über die sogenannte Erbsünde. Ein von mir gemeinsam mit dem Sozialethiker Franz Furger verfasstes Buch war für Priester, die ihr Amt aufgeben wollten, und für ihre Freunde bestimmt; es hatte den Titel: „Sollte man nicht doch bleiben?"

Ich bekam in der Luzerner Zeit gute Kontakte zu einzelnen Persönlichkeiten und Einladungen zu Veranstaltungen, die nicht unmittelbar mit der Fakultät zu tun hatten. In erster Linie muss ich Bischof Anton Hänggi von Basel, in dessen Diözese Luzern lag, nennen. Die Tätigkeit in Luzern eröffnete er mit mir in Konzelebration im Priesterseminar Solothurn am

19.9.1968. Mein Verhältnis zu ihm war herzlich, ja freundschaftlich. Vom Fach her war er Liturgiewissenschaftler; er war Professor an der Universität Fribourg gewesen. Er musste natürlich mit einer Kirchenverfassung leben, die, im Unterschied zu Deutschland, keine Kirchensteuer kennt und in der die Gemeinden sehr viel Mitspracherecht haben. Er konnte sich nicht so profilieren wie ein deutscher Bischof.

Die beiden Organisatoren der fünfbändigen Dogmatik „Mysterium Salutis" (1965–1976), der Ökumeniker und Zürcher Akademiedirektor Johannes Feiner und der in Rom Dogmatik dozierende Benediktiner Magnus Löhrer, Mönch von Einsiedeln, hatten schon vor meiner Luzerner Zeit den Ortsbischof des Benziger Verlags, Bischof Johannes Vonderach von Chur, gebeten, mir die kirchliche Zensur dieser Dogmatik zu übertragen. Ich nahm die Aufgabe sehr ernst. Einmal fühlte ich mich veranlasst, hart einzugreifen: ich lehnte das Manuskript des von mir sehr geschätzten Dogmatikers Piet Schoonenberg SJ zur Christologie ab. An seiner Stelle, riet ich den Herausgebern, sollten der Kapuziner Dietrich Wiederkehr, der in Fribourg dozierte, und Hans Urs von Balthasar die Christologie übernehmen. So geschah es. Der Letztere steuerte den fundamentalen Beitrag „Theologie der drei Tage" bei. Durch diese Aufgabe kam es zu mehrfachen freundlichen Begegnungen mit dem gemütlichen Bischof Vonderach. Seinem Vorgänger, Bischof Ch. Caminada, kam das Verdienst zu, die beiden kirchlich heimatlosen Ex-Jesuiten Otto Karrer und Hans Urs von Balthasar in seinen Diözesanklerus aufgenommen zu haben. Otto Karrer (1888–1976), ein südbadischer Landsmann, mit mir weitläufig verwandt, ein führender Ökumeniker, wohnte in Luzern. Wir besuchten uns gegenseitig.

Mit dem Sozialethiker Franz Furger und dem Neutestamentler Josef Pfammatter (von der Theologischen Fakultät in Chur) hob ich am 5.12.1968 in Thalwil und Chur die wissenschaftliche Buchreihe „Theologische Berichte" aus der Taufe.

Einer Einladung der Theologischen Fakultät der Universität Fribourg folgend sprach ich dort im Mai 1969 über „Tod und Entscheidung". Die dortigen Dominikaner kamen mir nicht im ganzen so neuscholastisch erstarrt vor, wie manches Gerücht behauptete.

Auf Bitten Hans Urs von Balthasars hatte ich schon vorher für den studentischen Nachwuchs seiner Akademischen Schulungsgemeinschaft ein Einkehrwochenende in Colmar gehalten. Im Unterschied zu „meinen" Studenten waren diese jungen Leute ausgesprochen elitär, in auffallender Weise gerade auch in ihrer Spiritualität.

Im Rahmen meiner bescheidenen Möglichkeiten suchte ich auch innerhalb der ökumenischen Bewegung zu arbeiten. Mit dem Nachfolger Karl Barths, Heinrich Ott, traf ich mehrmals in Basel zusammen. In seinem Garten hielten wir einmal eine gemeinsame Seminarsitzung über die Gnadenlehre Karl Rahners ab. Mit Heinz Zahrnt bestritt ich eine Tagung in der evangelischen Tagungsstätte Bad Antogast über Themen heutiger Theologie. In der Paulus-Akademie in Zürich sprach ich neben andern, vor allem neben dem evangelischen Pfarrer Peter Vogelsanger, über Interkommunion und, in Zusammenarbeit mit dem evangelischen Studienzentrum Boldern und dem Berner Pfarrer Klaus Bäumlin, über Christentum ohne Kirche. In Bretten (Baden) beantwortete ich, so gut ich konnte, Fragen der Gemeinschaft evangelischer Erzieher zu: Wo steht die Theologie heute? Von evangelischer Seite referierte Prof. Hans Müller-Schwefe von der Universität Hamburg.

Ich besuchte von Luzern aus Lukas Vischer im Weltkirchenrat bei Genf; in Freiburg i. Br. traf ich mit dem Archimandriten und heutigen Erzbischof Damaskinos Papandreou zusammen. In der evangelischen Bildungsstätte auf dem Rügel über dem Hallwiler See nahm ich aktiv an einer gut besuchten politisch akzentuierten Dialog-Veranstaltung „Politik – eine Sache der Kirche?" teil. Bleibenden Eindruck machte mir dort der angesehene und vielfach preisgekrönte Schriftsteller Peter Bichsel. Mit dem Kommunisten Konrad Farner sprach ich vor Studenten der Höheren Wirtschafts- und Verwaltungsschule Zürich über Marxismus und Christentum.

Damit bin ich wieder bei den Aufgaben, die mir Kardinal König aufbürdete oder zutraute. Der Papst hatte ihn gebeten, das

Angebot führender Freimaurer anzunehmen und Gespräche mit ihnen zu beginnen, obwohl man sie natürlich nicht unter die „Nichtglaubenden" rechnen durfte. König gab die Aufgabe, soweit sie das deutsche Sprachgebiet betraf, an mich weiter. 1969 kam ich im Kloster Einsiedeln zu eingehenden Gesprächen mit hochrangigen Freimaurern zusammen.

Max Himmelheber, ein Fabrikant in Baiersbronn im schwäbischen Schwarzwald, hatte einen Kreis von Natur- und Geisteswissenschaftlern um sich versammelt, die das gleiche Anliegen bewegte wie bald danach den Club of Rome: Schutz des Planeten, Bewahrung der natürlichen Ressourcen der Schöpfung. Auf Himmelhebers Kosten kamen Kardinal König und ich in seinem Schlepptau dort mit dem illustren Kreis zusammen. Ich war seit 1969 mindestens dreimal dort. Es gab lange Gespräche mit Georg Picht und mit Ernst Ulrich von Weizsäcker. Seit damals, einer Wanderung im Schnee im Februar 1970, zählte mich König zu seinen Freunden. Ergebnisse des Treffens gingen in Beiträge in der „Internationalen Dialog Zeitschrift" ein. Ein mehrstündiges, geistig sehr anstrengendes Gespräch hatte ich als Folge dieser Tagungen mit Carl Friedrich von Weizsäcker am Starnberger See.

Kardinal König veranlasste auch zwei der kirchlichen Gewohnheit ganz widersprechende Begebenheiten. Unsere Luzerner Fakultät hatte in Rom das Promotionsrecht beantragt. In kurzen Abständen besuchten mich, die kleine Nummer in der Kirche, auf Königs Ersuchen hin Kardinal Gabriel Garrone vom Vatikan, Präfekt der Studienkongregation (am 4.3.1969) und sein Mitarbeiter Erzbischof Joseph Schröffer (am 6.3.), um mit mir die Qualität der Fakultät und das Vorgehen zu besprechen. Das Promotionsrecht traf nach meinem Weggang ein.

Auf meine Bitte hin verwandte sich Kardinal König mit Erfolg beim Innsbrucker Bischof Rusch für den Neutestamentler Rudolf Pesch. Rusch hatte ihm aus Misstrauen gegen die historisch-kritische Exegese die Zustimmung zur Habilitation verweigern wollen, gab aber König gegenüber nach.

Im März 1972 nahm ich in Bonn an einer Tagung über Abrüstung teil. Sie war ganz von „linken Friedensfreunden" dominiert: Pastor Niemöller, der Gewerkschafter Fabian, der Publizist Spoo, die Journalisten Ruge und Rohlinger diskutierten mit Gästen.

Die Freiburger Bleibe

In diesen Jahren des Neuanfangs in Luzern und intensiver Arbeit mit und für Kardinal König ergab sich ein Neuanfang auch in meiner persönlichen Lebenswelt. Ich hatte in meinem Elternhaus in Freiburg, in dem ich seit 1934 wohnte, nur ein winzig kleines Zimmer. Der Platz für Bücher fehlte völlig, mit der Professur und der Zeitschrift wuchs die Papierflut weiter an. Ich konnte und wollte auch nicht als Einsiedler existieren, die soziale Verwahrlosung der Jesuiten war mir ein warnendes Beispiel. Ich gewann die sympathische Sigrid Loersch, von der früher im Abschnitt über die Beerdigung meiner Mutter die Rede war, für die Idee einer gemeinsamen Wohnung. Nie habe ich sie als „Haushälterin" betrachtet. Alle Aufgaben, die mit einem Haushalt zusammenhängen, sollten gemeinsam erledigt werden. Obwohl sie für Freiburger Professoren tätig war, vor allem für Alfons Deissler, mit dem wir beide befreundet waren, hoffte auch ich auf ihren Rat und ihre Hilfe bei bibeltheologischen und exegetischen Fragen. Wir mieteten eine sehr geräumige Wohnung in einem Neubaugebiet in Freiburg-West. Jedem standen zwei Zimmer zur Verfügung. Ich hatte mit Luzern vereinbart, dass ich von Dienstagmittag bis Freitagvormittag in Luzern sein würde; die Fakultätssitzungen waren am Donnerstagnachmittag. Am Freitagmittag nahm ich die Post in Empfang, Manuskripte und Korrespondenzen, vor allem zur Dialogzeitschrift. Ich konnte sie am Wochenende mit Hilfe eines Diktiergeräts bearbeiten. Von der Pfarrkirche Hl. Dreifaltigkeit hatte ich mich seit 1959 vorsichtig gelöst. In diesem Jahr hielt Pfarrer Eugen Walter ausgerechnet am Karfreitag eine Predigt, in der er die atomare (!) Bewaffnung der neuen Bundeswehr lebhaft befürwortete. Ich nahm von da an keinen Gottesdienst mehr an, in dem er predigte. Nach der

Neuregelung mit der Wohnung und in Luzern hielt ich, mit seinem Einverständnis, meine Gottesdienste in der St. Carolus-Kapelle, vorwiegend für alte Leute, denen der Weg in die neue Pfarrkirche zu beschwerlich war.

Pfarrer Walter zog, nachdem er einen Pfarrdienst auch in einer dörflichen Gemeinde nicht mehr leisten konnte, in das Carolus-Altersheim in der Nähe des Herder-Verlags. Ich besuchte ihn dort und erfuhr Stück um Stück von ihm, dass er früher in Freiburg massive CDU-Politik betrieben hatte, unter anderem hatte er den aggressiven Albert Maria Lehr bewogen, für das Oberbürgermeisteramt zu kandidieren. Auf einmal hatte die CDU zwei Kandidaten mit der Folge, dass sie seither den Oberbürgermeister in Freiburg nicht mehr stellt. Da ich merkte, dass aus dem Freiburger Klerus niemand den alten und kranken Pfarrer Walter besuchte, auch die Erzbischöfe nicht, die wacker ihre Sessel verwalteten, besuchte ich ihn bis zu seinem Tod 1999 regelmäßig, auch von Münster aus, und noch in seinem Todesjahr telefonierten wir mit einander.

Ein politischer Sündenfall

1969 beging ich, blauäugig und nichtsahnend, einen Sündenfall, dessen Folgen ich bis heute zu spüren bekomme. In Deutschland war das politische Klima vor der Bundestagswahl sehr erhitzt. Weite Kreise fürchteten einen Einzug der Neonazi-Partei NPD in den Bundestag, nachdem diese bereits erfolgreich im Stuttgarter Landtag saß. Bundeskanzler war Kurt Georg Kiesinger von der CDU, ein Nazi-Parteigenosse der ersten Stunde, der im Krieg Verbindungsmann zwischen dem Propagandaminister Goebbels und dem Außenminister von Ribbentrop war und vor der Auslandspresse die Nazipolitik zu vertreten hatte. Die CDU warf dem Kandidaten der SPD, Willy Brandt, auf Plakaten vor, dass er in der Nazizeit im Exil gewesen und zudem auch noch unehelicher Herkunft war. Das waren für viele zu viele Zumutungen. In Deutschland bildeten sich Wählerinitiativen für die SPD, zu denen auch katholische

Theologen gehörten, so Norbert Greinacher in Tübingen und Peter Lengsfeld in Münster, dazu viele evangelische Theologen. Rahner und Metz sympathisierten mit diesen Initiativen, beschlossen aber doch, sich öffentlich zurückzuhalten. Auch ich teilte anfänglich diese Zurückhaltung. Doch da erschienen in der „Badischen Zeitung" in Freiburg Anzeigen für die CDU, unterzeichnet von den geschätzten Theologen Deissler, Vögtle und Welte, und das kurz vor der Wahl. So gab ich in der „Badischen Zeitung" für den Tag vor der Wahl (25.9.69) ein von mir mit 500 DM bezahltes Inserat auf, das diesen Wortlaut hatte:

„Überlegungen eines Mitbürgers zur Wahl. Die meisten meiner theologischen Freunde wählen SPD. Das muss man einmal in der Öffentlichkeit sagen, weil noch immer viele Katholiken meinen, sie könnten als Katholiken nicht der SPD ihre Stimme geben. Wenn Theologen von ihrem bürgerlichen Recht Gebrauch machen und sagen, wen sie wählen, so ist das natürlich keine neue Form klerikaler Bevormundung der Politik. Nur die Argumente zählen: Die Politiker der SPD suchen das internationale Gespräch und haben ein klares Konzept für eine dauerhafte Friedensordnung. Sie genießen das größere geistige Ansehen im Ausland. In der Wirtschaftspolitik und bei der Strafrechtsreform haben sie gezeigt, dass sie sich mehr als andere um den benachteiligten Menschen kümmern. Das demokratische Bewusstsein wird von der SPD besser gefördert als von anderen. Gesellschaftliche Reformen sind am ehesten von der SPD zu erwarten, wenn sie die schon längst verdiente Chance erhält, die Regierung zu bilden. Darum unterschreibe ich den Satz meines Kollegen Professor Dr. Peter Lengsfeld in Münster: ,Ich hoffe auf einen Wahlsieg der SPD.'"

Der Zeitung hatte ich das Foto von der Rückseite des „Kleinen theologischen Wörterbuchs" zur Verfügung gestellt, unterschrieben mit „Prof. Dr. Herbert Vorgrimler. Ordinarius für Dogmatik in der Theologischen Fakultät Luzern. Herausgeber der ‚Internationalen Dialog Zeitschrift', Freiburg. Konsultor des Atheisten-Sekretariats im Vatikan".

Die SPD erlangte in meiner Heimatstadt Freiburg einen Erdrutschsieg. Willy Brandt dankte mir.

Die christliche Partei der Schweiz kopierte nach der verlorenen Wahl in Deutschland meine Zeitungsanzeige und verbreitete ein Flugblatt, dem sie die Überschrift gab: „Der Luzerner Theologieprofessor Vorgrimmler (so!) als Wahlpropagandist des sozialistischen Bundeskanzlers Willy Brandt", und auf dem es im Anschluss an meinen Text hieß:

„Der sonderbarste Wahlpropagandist und Steigbügelhalter der sozialistischen Partei Deutschlands und ihres Bundeskanzlerkandidaten Brandt war sicher der Rahner-Schüler und Luzerner Dogmatikprofessor Vorgrimmler. Er hat mit obigem Wahlaufruf im Wahlkreis Freiburg im Breisgau der SPD zum Sieg verholfen. Die SPD hat ihm dafür in der Presse wärmstens gedankt. Kaum saß Brandt im Sattel, als die Ausbootung der christlichdemokratischen und katholischen Politiker begann. In der deutschen Nachbarschaft, wo Vorgrimmler wegen seiner prosozialistischen Agitation unter den Beamten und im Klerus viele Feinde hat, lächelt man über die Naivität der ‚Schweizer', die ‚Deutschlands schönsten Priester', wie Vorgrimmler genannt wird, nach Luzern holten."

Die Luzerner Gegner des Bischofs Hänggi und des Priesterseminars setzten noch einen eigenen Text hinzu und verbreiteten das so erweiterte Flugblatt in Luzern und Umgebung:

„Das ist die Wahrheit! Ein sozialistischer Agent im Priesterrock unterrichtet in Luzern die zukünftigen Geistlichen der Diözese Basel. Kein Wunder, dass aus einer solchen Schule und einem solchen Priesterseminar immer weniger wahre Seelsorger, dafür aber Seelenschädlinge und Revolutionäre kommen, die alles niederreißen, was uns heilig und teuer ist. Was sagt die Geistlichkeit der Diözese Basel, was sagt das kath. Luzerner Volk zu diesem Skandal?

Wer hat diesen Schwob nach Luzern geholt? Wie lange soll Vorgrimmler noch aus den Steuergeldern des Luzerner Volkes besoldet werden?

Wie lange wollen die konservativen u. christl. sozialen Großräte zu dieser merkwürdigen Hochschulpolitik der Regierung noch schweigen?

Es ist höchste Zeit, dass Anstellung und Bezahlung der Theologieprofessoren vom Staat aufgegeben und vom Bischof übernommen wird. Die Ausbildung der Pfarreraspiranten ist nicht Aufgabe des Staates. Der Staat soll seine Volksschullehrer ausbilden und sie – auch die Lehrerinnen – menschenwürdig behandeln und bezahlen."

Der Luzerner „Erziehungsdirektor" Rogger sprach mir seine Missbilligung aus. Das war ein Tropfen von zweien, die bei mir das Fass zum Überlaufen brachten. Der andere Tropfen hieß Hans Urs von Balthasar. Ich hatte lange Zeit nicht gemerkt, dass er mich mit Luzern, mit vielen Treffen und Anrufen, mit dem Bankbüchlein, nicht nur äußerlich von Herder und Rahner, sondern speziell auch innerlich von Rahner wegziehen wollte. Aber meine Versuche, zwischen beiden zu vermitteln, auch noch nach seinem bösartigen Büchlein „Cordula", scheiterten an seiner galligen und giftigen Art, die für mich immer unheimlicher wurde, weil ich keine rationalen Gründe für sie sah, und die ich nicht mit seinen umfangreichen Ausführungen über Liebe zusammenbringen konnte. 1972 erschien, für mich aus heiterem Himmel, denn er hatte trotz seiner vielen Anrufe kein Wort davon zu mir gesagt, die von ihm betriebene internationale Zeitschrift „Communio", die eindeutig gegen Rahner und die von Rahner (und Küng und Metz unter redaktioneller Mitarbeit auch von mir) betreute internationale Zeitschrift „Concilium" gerichtet war. Es war ihm gelungen, Joseph Ratzinger und Karl Lehmann (neben anderen wichtigen Personen, darunter auch Henri de Lubac) mit ins Boot zu ziehen. Ich war zutiefst enttäuscht und gekränkt. Ich wollte von Luzern weg. Warum aber, wenn die Verhältnisse dort doch so schön waren?

Sie waren nicht einfach schön. Es bestand eine tiefe Kluft zwischen meinen Studenten, einigen aufgeschlossenen Pfarrern, Bischof Hänggi auf der einen Seite und katholischen Spießbürgern auf der anderen Seite, die das „Establishment" vieler Gemeinden bildeten. Unter meinen Studenten waren viele Kriegsdienstverweigerer. Sie mussten damals in der Schweiz dafür ins Gefängnis gehen. Sie kämpften gegen die Götter der guten Katholiken, die da hießen: Bankbüchlein, Armee und Polizei. Im Unterschied zu den Studenten und den kirchlichen Verantwortlichen waren die politischen Behörden in Luzern von Anfang an extrem unhöflich mir gegenüber. Obwohl die Regierung mich gewollt hatte, musste ich Jahr für Jahr persönlich – unter Androhung von Bußgeld – auf der Fremdenpolizei erscheinen und die Verlängerungen meiner Aufenthaltserlaubnis beantragen! Ich musste auch pro Jahr mehrere hundert Franken Wehrsteuer zahlen für die Befreiung vom Wehrdienst als Ausländer. In meinem Briefkasten fand ich ein Flugblatt: „Wir wollen im Kriegsfall nicht eine Million Ausländer in unserem Rücken haben." In den Kirchen rund um den Vierwaldstädter See lag an einem Sonntag eine Schrift mit folgendem Text aus:

Skandalöse Zustände im Priesterseminar Luzern
Laien fragen den Bischof:
Ist es wahr,
dass aus dem sich im Bau befindlichen Priesterseminar Luzern ein Haus der „Begegnung" werden soll? Begegnung mit wem denn? Etwa der Priesteramtskandidaten mit den Theologinnen, die dort ein- und ausgehen werden? Oder mit den Freundinnen jener Theologen, die von vornherein auf die Priesterweihe verzichten?
Ist es wahr,
dass zwei Drittel der Theologen von vornehrein auf die Priesterweihe verzichten und bloß gut bezahlte Katecheten werden wollen?
Ist es wahr,
dass alle Seminaristen einen Hausschlüssel haben, der es ih-

nen ermöglicht, jederzeit, auch bei Nacht das Seminar zu verlassen, auch ohne Wissen der Seminarleitung?

Ist es wahr,

dass es mit der Aszese der Theologen äußerst schlecht bestellt ist und das religiöse Leben der Seminaristen auf dem Nullpunkt ist? So müssten die Theologen z. B. wöchentlich die hl. Messe nur zweimal besuchen, an den übrigen Tagen könnten sie „ausschlafen".

Ist es wahr,

dass die kürzlich geweihten Diakone zwei Tage nach der Weihe im Kantonsspital Luzern einer Geburt und einem Kaiserschnitt zugeschaut hätten?

Ist es wahr,

dass der Bischof einen mit einer ausgesprungenen Klosterfrau verheirateten Expriester, Dr. Armin Beeli, als Dozenten für Pastoralpsychologie berufen und der Luzerner Regierung zur Wahl empfohlen hat, was de facto nun laut Pressemeldungen geschehen ist? Glaubt der Bischof, dass solche Männer geeignete Priesterbildner sind?

Ist es wahr,

dass einige Professoren der theologischen Fakultät Luzern Rationalisten sind, die die Grundwahrheiten des Glaubens und der Moral umdeuten oder gar leugnen?

Ist es wahr,

dass künftig den Theologen gestattet sein soll, ihre Freisemester an einer protestantischen Fakultät zu absolvieren?

Weiß der Bischof,

dass zwei Theologieprofessoren von Luzern (Vorgrimler und Ruckstuhl) vor einiger Zeit an einer Tagung für die Interkommunion in Zürich mit den protestantischen Teilnehmern beschlossen haben, dass sie an der nächsten Tagung nicht nur über die Interkommunion reden, sondern auch gemeinsam das „Mahl des Herrn" feiern wollen?

Ist zu erwarten,

dass auf dieser Basis, auf der heute das Priesterseminar und theol. Fakultät Luzern geführt werden, wahrhaft fromme und gute Priester hervorgehen, die ein Segen für die Diözese sind?

Man spricht immer von Erneuerung der Kirche. Diese kann nur von tief frommen Priestern kommen und solchen die es werden wollen.
Ist es zu verantworten,
dass Eltern ihre Söhne einem total verweltlichten Seminar anvertrauen, wo sie fürchten müssen, dass ihre Söhne dort den Glauben total verlieren, was bereits vorgekommen ist? Es ist längst kein Geheimnis mehr, dass die Zustände am Priesterseminar Luzern nicht mehr tragbar ja geradezu skandalös sind. Was sagen Sie dazu, Herr Bischof? Wenn das Gesagte stimmt, dann können und dürfen Sie sich dabei unmöglich passiv verhalten. Wie lange wollen Sie zuwarten bis Sie eine wirklich fähige und vertrauenswürdige Seminarleitung ernennen? Wir Laien wollen ein Priesterseminar, das wahrhaft religiös geführt wird, ein Haus nicht der „Begegnung", sondern der ernsten Vorbereitung auf das Priestertum. Man beansprucht ja zum Unterhalt auch unsere finanziellen Mittel.
Eine Laiengruppe

Die Planung einer Universität Luzern war schon weit vorangeschritten. Ein großes Gelände, schön am Ufer des Rotsees gelegen, war bereits erworben. Graphiken des angesehenen Künstlers Hans Erni wurden gegen teure Franken als Spenden (auch von mir!) erworben. Man hatte der Theologischen Fakultät die normale Universitätsausstattung in Aussicht gestellt: Assistenten, Hilfskräfte, Sekretärinnen, Bibliotheken. Die Sache wurde, wie alles Bedeutende und Unbedeutende in der Schweiz, dem Souverän, einer Volksabstimmung unterbreitet. Eine Alternative trat auf den Plan: Wir benötigen eine Eissporthalle. Der Luzerner Souverän entschied für die Eissporthalle und gegen die Universität.
Als es sich herumsprach, dass ich nach Münster in Westfalen berufen werden sollte, schrieb mir Bischof Hänggi *(Maschinenschrift)*:

Anton Hänggi Bischof von Basel 4500 Solothurn
Solothurn, den 19. April 1972
Sehr geehrter, lieber Herr Professor!
Sie haben mir mitgeteilt, dass Sie eine Berufung auf den
Lehrstuhl für Dogmatik und Dogmengeschichte an der Universität in Münster erhalten haben. Diese Berufung ehrt Sie
und ich beglückwünsche Sie dazu ganz herzlich. Ihr Weggang von Luzern würde aber für die Theologische Fakultät
ohne Zweifel einen großen Verlust bedeuten. Sie wissen, wie
sehr ich Ihre Lehrtätigkeit an der Fakultät und Ihren Einfluss
auf die Studenten schätze. Die theologische Fakultät von
Luzern hat gerade in unseren Tagen eine sehr wichtige Funktion auszuüben. Das bedingt aber, dass dort Theologieprofessoren wirken, die überdurchschnittliches Ansehen genießen und die auch den Zugang zu den Theologiestudenten
finden. Beides trifft bei Ihnen zu, so dass ich Ihnen für Ihre
Tätigkeit den größten Dank schulde. Sie verstehen deshalb
sicher meine Freude, wenn ich von Ihnen erfahren dürfte,
dass Sie weiterhin in Luzern bleiben wollen.
Mit meinem Dank für ihre bisherige Tätigkeit und für die
guten Dienste, die Sie mir persönlich geleistet haben, verbinde ich freundliche Grüße.
Ihr
(handschriftlich) Anton Hänggi
Bischof von Basel

Die Studierenden der Luzerner Theologischen Fakultät schrieben mir:

Luzern, 20.4.72
Lieber Herr Vorgrimler,
langsam spricht es sich herum, dass Ihre Berufung nach Münster nun doch endlich geglückt ist. Wir freuen uns mit Ihnen
über diese Tatsache, die Sie in hohem Maße ehrt. Gleichzeitig würden wir es aber sehr bedauern, wenn Sie diesem Ruf
folgend Luzern verlassen wollten. Wir schätzen ihren engen
Kontakt mit uns Studenten, Ihre Offenheit für unsere Pro-

bleme und Ihre Art, uns zu einer kritischen Auseinandersetzung mit dem christlichen Glauben hinzuführen. Darum würde es uns außerordentlich freuen, wenn Sie sich entschließen könnten, weiterhin in Luzern zu bleiben.

Es folgten 67 Unterschriften, praktisch aller damaligen Luzerner Theologiestudenten, darunter die von Kurt Koch, heute Bischof von Basel, und von Josef Meili, später langjähriger Generaloberer der Gemeinschaft von Bethlehem und Missionar in Taiwan.

Nachdem ich, wie im Folgenden zu berichten ist, den Ruf nach Münster doch angenommen hatte, stand in Nr. 2/1972 der Zeitschrift „in", Forum der Theologiestudenten des Bistums Basel, folgender Brief des Sprechers der Studentenschaft (S. 25):

Von Luzern nach Münster
Lieber Herr Vorgrimler,
nun ist also die lange Zeit der Unsicherheit für Sie wie für uns vorbei: Der Ruf an die Universität Münster ist erfolgt und Sie haben ihn angenommen. Einerseits gratulieren wir Ihnen zu dieser Berufung. Anderseits aber bedauern wir, dass Sie unsere Fakultät nach vier Jahren nun schon wieder verlassen.

Auch wenn ich weiß, dass Ihnen nicht viel an langen Abschiedsworten liegt, möchte ich dennoch auf einiges hinweisen, weswegen wir Sie nur ungern ziehen lassen.

Wir schätzten, dass Sie ein persönliches Verhältnis zu uns Studenten gesucht und gefunden haben: professorales Gehabe war und ist Ihnen fremd. Ohne damit auch nur in etwa Ihre theologische Leistung beurteilen zu wollen, darf doch gesagt werden, dass es Ihnen gelungen ist, die Theologie Ihres Lehrers Karl Rahner verständlich zur Sprache zu bringen. Als Theologe haben Sie in den Vorlesungen immer wieder kritisch Stellung genommen zu erstarrten Formen von Kirchlichkeit. Sie machten dies stets auch mit Humor, woran es der Christenheit heute wohl sehr fehlt. Für uns Studenten ist schließlich von Bedeutung, dass Sie in Ihren Lehrveranstaltungen versucht haben, die Dogmatik mit heutiger Erfahrung zu konfrontieren. Auch waren wir nicht unglücklich darüber, dass Sie gewisse Formen der Leistungskontrolle nicht so tierisch ernst genommen haben.

Zu Ihrem Wechsel von der kleinen Fakultät in Luzern an eine große deutsche Universität wünsche ich Ihnen alles Gute. Vor allem aber hoffe ich, dass Sie weiterhin als ein Theologe tätig sein werden, der die Kirche kritisch an dem im Neuen Testament bezeugten Gesetz misst, unter dem sie angetreten ist. Dieses kritische Geschäft des Theologen ist wohl eine unabdingbare Voraussetzung dafür, dass die Kirche die Identität mit ihrem eigenen Ursprung bewahrt.

In diesem Sinne wünsche ich Ihnen Mut und Zuversicht in der heutigen Situation und danke Ihnen für das, was Sie uns in Luzern als Mensch und als Theologe gegeben haben.

Herzlich grüßt Sie

Urs Eigenmann

Es war mir klar geworden: Als Ausländer konnte ich meinen Theologiestudenten im Kampf gegen die selbstgerechten Spießer nicht helfen; ich hätte die Situation nur noch verschlimmert. Der Abschied von Luzern fiel mir nicht leicht, nicht der Abschied von den Studenten, nicht der Abschied von den Kollegen, unter denen mir der Moraltheologe Fritz Beutter, einst Kaplan und Sekretär von Erzbischof Seiterich, ein besonders lieber Freund war (und ist, denn wir stehen in gutem Kontakt bis heute), und nicht der Abschied vom See und von den Bergen.

Studenten in Innsbruck: 2. von rechts Johann Baptist Metz,
links von ihm ich.

Süddeutsche Landsmannschaft im „Canisianum" Innsbruck 1951.
3. von rechts Gerhard Römer, 6. von rechts ich, 7. von rechts
Johann Baptist Metz, 1. von links Adolf Darlapp.

Gartenprimiz in Freiburg 1953. 1. von links Prof. Karl Ruby,
2. von links Dr. Karl Becker, neben mir Pfarrer Eugen Walter.

Mit Karl Rahner bei der Promotion Juni 1958.

Mit Prälat Myron Hornikiewitsch bei der Promotion 1958.

Mit Karl Rahner auf dem Innsbrucker Flugplatz Juni 1959.

Nach 1968 zur Zeit der Luzerner Professur.

Sitzung des vatikanischen Sekretariats für die Nichtglaubenden.
Am Mikrophon Henri de Lubac SJ, im Vordergrund ich, um 1970.

9. Berufung und Beginn in Münster unter dunklen Wolken

Rahners Wunsch und Wille

1971 teilte mir Karl Rahner mit, dass er wegen seines angegriffenen Gesundheitszustandes bei der Regierung in Düsseldorf um vorzeitige Emeritierung bitten werde. Er hatte 1967 eine außergewöhnliche Berufung auf den Lehrstuhl für Dogmatik und Dogmengeschichte in der Katholisch-Theologischen Fakultät der Universität Münster angenommen. Sein Münchner Assistent Karl Lehmann, der in Münster bekannt und beliebt war, hatte 1968 einen Ruf auf die Dogmatik-Professur in Mainz angenommen, ohne vorausgehende Habilitation, ebenso wie ich damals in Luzern. Erzbischof Schäufele und Generalvikar Schlund in Freiburg betrieben mit aller Macht eine Berufung Lehmanns nach Freiburg, Schlund mit der nicht verheimlichten Absicht, Lehmann zum Nachfolger Schäufeles als Erzbischof von Freiburg zu machen. Rahner wusste das. Da aber in Freiburg Unsicherheitsfaktoren bestanden (der Fundamentaltheologe Kolping war ein entschiedener Feind von allem, was nur von weitem nach Rahner aussah), bewarb sich Lehmann auch auf die Rahner-Nachfolge in Münster. Zwei Rufe zu bekommen wäre ihm durchaus willkommen.

Nachdem Rahner mich inständig gebeten hatte, sein Nachfolger in Münster zu werden und ich ihm (diesmal) nicht Nein sagen konnte, legte ich mit Sigrid Listen an, was für und gegen Luzern, für und gegen Münster spräche. Die Einzelpunkte interessieren hier nicht. Sigrid war positiv für Münster, auch wenn sie die erfolgreiche Lektorentätigkeit und damit eine sichere Beamtenstelle an der Universität Freiburg aufgeben müsste. Ich sagte Rahner zu.

Die Berufungskommission in Münster setzte Lehmann an die 1. Stelle, wohl wissend, dass er sich auch in Freiburg beworben hatte, und betrachtete Wolfgang Beinert in Regensburg, Alexandre Ganoczy in Münster und mich als ernsthafte Kandidaten für die anderen Plätze und lud alle drei zu Probevorlesungen im Juni nach Münster ein. Ich sprach am 18.6.1971 in Münster zu der Frage, ob Dogmen revidierbar seien (im Zusammenhang mit der von Küng ausgelösten Diskussion). Das anschließende Gespräch verlief meines Erachtens ganz passabel, zumal Assistenten und Studenten mich sehr engagiert unterstützt hatten. Eine unverhohlene Feindseligkeit des Kirchengeschichtlers Iserloh und des Pastoraltheologen Exeler war mir allerdings nicht entgangen. Geriet ich nun auch noch in die Auseinandersetzungen um die Universitätsreform?

Am 23.6. setzte mich die Berufungskommission an die zweite Stelle, danach der Fachbereichsrat am 24.6. ebenfalls. Es war allgemein bekannt, dass Lehmann nach Freiburg gehen würde und dass das für mich gleichbedeutend mit der ersten Stelle war. Vor dieser Sitzung wurde der Freiburger Dogmatiker Helmut Riedlinger von Hünermann (beide sind Germaniker) in die Diskussion gebracht, aber im Fachbereichsrat erlangte Ganoczy weniger Stimmen als ich und Riedlinger keine einzige. In der Hochschullehrerkonferenz am 24.6. trat eine Blockbildung zutage: Hünermann, Lengsfeld (ebenfalls Germaniker) und zwei Assistenten waren für Riedlinger und gegen mich. Gegen mich waren weiter der Moraltheologe Heinen (wegen Sigrid), Iserloh (wegen eines angeblichen Scheiterns in Mainz, was eine glatte Lüge war, und wegen meiner „Süffisanz" in der Vorlesung) und Exeler (weil ich im Handbuch der Pastoraltheologie „unobjektiv" mit Walter Kasper umgegangen sei). – Die Versammlungen der Studenten und Assistenten blieben mehrheitlich bei ihren Voten für mich.

In einer Hochschullehrerkonferenz am 2.7. kam es zu einer sehr heftigen Auseinandersetzung Rahners mit Iserloh (der nun gegen mich zu sagen wusste, ich hätte meine Dissertation „in kleiner Münze verschleudert"). In einer Testabstimmung billigten mir nur Rahner, Metz und der Kirchenrechtler Horst

Herrmann den 2. (= 1.) Platz zu. Aber es kam zu einem Kompromiss der Mehrheit, dem „meine drei" nicht zustimmten: An der 1. Stelle bleibt nominell Lehmann, Riedlinger und ich kommen pari loco auf den 2. Platz. So ging die Liste auch durch den Fachbereichsrat. Rahner schickte mir eine Karte (*handschriftlich*): „Wir machen mit ,Genehmigung' des Fachbereichsrats ein Sondervotum nach Düsseldorf für dich. Anbei das Flugblatt der Studenten. Tausend Grüße Dein Karl".
Zur Beleuchtung der Situation und Stimmung ist es ganz nützlich, dieses Flugblatt der Studenten im ganzen zu lesen (Fachschafts-Info Sommersemester 1971/Nr. 6):

„Betrifft: Rahnernachfolge" oder: Wie Professoren mit studentischen Argumenten umgehen
Am 24.6.1971 (vorigen Donnerstag) tagte der Fachbereichsrat (FBR) zur Entscheidung über den Rahner-Nachfolger. Allerdings hat dieses – auch mit Studenten und Assistenten besetzte – Gremium nach der Uni-Verfassung (UV) § 49,2 in Berufungsangelegenheiten wenig zu bestellen, da nach der Abstimmung des FBR die Hochschullehrer alleine noch einmal dessen Beschluss billigen müssen. Damit ist praktisch den Studenten und Assistenten der Einfluss bei Berufungen wieder genommen. Die UV gibt hier Professoren Privilegien mit der Begründung, es handle sich nur um Professoren-Angelegenheiten. *Frage:* Sind Professoren eigentlich nur für Professoren da?
Entsprechend dieser Einstellung verlief auch die letzte FBR-Sitzung: In der auch mit Studenten und Assistenten besetzten Berufungskommission war als ein entscheidendes Kriterium sowohl die dogmengeschichtliche Arbeit als auch deren Vermittlung mit neuzeitlicher Problemstellung angesehen worden.
Im FBR tauchte nun bei der Entscheidung die Alternative Vorgrimler – Riedlinger auf.
Vorgrimler kennt sich einerseits im gesamten Spektrum der Dogmengeschichte aus und hat anderseits sich u. a. in der Schriftleitung des LThK, als Herausgeber der „Internationa-

len Dialogzeitschrift" und als Mitglied des „Atheismus-Se-kretariats" in Rom weitgehend mit neuzeitlichen – für die Theologie relevanten – Fragestellungen beschäftigt. Die Berufungskommission und die studentische Vollversammlung hatten ihn für die Rahner-Nachfolge favorisiert.

Riedlinger dagegen befand sich nicht auf der Liste der Berufungskommission. Seine Veröffentlichungen befassen sich eingehend mit der Dogmengeschichte des Mittelalters. Bisher war von der Aufarbeitung neuzeitlicher Fragestellungen nichts zu hören. Nach den Informationen eines Hochschullehrers, der es eigentlich wissen muss, sollte jedoch in der letzten Zeit die Rezeption neuzeitlicher Fragestellungen (z. B. Kritische Theorie) erfolgt sein. Aber der Teilnehmer an seinem Kolloquium in Münster über „Christologie der Zukunft" – welches, da Veröffentlichungen dazu fehlen, einzig diese „Wende" hätte bestätigen können – wurde enttäuscht.

Also, sollte man meinen, käme Herr Riedlinger für diesen Lehrstuhl nicht in Frage. Weit gefehlt!!

Undurchsichtige Interessen der Mehrheit der Hochschullehrer ließen diese sachlichen Argumente nicht gelten und machten den Beschluss des FBR, Vorgrimler auf den 1. Platz zu setzen, zunichte. Die Entscheidung wurde auf Freitag, 2.7.1971, 15 Uhr vertagt.

Wir sind der Meinung, dass keine sachlichen Argumente gegen den Beschluss des FBR angeführt wurden. Daher werden die Studenten nicht die Nominierung eines Kandidaten hinnehmen, der so offensichtlich den von allen Fachbereichs-Gruppen aufgestellten Kriterien widerspricht.

Darum: Gegen Riedlinger – für die demokratische Berücksichtigung der studentischen Interessen!!!

Am 8.7. schickte Rahner das erwähnte Sondervotum mit dem ganzen Hergang an den Wissenschaftsminister Johannes Rau in Düsseldorf. Er verweigerte auch eine Abschiedsvorlesung an der Fakultät, denn das Verhalten der Mehrheit der Hochschullehrer sei eine „Desavouierung unserer ganzen Theologie". Mit Unterstützung durch Peter Lengsfeld und Gotthart Fuchs billigte anschließend der Fachbereichsrat das Rahnersche Sondervotum. Am 9.7. protestierten die Hochschullehrer dagegen; Exeler führte juristische Argumente gegen Rahner an: Das Sondervotum sei nicht rechtzeitig angemeldet worden.

Am 12.7. gab Rahner ein Abschiedsessen für etwa 60 Leute (anwesend waren Metz, Herrmann, Thüsing, Lengsfeld, Kerstiens, die evangelischen Theologen W. D. Marsch und K. G. Steck, die Hausmeister, die Sekretärin, die Vertreter der Assistenten und Studenten). Die Studenten schickten an Hünermann ein Telegramm: „Von Charlies Fest Gruß der Rahner-Fans".

Am 13.7. erfuhr Herrmann beim Rektor eine Rechtsbelehrung: Es gebe kein Sondervotum, da ein solches in der Sitzung nicht sogleich angekündigt worden sei, sondern nur einen Privatbrief Rahners – also die Argumentationsfigur Exelers.

Am 14.7. hielt Rahner einen Abschiedsvortrag vor der Studentengemeinde mit etwa 500 Hörern.

Lehmann erhielt zwei „Rufe", zuerst die Berufung für Freiburg und dann die Berufung für Münster. Da er erwartungsgemäß Freiburg annahm, musste Düsseldorf über die Liste Riedlinger – Vorgrimler entscheiden. Im Herbst erbat Wissenschaftsminister Rau ein „vergleichendes Gutachten" über mich von vier Dogmatikprofessoren (die kurioserweise alle später Kardinäle wurden): Alois Grillmeier, Walter Kasper, Karl Lehmann und Joseph Ratzinger. Diese Gutachten mussten vertraulich bleiben, aber sie genügten, dass Rau an den Rektor der Universität schreiben ließ: „Nach Beurteilung der Gutachten plant der Minister, von der Reihenfolge der Liste abzuweichen" (27.12.71).

Im Januar 1972 setzten Iserloh und auch Kötting ihre Opposition weiter fort. Exeler erreichte, dass die Hochschullehrer einen Brief an Rau schrieben. Er ging am 28.1. nach Düsseldorf ab, Rahners Votum sei ein Privatbrief gewesen. (Der Neutestamentler Gnilka unterschrieb nicht.)

Am 17.3.1972 schrieb mir Johannes Rau, er beabsichtige, mich auf die Rahner-Nachfolge zu berufen, unter Vorbehalt der Anhörung des Generalvikariats.

Es dauerte noch eine Weile, bis das römische „Nihil obstat"
eintraf, die Voraussetzung dafür, dass der Bischof von Münster sein „Nihil obstat" geben konnte. Niemand versteht bis
heute eine solche Prozedur, nachdem ich vier Jahre lang das
„Nihil obstat" des Bischofs von Basel und Lugano gehabt hatte und nie eine Beanstandung erfolgt war. Unser Freund Kardinal König erkundigte sich, ob bei der Glaubenskongregation
etwas gegen mich vorliege. Antwort: Drei Anzeigen wegen
der Dialog-Zeitschrift, in der auch Kommunisten zu Wort kämen. Kardinal König sorgte dafür, dass die drei Anzeigen aus
den Akten entfernt wurden.
Mit Wirkung vom 1. August 1972 wurde ich zum Professor in
Münster ernannt.

Gegner und Freunde

Es war mir nun klar geworden, dass die Fakultät in Münster
zerstritten war und dass ich mit einer Riege von Gegnern rechnen musste. Aber warum? Neben den Wortführern gab es unter den Hochschullehrern eine Reihe von Mitläufern, die aus
„Corpsgeist" mitmachten. Zu den Wortführern möchte ich einiges sagen.
Peter Hünermann (geb. 1929, Germaniker) war Schüler von
Bernhard Welte in Freiburg i. Br. Der Freiburger Erzbischof
Schäufele verweigerte ihm das „Nihil obstat" für Fundamen-
taltheologie. Damals setzte sich Rahner für ihn ein; ähnlich
wie zuvor bei Peter Lengsfeld, der wegen Äußerungen zur
„Jungfrauengeburt" Marias unter Verdacht geraten war. Beide
Male hatte Rahner zuvor bereits mit dem Gedanken gespielt,
mich nach Münster zu holen, beide Male bat er mich, diesen
Gedanken zurückzustellen, da beide außer in Münster sonst
nirgendwo zu einer Professur kämen. So beurteilte er nun
Hünermanns Verhalten mir gegenüber besonders negativ. Die
Gründe konnte ich leicht erraten: Hünermann hatte Angst vor
Konkurrenz, weil er bei den meisten Studenten nicht ankam.
Das zeigte sich alsbald an der unterschiedlichen Zahl der Prüf-

linge für Diplom- und Staatsexamen bei ihm und mir. Er schlug mir zweimal allen Ernstes vor, diese Zahl halb und halb aufzuteilen oder gemeinsam zu prüfen. Ich konnte nur auf das akademische Recht freier Prüferwahl hinweisen. 1982 nahm er einen Ruf auf die Küng-Nachfolge in Tübingen an.

Erwin Iserloh (1915–1996) war lange Zeit mein härtester Gegner in Münster. Er war Professor für Kirchengeschichte des Mittelalters und der Neuzeit in Trier, wo ich ihn besuchte, um ihn zur Mitarbeit an der Festschrift für Hugo Rahner einzuladen. Zu ihr steuerte er einen hervorragenden kritischen Beitrag über das Büchlein von der Nachfolge Christi bei. In Trier hatte er Schwierigkeiten, weil er die Echtheit des „heiligen Rockes" anzweifelte. So nahm er 1964 einen Ruf nach Münster als Professor für Ökumenische Theologie an, 1967 wechselte er auf die Professur für mittelalterliche und neuzeitliche Kirchengeschichte. Er war ein harter und unfairer Prüfer und daher bei Studenten nicht beliebt. Um sie unter Kontrolle zu haben, fotografierte er seine Hörer: er wollte seine Prüfungskandidaten sieben. Ob er Rahner und Metz das Echo bei den Studierenden neidete? Zur Zeit meiner Berufung sprach er wiederholt öffentlich davon, die „Rahnerei" müsse ein Ende haben. Bei Bischof Tenhumberg war er höchst einflussreich. Er huldigte einem alttestamentlichen Spruch, man müsse die Füchse totschlagen, solange sie klein sind und den Weinberg des Herrn noch nicht verwüsten können (Hld 2,15), und so setzte er bei Tenhumberg eine regelrechte Assistentenverfolgung durch. Nach seiner Emeritierung litt er an Altersdemenz. Die Feindschaft war zu Ende. Bei einem Fakultätsausflug nach Kloster Gerleve am 20.6.1991 hakte er sich an meinem Arm ein, so vereint gingen wir durch die Felder zur Gaststätte „Bakenfelder". Bischof Lettmann schrieb in der Todesanzeige 1996, er sei, durch die Krankheit geläutert, „zunehmend geduldig und freundlich" geworden. Eine viel sagende Formulierung!

Bernhard Kötting (1910–1996) war ein begeisterter Lehrer der Archäologie und Kirchenväterkunde, aber auch Rektor der Universität und Mitglied der Akademie der Wissenschaften in Düsseldorf gewesen, ein Prälat alter Schule. Seine Opposition gegen meine Berufung entstand aus seiner prinzipiellen Ablehnung der Universitätsreform; eine Mitentscheidung durch Studenten und Assistenten konnte er nicht ertragen. Er konnte nichts gegen Rahner haben, denn er hatte ihn ja schließlich nach Münster geholt. Nachdem ich dann doch gekommen war, hielt er immer zu mir und auch zu Sigrid, die er stets mit Handkuss begrüßte. Wir prüften oft kollegial beim Staatsexamen, wo er die Stimmung durch seinen Humor hoch hielt. Wir wurden gute Freunde. Als ich Dekan war, ließ ich ihm zu Ehren zu seinem 80. Geburtstag einen Festakt im Schloss zu Münster ausrichten, mit einem Festvortrag des Kötting-Schülers Ernst Dassmann.

Adolf Exeler (1926–1983) war Religionspädagoge und Pastoraltheologe. Warum er mich so rabiat ablehnte, ist mir ein Rätsel geblieben. Als es um eine Dauerstelle für Sigrid ging (darüber später), war er der heftigste Gegner; dabei kam er in seiner Freiburger Zeit mit Sigrid gut aus, als beide dem Lehrkörper dort angehörten. Er war mit Veronika Schlier, der Tochter des Exegeten, sehr befreundet, die sich ihrerseits mit Sigrid gut verstand. Er sagte zu Sigrid, in seiner Stellungnahme gegen sie werde er zum höchsten Gericht gehen. Dieser Wunsch wurde ihm durch einen Herzinfarkt erfüllt.

Wilhelm Weber (1925–1983) war Sozialethiker, Nachfolger Joseph Höffners in Münster. Seine Gegnerschaft gegen mich war eindeutig politisch begründet, sie beruhte auf meiner Wahlanzeige von 1969. Ohne Kenntnis der Verhältnisse und ohne Notwendigkeit griff er die Befreiungstheologie in Lateinamerika in den Vorlesungen auf das schärfste an; das kam auch in einer öffentlichen Podiumsdiskussion mit mir zum Ausdruck, in der er argumentativ unterlag. Auch er starb an einem Herzinfarkt.

Und die Freunde von damals?

Johann Baptist Metz (geb. 1928) und ich waren in Universitätsangelegenheiten immer einer Meinung. Ich konnte mit seiner Stimme rechnen, und als es um Sigrids Stelle ging, scheute er den Weg zu Ministerpräsident Rau und zu Bischof Lettmann nicht. Auch politisch stimmten wir überein. Seine theologischen Auseinandersetzungen mit seinem Lehrer Rahner, dem er Geschichtslosigkeit und Individualismus vorwarf, waren lautstark. Rahner sank oft gekränkt in sich zusammen; ich versuchte ihn zu verteidigen, kam aber gegen die Eloquenz von Metz nicht an. Dennoch stand Rahner in der Öffentlichkeit immer zu seinem Freund Metz, auch als es um das Synodendokument „Unsere Hoffnung" ging. Metz hatte ein sehr sensibles Sprachgefühl, das ihm half, treffende Stichworte zur Situation der Zeit zu finden. In der Nachkonzilszeit war und ist er bis heute ein einsamer Mahner zu „gefährlichen Erinnerungen", zur tätigen Aufmerksamkeit für die Opfer, zur „Memoria passionis". Ich versuchte, diese berechtigten Mahnungen zu beherzigen. Seine zahlreichen Doktoranden gönnte ich ihm gern, merkte aber mit Trauer, dass sie von ihm Schlagworte bezogen und gegen Rahner anwendeten, die der Sache nach ungerecht waren, so zum Beispiel der Vorwurf, bei Rahner gebe es keine „Theologie nach Auschwitz".

Horst Herrmann (geb. 1940), der Kirchenrechtler, war eine skurrile Figur. Er war promoviert und habilitiert bei Heinrich Flatten in Köln und gehörte überdies zu den Schönstattpriestern, die eine extreme Marienfrömmigkeit pflegen. Zunächst erhoffte er sich eine kirchliche Karriere. Als sie auf sich warten ließ, stieß er zur politischen Linken. In dieser Zeit kooperierte er mit Rahner und Metz. Danach aber verlor er die Lust an seiner kirchlichen Existenz. Er betrieb mit Macht seine Aufnahme in den westdeutschen PEN-Club, aber trotz allen guten Willens erreichte er nie die klassische Satire an geistreichem Wortwitz. Zwar wollte er gern heiraten, aber nicht der Kirchenbehörde den Vorwand liefern, er habe sein geistliches Amt um einer Frau willen aufgegeben. Er wollte als Ketzer aus der Kirche ausscheiden. Jahrelang rief er mich täglich an, um Strategien zu besprechen. Da ich mich in seinen Augen nicht zum Ketzer eignete, dachte er mir die Rolle eines Heiraters zu und setzte ein entsprechendes Gerücht in Umlauf, mit zunächst verheerenden Folgen. Bei Bischof Tenhumberg funktionierte seine Politik, aber kaum wegen einer Ketzerei in eigentlichen

Glaubenssachen, sondern weil er „Sieben Todsünden der Kirche" veröffentlicht hatte. Ihm wurde 1975 die „Missio canonica" entzogen, nachdem er den verlangten Widerruf verweigert hatte. Er wurde, weil er als Lebenszeit-Beamter nach dem Konkordat von staatlicher Seite untergebracht werden musste, von der soziologischen Abteilung der Universität aufgenommen und bemühte sich dort, Veranstaltungen zu sonderbaren Themen anzubieten, zum Beispiel über Toiletten an Fürstenhöfen. Nach der Erklärung zum Ketzer heiratete er. Noch später trat er aus der Kirche aus und warb bei Papstbesuchen in Deutschland für Kirchenaustritte. Gelegentlich erschien ein Taschenbuch von ihm, das sich mit den Sünden der Kirche beschäftigte. Aber keines erreichte eine gewisse Originalität. Bei anderen, zum Beispiel bei K. H. Deschner, war das alles schon zu lesen gewesen. Ich habe ihn aus den Augen verloren.

Ohne in eine langweilige Chronik zu fallen, möchte ich die ersten 12 Jahre in Münster schrittweise charakterisieren. Johann Baptist Metz hatte für Sigrid und mich eine geräumige Wohnung in Handorf ausfindig gemacht. Es handelte sich um das Erdgeschoss eines Zwei-Familien-Hauses, das Bauer Wittkamp neben seinem Hof als Geldanlage erbaut hatte. Wir zogen, durchaus schweren Herzens, von Freiburg (und Luzern) nach Münster um. Es gelang uns aber, das Münsterland schön zu finden, die Parklandschaft mit Wiesen, Büschen und Bäumen, über der morgens „der weiße Nebel wunderbar" lag, die eleganten westfälischen Pferde auf den Koppeln, die weidenden Rinder. Mit Klappfahrrädern erkundeten wir die Region der Wasserschlösser. Wir besuchten die historischen Kirchen und testeten die westfälischen Restaurants. Mit Familie Löfken in Handorf und mit Familie Pinkus Müller in Münster freundeten wir uns an.

Assistenten

Sigrid wurde im Oktober als meine Assistentin verpflichtet. Ich hatte Anrecht auf eine weitere halbe Assistentenstelle.

Metz zuliebe teilte ich einen Assistenten mit ihm. Kuno Füssel war vorher Mitarbeiter bei Rahner gewesen. Er hatte Mathematik mit Staatsexamen studiert und besaß einen messerscharfen logischen Verstand. Rahner interessierte sich für die von ihm vertretene Linguistik. In Diskussionen war ihm keiner gewachsen. In der Zeit der Studentenrevolte drang einmal ein kleiner Trupp von Aufständischen in Rahners Vorlesung ein, man schlug Rahner die Brille vom Kopf und warf sein Manuskript auf den Boden. Kuno hatte so gewaltige Körperkräfte, dass er den Trupp mit Fäusten aus dem Hörsaal trieb. Rahner hat ihm das nie vergessen. Die Sache war kurios, denn Rahner und Füssel hatten immer auf der Seite der Studenten gestanden. Eine kleine Geschichte zeigt, warum sich Rahner bei den studentenfeindlichen Professoren unbeliebt machte. Der trockkene und gravitätische Alttestamentler Eising führte einmal in der Professorenversammlung Klage darüber, dass ein Flugblatt der Studenten in Rahners Büro, in dem Kuno seinen Platz hatte, geschrieben worden war; ein Schreibmaschinentest hätte das ergeben. Rahner sagte: „Dann stelle ich den Antrag, dass die Schreibmaschine in vier Stücke gehauen wird und die Stücke im Foyer ausgestellt werden." Kuno hatte beste Beziehungen zur Befreiungstheologie in Lateinamerika; er unterstützte die Gegner des Diktators Pinochet, die in Münster im Exil lebten. Er promovierte bei Rahner. Nachdem ihm eine kirchliche Erlaubnis zur Habilitation verweigert worden war, trat er in die damalige kommunistische Partei (DKP) ein, gleichzeitig kehrte er zur Mathematik zurück. Nach der „Wende" kandidierte er für die PDS. In einer Nachlese zum Rahner-Jahr 2004 schrieb er im Internet einen ganz ausgezeichneten Beitrag zur Verteidigung Rahners gegen dessen unsachliche Gegner, mit dem Titel: „Wenn der Löwe tot ist, kommt der Esel und gibt ihm einen Tritt".

Am 26.10.1972 hielt ich meine erste Vorlesung in Münster (Semesterstoff war die Eschatologie). Bis zur Emeritierung war das Auditorium Maximum mein Hörsaal. Am 1.11. besuchte Rahner Sigrid und mich in Handorf. Im November waren wieder Bundestagswahlen; Metz lud Sigrid und mich zur Feier des Wahlsiegs der SPD in sein Haus ein; Franz Kamphaus von der Wählerinitiative für die SPD, heute Bischof von Limburg, war auch da.

Erfahrungen mit einem Bischof

Am 13.2.1973 machte ich meinen Antrittsbesuch bei Bischof Heinrich Tenhumberg. Es war für mich ein sehr enttäuschendes Erlebnis: von den mir angebotenen 25 Minuten verbrachte er 20 am Telefon. Es reichte für einen Kräuterschnaps, aber nicht für ein Gespräch. Er bat mich zwar schriftlich, so wie meinen Kollegen Hünermann, um ein Gutachten für die Würzburger Synode der Westdeutschen Bischöfe: ob Frauen die Diakonatsweihe erhalten und Diakone die Krankensalbung erteilen könnten. Beide Gutachten erhielt er mit einem „Ja" von mir. Aber unser Verhältnis stand unter dem Vorzeichen seines Misstrauens und im Zeichen der „Assistentenverfolgung", die er praktizierte. Da jeder Assistent, jede Assistentin nur im völligen Einvernehmen mit dem Professor eine Lehrveranstaltung ankündigen und abhalten konnte, war sein Nein zu den Assistenten gleichzeitig ein Nein, ein Misstrauensvotum gegenüber dem Professor. Bereits im Mai 1973 eskalierte die Situation. Tenhumberg genehmigte eine Lehrveranstaltung von Kuno Füssel nicht. Daraufhin schrieb ich ihm, ich würde künftig an den Treffen des Bischofs mit den Professoren nicht teilnehmen. Ich habe ihn nicht wieder gesehen. Einmal beschaffte er sich rechtswidrig das Original meiner Ankündigung am Schwarzen Brett der Fakultät wegen meiner Lehrstuhlvertretung; er legte es in Düsseldorf dem Wissenschaftsminister vor. In dieser Zeit wurde Ferdinand Menne die Erlaubnis zur Habilitation verweigert (er wurde dann Soziologieprofessor in Dortmund), ebenso Klaus Schäfer (er wurde evangelischer Pfarrer). Im Konflikt stand Tenhumberg auch mit Helmut Peukert, einem hoch begabten Schüler von Rahner und Metz; Peukert heiratete, ohne sich laisieren zu lassen, und wurde Professor für Erziehungswissenschaften an der Universität Hamburg. Diese Vorgänge sind symptomatisch für den Verlust an intelligenten Menschen, den die Kirche in der Nachkonzilszeit durch ihre Dialogverweigerung hinnehmen musste. Manche Bischöfe begrüßten das als „Gesundschrumpfen."

Im Süden hatte ich mit Bischöfen sehr guten Kontakt gehabt, von Schäufele abgesehen: zu Kardinal König, durch das Lexikon auch zu Kardinal Bea, Erzbischof Marty, Bischof Hänggi, Bischof Stimpfle. Die frostige kirchliche Atmosphäre in Münster war für mich unbegreiflich. An sich hatte ich vorgesehen, in der Seelsorge einer Pfarrei mitzuarbeiten. Aber Iserloh hatte verkündet, man werde über mich ein Predigtverbot verhängen. Einen Grund erfuhr ich nicht. Ich beschloss, einem solchen Verbot zuvorzukommen: ich würde eben keine Predigten halten. Von mindestens einer Pfarrei in Münster erfuhr ich aus erster Hand, dass vom Mikrophon in der Kirche eine Leitung ins Pfarrhaus ging, dass dort Predigten abgeschrieben und der Kirchenbehörde zugestellt wurden, und dass ein jüngerer Priester Predigtverbot in dieser Pfarrei erhielt. Mit mir würden sie das nicht machen. Ich hielt (unerlaubt, aber gültig!!) Eucharistie in kleinen und kleinsten Gruppen, sogenannte Haus- oder Tischmessen. Sie würden mich mit ihren Verboten nicht finden. Nach unserem Umzug nach Altenberge versuchte eine dortige Pfarrgemeinderätin, Frau Agnes K., die zugleich meine Schülerin war, beim dortigen Pfarrer das Klima zu testen. Er erklärte, ich sei in seiner Kirche nicht willkommen.

Sigrid hatte bei Deissler in Freiburg ein Thema für eine Dissertation angenommen: Das Verhältnis von Hosea zum Deuteronomium. Dieses Thema erwies sich als sehr schwierig. Sie brauchte jedoch ein Doktorat, damit ihre Stelle verlängert werden konnte. Auf mein Anraten hin begann sie mit einer Arbeit über die Theologie Dorothee Sölles, zugleich ein Beitrag zur Gottesdiskussion jener Jahre und zur Theologiegeschichte innerhalb des evangelischen Denkens. Hier war das Material überschaubar, sie konnte den Zeitaufwand abschätzen. In diesem Zusammenhang lud ich Dorothee Sölle zur Teilnahme an meinem Seminar ein (Juni 1973). Ich war von ihrer Persönlichkeit, ihrer Art des Denkens und des Bekenntnisses fasziniert. Sie hatte viele Gemeinsamkeiten mit einem evangelischen Theologen, der mich außerordentlich beschäftigte und dem ich in sehr vielem zustimmte, mit Dietrich Bonhoeffer. 1975 gab Sigrid ihre Dissertation ab. Der Fachbereichsrat nahm sie einstimmig mit „Sehr gut" an, ebenso bestand sie die drei Rigorosen mit „Sehr gut". Im Januar 1976 wurde sie zur Doktorin der Theologie promoviert; sie durfte die Promotionsrede halten.

Streit um den Dialog

Neben der Einarbeitung für Vorlesungen und Seminare führte ich von Münster aus die „Internationale Dialog Zeitschrift" weiter. Ehrenamtlich half mir dabei der evangelische Pfarrer und Literaturwissenschaftler Dr. Dieter-Olaf Schmalstieg, der damals Pfarrer in der Schweiz war. Ich hatte bei der Gründung der Zeitschrift zu Bischöfen, Theologen und christlichen Politikern im damaligen Ostblock Kontakt aufgenommen, weil ich nicht bei ihnen den Eindruck hochkommen lassen wollte, man spreche im Westen mit Kommunisten und falle den Mitchristen im Osten so in den Rücken. Kardinal Alfred Bengsch von Berlin hatte Rahner und mich bereits als „Dialog-Narren" bezeichnet. Vor allem in Polen und Ungarn hatte ich um Meinungsäußerungen gebeten. Als ein Beispiel der dortigen Reaktion gebe ich einige Briefe aus Polen wieder *(alle maschinenschriftlich)*:

Carolus Cardinalis Wojtyla
Archiepiscopus Metropolita Cracoviensis
Kraków, den 28. August 1967
Herrn Dr. Herbert Vorgrimler
7800 Freiburg im Breisgau

Geehrter Herr Doktor!
Ihren Brief vom 10. August habe ich erhalten und danke Ihnen bestens für Ihre freundlichen Wünsche.

Ich finde die Gründung einer Quartalschrift, die dem Dialog zwischen Glaubenden und Nichtglaubenden dienen soll, sehr interessant und nützlich. Die beste Gelegenheit über die verschiedenen Themen und Fragen zu sprechen sehe ich während meines in Rom Aufenthaltes, wo ich im Synod teilnehmen beabsichtige. Ich hoffe, dass sich dort eine Gelegenheit zum Gespräch finden wird.

Mit christlichem Gruß

(handschriftlich) + Karol card. Wojtyla

Erzbischof Metropolit

(Absender wie eben)

Kraków, 20.VII.1968

Hochwürdiger Herr Doktor!

Beiliegend sende ich den Artikel „Metaethik – ein neues Ding oder ein neues Wort?" Es ist die Antwort auf Ihr Schreiben vom 16. Februar, das die Bitte um so einen Artikel enthielt. Selbst bin ich leider nicht dazu gekommen, den Artikel zu schreiben, habe mich aber damit an Dr. Tadeusz Styczen, Adjunkt des Lehrstuhles für Ethik an der katholischen Universität in Lublin gewendet. Hochw. Dr. Styczen ist mein nächster Mitarbeiter in diesem Gegenstand und vor allem ein ausgezeichneter Kenner des Problems der Metaethik. Ich sende den Artikel in polnischer Sprache und füge einen Versuch einer deutschen Übersetzung bei.

Ich nehme an, dass der Artikel den Forderungen entspricht, die Sie in Ihrem Briefe formuliert haben. Der Autor weist am Ende seines Artikels auch darauf hin, dass die Metaethik einen Schritt vorwärts zu einem Dialog zwischen verschiedenen Richtungen der Ethik bedeute. Da aber die Ethik ein grundsätzliches Element eines jeden philosophischen Systems bildet, so kann man in der Metaethik auch eine Annäherung zum Dialog zwischen den philosophischen Systemen erblicken. Wenn es sich nun um einen Dialog zwischen Weltanschauungen handelt, so ist er möglich eben nur auf der Basis der philosophischen Systeme, die den Weltanschauungen zu Grunde liegen. Wenn wir alle diese relativen Beziehungen ins

Auge fassen, so können wir mit Recht annehmen, dass die Metaethik indirekt auch für den Dialog zwischen den Weltanschauungen eine nicht geringe Bedeutung besitzt.

Zusammen mit dem Autor des Artikels möchte ich den Wunsch aussprechen, dass Ihre Arbeit, Herr Doktor, für den Dialog, der eine so wichtige Rolle in der Annäherung der Beziehungen zwischen der Kirche und der Welt einnimmt, reichliche Früchte trage.

Mit christlichem Gruß

(handschriftlich) + Karol card. Wojtyla

(Absender wie eben)
Kraków, den 11. Februar 1972
Geehrter Herr Professor!
Vielen Dank für die uns zugesandte Nr. 1 des 5. Jahrgangs der Internationalen Dialog Zeitschrift mit den interessanten grundlegenden Aufsätzen über Sozialismus und Religion.
Mit besten Grussen und Wünschen für ein erfolgreiches Wirken im Sinne des Dialogs

(handschriftlich) + Karol card. Wojtyla

(Absender wie eben)
Kraków, den 14. März 1973
Sehr geehrter Herr Professor,
mit herzlichem Dank bestätige ich den Empfang der neuesten Nummer der „Internationalen Dialog Zeitschrift", deren Redaktion Sie so effektiv vorstehen.
Mit katholischem Gruß

(handschriftlich) + Karol card. Wojtyla

Auch diese zuletzt zitierten kleinen Briefe waren mir wichtig, weil wir uns inzwischen gegen infame Angriffe der KNA (Katholischen Nachrichten Agentur), der „Deutschen Tagespost", des „Bayernkurier" öffentlich wehren mussten, auch mit Gegendarstellungen in der Dialogzeitschrift selber: „Katholisches Organ gibt kommunistischer Propaganda Raum". Keiner dieser Schreiber hat begriffen, dass eine Dialogzeitschrift kein

„katholisches Organ" sein kann, sondern von Menschen unterschiedlicher Weltanschauung getragen wird und dass es einen Dialog ohne freie Meinungsäußerung nicht geben kann. Bedenklich war das niedrige Niveau der Polemik. So gut wie alle äußerten sich nur verbunden mit persönlichen Diffamierungen. Innenminister Genscher nahm unsere Dialog-Zeitschrift in die Liste derjenigen Publikationen auf, die bei Grenzkontrollen zu beanstanden waren. In einer Trotzreaktion nahm ich 1974 eine Einladung des Weltfriedensrates in Helsinki an, Mitglied zu werden. Ich hatte an den Statuten nichts zu beanstanden und kannte zwei deutsche Professoren, die Mitglieder waren, Krysmanski und Stuby. Der Weltfriedensrat galt den Kalten Kriegern als „fünfte Kolonne Moskaus".

Dieter-Olaf Schmalstieg war es gelungen, nicht nur Dorothee Sölle, sondern auch Heinrich Böll zur Mitarbeit an der Dialogzeitschrift zu gewinnen. Sie schickten Beiträge, die an Aktualität nichts verloren haben. Rahner hatte bereits durch eine gemeinsame Sprech-Schallplatte einen sehr guten und auf beiden Seiten sehr offenen Kontakt zu Böll. Ihn lud ich ein, für eine geplante Festschrift zu Rahners 70. Geburtstag einen Beitrag zu schreiben. Er sagte zu, und rechtzeitig erhielt ich einen kleinen Artikel von 6 Seiten. Böll sparte darin nicht mit bitteren Bemerkungen zu bestimmten westdeutschen Bischöfen, zu den führenden Laien des westdeutschen Katholizismus und zur CDU. Ich habe darüber in der Festschrift für Ludwig Kaufmann SJ (Wegsuche Band II S. 604–612) und in meinem Buch von 2004 über Rahner berichtet. Metz und ich wollten den Band unter dem Titel „Christlichkeit diesseits und jenseits von Kirche" herausgeben. Herder, der überhaupt nichts von dem Nobelpreisträger Böll hielt (er war ihm wohl zu un-ästhetisch), lehnte wegen des Beitrags von Böll die ganze Festschrift ab; Benziger und Kösel, die ebenfalls an Rahner gut verdient hatten, folgten mit ihren Absagen nach. Übrigens hatte mir Kardinal Döpfner trotz des Böll-Beitrags einen Druckkostenzuschuss von mehreren tausend Mark zugesagt.

Die Dialogzeitschrift nahm zu bestimmten politischen Themen Stellung, weil sich der Dialog nicht unentwegt auf einer Meta-

Ebene jenseits und oberhalb aller konkreten Wirklichkeiten bewegen konnte. Rahner und ich äusserten uns nur zu Forderungen, die wir gewissensmäßig vertreten konnten, so zu einem Ende des Vietnamkrieges und zu sicheren Grenzen für Polen. Wir ließen den damaligen Kardinal-Staatssekretär A. Casaroli in der Zeitschrift zu Wort kommen, über die Beteiligung des Vatikans an der „Konferenz für Sicherheit und Zusammenarbeit in Europa" (KSZE) in Helsinki. Rahner und ich hatten die Situation der Zeitschrift auch Anfang September 1969 mit einem verständnisvollen Kardinal Döpfner in München besprochen..

Das „Zentralkomitee der deutschen Katholiken" unterhielt damals ein kleines Informationsheft, das der Diskussion dienen sollte. Ein Mitarbeiter im Arbeitskreis des Zentralkomitees für zeitgeschichtliche Fragen, Dr. Herbert Prauß, Flüchtling aus der DDR, bat mich um einen Beitrag für dieses Heft über die „Ostpolitik" von Paul VI. und Kardinal Casaroli. Das Thema sollte sein: „Gibt es eine Alternative zur vatikanischen Ostpolitik?" Immer wieder hatte ich mich, zum Beispiel durch Besucher aus der DDR, aus der damaligen Tschechoslowakei, aus Polen, aus Ungarn (von wo mich der Benediktiner András Szennay, später Erzabt von Pannonhalma, auf dem Laufenden hielt) über den Stand der Dinge vergewissert. Ich gab Prauß 1974 einen Text, in dem ich auch kurz auf die Frage der „Christenverfolgung" einging. Die harten Kommunisten des Ostblocks hatten als Reaktion auf Johannes XXIII. und auf das Konzil auf einer Tagung in Moskau die positiven Impulse von Christen für eine humanere Gestaltung der Gesellschaft gewürdigt, Zusammenarbeit in praktischen Fragen für wünschenswert erachtet und nur eine philosophische Diskussion für unmöglich erklärt. Ich verschloss natürlich die Augen nicht vor der Wirklichkeit, dass Christen im Ostblock vielfachen Benachteiligungen und Schikanen ausgesetzt waren, dass sie auch bei unerwünschten politischen Aktivitäten ins Gefängnis kamen. Die Ausübung der Religion war häufig als „Privatsache" in die Kirchen zurückgedrängt. Vergessen darf man nicht, dass die Kirchen in mehreren Ostblockländern vor der

Machtübernahme durch die Kommunisten ein riesiges Eigentum an Grund und Boden hatten, das ihnen durch die neuen Machthaber weggenommen wurde. Aber ist das Christenverfolgung? Nur ganz wenige Bischöfe mussten unter der neuen Herrschaft wirklich leiden. Im allgemeinen konnten sie in ihren Palais bleiben; sie besaßen Autos, die der Westen ihnen spendete. Leben so verfolgte Christen? In diesem Zusammenhang wagte ich die Äußerung, *im allgemeinen* würde im Ostblock kein Christ mehr *um des religiösen Glaubens willen* verfolgt. (China mit seiner Kulturrevolution rechnete man damals nicht zum Ostblock.) Es ging mir um die atmosphärische Verbesserung, die Johannes XXIII. und Paul VI. erreicht hatten.

Aus heiterem Himmel brachte die „Frankfurter Allgemeine" am 8.11.1974 auf der ersten Seite einen ganz bösartigen Leitartikel des Mitherausgebers Reißmüller gegen mich, der zur Hetze gegen mich aufrief. Er schrieb, nicht meine Meinungsäußerung als solche sei ein Skandal, da er mich seiner Wortwahl nach für geistig minderbemittelt hinstellen wollte; der Skandal sei, dass die deutschen Katholiken dazu schwiegen. Noch nicht einmal alle FAZ-Anhänger verstanden, was damit gemeint war; denn das kleine Heft des katholischen Zentralkomitees war ja den meisten Menschen gar nicht bekannt. Erst am 11.12., vier Wochen danach, druckte das Blatt meinen Aufsatz (natürlich ohne Genehmigung) ab. In der Zwischenzeit hatte der Aufruf zur Hetze jedoch Erfolg. Eine wahre Flut von Leserbriefen wurde in der FAZ gegen mich veröffentlicht, unter anderem von Bernhard Vogel, von Friedrich Kronenberg, von dem Bundestagsabgeordneten Alois Mertes, von Weihbischof Tewes in München, von Vertriebenenfunktionären. Politisch wurde ich etikettiert: „Akademischer Kommunistenfreund." Der Historiker Konrad Repgen bezweifelte, dass ich Wissenschaftler sei. Rahner schrieb zu meinen Gunsten einen Leserbrief, in dem er mir bestätigte, dass ich die Lage korrekt beurteile, er kenne sie aus Reisen im ganzen Ostblock mit Ausnahme der Sowjetunion. Diesen Brief brachte die FAZ am 5.12., andere Leserbriefe zu meinen Gunsten wurden unterdrückt. Am 12.12. organisierte der RCDS (Ring christlichdemokratischer Studenten) in Münster ein Flugblatt gegen mich und im Auditorium Maximum eine Podiumsdiskussion zur vatikanischen Ostpolitik, die mich bei den Studenten in Misskredit bringen sollte. Das Vorhaben scheiterte, die Wortführerin des RCDS, Angelika Senge, eine besondere Freundin Iserlohs, unterlag kläglich. Am 21.12. berichtete der SPIEGEL über die Kampagne der FAZ gegen mich. Am 9.1.1975 sprach Heinrich Böll massiv im Fernsehen („Titel, Thesen, Temperamente") gegen die Hetze, die die FAZ gegen mich entfesselt hatte: „Es herrscht doch, wenn Sie die Zeitungen sich anschauen, die Leserbriefe, die Reaktionen – in nenne ein Beispiel: die Auseinandersetzung über den Artikel von Herrn Professor Vorgrimler in der FAZ –, da herrscht ja ein Volksgerichtshof-Ton, der wird salonfähig, man trägt ja Nazi nicht mehr innen, sondern außen." Die Feuilletonseite der FAZ mit ihrer Narrenfreiheit brachte diesen Text am 11.1.1975.

Welcher Hass selbst in klerikalen Kreisen gegen die Friedenspolitik Pauls VI. bestand, zeigte unter anderem ein Zeitungsartikel des Jesuiten Oskar Simmel (tätig bei den „Stimmen der Zeit") mit der Überschrift: „So nicht, Herr Papst!" Zur Zeit Pius' XII. hätte er das nicht gewagt.

Ende November 1974 hatte Dr. Prauß auf der Suche nach Menschen, die mich unterstützen würden, auch Prof. Dr. Dr. Karl Lehmann in Freiburg angeschrieben. Dieser lehnte mit dem Datum des 27.11. ab: Er wolle nicht „die Reihe derer erweitern, die zu dieser schwierigen Sache Stellung nehmen, ohne ausreichend kompetent zu sein". Er wolle auch nicht seine wissenschaftlichen Arbeiten „kompromittieren durch sachlich minderwertige Aussagen".

Lehmann war politisch außerordentlich klug. Vor strittigen Fragen hielt er sich in der Öffentlichkeit vornehm zurück, Position bezog er nicht. Zielstrebig baute er seine Karriere auf und zugleich schuf er Zug um Zug ein Netzwerk von Sympathisanten in der Wissenschaft, im Journalismus von der FAZ bis zur „Herder Korrespondenz", in der kirchlichen Hierarchie. Lange Zeit habe ich das nicht durchschaut, auch nicht gemerkt, dass er Freunde gerade in dem CDU-Kreis derer hatte, die mich in der FAZ beschimpften und beleidigten – in der FAZ, für die er später (am 13.5.2000 im SPIEGEL) in einer ganzseitigen Anzeige warb als „kluger Kopf", der dahinter steckt, und von deren politischem Redakteur er seine Biographie schreiben ließ. Als ich ihn 1978 zur Mitarbeit an der von mir vorbereiteten Festschrift für Rahners 75. Geburtstag einlud, stellte er seine Mitarbeit nur unter der Bedingung in Aussicht, dass er zuvor eine Liste aller anderen Mitarbeiter erhalten hätte. Er wollte nicht in schlechter Gesellschaft erscheinen. Wovor fürchtete er sich? Möglicherweise hätte ich ja einen Kommunisten wie Füssel an der Festschrift beteiligt (was ich auch wirklich tat).

Am 28.2.1975 erhielt ich einen Brief von Bischof Stimpfle, in dem er schrieb, Tenhumberg verbreite das Gerücht, ich wolle heiraten. Die Achse Tenhumberg – Iserloh funktionierte. Da sie nicht siegen konnten, mussten sie zum Rufmord greifen. Ich schrieb an beide Bischöfe heftigste Protestbriefe mit Klarstellungen, aber die Verleumder rechneten natürlich damit, dass immer etwas hängen bleibt. Und damit sollten sie Recht haben.

Am 5. März waren Sigrid, Metz und ich drei Stunden bei Heinrich Böll in seiner Kölner Wohnung. Wir sprachen mit ihm nicht nur über unsere, sondern auch über seine Situation und Sorgen, über Politik und Kirche. Unauslöschlich prägten sich mir seine gequälten und mitleidigen Gesichtszüge ein, als er von seinen Ängsten vor christlichen Glaubensbrüdern sprach, von denen er ja genug Drohbriefe erhalten hatte. Er besaß eine amtliche Erlaubnis, Ulrike Meinhof im Hochsicherheitsgefängnis Stammheim zu besuchen, und er traute sich zu diesem christlichen Liebesdienst nicht, weil er sich vor den Mitchristen fürchtete. Diese „Feigheit" peinigte ihn.

Die Polemiken gegen die Dialogzeitschrift und gegen mich zeigten beim Herder-Verlag ihre Wirkung, nicht nur ersichtlich an der Ablehnung der Rahner-Festschrift. Der Verlag stellte 1975 die Dialogzeitschrift ein. Mit volltönender Propaganda hatte er den Start der Zeitschrift begleitet, wohl wissend, dass mit ihr keine finanziellen Geschäfte zu machen waren.

Als Sekretär des Atheismus-Sekretariats hatte ich ihm jährliche Zuschüsse der Bischofskonferenz zu der Zeitschrift verschafft. In einem Moment, als sich erste Erfolge des Dialogs abzuzeichnen begannen, machte er sang- und klanglos der Zeitschrift ein Ende. Von Verantwortungsbewusstsein kann man da ja wohl nicht reden.

In „meinem" Redaktionskomitee, das mich bei der Zeitschrift kontinuierlich mit Rat und Tat unterstützte, befanden sich zu je einem Drittel Christen evangelischer, katholischer und anglikanischer Konfession, „glaubenslose" Humanisten sowie Marxisten. Von diesem Personenkreis erhielt ich nun eine Fülle von Zuschriften, die mich ermutigen und mir bestätigen wollten, dass die getane Arbeit nicht umsonst war. Von ihnen möchte ich wenigstens zwei aus dem Jahr 1975 hier dokumentarisch festhalten.

Sir H. J. Blackham aus Twickenham, Präsident der Britischen (Atheistischen) Humanistischen Union, schrieb mir *(maschinenschriftlich)* unter anderem:

> I am particularly sorry for your sake. You certainly succeeded in achieving and maintaining a high standard of exposition and discussion in the pages of the journal; and there must be many who are grateful to you, and feel that they are in your debt. I do hope that you have been made aware that your labours have been greatly appreciated; and that you now feel that the effort was well worth while, allthough it has to end in disappointment.

Die marxistische Soziologin Erika Kadlecová, die nach dem Einmarsch der Truppen des Warschauer Paktes in der Tschechoslowakei ihre Stelle an der Prager Karls-Universität verloren hatte, schrieb mir *(maschinenschriftlich)*:

> Verehrter Herr Professor, ich arbeite lange Zeit nicht mehr im Soziologischen Institut und dasselbe gibt es auch nicht mehr. Jedoch, Ihre Zeitschrift habe ich erhalten, und wahrscheinlich auch die meisten Briefe, wenn auch mit einer großen

Verspätung. Auch den „letzten" habe ich erst heute erhalten. Es war mir nicht eben leicht zu Mute, als ich ihn gelesen hatte.

Wieder schwindet etwas, was gut und nützlich war. Es ist fast unglaublich, was Sie in jenen Jahren geleistet hatten. Ich möchte Ihnen meinen Dank ausdrücken, und nicht nur den Meinigen. Und auch dafür, dass Sie uns bis zum Ende jede Nummer gesendet haben, wenn diese auch scheinbar ins Leere gegangen war, ohne Antwort und ohne jegliche Reziprozität. Glauben Sie, bitte, es war für uns von weit größerer Bedeutung, als Sie sich vorstellen können.

Wenn eine Etappe auf solche Weise ein Ende nimmt, gleitet man in Versuchung, sich dem Gefühl einer zunicht gewordenen Arbeit zu ergeben. Aber so ist es überhaupt nicht. Jede Tat hinterlässt eine unverwischbare Spur, und Eure Zeitschrift ist eine Tat. Die Sachen können auf eine verschiedene Weise von der Welt weggeschafft werden – durch ein direktes Eingreifen, durch Gleichgültigkeit oder durch eine „ökonomische" Kalkulation. Die Resultate sind immer dieselben. Die Gedanken kann man nicht so leicht erledigen. Es gibt verschiedene Arten von Dialog, auch einen Dialog des Schweigens. Auch der hat einen Sinn, wenn man weiss, dass es auch drüben einem nahe stehende Menschen gibt, deren Überzeugung von keinen veränderten Umständen verändert werden kann.

Wir haben das Glück, dass wir über Euch und Eure Schicksale mehr wissen; wir können sie verfolgen, Daumen drücken, jeden Druck und alle Spannungen, scheinbare Niederlagen und neue Aufstiege miterleben. (In diesem Zusammenhang bitte, wenn es möglich ist, grüssen Sie von mir Padre Girardi.) Über uns ist nur das zu wissen, dass wir stets dieselben sind, dass wir bisher leben und arbeiten.

Ein Mensch ist frei, wenn er gewillt ist, für seine Freiheit zu zahlen. Und es ist nicht einmal so schwer, wie das aussieht, wenn er weiss, dass es einen Sinn hat. Wenn er sich keine Illusionen macht, dass er alles selbst leisten mag und muss, dass auch er selbst persönlich die Ergebnisse erleben muss.

Die Hauptsache ist, auf jeden Fall das Maximum dessen, was im Bereich der menschlichen Kräfte liegt, zu leisten. Das ist Ihnen gelungen und Sie können zufrieden sein. Es war und ist seiner Sache wert.
Mit innigstem Händedruck an Sie und alle Freunde,
und noch einmal vielen Dank.
(handschriftlich) Erika Kadlecová
Lohnbuchhalterin
(handschriftlich) Auf Wiedersehen in Marienbad!

Im tschechischen Marienbad war eine gemeinsame Tagung von Marxisten aus dem Ostblock und Christen aus dem Westen gewesen, die erste hinter dem „Eisernen Vorhang", die letzte vor dem offiziellen Treffen von 1984 in Budapest.
Der Salesianerpater Giulio Girardi, den Frau Kadlecová grüßen ließ, war vom Rektor des Institut Catholique in Paris, dem heutigen Kurienkardinal Poupard, wegen des Engagements im marxistisch-christlichen Dialog seiner Professur enthoben worden.

Dialog erst recht!

Ich führte den Dialog, der schließlich zu meiner kirchlichen Aufgabe gehörte, auf zwei Ebenen weiter. Es war Rahners und mein Bestreben gewesen, den „harten Kern" der Sowjet-Ideologen für den Dialog und damit natürlich auch für Friedensgespräche zu gewinnen. Die Paulus-Gesellschaft war von ihnen ja verdächtigt worden, sie rede einseitig mit „Revisionisten" (kirchlich würde man sagen: mit „Ketzern") und wolle dadurch die „Arbeiterbewegung" spalten. In der letzten Phase der Dialogzeitschrift hatten wir einen ersten Durchbruch erzielt und Autoren aus der Sowjetunion gewonnen. Das gleiche Anliegen verfolgte in Wien das „Institut für den Frieden", das gemeinsam von dem katholischen Theologen (Sozialethiker) R. Weiler und von W. Brusskow von der Moskauer Akademie der Wissenschaften geleitet wurde. Die dortigen Gespräche, zu denen ich ebenfalls reiste und bei denen ich neben dem Sowjetkenner Gustav A. Wetter SJ wohnte, wurden von Kardinal König gefördert, der die Teilnehmer empfing. Sie führten später zu dem Budapester Symposion von 1984, an dem offizielle Delegierte des Vatikan und Sowjetphilosophen teilnahmen (Rahners dortigen Beitrag kurz vor seinem Tod habe ich in dem Band „Politische Dimensionen des Christentums" 1986, S. 219–229 abgedruckt). Ich habe in Wien einen Sowjetphilosophen gefragt, ob sie denn in der UdSSR auch von unserer Seite einen Beitrag veröffentlichen würden. Augenzwinkernd sagte er mir: „Wenn Sie eingangs schreiben, dass der letzte Parteitag in der Sowjetunion ein Meilenstein in der Menschheitsgeschichte war, dann können Sie religiös-theologisch bei uns schreiben was Sie wollen." 1979 erhielt ich ein Angebot aus Moskau zu einem Artikeltausch auf der Basis von Gegenseitigkeit, aber Herder und die hinter ihm stehenden Kalten Krieger hatten diese Möglichkeit ja zerstört gehabt.

Meine zweite Aktivität bestand im Dialog mit Freimaurern. Ich hatte an den Lichtenauer Gesprächen in Niederösterreich mit hochrangigen Freimaurern teilgenommen (3.–5.7.1970) und hatte die „Lichtenauer Erklärung" mit unterzeichnet, die wir anschließend auf Schloss Lichtenau Kardinal König übergaben. Mit dem Hamburger Freimaurer Rolf Appel beschloss ich, gemeinsam ein Buch „Kirche und Freimaurerei im Dialog" herauszugeben. Meinen früheren Kollegen, den Kirchenhistoriker Victor Conzemius in Luzern, hatte ich für den historischen Teil dieses Buches gewonnen. Kurzfristig sagte er mir ab: er könne nicht mit jemand, der mit der FAZ im Streit liege, zusammenarbeiten. Ich schrieb daher den historischen Teil selber und nahm auch die Lichtenauer Erklärung in das Buch auf; es erschien 1975 im Verlag Josef Knecht. Alsbald ging wieder die Polemik los. Amtliche kirchliche Kreise erklärten, die Lichtenauer Erklärung sei nicht verbindlich. Auch Bischof Stimpfle distanzierte sich. Daraufhin legte ich mein Amt, das Sekretariat für die Nichtglaubenden in deutschsprachigen Ländern aufzubauen und zu vertreten, nieder. Die Bischöfe ließen den Dialog mit Nichtglaubenden und erst recht den mit Freimaurern einschlafen. Da ich mich Kardinal König mehr verpflichtet fühlte als diesen Leuten, führte ich die Kontakte mit Freimaurern weiter. Mehrfach besuchte ich die Loge „Zu den drey Balcken" in Münster, dann die Logen in Hamm, Lippstadt, Baden-Baden, Karlsruhe und München. In München fand eine große Podiumsveranstaltung im Hotel Holiday Inn statt, wo mir ein Buch mit persönlicher Widmung des Ministerpräsidenten Franz Josef Strauß überreicht wurde. In der Universität Frankfurt sprach ich auf einem Podium zusammen mit dem Philosophen Alfred Schmidt, der als Freimaurer teilnahm.

Tod meines Vaters

Mein Vater konnte sich im Ruhestand einige Jahre dem widmen, was er während seiner aktiven Tätigkeit hatte zurückstellen müssen: vermehrter Lektüre von Büchern und ausgedehnterer Arbeit im geliebten Garten. Bis ans Lebensende arbeitete er für den Lambertus-Verlag, der der Caritas gehörte. Meine Schwester sorgte vorbildlich für ihn. Im Mai 1975 erreichte mich von ihr die Nachricht, dass mein Vater ein Prostata- und Blasenkarzinom habe und in Breisach in der Klinik liege. Ich besuchte ihn von Münster aus mitten im Semester dort zwei Mal und hatte sehr tröstliche und ermutigende Gespräche mit ihm. Er hatte keine Angst vor dem Tod, meinte vielmehr, er sei grenzenlos neugierig auf das, was ihn „danach" erwarte. Beim letzten Abschied bat ich um seinen Segen. Betreut von meiner Schwester starb er am 8. Juni 1975. Das Requiem hielt ich am 11. Juni in Konzelebration mit Georg Hüssler und Pfarrer Paul Sumser in der Dreifaltigkeitskirche in Freiburg.

Situation der Studenten

Die große Anzahl der Theologie Studierenden in Münster bereitete mir organisatorische Mühen und innerliche Sorgen. Ein

Schüler und Freund, jetzt Theologieprofessor, rechnete mir vor, wenn man bescheiden die Semesterzahl meiner Hörer mit 200, pro Jahr also 400 ansetze, dann hätte ich in 22 Jahren 8.800 Hörer gehabt, in Wirklichkeit seien es mehr gewesen. Mehrmals kamen bis zu 200 Leute in das Hauptseminar, das ich dann teilen musste. Insgesamt haben über 300 Studierende bei mir ihre Staatsexamensarbeit, über 100 ihre Diplomarbeit geschrieben. Mehrere Hundert schrieben Klausuren und machten auch mündliche Prüfungen (promoviert haben 25 unter meiner Leitung). Zwar las ich die schriftlichen Arbeiten immer allein und ließ mir die Gutachten nicht von andern machen, aber in den Seminaren und Grundkursen war ich auf die Hilfe der Mitarbeiter angewiesen. Dankbar nenne ich neben Sigrid und Kuno Frau Dr. Andrea Tafferner, heute Theologieprofessorin in Münster, Frau Dr. Gunild Brunert, heute Studienrätin in Lippstadt, Dr. Ralf Miggelbrink, heute Theologieprofessor in Essen, Dr. Dr. Caspar Söling, heute im Generalvikariat Limburg, Matthias Vollmer, heute im Generalvikariat Münster.

Im Rahmen des Möglichen habe ich Absolventinnen und Absolventen des Theologiestudiums eine Stelle im kirchlichen Dienst verschafft. Das gelang besonders im Bistum Aachen bei meinem Schulfreund Klaus Hemmerle und nach Aufhellung der Wolken auch im Bistum Münster. Es gab jedoch in allen Jahrzehnten seit Beginn der 70er Jahre westdeutsche Bistümer, die grundsätzlich keine Laientheologen einstellten. Ich habe daher in den Vorlesungen die jungen Frauen und Männer immer wieder vor der trügerischen Hoffnung auf eine Anstellung im kirchlichen Dienst gewarnt – und die Zahl der Hoffenden ging in die Hunderte. Zu meinem großen Leidwesen haben viele die Warnung nicht ernst genommen.

Bücher

Meine Gegner in Münster hatten mir mehrfach zu verstehen gegeben, dass ich zwar eine Reihe von Aufsätzen verfasst und mich mehr als einmal als Herausgeber betätigt, aber kein eigenständiges Buch verfasst habe. Sobald ich die organisatorischen Probleme der großen Menschenzahlen einigermaßen im Griff hatte, wandte ich mich den Büchern zu. 1978 erschien bei Patmos „Der Tod im Denken und Leben des Christen"; 1979 kam in der Faszikel-Reihe „Handbuch der Dogmengeschichte" mit dem Segen des Herausgebers Leo Scheffczyk (später Kardinal geworden) mein theologiegeschichtlicher Band über Buße und Krankensalbung heraus. Ich habe ihn Karl Rahner gewidmet. Für die Herder-Reihe „Theologisches Seminar" hatte ich ein durchaus wissenschaftliches Schulbuch über Eschatologie mit dem Titel „Hoffnung auf Vollendung" bestimmt. Die Reihe erschien damals mit dem „Imprimatur", der kirchlichen Unbedenklichkeitserklärung. Generalvikar Schlund betraute mit der kirchlichen Zensur, die Voraussetzung für das „Imprimatur" war, den Freiburger Dogmatiker Helmut Riedlinger, den man in Münster nicht hatte haben wollen. Er lehnte das Manuskript ab. Rahner nahm es daraufhin in die Reihe „Quaestiones disputatae" auf (1980). Ein spätes Produkt meiner Beschäftigung mit Eschatologie war meine umfangreiche „Geschichte der Hölle" (1993). Der Wilhelm Fink Verlag hat sie in schöner Ausstattung und mit vielen aussagekräftigen Bildern herausgebracht. An der Planung der Patmos-Reihe „Leitfaden Theologie" war ich beteiligt und steuerte selber die Bände „Theologische Gotteslehre" (1986), Johann Baptist Metz gewidmet, und „Sakramententheologie" (1987), Erich Zenger gewidmet, bei. Dazu kamen noch die nicht-wissenschaftlichen Beiträge in der Taschenbuchreihe „Worauf es ankommt": „Wir werden auferstehen" (1981) und „Jesus – Gottes und des Menschen Sohn" (1984). Schließlich seien noch meine Monographien zu Karl Rahner genannt (1963, 1985 und 2004). Weitere Auflagen und Übersetzungen brauche ich hier nicht zu erwähnen.

Rahner und wir

Die freundschaftlichen Kontakte zu Karl Rahner gingen in diesen Jahren seit 1972 natürlich ungemindert weiter, durch Be-

suche und durch Telefonate. Er besuchte Sigrid und mich mehrmals in Handorf, wir trafen uns in der Fakultät oder im Haus von Metz. 1973 entstand eine große, nie mehr aufgehobene Entfremdung zwischen dem Exegeten Heinrich Schlier auf der einen, Rahner und mir auf der andern Seite. Schlier war mit den Bänden, die wir innerhalb der Reihe „Quaestiones disputatae" dem Thema Amtspriestertum gewidmet hatten, gar nicht einverstanden. Er hatte ein anderes Priesterbild in das Neue Testament hineingelesen als wir. 1976 traf ich Rahner in dem Freiburger Hotel, in das ihn Herder eingemietet hatte, damit er dort den „Grundkurs" zu Ende schreiben konnte. Gemeinsam besuchten wir zum letzten Mal seine Mutter. Sie starb bald darauf, 101 Jahre alt. 1977 veröffentlichten Rahner, Metz, Greinacher und ich ein Memorandum gegen die einseitige, von politischen Bedingungen abhängige Verwendung von Adveniat-Geldern, für die der Essener Bischof F. Hengsbach die Hauptverantwortung trug. Jesuiten aus Lateinamerika hatten Rahner zuverlässig darüber unterrichtet. 1978 bereitete ich die Festschrift „Wagnis Theologie" zu Rahners 75. Geburtstag vor. Meinen einleitenden Brief „Lieber Karl" habe ich ihm vorgelegt und seine Genehmigung erhalten. Es war eine Festschrift der Schüler im engeren Sinn (Lehmann hatte ja nicht bei ihm promoviert und war nicht Schüler Rahners, dennoch waren er und Metz, der bei Rahner promoviert hatte, eingeladen worden, sahen sich aber nicht zur Mitarbeit imstande); sie enthielt auch eine Liste aller seiner Doktorandinnen und Doktoranden. Bei einem kleinen Fest trafen Rahner, Bernhard Welte und ich mit Robert Scherer, dem langjährigen Verlagslektor Rahners, zusammen. Auch er hatte eine (kleine) Festschrift zum 75. bekommen.
1979 waren Sigrid und ich bei Rahner in München. Wir fanden das frühere Urteil bestätigt: Soziale Verwahrlosung bei Jesuiten. Rahner hatte weder ausreichend zu essen noch genügend ärztliche Betreuung. 1981 siedelte er hauptsächlich deshalb nach Innsbruck über, wo er in dem renovierten Jesuitenkolleg besser aufgehoben war. 1982 besuchten Sigrid und ich ihn dort, wir unternahmen mit „seinem" Wagen, den Sig-

rid steuerte, eine Fahrt nach Südtirol, mit „Einkehr" in Brixen, Neustift und Sterzing. Er war aber auch Anfang 1983 noch einmal in Münster, zur Ehrenpromotion von Kardinal Arns, Erzbischof von Sao Paulo und Förderer der „Theologie der Befreiung", und bei Sigrid und mir in Altenberge.

Die politischen Ereignisse gingen natürlich nicht spurlos an uns vorüber, aber sie hatten leider ein verhältnismäßig geringes Echo in der theologischen Welt: Nach dem Massaker bei den Olympischen Spielen in München der Mord an Generalbundesanwalt Buback, die Entführung und Ermordung des Industrieführers Schleyer, die Selbstmorde im Gefängnis Stammheim. Die Opposition der RAF gegen das politische und wirtschaftliche System, das immer mehr in brutalen Kapitalismus umzuschlagen drohte, war zum Teil verständlich; ihre kaltblütige Verachtung des Menschenlebens war jedoch so unmenschlich und entsetzlich, dass es keinerlei Sympathie mit ihr gab. Weiter ereigneten sich der Rücktritt des ehemaligen Marinerichters, nun CDU-Ministerpräsidenten Filbinger in Stuttgart, der Mord an Sadat, der so mutig Frieden mit Israel geschlossen hatte, der Mord an Erzbischof Romero, die Ermordung Aldo Moros in Italien. Die Nachwirkungen des letzteren konnten Sigrid und ich im Herbst 1978 in der düsteren Stimmung in Rom spüren. Ich durfte das Brautpaar Matthias Lutz-Bachmann und Gitta Marnach in St. Giorgio in Velabro trauen. Unter den zahlreichen interessanten Gästen war der aus politischen Gründen vom Vatikan exkommunizierte Benediktinerabt G. Franzoni von St. Paul vor den Mauern; ich bat ihn zur Konzelebration an den Altar. Es war die Zeit der Sedisvakanz: Papst Luciani war überraschend gestorben. Hans Urs von Balthasar bekannte sich zu der Auffassung, er sei im Vatikan ermordet worden.

Aufgezwungener Kampf

1979 musste während des Dekanats von Kertelge, der für Gnilka gekommen war, eine freigewordene Ratsstelle besetzt werden. Die beiden Alttestamentler Zenger und Weimar weisen darauf hin, dass bei der letzten Ratsstelle die Neutestamentler zum Zug gekommen seien, jetzt hätten sie einen Anspruch darauf. Sie ermutigen Sigrid zur Bewerbung. Die Neutestamentler Kertelge und Thüsing sprechen dagegen bei der Universitätsverwaltung vor und versichern sich der Unterstützung durch den Personalchef Kober. Es gehörte zu seinem Tagesgeschäft, die „Linken" zu bekämpfen. In der Fachbereichsratsitzung am 9. November entsteht ein großer Streit. Die Neutestamentler präsentieren einen Dr. Bracht aus München als ihren Kandidaten. In der Abstimmung erhält Sigrid eine Zwei-Drittel-Mehrheit. Thüsing kündigt ein Sondervotum an, unterstützt von Hünermann. Zenger macht ein sehr gutes Gegengutachten; außerdem kann Sigrid optimale Zeugnisse des Alttestamentlers Alfons Deissler und der Neutestamentler Anton Vögtle und Rudolf Pesch über ihre Lehrtätigkeit in Freiburg vorlegen. Aber die Universitätsverwaltung erklärt am 21.11., die Stelle gehöre den Neutestamentlern. Hünermann hatte noch Stimmen von Professoren gesammelt. Die Neutestamentler haben ihre Intervention, die sie vor der Sitzung bei der Universität unternommen hatten, in der Sitzung verschwiegen, außerdem haben sie verschwiegen, dass Kober ihnen schon vor der Sitzung die Stelle für Bracht schriftlich zugesagt hatte. Beratung und Auseinandersetzung waren also von vornherein vergeblich, aber sie wollten uns eben vorführen. Bracht brachte für einen großen Teil der vorgesehenen Stelle, mit Ausnahme von Bibelgriechisch nämlich für den Unterricht in Hebräisch und Einführung in semitisches Denken, keinerlei Qualifikation mit. Die beiden Neutestamentler hatten sich danach auch gar nicht erkundigt; für sie war die Hauptsache, dass die Stelle ihnen gehörte. Bracht war Schüler von Otto Kuss in München gewesen mit dem Thema „Menschensohn", das bei ihm nie zur Druckreife gelangte. Sein Verhältnis zum Hebräischen pflegte er zu Beginn des Kurses so zu eröffnen: „Sie mögen es nicht, ich mag es nicht, also bringen wir es hinter uns." Der Studentenvertreter Martin Papenheim vom RCDS bringt am 27.11. eine Rechtsaufsichtsbeschwerde

gegen den Dekan Kertelge in Gang. Sie endet: „Da die Maßnahme des Dekans offensichtlich rechtswidrig war, ist sie zu
beanstanden und umgehend aufzuheben. Außerdem bitte ich,
den Dekan anzuweisen, den Beschluss des Fachbereichsrates
vom 9.11.79 umgehend auszuführen." Metz, Zenger, Lengsfeld, Stobbe, die Assistenten- und Studentenvertreter und ich
schlossen uns an, natürlich ohne Erfolg.
In diesen bitteren Tagen ist Rahner mehrfach in Münster, er
übernachtet auch bei uns und spricht uns Mut zu. In München
haben Joseph Ratzinger als Erzbischof und Hans Maier als
Wissenschaftsminister eine Berufung von Metz verhindert
(1979); der neue Papst liegt im Clinch mit den Jesuiten (1980).
Im September 1979 stirbt Bischof Tenhumberg, 1980 wird sein
Weihbischof Lettmann Bischof von Münster.
Die Iserloh-Freundin Angelika Senge hat eine Dissertation
vorgelegt, die ein eigenes polemisches Kapitel gegen die „Christen für den Sozialismus" und gegen Kuno Füssel enthält. Iserlohs Notenvorschlag 2 („gut") wird im Rat auf 4 („ausreichend") heruntergestimmt, Bedingung der Annahme ist die
Streichung des genannten Kapitels. Wegen der Streichungs-
auflage muss die Sache noch einmal vor den Rat; die Auflage
wird bestätigt, die Note auf 3 („befriedigend") heraufgesetzt.
Trotz der Verschwiegenheitspflicht bringen Iserloh/Senge die
Sache zu dem Osnabrücker Sozialwissenschaftler Manfred
Spieker. Er hatte bei Hans Maier eine Doktorarbeit über Neo-
marxismus und Christentum geschrieben, in der er Rahner und
mich wegen des Dialogs des Verrats an der Wahrheit beschul-
digt. Er trägt die Angelegenheit Senge an die Öffentlichkeit.
Baptist Metz besucht 1982 Ministerpräsident Rau und Wissenschaftsminister Schwier wegen Sigrids Stelle. Sie sichern
den Erhalt ihrer Stelle für das ganze Jahr 1983 zu (Schwier
auch noch telefonisch bei mir) und wollen danach bei der Suche einer Dauerstelle helfen. Aber Sigrid erhält am 12.2.1983
die fristlose Kündigung und ist arbeitslos. Ich habe nun ein
klares Bild vom Charakter der beiden Politiker; ein Besuch
von Metz und mir bei Schwier bleibt wirkungslos (entsprechend dem Motto: „was interessiert mich mein Geschwätz von

gestern"). Ich habe ein Gespräch mit dem Kollegen Khoury, der so wie Kötting seine Hilfsbereitschaft erklärt. Im Zorn über die Politiker sage ich: „Muss ich denn erst einen Konkordatsfall schaffen, ehe mir geholfen wird?", eine Anspielung auf den „Fall Herrmann". Das war eine Dummheit, denn die Gegenseite versteht und kolportiert das nun als Drohung mit einer Heirat. Es ist auch kein Trost, dass Thüsing sich vorzeitig pensionieren lässt.

Ein immer zuverlässiger Trost in diesen Jahren sind jedoch die Freunde. Neben den Getreuen Karl Rahner, Baptist Metz und Erich Zenger sind nun die Freiburger zu erwähnen, Karin und Jochem Fecht. Wir haben sie 1969 kennen und schätzen gelernt, als Dr. Fecht die Vertretung unseres Zahnarztes übernommen hatte. Als wir 1972 nach Münster zogen, bekamen wir von Jochem die Schlüssel zu ihrer Ferienwohnung in Altglashütten am Feldberg. Wir haben das dankbar und ausgiebig ausgenutzt! Fechts waren an Politik und an zeitgenössischem Denken sehr interessiert; sie führten ein offenes Haus und machten vielerlei Gäste miteinander bekannt. Wir lernten bei ihnen das Ehepaar Gaugler kennen; sie hatten noch in Berlin am Theater mit Bert Brecht zusammengearbeitet. Vor allem aber erschlossen sie uns die moderne Malerei. Ihre Wohnung war voll von Gemälden und Graphiken. Mit den Malergrößen des Markgräfler Landes, Karl Heinz Scherer und Bernd Völkle, wurden wir gut bekannt. Jochem war von umwerfender Großzügigkeit. Um einer Frau, die in Trauer um ihren Mann war, eine Freude zu machen, schenkte er ihr ein Original von Giacometti – das ist nur ein Beispiel von vielen. Da sie kinderlos waren, nahmen wir lebhaften Anteil an ihrer Adoption zweier Kinder. Sie waren in der Praxis vorbildlich christlich, aber nicht kirchlich gebunden. Jochem hielt bei meinem 70. eine bewegende Rede als mein ältester Freund. Da war Sigrid schon tot. Nach ihrem Tod fuhr ich mit den beiden wiederholt in Ferien, nach Sardinien, Sizilien, Thessalonien, Lesbos. Sie führten mich auch zu neuer Musik, aber nicht nur zu ihr. Ein besonderes Erlebnis war Händels Oratorium „Der Messias", dirigiert von dem verehrungswürdigen Juden Yehudi

Menuhin in Freiburg. Für Jochem hielt ich das Requiem im Januar 2005. Mit Karin und ihren Freunden bin ich froh und dankbar verbunden.

Nachdem wir uns in der akademischen Arbeit organisatorisch zurechtgefunden hatten, nützten wir die Möglichkeiten zur Erholung in Ferien kräftig aus. Natürlich gehörte der Südschwarzwald mit Freiburg immer dazu. Wir machten im Winter Skiferien im französischen Savoyen, in den Alpen. Wir waren auch mehrmals an der Côte d'Azur und auf Korsika zu Schwimmferien, in der Provence mit der Freude an der Landschaft, an Lavendelfeldern, an alten Dörfern und an Klosterkirchen. Sigrid war eine begeisterte und talentierte Bergsteigerin gewesen (zum Klettern an der Bischofsmütze im Dachsteingebirge, an Totenkirchl und Fleischbank im Wilden Kaiser). Da konnte ich natürlich nicht mithalten. Aber wir hatten gemeinsame Freude am Bergwandern und schlossen uns deshalb der Alpinschule Innsbruck mit ihren Wandergruppen an. Wir wanderten in Marokko im Atlas, in Tunesien, auf mehreren Inseln der Kykladen und auf den Ionischen Inseln, auf Kreta, auf Zypern, auf Sizilien am Aetna. Dort lernten wir das Ehepaar Monika und Georg Dittrich kennen, die sehr liebe Freunde von uns wurden; Monika ist engagiert bei „terre des hommes", Georg ist preisgekrönter Architekt, Maler und Bildhauer. Bis heute freue ich mich an der Aussicht auf gemütliche Stunden und tiefsinnige Gespräche mit ihnen. Im Jahr 2000 wanderte ich mit ihnen an der Algarve. Mit „Studiosus" waren Sigrid und ich in der Türkei. Die Azoren und Madeira waren die am weitesten entlegenen Ferienziele für uns.

Es stellten sich bei unseren Ferien- und Studienreisen immer auch besondere Ziele mit spirituellen Höhepunkten heraus. Eine erste Liebe galt Paris, näherhin dem Quartier Latin, mit der lebendigen Studentengemeinde bei St. Séverin. Dort waren wir mehrfach. Chartres gehörte dazu. Dann folgte Italien mit Rom, Assisi, Venedig. Und schließlich der Höhepunkt: Israel, Palästina, der Sinai. Das erste Mal waren wir im April 1979 im Nahen Osten mit Erich Zenger und Ulrike Halbich, in Kairo, bei den verschiedenen Arten von Pyramiden, in der

Oase Fayum, im Nildelta, wo die Kinder Israels in der Knechtschaft gelebt hatten. Ich habe immer alles gelesen, was von Erich Zenger erschien. Seine Psalmenkommentare sind qualitativ ohne Konkurrenz. Sein Verständnis von Schöpfung und Paradies räumt alte, mythologische Deutungen beiseite und hebt das von der Bibel Gemeinte in einzigartiger Deutlichkeit hervor. Im Blick auf das Verhältnis von Israel und christlicher Gemeinde ist und bleibt er bahnbrechend, gerade auch bei den Problemen von Gottesbild und Bund. Aber besonders faszinierend ist er als Exeget „an Ort und Stelle", wenn er das Wort der Bibel dort lebendig werden lässt, wo es entstanden ist. Im April des gleichen Jahres waren wir, zum ersten Mal, mit Erich und Ulrike in Jerusalem und im Sinai, mit Übernachtungen im Schlafsack unter dem Sternenhimmel. Damals war der Sinai noch israelisch besetzt; wir hatten einen bewaffneten stämmigen Führer aus Israel dabei. Wir waren damals die Letzten, die vor der Rückgabe an die Ägypter die Oase Firan besuchen durften. Als die beiden wegen einer Erkrankung Ulrikes zurückfliegen mussten, blieben wir noch einige Wochen und erkundeten Israel mit dem Bus, vom Toten Meer bis zu den Golanhöhen. Dadurch sahen wir uns imstande, Sigrids Mutter zu ihrem 80. Geburtstag 1985 durch ganz Israel, aber ohne Sinai, zu führen. Spirituelle Höhepunkte waren auch ein mehrwöchiger Aufenthalt auf der Insel Patmos, wo wir gute Beziehungen zu den griechisch-orthodoxen Mönchen aufbauen konnten und Ehrenplätze in den Vespergottesdiensten im Johanneskloster erhielten, aber auch von griechisch-orthodoxen Nonnen aufs freundlichste aufgenommen wurden. Schließlich zählt zu dieser erlebten Spiritualität der Jakobsweg vom Montserrat bis zur Insel La Toja im Atlantik, mit dem Höhepunkt am 25. Juli 1986, dem Jakobusfest, in der Kathedrale von Santiago de Compostela.

1979 war der Lärm in Handorf so unerträglich geworden, dass wir ernsthaft an einen Wohnungswechsel dachten. Auf der einen Seite hatte Bauer Wittkamp seinen Hof verkauft, eine Baufirma errichtete einen Wohnblock mit Autoparkdeck und Kinderspielplatz. Auf der andern Seite fuhren die Engländer

aus den Kasernen bei Dorbaum mit Panzern ins Dorf, um Zigaretten zu kaufen. In der Wohnung über uns tobten zwei kleine Kinder. Als die Bäuerin Wittkamp dazu noch eine Mieterhöhung haben wollte, war der Entschluss gefasst: Nicht wieder eine Mietwohnung, bei der man immer vom Vermieter ausgenommen wird; wohl oder übel geht es jetzt um ein eigenes Haus. Der Liturgiewissenschaftler Theodor Maas-Ewerd, einer von denen, die es gut mit uns meinten, wollte uns ein Grundstück in seiner Pfarrei Alverskirchen vermitteln, aber die exponierte Lage sagte uns nicht zu. Wir kauften von einem Architekten, der kein Halsabschneider war, nach Zusammenlegung unserer Sparverträge ein Grundstück mit einem von ihm geplanten Haus, bei dem wir nur noch den Innenausbau bestimmen konnten, in Altenberge, einer hübschen Gegend nordwestlich von Münster. Das Haus in ruhiger Lage konnten wir Mitte 1980 beziehen; es machte uns große Freude, den Garten (800 qm) anzulegen und Bäume zu pflanzen. Sigrids Geschwister hatten zusammen 12 Kinder. Sie waren häufig bei uns zu Gast und fühlten sich wie in den Ferien – natürlich nicht alle zusammen auf ein Mal. Auch Karl Rahner übernachtete zweimal bei uns. Er war sehr engagiert im Kampf gegen die Raketen-Nachrüstung und trat mit seinem Neffen Thomas Cremer, einem Physiker an der Universität Heidelberg, öffentlich dagegen auf. Sein Beitrag klang sehr pazifistisch. Karl Lehmann brachte ihn mit seinem eigenen Duz-Freund Bundeskanzler Kohl zusammen, den er natürlich nicht bekehren konnte. Als Rahner mir von dem Treffen am Telefon erzählte, meinte er trocken: „Der hat jede Menge tolle Spätlesen im Keller, aber kein anständiges Bier."
Im November 1983 war ich zu einer Gastvorlesung in der Mainzer Universität, von Arno Schilson eingeladen. Ich konnte dort auch den sympathischen Dogmatikerkollegen Theodor Schneider sprechen.
In Münster meldete sich der Prorektor und Professor für Wohnungs- und Siedlungsplanung Rainer Thoss: Als Mitglied des Rektorats lernte er die Manöver unserer Neutestamentler kennen; er suchte Mittel und Wege, um Sigrid zur Gerechtigkeit

zu helfen. Sich selber bezeichnete er als Atheist. Er war eine gradlinige, imponierende Persönlichkeit. Ich habe 1992 seinen Sohn Timm mit Freundin Cordula Siegmann in der barocken Clemenskirche getraut. Cordula hat zu der stimmungsvollen Trauung einen Kirchenchor mitgebracht. Timm Thoss wurde 2001 Karnevalsprinz in Münster.

10. Die Wolken lichten sich

Zu Beginn des Jahres **1984** denke ich in der Besinnung darüber nach: Ist es von ungefähr, ein purer Zufall, dass Tenhumberg, Thüsing, Hünermann, Exeler und Weber weg vom Fenster sind? Oder ist das das Angebot einer Chance für die Fakultät? Mitte Januar meldet sich Prorektor Rainer Thoss: Der Senat hat für eine Dauerstelle für Sigrid mit Ja gestimmt. Der Bischof von Münster kann das nicht verhindern, aber er muss bei einer Dauerstelle in der Katholisch-Theologischen Fakultät zustimmen. Wer kontaktiert Bischof Lettmann? Ich bin am 25. Januar von 10 bis 11.15 Uhr bei ihm. Er würde ja helfen, sagt er, fühlt sich aber durch das Heirats-Gerücht blockiert. Von ferne begreife ich die Ängste eines Bischofs vor böswilligen „Christen", vor dem Nuntius, vor Rom, wo eine eigene Behörde alle Denunziationen sammelt, und wo man nur zu sehr darauf bedacht ist, missliebige Bischöfe zu entfernen oder ihnen einen „Administrator" vorzusetzen. Später wird mir ein geschätzter Weihbischof (nicht von Münster) sagen: „Ich schäme mich, in einem solchen System zu leben." Am 2. Februar kommt mir der Gedanke, ich solle Dekan werden, dann hätte ich mehr Autorität und neue Möglichkeiten zu aktivem Eingreifen. Ich habe keine Seilschaft dafür. Aber am 3. Februar werde ich im 1. Wahlgang von der Fachbereichskonferenz mit übergroßer Mehrheit zum Dekan gewählt.

Wie ist das möglich geworden? Zwölf Jahre vorher habe ich als hoffnungsloser Außenseiter in Münster begonnen. Aber in diesen Jahren hat sich das Gesicht der Fakultät völlig verändert. Statt des Alttestamentlers Hermann Eising war Erich Zenger gekommen; statt des Neutestamentlers Joachim Gnilka kam Karl Kertelge. Nach dem Ausscheiden von Peter Lengsfeld wurde Miguel Garijo y Guembe für Ökumene berufen.

Auf Horst Herrmann folgte Klaus Lüdicke als Kirchenrechtler. Bernhard Kötting wurde durch Winfried Cramer im Fach Alte Kirchengeschichte und Patrologie ersetzt. Für Iserloh wurde Arnold Angenendt berufen. Von ihnen hat sich nur Kertelge als unser Gegner herausgestellt.

Dazu kam, dass Sigrid in den Kommissionen für die Kötting- und Herrmann-Nachfolge für ihre gutachterliche Tätigkeit höchste Anerkennung fand. Im Juni 1981 hatte man mich zum ersten Mal zum Geschäftsführenden Direktor der Vereinigten Theologischen Seminare gewählt, auch damit war man nicht unzufrieden. So war die Stimmung umgekippt, aber auch die Mehrheitsverhältnisse hatten sich dadurch verändert. Immer noch bestanden zwei Fraktionen, aber die „Rechten", wenn ich einmal so sagen darf, würden keine Abstimmung mehr gewinnen. Der RCDS hatte sich mir angenähert; Iserloh hatte mit seiner Anhängerin Senge eine Gruppe davon abgespalten, die sich CDT, christlich-demokratische Theologen, nannte und bald in der Bedeutungslosigkeit versank. „Meine" Studenten bildeten die Mehrheit, zunächst GOT, gewerkschaftlich orientierte Theologen, und später FIT, Fachschaftsinitiative Theologie genannt.

Auf mein Dekanat würden nun die Besetzungen der vakanten Stellen zukommen: Nachfolge Hünermann (Dogmatik), Exeler (Pastoraltheologie), Weber (Sozialethik), Schüller (Moraltheologie), Dörmann (Missionswissenschaft). Die Verantwortung war mir klar.

Abschied von Rahner

Die Vollendung von Rahners 80. Lebensjahr bot die Gelegenheit zu einem letzten Zusammentreffen. Sein letzter Brief an mich bezeugt den Humor, mit dem er die kommenden Ehrungen betrachtete, er enthält aber auch einen Zuspruch, den er mir mehrfach zudachte und der an Aktualität nichts eingebüßt hat *(maschinenschriftlich):*

Karl Rahner SJ
A - 6021 Innsbruck, Sillgasse 6
18.12.83
Lieber Herbert,
Dein Brief ist angekommen und er ist für mich (ehrlich) die größte Weihnachtsfreude. Kommentar überflüssig.
Alle guten Wünsche zu Weihnachten. Und viele herzliche Grüße an Sigrid.
Bleib gesund und lass Dich nicht verbittern. Es gilt auch hier, was wir in der Nazizeit uns gesagt haben: beleidigen können Dich nur die, die Du achtest. Amen.
Ich freu mich auf ein Wiedersehen im Februar.
Nachtrag: wenn jemand aus Münster von der Fakultät (von Deinen und Baptists Freunden) zum 80. Geburtstag kommen wollen, sind sie mir natürlich herzlich willkommen. Nur ist die Frage, ob sie kommen wollen nach Freiburg (11./12.2.) oder nach Innsbruck am 5.3.? Beim ersten Termin ist der Zirkus vermutlich größer, der zweite Termin ist mein Geburtstag selbst (hier ist dann ja voraussichtlich kein Rosenmontag in Österreich). So viel ich weiß, redet hier in Innsbruck nur der Lukas Vischer. Wer von Euch kommen will, soll doch einfach überlegen, welcher Termin ihm besser passt. Sag es mir dann und ich werde die entsprechende Einladung besorgen.
Nochmals alle guten Wünsche und ganz dankbare Grüße von Deinem *(handschriftlich)* Karl

Ich hielt beim großen Rahner-Symposion im Auditorium Maximum der Freiburger Universität am 11.2. einen Vortrag über Rahners Spiritualität und wurde von Rahner in der Diskussion verteidigt. Tags darauf sprach er höchst eindrucksvoll über „Erfahrungen eines katholischen Theologen". Am 15.2. rief er mich zum letzten Mal an, erzählte von seinen Verpflichtungen in London und Budapest. Am Geburtstag selber vertrat Erich Zenger unsere Fakultät in Innsbruck. Er sprach ein gutes Grußwort und überreichte Rahner mein Büchlein „Jesus - Gottes und des Menschen Sohn", das ich ihm zum 80. gewidmet hatte. Am 30.3. starb Rahner in Innsbruck. Sigrid und ich fuhren zur Beerdigung am 4.4., Sigrid wurde von C. F. von Weizsäcker in Obhut genommen. Zu Gesprächen traf ich mich mit Schillebeeckx und Gutiérrez. Mit Baptist Metz feierten wir ein Rahner-Gedächtnis mit Eis-Essen im „Wilden Mann" in Lans, wo ich früher mit den Brüdern Rahner mehrfach gewesen war. Am 7. Juni hielt ich in der Petrikirche in Konzelebration mit Metz und Khoury das Requiem der Fakultät für Rahner mit lateinamerikanischer Musik. Karl Rahner hatte mir in den Sorgen um Sigrids Zukunft immer zur Seite gestanden. Ich konnte alle Probleme von Theologie und Kirche jederzeit mit ihm besprechen. Wir lebten in einer stabilen Freundschaft von mehr als 30 Jahren. Aber er war, was die Zukunft der Kirche und was die Wertschätzung der Theologie für die Mächtigen im Vatikan anging, in den letzten Jahren immer resignierter geworden. Von der bleibenden Bedeutung seiner theologischen Einsichten war ich überzeugt. Aber ich konnte bei seinem Tod nicht wirklich traurig sein: „Ich bin froh, dass Du es überstanden hast."

Hilfe von getrennten Glaubensbrüdern

Neue Versuche von Metz im August bei Bischof Lettmann und von mir in Düsseldorf bei Wissenschaftsminister Jochimsen waren nutzlos: ohne Bischof gehe gar nichts. Sigrid und ich erhalten bei getrennten Gesprächen ein Nein von Lettmann zu der Absicht, die Stelle des Senats in der Katholisch-Theologischen Fakultät anzusiedeln. Er schlägt vor, eine Übernahme Sigrids durch Fachbereich 14, bei den Philologen mit einer orientalischen Schwerpunktsetzung, zu versuchen. Das misslingt natürlich. Der dortige Dekan und Altphilologe Gnilka verlangt ein Staatsexamen in Latein (!), für jemand, der Hebräisch und Bibelgriechisch unterrichten soll.
Bischof Lettmann verweigert im Oktober dem angesehenen Neutestamentler Paul Hoffmann aus Bamberg das „Nihil obstat" für die Nachfolge Thüsing. Es gibt vielfache Proteste gegen ihn in Presse und Fernsehen, die sich fast ein Jahr, bis in den September 1985, hinziehen. Eine Begründung ist auch im

Wissenschaftsministerium nicht zu erfahren. Man sollte ihm helfen. In der Zeitschrift Publik-Forum erscheint ein polemischer Artikel gegen ihn, der es mit der Wahrheit in Sachen Hoffmann nicht genau nimmt. Dagegen verteidige ich den Bischof in einem Leserbrief; im Zusammenhang mit Lügen und Verleumdungen bin ich sehr allergisch geworden.

Im Oktober 1984 ist eine Dekanekonferenz im Schloss von Münster. Dort treffe ich erstmals den evangelischen Dekan, den Neutestamentler Martin Rese. Er ist innerhalb der evangelischen Fakultät auch so etwas wie ein „linker Außenseiter"; seine Fakultät ist gleichfalls in Fraktionen zerfallen. Gegen die „Mächtigen" Günther Klein, Friedemann Merkel, Martin Brecht ist kaum ein Ankommen; andere haben sich auf ihre Domänen zurückgezogen, wie das Ehepaar Aland und die drei Alttestamentler. Rese ist mir auf Anhieb sympathisch. Ich schildere ihm Sigrids Situation, die Gerüchtemacherei, den Wortbruch von Rau und seinem Ministerium. Er hält es für möglich, dass Sigrid im Institut für neutestamentliche Textforschung oder in Prof. Beyerlins Psalmenforschung willkommen sein wird. Er wird sondieren; gemeinsam mit Erich Zenger bespreche ich mit ihm weiteres Vorgehen.

Prorektor Thoss besucht uns in der Fakultät und versichert, dass Sigrid, ungeachtet der Position des Bischofs, von der Universität eine Dauerstelle fest habe. Am 14.1.1985 hat Sigrid ein positives Gespräch mit dem evangelischen Alttestamentler H.-P. Müller. Sie wird kurz darauf vom Universitätsrektor Schlüter zum Kaffee eingeladen. Am 28.1. spreche ich auf dem Neujahrsempfang des Rektors über die weitere Entwicklung mit Rese und mit Alands Mitarbeiter Junack. Bischof Lettmann ist auch da; ich begleite ihn auf dem Rückweg, das Klima ist leicht verbessert.

Martin Rese hat sehr geschickt verhandelt. Die evangelischen Alttestamentler Müller, Beyerlin und Pohlmann nehmen Sigrid auf. Im Februar erhält sie einen Dienstvertrag mit der Universität, im März einen Fakultätsvertrag mit Dekan Rese über ihre Dienstpflichten. Sie muss Intensivkurse für die Hebräische Sprache in den Semesterferien halten, im Semester Lite-

raturübersichten für Müllers „Zeitschrift für Althebraistik" er-
stellen und Beyerlin in der Psalmenforschung zuarbeiten. Am
8. Mai 1985, dem Gedächtnistag „40 Jahre Kriegsende", halte
ich zusammen mit Martin Rese einen Ökumenischen Gottesdienst in der Petrikirche. Es gibt noch ein spätes Donnergrol-
len. Im August veranlasst der Kirchenrechtler Merkel einen
Brief der evangelischen Kirchenleitung, dass Sigrid die Stelle
nicht annehmen dürfe, weil sie katholisch sei. Geschickt sorgt
Martin Rese für die Erledigung dieses Schreibens in der Sitzung der Hochschullehrer im Oktober, ohne Widerspruch zu
erhalten. 1986 habe ich mit ihm zusammen ein Oberseminar
gehalten über die Anfänge der kirchlichen Ämter. Er ist bis
heute ein treuer Freund geblieben, von mir auch als Exeget
hoch geachtet, und mir verbunden durch die theologische Einschätzung des Judentums, ein Fachmann für das lukanische
Schrifttum, für Röm 9–11 und für die Exegesegeschichte der
Neuzeit.

Im Januar 1985 beginnt die Reihe der Gastvorträge auswärti-
ger Gelehrter, die ich als Dekan einladen muss und die sich
sehen lassen kann: J. Moltmann (1985), J. Habermas (1985),
O. H. Pesch (1985), O. Marquard (1985). H. Geißer (1986), C.
Halkes, die Feministin (1986), der Judaist W. Herrmann/Leip-
zig (1986), W. H. Schmidt (1986), R. Schnackenburg (1986), J.
Blank (1987), der „Feministen"-Bischof Gutting, Weihbischof
von Speyer (1987), der Judaist K. H. Müller (1987), R. Michai-
low/Bulgarien (1987), Bischof Proano (1987), Teresa Berger
(1988), K. Walf (1988). In den späteren Jahren standen immer
weniger Mittel für solche Einladungen zur Verfügung.

In diesem Dezember 1984 und im Januar 1985 laufen in unse-
rer Fakultät acht Probevorlesungen in Sachen Hünermann-
Nachfolge. – Gute Gespräche konnte ich im Dekanat mit fünf
Dozenten der Katholischen Akademie Warschau und mit Frau
Professorin Elisabeth Gößmann aus Tokio führen.

Besondere Erwähnung verdient ein Besuch, den Sigrid und
ich am 28. Mai 1985 bei Frau Luise Rinser in Rocca di Papa
machten. Sie holte uns mit ihrem BMW am Bahnhof in Grot-
taferrata ab und fuhr rasant die kurvenreiche, enge Bergstraße

aufwärts. Mit von der Partie war ihr schwarzer großer Hund, dem sie den Namen „Unio" gegeben hatte. Sie zeigte uns das Haus und den großen Garten, in dem sie Ölbäume gepflanzt hatte. In der Nachbarschaft wohnten renommierte Komponisten und Schriftsteller. Wir wurden mit riesigen Eisportionen bewirtet. Das Gespräch drehte sich natürlich hauptsächlich um ihre Beziehung zu Karl Rahner, den sie während der Konzilszeit oft hier hinauf gefahren hatte. Da ich von Rahner wusste, wie häufig er ihr geschrieben hatte, fragte ich sie, was sie mit diesen Hunderten von Briefen zu tun gedenke. Sie versicherte, dass sie, Rahners Wunsch respektierend, keine Veröffentlichung im Sinn habe. 1994 erschienen dann ihre eigenen Briefe an Rahner, die er ihr zurückgegeben hatte, im Kösel-Verlag, mit unglaublichen Sprüchen angepriesen wie „Intimes Tagebuch" und ähnlich. Zehn Jahre später erklärte sie im Fernsehen, sie habe in Rahner nicht den Mann, sondern den Guru, den Seelsorger gesucht. So wie ich Rahner aus der Nähe kannte, hat auch er die Beziehung so aufgefasst, als Verpflichtung zu seelischer Hilfe und zu theologischer Antwort, gleichgültig, wie emotional gefärbt die Briefformulierungen manchmal waren. Die Gegner Rahners haben dieses Geschehen schändlich ausgenützt, um ihn in Veröffentlichungen persönlich herabzusetzen und seine Theologie für unglaubwürdig zu erklären. Als wir Frau Rinser damals verließen, schenkte sie Sigrid ihr Buch „Mirjam" mit der Widmung: „Für Sigrid Loersch, die Schweigsame". Den Unterschied von Sigrid zu ihr selbst hat sie damit ganz genau getroffen.

Am 16. Juli 1985 stirbt unser Freund Heinrich Böll.

„Selig, die Frieden stiften"

Sigrid hat seit Antritt ihrer Stelle nicht nur ihre akademischen Pflichten erfüllt. Sie unternimmt auch eine Initiative, die sich bald als höchst segensreich erweist. Sie beginnt eine Reihe von Versöhnungsbesuchen bei unseren Professoren und wirbt für den Abbau der Fraktionen in der Fakultät. Sie macht im Juni und im September auch zwei längere Besuche bei Bischof Lettmann und ist mit den Gesprächen voll zufrieden. Es muss sich auch bei mir etwas bewegen. Im Februar 1985 war ich wieder einmal im Düsseldorfer Wissenschaftsministerium gewesen. Die Referenten Kaiser und Kessler sagten, wir sollten alle Berufungslisten mit dem Bischof vorbesprechen, das sei in Bayern so üblich (wo es allerdings im Konkordat festgeschrieben ist). Peter Lengsfeld, der mehrmals Dekan gewesen ist, hat mir im Gegenteil geraten, alle Kontakte mit dem Bischof nur auf dem Dienstweg über Düsseldorf zu halten. Aber zu Düsseldorf habe ich jedes Vertrauen verloren. Im September ruft mich Bischof Lettmann an: wir sollten im Oktober eine „tour d'horizon" machen. Am 24.10. gehe ich mit ihm um den Aasee herum, wir halten Einkehr im Mühlenhof, wo uns der Mühlenhofpastor Dr. Bernhard Bendfeld erwartet. (Er war pensionierter Gymnasiumsdirektor und oftmals Vorsitzender beim Staatsexamen, von da her mochten wir uns, und er mochte auch Sigrid. Wir besuchten ihn im Krankenhaus; 1991 starb er.) Bei dem gemeinsamen Besuch vom Bischof und mir bewirtete er uns mit Bier, Stuten und Korn. Wir waren, Bischof und Dekan, mehr als zwei Stunden im Gespräch. Lettmann sagte, es sei schade, dass wir uns so spät begegnet seien. Ich antwortete, wir hätten noch Jahre vor uns, aus denen man etwas machen könne.

Am Tag darauf, 25.10.1985, ist wieder Dekanswahl für die nächste Amtszeit. Ich werde ohne weiteres wiedergewählt. Karl Löning wird Prodekan, mein Mitarbeiter der ersten Stunde, Matthias Vollmer, wird Assistent am Dekanat.

Im ersten Akt des neuen Semesters geht es um die Dogmatik-Liste Nachfolge Hünermann. Sie sieht nach den Probevorlesungen so aus: 1. J. Werbick (Siegen), 2. G. Kraus (Bamberg), 3. H. Rolfes (Marburg). Im Dezember 1984 beschließt der Rat die Pastoralliste: 1 O. Fuchs, 2. N. Mette, 3. W. Bartholomäus; im Februar 1985 folgen die Listen für Missionswissenschaft: 1. Collet, 2. Rücker, 3. Piryns, und für Sozialethik: 1. Furger, 2. Stegmann, 3. Klein.

Die Erwähnung dieser Listen ist Gelegenheit, hier etwas über die Kollegen zu sagen, die ich bei kirchlichen Beanstandungen verteidigen und „herauspauken" konnte. Georg Kraus war Schüler von Hans Küng. In Rom hat man nicht seine Lehre verurteilt, sondern eine Distanzierung von Küng vermisst. Er habe eine „Bringschuld". Diese rechtlich nicht gedeckte Auffassung habe ich in einem längeren Gutachten auf das schärfste zurückgewiesen. Bei Thomas Pröpper, Schüler von Walter Kasper, gab es dogmatische Bedenken wegen christologischer und soteriologischer Äußerungen. Ich habe mich den von ihm formulierten Argumenten zur Verteidigung angeschlossen. Bei Reinhard Hoeps fand man „pantheistische Tendenzen" in einem Aufsatz über Johannes Scottus Eriugena; das konnte ich in einem langen Gutachten widerlegen. Mein Luzerner Schüler und Doktorand bei Walter Kasper, Giancarlo Collet, wurde von J. Dörmann, dem früheren Missionswissenschaftler, in Rom denunziert; hier konnte ich die üble Nachrede persönlicher Art ausbremsen.

Durch die atmosphärischen Verbesserungen ändert sich auch die Akzeptanz meiner Person im Münsteraner Klerus. Der Pfarrer meines Wohnortes Altenberge muss 1985 einen mehrwöchigen Kuraufenthalt beginnen. Die Pfarrei wird seither von Kaplan Franz-Peter Tebartz-van Elst verwaltet. Im Unterschied zu seinem Chef besucht er Sigrid und mich. Wir werden gute Freunde. Es ist eine Selbstverständlichkeit, dass ich ihm bei den Gottesdiensten helfe. Wir unternehmen gemeinsam mit ihm Fusswallfahrten nach Telgte und Fahrten in seine niederrheinische Heimat. Nach seiner Kur zurückgekommen willigt der Pfarrer darin ein, ohne dass wir Freunde würden. Sigrid spricht mehrfach mit Bischof Lettmann über die guten Eigenschaften von „Franz". Sie ist daran beteiligt, dass er den vom Bischof finanzierten Lehrauftrag für Homiletik (Predigtkunde) an unserer Fakultät bekommt, in Theologie promovieren und sich für Pastoraltheologie habilitieren kann. Später ist er kurze Zeit Professor für Pastoraltheologie in Passau, ehe er zum Weihbischof von Münster ernannt wird. – Der kränkliche Pfarrer zog von Altenberge weg an den Niederrhein, wo er nicht lange danach starb. Mit dem neuen Pfarrer Wilhelm Lohle setzte sich das gute Einvernehmen und damit auch meine Tätigkeit in der Pfarrei fort. Auch heute, wo Lohle Dechant in Hamm ist, leben die freundschaftlichen Verbindungen mit ihm weiter.

Frauen und Laien als Probleme

Im Dezember 1985 erscheint in „Concilium" ein Artikel unserer Mitarbeiterin Dr. Iris Müller über die Entwicklung der Feministischen Theologie, der Verleumdungen unserer Professoren enthält, als hätten sie diese Richtung heftig bekämpft. In Wirklichkeit hat sich kein einziger unserer Professoren gegen die Feministische Theologie geäußert. Einen Widerruf lehnt sie ab. Ich erteile ihr eine Abmahnung, gegen die sie die Gewerkschaft GEW anruft. Ich muss die Abmahnung zurückziehen. Zunächst hatte ich die Feministische Theologie positiv beurteilt und als erster ein Seminar dazu angeboten. Aber in der Frage der Verleumdung der männlichen Professoren bleiben die Wortführerin Hedwig Meyer-Wilmes und ihre nächsten Helferinnen auf der Seite von Iris Müller. Ich ziehe daraus den Schluss, dass im Streitfall die Moral der Kumpanei unterliegt, nicht nur bei Männern. Viele Jahre später lassen sich Iris Müller und ihre Freundin Ida Raming auf einem Donauschiff von einem obskuren Bischof zu Priesterinnen weihen.
Im Februar 1986 schaffen wir im Rat eine Arbeitsstelle für Friedens- und Konfliktforschung und sehen für sie einstimmig H. G. Stobbe vor.
Der Bamberger Pastoraltheologe Ottmar Fuchs hatte im Dezember Berufungsverhandlungen mit Fakultät und Universität geführt und dann im März 1986 für die Pastoraltheologie abgesagt. Er hat nur gepokert. Im Januar **1986** stellt sich Bischof Lettmann einer Diskussion in der Fakultät mit Professoren und Studierenden über die „Laienfrage" bei Professorenberufungen, über römische Schwierigkeiten mit dem „Nihil obstat", wenn „zu viele" Laien als Professoren in Theologie

berufen werden. Betroffen sind davon unsere Professuren für Pastoraltheologie und Dogmatik. Das Gesprächsklima ist gut. Bei einem dreistündigen Besuch von Sigrid Anfang März bei Lettmann sagt er, er habe noch zu keinem Dekan ein so gutes Verhältnis gehabt wie zu mir. Im Mai beschließen eine Versammlung der Professoren und der Rat, den Neutestamentler Karl Löning weg vom „Institut für Lehrerausbildung" in die „alte Fakultät" umsetzen zu lassen; so könne die Nihil-obstat-Prozedur, an der Paul Hoffmann gescheitert ist, umgangen werden, ferner wird beschlossen, für Pastoraltheologie und Dogmatik neue Listen zu machen.

Im Juni besuchen Bischof Lettmann und ich die Vesper im Kloster Gerleve; gefolgt von einem Kaffeetrinken mit Abt Clemens. Wir besprechen Sigrids Vorschlag, den Totengottesdienst der Universität im November gemeinsam mit dem Bischof zu halten, um das gute Verhältnis zu dokumentieren. Ebenfalls im Juni findet im Düsseldorfer Ministerium eine Besprechung über die Stellenprobleme, vor allem wegen der Pastoraltheologie, statt; Zenger, Lengsfeld und ich nehmen teil. In Wolbeck halten Lettmann, Generalvikar Spital, Balthasar Fischer, Heinrich Rennings und ich in Konzelebration ein Requiem für Emil Josef Lengeling, unseren am 18.6. im Alter von 70 Jahren verstorbenen Liturgiewissenschaftler. Mit ihm hatte ich konstruktive Gespräche zum Thema Liturgiereform gehabt. Für die feierliche Promotion im Juli bestelle ich erstmals Musik zur Umrahmung; dieser neue Brauch wird beibehalten, wenn auch nicht immer Barockmusik gespielt wird.

Im Oktober 1986 treffe ich im Rektorat mit der Wissenschaftsministerin Anke Brunn und den Professoren Schlüter und Erichsen zusammen. Frau Brunn ist auf Kollisionskurs mit dem Bischof und steht damit konträr zu den Auffassungen ihrer nächsten Mitarbeiter. Immerhin: Die Umsetzung von Karl Löning hat geklappt. Es geht auch um eine Professur für Feministische Theologie, die von der Regierung sehr befürwortet wird.

Noch im Oktober ist Sigrid wieder bei Bischof Lettmann. Er möchte, dass Sigrid die C-2-Professur für Feministische Theologie bekommt, denn Sigrid habe sein Vertrauen. Aber Sigrid versteht sich nicht als Feministin. Bei einem Gespräch von mir mit Rektor Erichsen entsteht der Gedanke, ob wir nicht die Dogmatikprofessur (Nachfolge Hünermann) von C 4 auf C 3 zurücknehmen könnten. Dann wäre es möglich, sie neu auszuschreiben, da der Nuntius den Laien Werbick nicht akzeptieren wird. Anfang November hält der Franziskaner Schmälzle die Probevorlesung für Pastoraltheologie. Die Berufungskommission legt zwei Listen vor: eine „wissenschaftsorientierte Liste" 1. Mette, 2. Schmälzle, 3. Bartholomäus und H. van de Spijker mit einem Laien an der Spitze und eine „Opportunitätsliste" mit dem Franziskanerpriester auf dem ersten Platz: 1. Schmälzle, 2. Bartholomäus und Van de Spijker. Im Rat erhält der Vorschlag Kertelges, Emeis an die 1. Stelle zu setzen, keine Mehrheit. Emeis hatte erklärt, nur kandidieren zu wollen, wenn sich sonst kein Priester für den 1. Platz fände, und nun kandidiert er doch. Warum? Es ist schade, dass man sich bei dem so stark verbesserten Klima in der Fakultät überhaupt noch Kampfabstimmungen aussetzen muss. Die Liste Nachfolge-Exeler mit Schmälzle auf Platz 1, Van de Spijker auf Platz 2 und die Rücknahme der Dogmatikprofessur auf C 3 werden im Rat gebilligt.

In der Dominikanerkirche war am 7.11. erstmals die Universitäts-Totenmesse mit Bischof und Dekan gemeinsam (Sigrid liest Jesaja 35,7–11). Sie findet einige Jahre lang in dieser Weise statt. Nach meiner Emeritierung und erst recht nach Sigrids Tod hat man diese Eucharistiefeier der Fakultät gemeinsam mit dem Bischof abgeschafft und statt dessen einen ökumenischen Wortgottesdienst zum Totengedenken abwechselnd mit der Evangelischen Fakultät konzipiert.

Am 28.12.1986 vertrete ich die Fakultät beim Fest des 80. Geburtstags von Kardinal Joseph Höffner im Kölner Dom mit Predigt von Kardinal Casaroli und mit Gratulation im Maternushaus. Neben Höffner spreche ich auch mit Kardinal Wetter, Erzbischof Dyba und Prof. Honnefelder. Mein Plädoyer bei Dyba für ein gerechtes Urteil über Theologieprofessoren war völlig vergeblich.

Im Jahr **1987** beginnen empfindliche Sparmaßnahmen, gegen die wir uns nach Kräften wehren. Als erstes müssen wir die Lehraufträge strikt reduzieren, weitere Zugriffe betreffen die Sekretärinnen, die Hilfskräfte und später den Mittelbau. Die Universitätsverwaltung besteht auf ganz rigorosen „Kapazitätsermittlungen" oder „Auslastungsberechnungen", bei denen nur noch Studierende innerhalb der willkürlich festgesetzten „Regelstudienzeit" angerechnet werden. Solche also, die beispielsweise an einer Magister-, Lizentiats- oder Doktoratsarbeit sitzen, solche, die aus Geldmangel nebenher einen Job versehen müssen als Taxifahrer oder Gärtner, fallen durch diese Trickserei aus der Berechnung. Und je weniger Studenten wir haben, desto weniger Mittel und Arbeitskräfte bekommen wir. Der Evangelischen Fakultät geht es noch schlimmer als uns. Wir, das heißt Erich Zenger und ich, beginnen, „Strukturpläne" für die Zukunft der Fakultät zu entwerfen, die uns das Minimum des Überlebens garantieren sollen. Dieses Procedere wird uns noch viel Zeit und Papier kosten.

Im Februar 1987 wird eine neue Diplomprüfungsordnung, die wir im Herbst ausgearbeitet hatten, im Rat einstimmig angenommen; ebenso wird die Pastoralliste von den Professoren glatt angenommen. Als „Trost" für Mette wird ein „Dies Exeler" für Juni vorgesehen, bei dem Gabriele Miller einen Vortrag über „Der Mensch Exeler" halten soll. Ich könnte dazu auch etwas beitragen, da ich seine Menschlichkeit aus der Nähe erfahren habe. Im März bestreite ich eine Talk-Show mit dem evangelischen Neutestamentler Willi Marxsen im Schlaun-Gymnasium. Er galt wegen seiner radikalen historisch-kritischen Methode eine Weile als rotes Tuch, aber wir haben uns sehr gut verstanden und die Befragung durch Schülerinnen und Schüler kollegial bestanden.

Am 1. Mai 1987 findet der Papstbesuch in Münster statt. Sigrid hat von Generalvikar Thissen eine Ehrenkarte als „Mitliturgin" erhalten. Ich warte in der Recieving-Line neben dem Chirurgen Bünte, der 1981 den Papst operiert hat, auf den

Hubschrauber. Kurz kann ich den Papst, Kardinal Höffner, Kardinal Casaroli und den späteren Kardinal Roberto Tucci SJ sprechen, der an „meinem" Konzilskommentar mitgearbeitet hat. Der Papst sagt, ich hätte „eine schöne Fakultät". Er strebt mit Tempo nach dem „Bad in der Menge".

Am 3.5. bittet mich Khoury „im Namen der Kollegen", noch einmal für das Dekansamt zu kandidieren.

Nach einer Probevorlesung von Thomas Pröpper wird am 22.5. die neue Dogmatikliste (C 3) einstimmig angenommen: Pröpper – Kraus – N. Bosshard. Mit der Prorektorin Maria Wasna nehme ich noch im Mai Strukturgespräche auf. Es geht um die Frage, wie unsere Fakultät mit möglichst wenig Verlusten durch die Stellenstreichungen bzw. Umwidmungen durch die Düsseldorfer Regierung kommen kann. Es ist der Anfang einer sehr konstruktiven Zusammenarbeit mit ihr. Im Juli stimmt der Fachbereichsrat dem Strukturkonzept Zenger – Vorgrimler zu. Der Bischof hat die neue Diplomprüfungsordnung genehmigt.

Gleichsam eine „Wiedergutmachung" auf die von mir erwähnten Angriffe von Feministinnen im Jahr 1985 stellt folgender Brief dar *(maschinenschriftlich):*

Münster, den 10.07.1987
Sehr geehrter Herr Dekan,
vom 8. bis 10. Juli fanden in den Räumen des Katholisch-Theologischen Seminars der Universität Münster Frauenprojekttage „zur Lage der feministischen Theologie" statt.
Wir sind sehr glücklich darüber, dass es uns ermöglicht wurde, uns in diesem Rahmen über brennende theologische Fragen austauschen zu dürfen. Dies gilt umso mehr, als die hiesige katholisch-theologische Fakultät ja bereits eine lange und fruchtbare Tätigkeit autonomer feministisch-theologischer Forschung und Lehre aufzuweisen hat.
Der Einsatz der hier studierenden Frauen, die diese Tage organisiert und hervorragend strukturiert haben, war für uns sehr beeindruckend und ermutigend.
Wir sprechen wohl auch in Ihrem Sinne, wenn wir daraus die

Zuversicht schöpfen, dass das zarte Pflänzlein der feministischen Theologie weiterhin gut gedeihen wird.
Mit freundlichen Grüßen
Die Teilnehmerinnen und Teilnehmer
(es folgen 39 Unterschriften, darunter ein Mann)

Im September macht Sigrid einen langen Versöhnungsbesuch bei Iserloh. Er beklagt nicht nur einen zunehmenden krankheitsbedingten „Wortausfall" bei sich, sondern auch, dass er von Bischof Lettmann nicht konsultiert wurde und wird.
Ebenfalls im September 1987 findet in der Fakultät eine „Werkstatt Theologie" mit Schwerpunkt Lateinamerika statt. Ich begrüße unter anderen Leonardo Boff, R. Almeida Cunha, E. Dussel, A. Wagua, A. Baeta Neves, D. Bankier (aus Jerusalem, neben der Mehrzahl aus Lateinamerika eine Ausnahme), J. Teran-Dutari, Thomas Pröpper, Jürgen Werbick, Gotthard Fuchs, Dietmar Bader, Elmar Klinger, Peter Eicher, Titus Neufeld. Im Zusammenhang damit ist am 1.10. eine Konzelebration im Dom mit Kardinal Arns, dem Erzbischof von Sao Paulo, Bischof Lettmann, Generalvikar Thissen, Metz und mir. Mit Arns und Metz bin ich bei Rektor Erichsen zum Essen eingeladen, dabei sind auch H. Fechtrup (Oberstadtdirektor) und J. Twenhöven (damals noch Oberbürgermeister, heute Regierungspräsident). Bei Metz zu Hause ist ein Empfang mit Bischof Lettmann, J. Moltmann, E. Schillebeeckx, J.C. Scannone, G. Gutiérrez, E. Klinger.
Bei der Künstlertagung im Franz-Hitze-Haus spricht der Maler und Priester Herbert Falken über seine Bilder von Heinrich Böll. Am 16.10. stirbt Kardinal Höffner.
Ende Oktober beginnt, mit einer eindrucksvollen Vorlesung von C. H. Ratschow, die Ringvorlesung „Wahrheit", die ich zusammen mit der Evangelischen Fakultät konzipiert habe. Die Beiträge erscheinen später als Buch.
Bisher wurden die Diplome im Prüfungsamt ausgehändigt. Ich habe eine Diplomfeier eingeführt, die am 22.10. mit einem Gottesdienst mit Angenendt in der Dominikanerkirche beginnt, die Rede von mir an die jungen Theologen wurde vom

„Christ in der Gegenwart" verbreitet. Seither hat die Diplom-feier einen „Stil".

Am 23.10.1987 werde ich in fünf Minuten wieder, zum dritten Mal hintereinander, zum Dekan gewählt mit allen Stimmen, ausser mit einer Enthaltung.

Am 2.11. findet im Dom ein Requiem für Kardinal Höffner statt, in Konzelebration von Bischof Lettmann, Generalvikar Thissen, Prof. Kötting, Dompropst Gertz und mir.

Am 9.12. wird in der Staatskanzlei in Düsseldorf der Staats-preis von Nordrhein-Westfalen an den Dirigenten Günter Wand und an den früher zu unserer Fakultät gehörenden Phi-losophen Josef Pieper verliehen. Als Dekan nehme ich teil. Pieper hatte Einwände gegen Rahner und mich, weil wir im „Kleinen theologischen Wörterbuch" den radikalen Unter-schied von Sakral und Profan, den er vertrat, nach der Menschwerdung Gottes geleugnet hatten. Seine Angriffe ge-gen negative Entwicklungen in der „nachkonziliaren Kirche" waren sehr übertrieben. Aber jetzt ist er tief gerührt über un-sere Begegnung und über meine Gratulation. Rau habe ich den Wortbruch von 1983 nicht verziehen; die Begrüßung ist kurz und förmlich.

Im Januar 1988 machen Sigrid und ich getrennte Besuche bei Khoury. Er meint, wir sollten Sigrid „heimholen" in unsere Fakultät.

Ende Januar nehme ich an einer Frauen-Tagung mit Weihbi-schof Gutting und Frauenpfarrer Quante in Himmelspforten bei Würzburg teil. Unter anderem geht es um neue Glaubens-bekenntnisse. Die Feministin Marie Theres Wacker ist in der Diskussion sehr aggressiv gegen mich: als Mann habe ich kein Recht, ein von Frauen formuliertes Credo dogmatisch zu be-urteilen. Meine Einschätzung des Feminismus sinkt weiter ab-wärts.

Im Februar sagt Angenendt in der Vorlesung, ich hätte einen wahrhaft evangelischen Geist in die Fakultät einkehren las-sen. Dagegen habe ich ja nichts einzuwenden.

„Heimholung"

Anfang März 1988 spricht Sigrid mit Bischof Lettmann über ihre „Heimholung"; er steht sehr positiv dazu. Schließlich sei die Versöhnung der zerstrittenen Fakultät ihr Hauptverdienst. Noch im März zeigen sich auch die evangelischen Alttestamentler H. P. Müller und Beyerlin einverstanden. Im April hat Erich Zenger darüber ein gut verlaufendes Gespräch im Rektorat; er möchte Sigrid seinem Seminar angliedern. Der Rat stimmt der Rückkehr von Sigrid mit der Stelle (eines Akademischen Rates) zum 1.10.88 und der Anbindung an das Seminar Zenger am 22.4. einstimmig zu. Mit Zustimmung von Dr. Bracht soll sie von ihm den Hebräischunterricht übernehmen, später auch eine Einführung in semitisches Denken anbieten. Der Rat der Evangelischen Fakultät stimmt am 7.7. ebenso zu: Sigrids Hebräischkurse sollen für beide Fakultäten gelten.

Das ist ein Anlass, über die Veränderungen der letzten vier Jahre nachzudenken. Kleriker am Domplatz spotten über mich: man müsse bei mir „Vorgrimler" und „Nachgrimler" unterscheiden. Sie reden auch von meiner „Kehre". Ich weiß nicht, was der Spott soll. Habe ich eine eindrückliche totale Wende, sogar eine charakterliche, mitgemacht? Ich bin mit gutem Willen nach Münster gekommen, um konstruktiv und positiv an der Vermittlung der Glaubensinhalte in der nachkonziliaren Situation mitzuarbeiten. Wenn ich mich gegen Bischof Tenhumberg und seinen „Domplatz" öffentlich und sehr kritisch geäußert habe, dann war ich in einer von der anderen Seite aufgezwungenen Defensive. Und wenn ich mich dadurch geändert habe, dass ich immer Sigrids Versöhnungsinitiativen zugestimmt habe, statt altgewohnte Auseinandersetzungen zu pflegen, dann hat sich auch Bischof Lettmann bewegt. Er hat bewundernswerte Zeichen gesetzt, wie sich sein anfängliches Misstrauen gegen Sigrid in ein volles Vertrauen verwandelt hat, und er hat die Politik der „Assistentenverfolgungen" seines Vorgängers und damit des Misstrauens gegen Professoren nicht fortgesetzt. Ich bin jetzt auch zu Gottesdiensten im Collegium Borromaeum und in den Häusern, die nicht zum Bis-

tum gehören, willkommen, im Niels-Stensen-Kolleg für Osnabrücker und Hildesheimer Studenten und im Josef-Kentenich-
Kolleg für Schönstatt-Theologen aus 18 Nationen. Mit dem
Bistum habe ich die Schwierigkeiten aus Rom gegen Collet
ausgestanden und muss in diesem Semester die römischen Einwände gegen Pröpper zur Kenntnis nehmen und beantworten.
Ein Ergebnis der ausgeglichenen, friedlichen Stimmung in der
Fakultät ist, dass wir bei Wahlen für die Gremien nicht mehr
konkurrierende Listen, sondern eine „Einheitsliste" haben, und
dass sehr viele Vorschläge „einstimmig" angenommen werden.
Eine wichtige Begegnung fand am 9. Mai 1988 statt. Der russisch-orthodoxe Erzbischof Kyrill von Smolensk und Wjasma
besuchte mich mit seiner Begleitung im Dekanat. Wir hatten
ein höchst instruktives Gespräch über die Veränderungen in
der Sowjetunion unter Gorbatschow. Kyrill sprach im Auditorium Maximum zu unseren Studenten, die Anregung stammte
von unserem Friedensforscher Stobbe. Hier möchte ich gern
den Wortlaut meiner Begrüßung festhalten:

Meine Damen und Herren, herzlich begrüße ich Sie alle, Fa-
kultätsmitglieder und Gäste, zu dieser besonderen Veranstaltung unserer Fakultät Ein überaus herzliches Willkommen
gilt unserem Vortragenden, dem Hochwürdigsten Herrn Erzbischof von Smolensk und Wjasma. Eminenz, wenn wir hier
die Namen Ihrer Bischofsstädte hören, klingen uns grausige
Schlachtberichte aus dem Zweiten Weltkrieg, den Sie den
Großen Vaterländischen Krieg nennen, in den Ohren, wir können nicht vergessen, dass dieser Krieg nicht von anonymen
Mächten, sondern von Deutschen angezettelt wurde, von
diesem Land ausging und Ihre Bischofsstädte verwüstet hat,
und dass deutsche Soldaten und Polizisten, die dort nichts
zu suchen hatten, unbeschreibliche Verbrechen begingen.
Wir werden den Versuchen widerstehen, das als Pflichterfül-
lung zu bezeichnen. Sie sollen das wissen. Aber unsere heutige Anstrengung gilt der Gegenwart und der Zukunft. Wir
sind froh um alle Verbesserungen der Verhältnisse; wir ver-

folgen mit Sympathie und innigen Wünschen die Bemühungen um Perestroika und Glasnost in Ihrem Land. Diese Bemühungen haben vermehrte Kontakte mit sich gebracht. Recht oft sprechen Gäste aus der Sowjetunion in der Westfälischen Wilhelms-Universität; gerade in diesen Tagen ist eine Delegation aus Krasnojarsk mit dem Rektor der dortigen Universität zu Besuch bei uns. Aber in der Theologischen Fakultät haben wir noch niemand offiziell aus der UdSSR zu Gast gehabt, erst recht nicht einen so hohen Vertreter der Hierarchie der russisch-orthodoxen Kirche. Wir freuen uns außerordentlich über Ihr Kommen.

Sie finden bei uns – nicht nur wegen der 1000-Jahr-Feier, an der wir herzlich Anteil nehmen – großes Interesse für Ihre Kirche, unsere russisch-orthodoxe Schwesterkirche, ihre Geschichte, ihre hohen liturgischen und spirituellen Schätze und ihr Wohlergehen. Dieses Interesse wird bei uns lebendig gehalten durch das Ökumenische Institut unserer Fakultät, für dessen Direktoren, die Professoren Lengsfeld und Garijo Guembe, ich Sie hier begrüßen darf. Ihre Kirche hat, in der Fortsetzung ihrer Friedensarbeit, die Impulse für eine Weltversammlung der Christen für Frieden, Gerechtigkeit und Bewahrung der Schöpfung intensiv aufgegriffen. Wir freuen uns, dass der Bischof von Münster auf römisch-katholischer Seite an der Spitze dieser Impulse steht und mit einer eigenen Kommission manchen Zögernden und Abwartenden ein mutiges Beispiel gibt. Unsere Fakultät nimmt mit ihrer Arbeitsstelle für Friedens- und Konfliktforschung – einzigartig für eine Katholisch-Theologische Fakultät – an diesen Anstrengungen teil, und so darf ich Sie auch im Namen ihres Leiters, des Professors Stobbe, der sich sehr um Ihr Kommen bemüht hat, hier begrüßen. Möge Ihre Arbeit, Eminenz, gesegnet sein im Sinn der Verheißung der Göttlichen Liturgie: Blascheni mirotworzy jako tiji synowe Boschiji narekutsja.

Zum Abschied schenkte mir der Erzbischof eine Medaille des Jubiläums der Bekehrung Russlands. Mir war schon vorher klargewesen, wie schändlich die Verleumdung der russisch-

orthodoxen Kirche durch westdeutsche Christen war („Spei-
chellecker der Kommunisten", „käufliche Kreaturen"). Ich sage
Kyrill, was ich von diesen Leuten, den Kalten Kriegern, denke.
Heute ist er der mächtigste Mann der russischen Hierarchie
nach dem Patriarchen.

Im Juni 1988 beschloss ich mit Dr. Hermann Wieh, damals
Rektor des Niels-Stensen-Kollegs, jeweils jährlich das Niels-
Stensen-Patrozinium der Theologiestudenten von Osnabrück
auszugestalten zu einer Vesper auch mit den Bischöfen von
Münster und Osnabrück und anschließendem Gespräch der
Bischöfe mit der Fakultät. Das wurde erstmals in diesem Jahr
1988 so gehalten. Die Vereinbarung gilt bis heute, wenn es
auch das Niels-Stensen-Kolleg nicht mehr gibt und die Osnabrücker Studenten im Münsteraner Borromaeum wohnen.

Im September bin ich mit Erich Zenger im Rektorat. Frau Wasna hatte früher etwas rätselhaft von „räumlichen Alternati-
ven" gesprochen. Unser Fakultätsgebäude in der Johannisstra-
ße war nach dem Krieg für 500 Studenten („die wir nie erreichen werden") konzipiert worden, und jetzt muss es über 3.000
verkraften, von den Bibliotheken ganz zu schweigen. Die guten Beziehungen zu Frau Wasna machen es möglich, dass sie
daran denkt, uns einen Teil des Hüfferstifts (ehemalige Ortho-
pädische Klinik) anzubieten.

Am 19.10. beging die Fakultät auf meinen Antrag hin den 60.
Geburtstag von Johann Baptist Metz in feierlicher Form, mit
einem Festvortrag von E. Schillebeeckx von der Universität
Nijmegen in der Aula des Schlosses.

Am Totengottesdienst Anfang November mit Bischof und Dekan nimmt Frau Rektorin Wasna teil; auch 10 Professoren
unserer Fakultät sind anwesend; Sigrid übernimmt Lesung und
Fürbitten. Erich Zenger und ich berichten Ende November im
Rat über unsere Besichtigung des Hüfferstifts. Wir können
mehrere Seminare mit ihren Bibliotheken dorthin verlegen,
damit ist die größte Raumnot der Fakultät beseitigt. Dass die
Fakultät dann zwei Standorte hat, ist kein Nachteil.

Ich musste mich in diesem Jahr in verschiedenen Aktionen
gegen die Stellenstreichungen durch die Landesregierung und

deren weitere Absichten wehren. Aus diesen Bemühungen möchte ich als Dokumentation mehrere Briefe zitieren.

Herrn Ministerpräsident
Johannes Rau
Heroldstr. 2
4000 Düsseldorf 1
Münster, den 5. 11. 1988
Sehr geehrter Herr Ministerpräsident,
dieser Brief betrifft die Hochschulpolitik des Landes Nordrhein-Westfalen im besonderen Blick auf die Katholisch-Theologische Fakultät in Münster, in deren Namen ich Ihnen schreibe.

1. Wir haben uns bemüht, die Strukturprobleme des Landes und die daraus erwachsenden finanziellen Sorgen zu erfassen und ein gerechtes Urteil darüber zu finden, d. h. die hauptsächlichen Schwierigkeiten nicht Ihnen, Ihrer Regierung und Ihrer Partei anzulasten. Nicht aus Duckmäusertum und obrigkeitshöriger Gesinnung, sondern aus Loyalität und Verständnis haben wir frühere Maßnahmen ertragen und das Unsere beigetragen zu einer Zukunftsplanung der Universität, die für uns erhebliche Opfer bringen würde.

a) In meinem Dekanat, das nun schon im 5. Jahr dauert, wurden uns drei Dauerstellen, darunter zwei Professuren, sowie mehrere Zeitstellen im wissenschaftlichen und nichtwissenschaftlichen Bereich weggenommen.

b) Wir haben in mühsamen und zeitraubenden Arbeitssitzungen, z. T. gemeinsam mit dem Rektorat, ein Zukunftsprofil unserer Fakultät erarbeitet, bei dem wir bis zum Jahr 2000 wenigstens 10 Stellen im C-Bereich, das sind rund 30 % des jetzigen Bestandes, wenn auch unter erheblichen Schmerzen und Bedenken, zur Verfügung stellen können. Wir haben eine Grund- und Minimalausstattung unserer Fakultät definiert und das Bewährte und Historisch-Gewachsene an Eigenprofil auf die Zukunftsperspektiven hin so umrissen, dass keine Überausstattungen übrig geblieben sind.

c) Wir haben auch bei einer Maßnahme stillgehalten, die wir

als besonders töricht und unangemessen empfinden, wenn sie stupid nach einem Schema F praktiziert wird, nämlich bei der Sperre von 9 Monaten, die beim Freiwerden jeder Stelle automatisch eintritt. Wir haben aus Loyalität, nicht aus Schwäche geschwiegen, obwohl wir auch die Öffentlichkeit, um deren Geld es auch geht, hätten von dem Unsinn unterrichten müssen, der sich ergibt, wenn wohldotierte Professoren Bücher- und Karteizettel ausfüllen, Briefe selber tippen, so wie ich auch diesen Brief selber tippen muss – denn irgendwer muss ja die Arbeit tun, wenn eine Behörde der Meinung ist, bei gleichbleibender Arbeit könne sie die Stellen kaltblütig ein Dreiviertel Jahr sperren.

2. Die am 30.9.1988 bekannt gewordenen Absichten Ihrer Regierung besagen, dass Sie bis 1991 von den Universitäten und Hochschulen des Landes Jahr für Jahr 200 Stellen einziehen wollen, um sie in einen Pool einzubringen, aus dem neue Stellen für Zwecke naturwissenschaftlich-technischer Forschung usw. gebildet werden sollen (allein 300 Stellen sollen der Informatik gewidmet werden). Die Beamten Ihres Wissenschaftsministeriums sind von Ihnen und von Ihrer Landtagsfraktion derart unter Vollzugszwang gesetzt worden, dass sie schematisch nach frei werdenden Stellen greifen. Zum ersten Mal sind bei diesen beabsichtigten „Umschichtungen" Listen an die betroffenen Fakultäten ausgegeben worden, auf denen das Ministerium selbst die einzuziehenden Stellen benannt hat, ungeachtet der Autonomie der Universität. Weder die Universität noch die betroffene Fakultät sollen die benannten Stellen wieder besetzen dürfen. Auf diesem Weg ist die Universität Münster angewiesen worden, in den nächsten Jahren 64 Stellen für Ihren neuen Pool zu opfern, wovon nach Meinung Ihres Ministeriums 7, nach unserer internen Berechnung 9 Stellen von unserer Fakultät kommen sollen. Diese Absichten, Herr Ministerpräsident, gehen über das Maß des Zumutbaren weit hinaus, und wir werden sie mit allen Mitteln bekämpfen.

Ich lege Ihnen in der Anlage (B) eine Kopie der unsere Fakultät betreffenden Liste bei. Selbst wenn es dem Rektorat gelungen sein sollte, das Ministerium hinsichtlich dieser Liste zu Modifizierungen zu bewegen, muss ich auf diese Liste eingehen, weil es um die prinzipielle Frage nach der Art dieses Eingriffs und künftig zu erwartende Eingriffe geht. Ich muss die Probleme an Einzelfällen erörtern, wenn ich auch nicht zu allen betroffenen Stellen in diesem Brief an Sie Stellung nehmen kann.

Der Name (a) bezeichnet die einzige Stelle am Seminar für Dogmatik und Dogmengeschichte, die für einen Wissenschaftlichen Mitarbeiter bestimmt ist. Diese einzige Assistentenstelle ist schon jetzt stundenmäßig nicht so ausgestattet, dass der Inhaber zur Habilitation geführt werden kann.

Der Name (b) bezeichnet die einzige Assistentenstelle am Seminar für Liturgiewissenschaft.

Der Name (c) bezeichnet den Mitarbeiter beim Dekanat, bei dem die Organisation der Studienorganisation (Vorlesungen, Studienberatung, Studienbescheinigungen usw.) zusammenläuft und der die wissenschaftlichen Kontakte zu anderen Fakultäten zu pflegen hat – soll auch dieses alles zusätzlich vom Dekan erledigt werden?

Der Name (d) bezeichnet eine zusätzliche Ausstattung des Kollegen Metz im Zusammenhang von Bleibeverhandlungen, angesichts der mannigfaltigen Kontakte seines Seminars über die Universität hinaus.

Der Name (e) bezeichnet eine überdurchschnittliche Ausstattung des Instituts für Christliche Sozialwissenschaften, dessen Direktor Furger mit dieser Berufungszusage für dieses Institut mit seinen interdisziplinären Aufgaben gewonnen werden konnte. Die Professorennamen auf dieser Liste bezeichnen Stellen, die gemäß unserem Strukturkonzept als unverzichtbar zu bezeichnen sind.

Ich habe zu den Folgen eines solchen Vorgehens folgende Bemerkungen zu machen, die auch dann noch gelten, wenn die Liste inzwischen modifiziert worden sein sollte.

Wenn Sie theologischen Kernfächern wie den oben Genannten die einzigen Assistenten wegnehmen, machen Sie die Fakultät funktionsunfähig. Wir können der wissenschaftlichen

Entwicklung nicht mehr folgen; wir können die Fachsystematik nicht erhalten und die Forschung nicht vorantreiben. Wir können aber auch den Examensbetrieb nicht mehr sinnvoll und termingerecht aufrechterhalten. Auch den Kirchen können wir nicht garantieren, dass ihre Kandidaten zum vorgesehenen Termin die Diplome erhalten, weil wir weder im Bereich der Zulassungsarbeiten noch im Bereich der schriftlichen und mündlichen Examina fristgerecht tätig sein können.

Wenn Ihre Einsparmaßnahmen zum Zweck der Umstrukturierung, wie bei diesem Konzept des 30.9.1988, in dieser Willkür und ohne Rücksicht auf das von allen Beteiligten in der Universität mühsam aufgebaute Konzept erfolgen, dann legt sich der Schluss zwingend nahe, dass es Ihnen, Ihrer Regierung und Ihrer Fraktion darum geht, die größte Katholisch-Theologische Fakultät in Europa, wahrscheinlich in der Welt, zu zerstören. Da unsere evangelische Schwesterfakultät ähnliche Eingriffe erfahren musste und muss, bleibt nur die Folgerung übrig, dass der Angriff ganz gezielt der Substanz von Christentum und Religion gilt. Als Vorwand muss dabei eine Kapazitätsberechnung dienen, durch deren Anwendung die Lehrenden an dieser Fakultät persönlich beleidigt werden. Wir sind seit Jahr und Tag überlastet. Wir kommen auch an Wochenenden nicht zur nötigen Ruhe. Ihre Bürokratie aber lässt mit einem Trick die Mehrzahl der Studierenden, die uns arbeitsmäßig belasten, verschwinden, indem sie nur die „Erstfachstudenten" in einer bestimmten Semesterzahl rechnet. Unser Nachwuchs, die an Lizentiats- und Doktoratsarbeiten Sitzenden, die zeitaufwendig betreut werden müssen, können Sie damit ebenfalls zum Verschwinden aus der Berechnung bringen. So kommen Sie zu der kränkenden und beleidigenden Behauptung, unsere Fakultät sei nur zu 64 % „ausgelastet". Dies nehmen Sie zum Anlass, bei den Eingriffen in die existierenden Stellen unsere Fakultät stets an erster Stelle als nicht ausgelastet zu bezeichnen. Eine weitere Folgerung ist diese: Wenn wir aus wohlüberlegten Gründen innerhalb der Fakultät Stellen vor solchen

Eingriffen schützen wollen, dann bekommen wir regelmäßig zur Antwort, das werde zwar gestattet, wir hätten dann aber an anderen Stellen entsprechende Opfer zu bringen. Ähnlich verfahren Sie auch mit der Universität. Ihre Ministerin Brunn und Ihr Abgeordneter Feldhaus haben bereits in der Öffentlichkeit erklärt, Münster bliebe ja Stellen erhalten, wenn auch an anderen Orten. Mit dieser Methode erreichen Sie innerhalb der Fakultäten und der Universität ein Konkurrenzdenken, das praktisch ohne Feindseligkeiten nicht ablaufen kann. Berufungs- und Bleibezusagen beruhen auf dem Prinzip von Treu und Glauben, das bei dem ganzen Einspar- und Umschichtungsverfahren ohnedies auf der Strecke bleibt. Ein solches Verhalten, Herr Ministerpräsident, ist moralisch verwerflich. Es lässt auf ein Fehlen ethischer Grundwerte bei den Verantwortlichen schließen. Wer moralische Prinzipien respektiert, der betreibt nicht eine Hochschulpolitik, bei der die einen gegen die andern ausgespielt werden.

Es tut mir leid, Ihnen das schreiben zu müssen. Es bestand längere Zeit die Tendenz, die Verantwortung nur bei den Ideologen unter den „Wissenschaftspolitikern" Ihrer Fraktion zu sehen. Aber nachdem Sie selber auf der Kabinettssitzung am 25.10. in Gütersloh diese Umschichtungen mindestens bis Ende 1989 gutgeheißen haben, müssen Sie auch persönlich dafür einstehen.

3. Die Vollversammlung unserer Professoren und der Fachbereichsrat unserer Fakultät haben am 4.11.1988 jeweils einstimmig das beiliegende Dokument (Anlage A) verabschiedet. Wir ersuchen Sie, es zu lesen und zu beantworten. Wir ersuchen Sie ferner um die Zusicherung, dass Sie sich bei Einspar- und Umschichtungsmaßnahmen an das von uns erarbeitete Strukturkonzept halten werden, und dass Sie gezielte Stelleneinbehalte mit Namensnennung – wie bei der beiliegenden Liste – unterlassen werden. Wir ersuchen Sie, die zur Substanz gehörenden Mitarbeiterstellen zu garantieren und dies auch der Universität mitzuteilen. Wir ersuchen Sie um eine Antwort innerhalb einer zumutbaren Zeit.

Wenn Sie uns diese Antwort und diese Zusicherungen nicht

geben können oder wollen, sehen wir uns genötigt, uns an die Öffentlichkeit zu wenden. Herr Ministerpräsident, wir lassen uns in dieser an unser Überleben rührenden Angelegenheit nicht zum Schweigen bringen mit dem Hinweis auf unsere gebotene Zurückhaltung in politischen Angelegenheiten, die wir als Beamte haben. Wir mischen uns nicht in die Tages- und Parteipolitik ein; wir maßen uns keine Kompetenz in Sozial- und Finanzpolitik an. Es geht um Religion, Christentum, moralische Grundwerte und um Verfassungsrechte, die wir von Ihnen, Ihrer Regierung und Ihrer Fraktion substantiell bedroht sehen. Wir werden, wenn wir nicht die erforderliche Besinnung auf Ihrer Seite erreichen, den Menschen im Ruhrgebiet, im Münsterland, am Rhein, im Sauerland, in Niedersachsen mit Hilfe der Medien sagen müssen, dass Sie nicht wollen, dass diese Menschen gut ausgebildete Seelsorger, Pfarrmitarbeiterinnen und –mitarbeiter, Pfarrer, Vikare und Kapläne bekommen. Wir werden den Niedergang der Moral anprangern, der mit einer solchen Art von Hochschulpolitik verbunden ist. Wir werden Hand in Hand mit unserer evangelischen Schwesterfakultät tätig werden. Wir werden nicht locker lassen und es nicht bei einem einmaligen Protest bewenden lassen. Alle Professoren unserer Fakultät, in der keine Fraktionen bestehen, die man gegeneinander ausspielen könnte, werden zur Kommentierung dessen zur Verfügung stehen, was man uns anzutun gewillt ist.
Mit freundlichen Grüßen
(Univ.-Prof. Dr. H. Vorgrimler, Dekan)

Kopien dieses Briefes und der Anlage A gingen zur Kenntnis- und ggf. Stellungnahme an den Nuntius in Bonn, an die Bischöfe von Münster, Essen, Osnabrück, Hildesheim, Aachen, an den Erzbischof von Paderborn, an den Diözesanadministrator in Köln, an den Leiter des Katholischen Büros in Düsseldorf, an den Rektor der Universität Münster, an den Dekan der Evangelisch-Theologischen Fakultät, zur Weiterleitung auch an die Leitung der Evangelischen Kirche. Bischof Lettmann antwortete daraufhin am 21. November unter anderem:

„Inzwischen hatte ich Gelegenheit, in der Konferenz der Bischöfe und Präsides von Nordrhein-Westfalen das Anliegen vorzutragen. Auch Herr Präses Dr. Linnemann war vom Dekan der Evangelisch-Theologischen Fakultät informiert. Wir haben beschlossen, auch unsererseits bei der Regierung vorstellig zu werden, um darauf hinzuweisen, dass es sich hier um Fragen handelt, bei denen die Kirchen zu hören sind. Herzlichen Dank für Ihre Bemühungen."

Weiter möchte ich hier meinen Brief an den Münsteraner Landtagsabgeordneten der SPD zitieren. Es ist daraus auch ersichtlich, wie hinterhältig das Gerücht ist, ich sei Mitglied oder Anhänger der SPD:

Herrn
Studiendirektor Bernd Feldhaus MdL
Am Knapp 16
4400 Münster
Münster, den 10.11.1988
Sehr geehrter Herr Feldhaus,
Sie haben in letzter Zeit da und dort zu den strukturellen „Umschichtungen" im Hochschulbereich Stellung genommen. Mit uns als der in Münster am schlimmsten betroffenen Fakultät haben Sie nicht gesprochen. Ich sende Ihnen in der Anlage unsere Resolution vom 4.11.88. Diese habe ich zugleich mit einem Protestbrief an den Ministerpräsidenten Rau geschickt. Wir werden es nicht hinnehmen, dass diese Landesregierung die größte Kath.-Theol. Fakultät Europas, wahrscheinlich sogar in der Welt, mit einem stupiden und brutalen Kahlschlag ohnegleichen im Bereich des Nachwuchses, der Mitarbeiterstellen, lahm legt. Ich habe sogleich den Apostolischen Nuntius in Bonn informiert, zumal unsere Juristen sowohl das Konkordat als auch die Verfassung verletzt sehen, und ich bin in ständigem Gespräch sowohl mit den katholischen Bischöfen Nordrhein-Westfalens als auch über unsere evangelische Schwesterfakultät, die ebenfalls hart betroffen ist, mit den evangelischen Kirchenleitungen. Wenn

Herr Rau mir nicht oder nicht zufriedenstellend antwortet, werden wir die Öffentlichkeit informieren. Der zaghafte Artikel des Herrn Obermeyer in den WN wird sich dagegen wie Strohfeuer ausnehmen. Wir werden den Menschen, auch in Münster und im Münsterland, mit Hilfe der Medien sagen, dass Ihre Partei ganz gezielt auf dem Weg über die Zerstörung der angesehenen und leistungsfähigen Theologischen Fakultäten einen Kampf gegen Religion, Christentum, moralische Grundwerte und Kultur zu führen versucht. Diesen Kampf werden Sie verlieren.
Mit freundlichen Grüßen
(Univ.-Prof. Dr. H. Vorgrimler, Dekan)

Natürlich bekam ich auf diesen Brief keine Antwort. Das Büro von Rau stellte eine Antwort in Aussicht. Es gelang mir, neben der Evangelischen Fakultät auch mehrere Dekane anderer geisteswissenschaftlicher Fakultäten zu Aktionen gegen Düsseldorf zu bewegen.

Tod meiner Schwester

Am 6.12. bekam ich einen Anruf von Paul Sumser, Pfarrer meiner Heimatgemeinde Hl. Dreifaltigkeit in Freiburg, dass am Morgen meine Schwester Maria, 57 Jahre alt, tot im Bett aufgefunden wurde. Ihr Leben war ein „Leben für andere" gewesen. Nach dem Schulabschluss hatte sie als examinierte Wirtschaftsleiterin zusammen mit einer Ordensschwester ein Heim für, wie man damals sagte, „gefallene Mädchen" geleitet, für alleinerziehende Mütter, die das fromme Milieu damals abgestempelt hatte, für solche, die wegen Abtreibung im Gefängnis gesessen hatten, weil sie weder die Intelligenz noch das Geld hatten, um nach Holland zu fahren. Nach dem Tod meiner Mutter sorgte sie sich um den alleinstehenden und kränklichen Vater. In dieser Zeit machte sie eine Ausbildung zur Medizinisch-technischen Assistentin. Sie hat dann nach dem Tod des Vaters 1975 mehrere Jahre als Empfangsdame und Buchhalterin in der Praxis eines orthopädischen Facharztes gearbeitet. Als dieser in finanzielle Schwierigkeiten geriet und die Kündigung jüngerer Mitarbeiterinnen in Aussicht stellte, trat meine Schwester zugunsten der jüngeren Kolleginnen zurück und kündigte ihrerseits. Sie meinte, mit ihren reichen Erfahrungen und guten Zeugnissen werde sie wieder eine Stelle erhalten, aber sie blieb arbeitslos. Ein Herzleiden machte sich bei ihr bemerkbar. Einkünfte zum Leben hatte sie aus dem Elternhaus. Ich habe in der Kapelle St. Carolus die Totenmesse und anschließend die Einsegnung auf dem Friedhof gehalten. Am 1.12. hatte mir der Diakonatsvorkämpfer Hannes Kramer noch ein Päckchen von meiner Schwester mit einem Kuchen, den sie für mich gebacken hatte, und mit Weihnachtsgebäck von ihr nach Münster gebracht. Ein Brief kam von Klaus Hemmerle, meinem Schulfreund aus Freiburger Zeiten, in dem von beidem die Rede ist, von meinem Kampf gegen die Stellenstreichungen und vom Tod meiner Schwester *(maschinenschriftlich):*

Klaus Hemmerle
Bischof von Aachen
5100 Aachen, d. 19.12.1988
Lieber Herbert!
Hab vielen Dank für Deinen Brief vom 8. November d. J. mit seinen Anlagen. Ich habe ihn ins Gespräch mit den anderen nordrhein-westfälischen Bischöfen mit eingebracht; Du hast uns mit Deinen Hinweisen und der Sache mit Deinem Eintreten einen guten Dienst getan.
Ich schicke Dir diesen Brief als einen persönlichen, weil ich im Telefonat mit Paul Sumser davon gehört habe, dass Deine liebe Schwester heimgerufen wurde. Dies hat mich sehr getroffen, und ich möchte Dich meiner herzlichen Teilnahme und meines brüderlichen Gebets versichern.
Ich bin sehr dankbar, meine im März 93 Jahre alt werdende Mutter bei mir haben zu dürfen. Auch wenn natürlich die Kräfte erheblich nachlassen, bin ich sehr froh, dass sie in wacher und diskreter Güte da ist und mich bei meinem Dienst still begleitet.

Trotz dieses Schmerzes, ja gerade in ihm wünsche ich Dir das Licht von Advent und Weihnachten und bin mit herzlichen Grüßen
Dein
(handschriftlich) Klaus

Am 13.12. gedachte unsere Fakultät in einer Eucharistiefeier in der Dominikanerkirche ihrer Toten des Jahres 1988, die früher Dozenten bei uns oder unsere Ehrendoktoren waren:
Prof. em. DDr. Peter-Josef Keßler
Honorarprof. DDr. Hermann Kardinal Volk
Prof. em. Dr. Johannes Gerhardus Remmers
Dr. h. c. Johannes Bours
Dr. h. c. Hans Urs Kardinal von Balthasar.

Zum 4.1.1989, dem Tag, an dem ich 60 Jahre alt wurde, lud mich Bischof Lettmann zur Konzelebration ins Bischofshaus ein. Er begründete damit eine Tradition, die bis heute nicht abgerissen ist! Ferner wurde ich zur Konzelebration mit Weihbischof Ostermann am Fest Epiphanie 6.1. in den Dom eingeladen, mit Predigt von mir, und anschließendem Empfang mit Bischöfen und Domkapitel im festlichen Kachelzimmer des Domes. Am Tag zuvor kamen viele Kollegen zu mir nach Altenberge.

Zur Lage der katholischen Theologie

Am 5.1. erhoben 15 Professoren der Katholischen Theologie in Köln öffentlich Protest „gegen den römischen Druck auf die Bischofsernennungen, die Erteilung und den Entzug der Missio canonica für Theologieprofessoren sowie gegen die Tendenz päpstlicher Ansprachen (1988), die Normen zur Geburtenregelung als ‚unfehlbar' zu verstehen. Dieser Text wurde anschließend von zunächst 163, später 220 Professoren aus Deutschland, Österreich, der Schweiz unterzeichnet und am 27.1.1989 erstmals publiziert. Es folgten weltweit Solidaritätsbekundungen und ähnliche Erklärungen in Frankreich, Italien, Spanien, Belgien u. a., schließlich seitens der Gesellschaft für Katholische Theologie Nordamerikas" (D. Mieth). Diese „Kölner Erklärung" wurde in Münster unterzeichnet von Feldmann, Garijo Guembe, Maria Kassel, Lengsfeld, Löning, Metz, Neufeld, Pröpper, Richter, Rolinck, Schladoth, Steinkamp, Weimar, Zenger. Ich habe nicht unterzeichnet, nicht weil ich mit der Zielrichtung nicht einverstanden gewesen wäre, sondern wegen der Unsitte, dass sich eine kleine Gruppe als „Erstunterzeichner" bezeichnet und die übrigen als „weitere Unterzeichner" laufen. Sie werden damit als Mitläufer abgestempelt, ohne dass sie Gelegenheit hatten, auf den Text Einfluss zu nehmen. Von Kollegialität lässt sich da ja nicht gut reden. Die „Kölner Erklärung" war in Gestalt eines Protestes ein Hilferuf, den man in Rom hätte hören und beantworten sollen. Und nicht nur in Rom. Zwei Beispiele möchte ich nennen, die die Folgen der „Kölner Erklärung" illustrieren. Baptist Metz war vom Wiener „Institut für die Wissenschaften vom Menschen" eingeladen worden, an der Sommerakademie 1989 beim Papst in Castel Gandolfo teilzunehmen. 35 ausgesuchte Gelehrte aus aller Welt und aus allen Fachrichtungen der Wissenschaft, darunter Metz als einziger katholischer Theologe, waren gebeten worden, ihre Auffassungen zum Thema „Europa und die bürgerliche Gesellschaft" darzulegen. Im Frühjahr 1989 teilte die Deutsche Bischofskonferenz (!), und nicht etwa der Nuntius, Metz mit, er dürfe wegen der Unterzeichnung der „Kölner Erklärung" nicht nach Castel Gandolfo kommen. (Die Deutsche Bischofskonferenz hatte versprochen, das Treffen zu finanzieren.) Die Sache wurde vor den Papst gebracht, und dieser entschied im Interesse der Freiheit der Wissenschaft, dass es bei der Einladung bleibe. Es waren Kreise in der Kirche aufgekommen, in denen man sich an Bekundungen devoter Ergebenheit gegenseitig zu übertreffen versuchte. Im andern Fall, ein Jahr später, machte man in Rom Schwierigkeiten bei der Berufung von Antonio Autiero an unsere Fakultät, nicht weil man an ihm irgendetwas zu beanstanden gehabt hätte, sondern weil sein „Habilitationsvater", der international angesehene Moraltheologe Franz Böckle in Bonn, die „Kölner Erklärung" unterzeichnet hatte. Im Dritten Reich nannte man das „Sippenhaft".

In ihrer ersten Ausgabe 1989 brachte die Katholische Nachrichten-Agentur (KNA) ein Interview mit mir, das auf die Probleme einer Katholisch-Theologischen Fakultät zwischen der Hochschulpolitik der Länder auf der einen und den vatikanischen Verfahrensweisen auf der anderen Seite einging. Das Interview erschien vor der Veröffentlichung der „Kölner Erklärung", der Text kommt aber sehr nahe an diese heran. Mir scheint, dass er als Einblick in die Zeitgeschichte hier wiedergegeben werden darf: Die Theologie musste sich nach zwei Seiten hin wehren.

KNA: Herr Professor Vorgrimler, wie beurteilen Sie die Situation an den geisteswissenschaftlichen Fakultäten in Nordrhein-Westfalen?

Vorgrimler: Die Situation ist in personeller und ökonomischer Sicht ausgesprochen schlecht. Wir haben seit mindestens zehn Jahren eine enorme Zunahme der Zahl der Studierenden, ohne dass die Ausstattung der Fakultäten oder die Zahl der Lehrenden damit Schritt gehalten haben. Deshalb fühlen wir uns seit Jahren überlastet. Diese Überlastung wird derzeit nicht nur nicht abgebaut, sondern durch Maßnahmen der Düsseldorfer Landesregierung noch verschärft. Zum einen gibt es Sparmaßnahmen, die aus der wirtschaftlichen Strukturkrise des Landes erwachsen und für die wir in einem bestimmten Umfang auch Verständnis haben. Diese Sparmaßnahmen werden aber mit einer sachfremden Härte durchgeführt. Zum andern gibt es sogenannte Umschichtungsmaßnahmen innerhalb der einzelnen Universitäten und Hochschulen. Auch hierfür haben wir grundsätzlich Verständnis, da Nordrhein-Westfalen in seiner technologischen und naturwissenschaftlichen Entwicklung hinter anderen Bundesländern herhinkt. Zudem müssen in Nordrhein-Westfalen neue Arbeitsplätze und zukunftsweisende Industrien aufgebaut werden. Wir sind bereit, unseren Beitrag zu leisten, damit eine solche Entwicklung möglich wird, wehren uns aber dagegen, dass in einem völlig sachfremden Hauruck-Verfahren Umschichtungen vorgenommen werden.

KNA: Professoren der Kölner Universität haben erklärt, dass in Nordrhein-Westfalen eine Zerschlagung geisteswissenschaftlicher Fakultäten befürchtet werden müsse. Teilen Sie diese Einschätzung?

Vorgrimler: Ich teile diese Auffassung, da verschiedene Mitglieder der Landesregierung den Geisteswissenschaften im ganzen kein Verständnis entgegenbringen. Im Sinn der heutigen Brauchbarkeitsmentalität werden diese wesentlichen Säulen eines Universitätsbetriebs als unnütz und unproduktiv bewertet. Die Geisteswissenschaften sind daher für Düsseldorf ein Jagdgebiet für Umschichtungen und Einsparungen. Mit dieser Politik wird zu einem allmählichen Verschwinden der geisteswissenschaftlichen Fakultäten beigetragen.

KNA: Welche Forderungen haben Sie an die Regierung von Johannes Rau?

Vorgrimler: Mit Blick auf den Bereich katholische Theologie heißt die Forderung nur: Die Regierung soll uns zehn Jahre in Ruhe arbeiten lassen. Die Hoffnung auf eine positive Förderung habe ich schon lange nicht mehr. Wir brauchen aber eine Atempause, um unserer Arbeit mit den ohnehin beschränkten Mitteln nachgehen zu können.

KNA: Die „Arbeitsgemeinschaft der deutschsprachigen katholischen Dogmatiker und Fundamentaltheologen" hat ihre „ernste Besorgnis" über Lehrstuhlbesetzungen in Katholisch-Theologischen Fakultäten geäußert. Worauf gründet sich diese Besorgnis?

Vorgrimler: Nach meiner Kenntnis der Sachlage werden diese Verfahren durch römische Instanzen in einer unnötigen Weise kompliziert und erschwert. Die Kongregation für die katholische Erziehung schreibt sich das alleinige Recht zu, das sogenannte „Nihil obstat" für die Berufung von Professoren auf Lebenszeit zu erteilen. Dem jeweiligen Ortsbischof kommt nur noch das Recht zu, ein Bittgesuch an diese Kongregation zu richten. Die Fakultäten sollen nach den entsprechenden Regelungen ein Urteil über Rechtgläubigkeit der Lehre und den „Lebenswandel" des Kandidaten abgeben. Rom behält sich jedoch vor, alle Punkte nachzuprüfen und eigene Bedingungen für die Erteilung des „Nihil obstat" aufzustellen. Durch dieses seit Juli 1988 geltende Verfahren werden die Sachkompetenz einer Fakultät und das kirchliche Urteil eines Ortsbischofs abgewertet.

Die Neuerung des Verfahrens ist Bestandteil jenes auch auf anderen Ebenen zu beobachtenden Versuchs, die Betonung der Stellung der Ortsbischöfe durch das Zweite Vatikanische Konzil wieder rückgängig zu machen. Durch diese Praxis werden die Katholisch-Theologischen Fakultäten gefährdet. Es gibt nicht genügend hinreichend qualifiziertes Nachwuchspersonal. Wenn nun Rom noch Maßstäbe an die Kandidaten anlegt, die nicht unbedingt mit denen des Ortsbischofs übereinstimmen müssen, ist zu befürchten, dass am Ende des Verfahrens eine negative Selektion herauskommt. Nicht alles, was römische Behörden als geistige Haltung fordern, entspricht der großen Tradition der katholischen Kirche. Es kommt bei Lehrstuhlbesetzungen offenbar mehr auf Anbiederung und Anpassungsfreudigkeit als auf fachliche Qualifikation an.

KNA: Vertreter der katholischen Kirche und der CDU in Nordrhein-Westfalen haben die Vermutung geäußert, dass der Ausfall von Religionsunterricht in diesem Bundesland auch ideologische Motive haben könnte. Können Sie dem zustimmen?

Vorgrimler: Ja. Bei der sogenannten Bildungs- und Hochschulpolitik habe ich den begründeten Eindruck, dass ideologische Positionen in der stärksten Landtagsfraktion in Düsseldorf den Geistes- und Naturwissenschaften sowie Religion und Christentum überhaupt nicht positiv gesonnen sind. Die Aversionen gegen den Religionsunterricht machen sich auch in der Art und Weise bemerkbar, wie Gesellschaftskunde gegen Religion ausgespielt wird. Auch der Umgang mit ausgebildeten und nicht-angestellten Religionslehrern und – lehrerinnen seitens der politisch Verantwortlichen in Nordrhein-Westfalen ist skandalös. Hier fehlt es an Kreativität und Flexibilität, beispielsweise im Bereich der Teilzeitarbeit. Für mich als Universitätslehrer ist der Umgang mit diesen Menschen das Bedrückendste an meinem Beruf.

Im Januar kommt die von Rau schon angekündigte Antwort auf meinen Brief vom 5.11.88:

Der Ministerpräsident des Landes Nordrhein-Westfalen
Düsseldorf, 19.1.89
Sehr geehrter Herr Dekan,
heute möchte ich noch einmal auf Ihren Brief vom 5. November 1988 und die Stellungnahme des Fachbereichsrates zurückkommen, die geprägt sind von der großen Sorge um den Bestand der Katholischen Theologie an der Universität Münster.
In den letzten Wochen haben mich zahlreiche Briefe erreicht, in denen Studenten wie Lehrende ihre Auffassung über die von der Landesregierung beabsichtigten Strukturmaßnahmen dargelegt haben. Auch die Berichterstattung in den Medien gibt die heftige und kontroverse Diskussion wieder, die an zahlreichen Universitäten ihren Ausdruck auch in vielfältigen Protestaktionen findet.
Ich kann gut verstehen, dass die Betroffenen den Veränderungsprozess als schmerzlich empfinden, sich für bessere Studienbedingungen einsetzen und drängende Fragen an die Politik stellen.
Bei aller Sorge um die Zukunft unserer Universitäten, die mir aus meiner Zeit als Wissenschaftsminister besonders ans Herz gewachsen sind, ist die Schärfe der Auseinandersetzung nicht immer angemessen. Es liegt mir sehr daran, die Diskussion zu versachlichen und zu einer nüchternen Betrachtungsweise zurückzufinden.
Denn alle gesellschaftlichen Gruppen sind sich darüber einig, dass die Zukunft unserer Gesellschaft noch mehr als die Gegenwart von Wissenschaft, Technik, Kunst und Kultur geprägt wird und damit die Nachfrage und der Bedarf an Hoch-

schulleistungen noch weiter wachsen wird. Dies setzt leistungs- und konkurrenzfähige Hochschulen voraus.

Freilich sind die Ressourcen des Staates begrenzt. Um den sich abzeichnenden Veränderungen in Wirtschaft, Technik und Gesellschaft Rechnung tragen zu können, darf – wie auch die Westdeutsche Rektorenkonferenz in den von ihr im Sommer dieses Jahres [gemeint wird 1988 sein] verabschiedeten Leitsätzen für eine zukünftige Hochschulpolitik zum Ausdruck bringt – das Bestehende nicht festgeschrieben, nicht allein die Wahrung „historischer Besitzstände" gefordert werden. Dies gilt um so mehr in Nordrhein-Westfalen bei einer seit Jahren sehr schwierigen Haushaltssituation, die von allen Konsolidierungsbeiträge abverlangt.

Zur gezielten Verbesserung von Forschung und Lehre wollen wir innerhalb der Hochschulen Umschichtungen und Umwidmungen vorwiegend aus solchen Fachbereichen vornehmen, die nach bundesweit anerkannten Kriterien nicht voll ausgelastet sind. Den Hochschulen geht damit keine einzige Stelle verloren. Sie erhalten vielmehr Handlungsspielräume, etwa um in den stark nachgefragten Fächern zusätzliches Personal einzusetzen.

Selbstverständlich beabsichtigen wir mit den Strukturmaßnahmen keine Minderung eines Studienganges oder eines Faches. Ebensowenig sollen die Leistungen der von den Umschichtungen betroffenen Lehrkräfte in irgendeiner Weise geschmälert werden. Ich darf Ihnen auch versichern, dass die in der Katholischen Theologie an der Universität Münster vorgesehenen Maßnahmen gewiss nicht darauf abzielen, den Fachbereich zu gefährden.

In der Stellungnahme des Fachbereichsrates gehen Sie aber selbst davon aus, dass die gegenwärtige Personalstruktur in der Katholischen Theologie nicht in allen Punkten den einer sparsamen Haushaltspolitik angemessenen Erfordernissen entspricht.

Dennoch kann ich gut verstehen, dass Sie tief besorgt waren, als Ihnen die Liste des Ministeriums für Wissenschaft und Forschung ausgehändigt worden ist. Sicherlich werden Sie inzwischen erfahren haben, dass die mit der Bitte um vertrauliche Behandlung übersandte Liste auf ausdrücklichen Wunsch der Hochschule erstellt worden ist. Sie sollte lediglich verdeutlichen, dass das Ministerium gerade nicht auf einzelne Stellen festgelegt war und damit keine endgültige Entscheidung über das Ausmaß der Umschichtungen beinhaltet. Wenn sich die Auffassung Ihres Fachbereichs über das tragbare Mass der Umschichtungen auch nicht völlig mit den Einschätzungen des Ministeriums für Wissenschaft und Forschung deckt, so sind doch nicht – wie von Ihnen befürchtet – 7 oder 9 Stellen, sondern lediglich 5 Stellen aus der Katholischen Theologie für eine Verlagerung in das Zentralkapitel vorgesehen. Dem Fachbereich bleiben die Stellen auch vorerst erhalten, da die Umschichtungen – zeitlich gestaffelt – erstmals 1990 vorgenommen werden sollen.

Gewiss werden Sie auch diese Entscheidung als schmerzlich empfinden. Einen Verstoß gegen verfassungsrechtlich geschützte Positionen kann ich darin freilich nicht erblicken. Denn immerhin werden der Katholischen Theologie nach Abschluss der inzwischen vom Landesparlament gebilligten Strukturpläne im Jahre 1994 noch insgesamt 26 Professoren- und 30 Mitarbeiterstellen verbleiben. Ich meine, dass angesichts dieser personellen Ausstattung eine Gefährdung der Katholischen Theologie ausgeschlossen ist. Mit diesem Personalbestand sollte auch sichergestellt sein, dass jedem Professor mindestens ein Mitarbeiter zur Seite gestellt werden kann. Wie ich höre, sollen die Gespräche über die Struktur der Hochschulen in den 90er Jahren und über den langfristigen Stellenbedarf mit den Hochschulen weiterhin fortgeführt werden. Die Erörterungen werden sicherlich auch Gelegenheit bieten, über die Planungsparameter, die Prognosen zum zukünftigen Studienwahlverhalten und über die Entwicklung der einzelnen Fächer zu sprechen, um bei der von Frau Ministerin Brunn angekündigten Überprüfung der Strukturmaßnahmen im Jahre 1991 über ein möglichst hohes Maß an Konsens hinsichtlich der entscheidenden Rahmendaten zu verfügen.

Mit freundlichen Grüßen
Ihr
(handschriftlich) Johannes Rau

Interessant war mir an diesem Schreiben, dass die besprochene „Streichungsliste" von der Universität erbeten worden war. Es zeigte mir einmal mehr, dass innerhalb der Universität das Rektorat, das auf unserer Seite stand, und die Verwaltung, die es nicht immer gut mit uns meinte, nicht an einem Strang zogen. Wenn Rau in seinem Brief auch nicht auf meine Position einging, dass wir zur Kooperation und damit auch zur Aufgabe von Stellen bereit waren, aber diese Opfer selber benennen wollten, so ging die folgende Entwicklung doch in diese Richtung. Dass man die tatsächlich benötigten Mittel anderswo hätte aufbringen können, nämlich durch Schließung der überflüssigerweise von der Landesregierung neu gegründeten Universitäten Bochum, Dortmund, Duisburg, Essen und Wuppertal, steht auf einem anderen Blatt. Es wäre ja ein Eingeständnis gravierender Fehler gewesen.

Friedenszeichen in den Nahen Osten

1988 war von den Kollegen, die mit dem Theologischen Studienjahr in Jerusalem verbunden waren, Erich Zenger und Klemens Richter, die Frage aufgeworfen worden, ob unsere Fakultät nicht ein Zeichen in Richtung des Friedensprozesses im Nahen Osten setzen könne. Außer einer Erklärung steht einer Fakultät für eine solche Initiative nur die Verleihung eines Ehrendoktorats zur Verfügung. Natürlich stand ich voll und ganz zu der Idee, einen oder mehrere Menschen, die um den Frieden verdient waren, mit unserem Ehrendoktorat auszuzeichnen. Der verdiente Laurentius Klein war bald unsere Nummer Eins. Auch die Palästinenserin Sumaya Farhat-Naser gehörte bald dazu. Als sehr geeigneten Israeli fanden wir schließlich Zwi Werblowsky, der an verschiedenen Initiativen für Frieden und Verständigung aktiv beteiligt war. Es war nicht selbstverständlich, dass wir einem oder mehreren Nichtkatholiken die höchste Ehre der Fakultät verleihen dürften. Ich bat Bischof Lettmann um seine Zustimmung und erhielt sie am 28.11.88. Er schrieb mir: „Ich halte Ihre Überlegungen für gut. Sie sind geeignet, ein Zeichen zu setzen." Im Mai 1989 war es so weit. Wir luden die drei künftigen Ehrendoktoren zu einem Abendessen im Restaurant „Steinburg" ein; unsere Professoren waren so gut wie vollzählig anwesend. Ein Empfang im Friedenssaal des Rathauses mit Bürgermeisterin Graf und mit Eintragung in das Goldene Buch der Stadt Münster schloss sich an.

Am 8.5. begann das Fest in der Anwesenheit der Ministerin Anke Brunn und mit der h-moll-Suite von J. S. Bach. Im Vorfeld hatten sich noch Turbulenzen ergeben. Sumaya hatte große Befürchtungen, dass Arafats Fatah sie mit dem Tod bedrohen würde, wegen „Kollaboration" mit dem Feind Israel. Ich suchte bei dem Vertreter der PLO in Bonn, Frandschi, Hilfe. Mit der Bitte um Zurückhaltung in der Öffentlichkeit sandte er ein Telegramm, das Sumaya von den größten Ängsten befreite. So erklärt es sich, dass wir einen großen Presserummel im voraus vermieden und dass wir keine drei Laudationes, sondern nur meine Dekans-Worte für die Feier vorsahen. Sie lauteten, nachdem der Dank an alle Helferinnen und Helfer ausgesprochen war:

Die Laudatio auf unsere künftigen Ehrendoktoren möchte ich damit beginnen, dass ich Sie teilhaben lasse an den Überlegungen, die uns schließlich bis hierhin, in diese Stunde gebracht haben. Wir leben in der römisch-katholischen Kirche weithin – verallgemeinern darf ich nicht – in einer Periode der Stagnation, ja der Resignation. Wir fragen uns natürlich angesichts des konkreten Zustands der Welt nach der Effizienz unseres Glaubens; wir fragen aber auch, bedrückt und bedrängt, nach dem Sinn kleinlicher Abgrenzungen, der Verteidigung längst nicht mehr haltbarer Bastionen, nach der Wahrhaftigkeit der Sprache, die Versöhnung sagt und Aversion meint, die Dialog sagt und Monolog meint, die Brüderlichkeit oder gar Geschwisterlichkeit sagt und herrische Durchsetzung meint; wir fragen uns nach dem Soliden, fest Fundierten, auf Dauer Angelegten dort, wo wir Hektik und hastige Sensationen erleben. Kurz, die Frage richtet sich auf eine überzeugende, wahrhaftige, einschließende, ja umarmende und nicht ausschließende, nicht ins Sektiererische drängende Realisation religiösen Glaubens. Es gibt da und dort in der Welt solche Realisationen, an denen erkennbar ist, was Gott gemeint haben könnte, als er von Menschen träumte. Wir haben aber Ausschau gehalten nach einem *Ort* solcher Verwirklichung, der eine Beziehung zu *Münster* hat und eine Beziehung zu unserer Aufgabe in der Theologie. Wir haben nach der Verwirklichung von *Versöhnung* gefragt und haben den Ort dann doch ohne lange Suche in jenem Land gefunden, das Juden, Muslimen und Christen heilig ist, das die Ursprungsregion dieser drei großen monotheistischen Religionen oder der drei Ausprägungen einer einzigen monotheistischen Religion ist.

Jene Versöhnung, von der hier die Rede ist, ist nicht auf die Benediktiner-Abtei Dormitio in Jerusalem beschränkt. Unsere drei Ehrenpromovenden leben jeweils in ihren eigenen Kreisen und Kommunitäten; ihre Ausstrahlung reicht weit über den begrenzten Bereich jenes Klosters, ja jenes Landes hinaus. Aber die Dormitio ist Ort ihres gemeinsamen Wirkens, Ort friedlicher Begegnung und effektiver Versöhnung, Impulsgeberin für zahlreiche friedensfördernde Projekte – und sie ist der besondere Anknüpfungspunkt für unsere Theologische Fakultät. Als 1973 das ökumenische Studienjahr auf die Initiative von P. Laurentius Klein dort begründet wurde, eine einzigartige Institution evangelischer wie katholischer Dozenten wie Studenten, gefördert von der EKD wie von der Dt. Bischofskonferenz wie auch vom Dt. Akademischen Austauschdienst, waren zwei Mitglieder unserer Fakultät bei der Eröffnung durch den Fakultätentag anwesend, der verstorbene Alttestamentler Eising und der heutige Bischof von Limburg, Franz Kamphaus. Seither nehmen ständig Studierende aus Münster an diesem Studienjahr teil, wirken immer wieder Professoren unserer Fakultät als Lehrende mit. Sie sind Multiplikatoren der Friedensarbeit der Dormitio: des intensiven gegenseitigen Kennenlernens evangelischer und katholischer Christen im gemeinsamen Leben und Lernen, in einer wissenschaftlich fundierten Ökumene; des denkbar intensiven jüdisch-christlichen Gesprächs, der Begegnung unterschiedlicher, ja verfeindeter Gruppen. Die Abtei ist eine Begegnungsstätte, an der Europäer, zumal Deutsche, die Erfahrung solcher friedensfördernder Gespräche machen können.

Herr Zwi Werblowsky, Sie sind einer der international angesehensten Religionswissenschaftler unserer Zeit. Wir schätzen uns glücklich, dass Sie zwischen einer Gastprofessur in Yale und einem Aufenthalt in der Volksrepublik China unser Gast sind. Bis zu Ihrer Berufung nach Jerusalem im Jahr 1956 dozierten Sie in England, seither sind Sie auf dem Martin-Buber-Lehrstuhl Professor für vergleichende Religionsgeschichte und für Geistesgeschichte des Judentums. Sie haben Gastprofessuren in den USA wahrgenommen, in Harvard, Chicago, Notre Dame, Stanford, an der Columbia; ferner in Australien, in Japan. Sie waren bis 1980 Vorsitzender der „Studiengruppe der Israelischen Universitäten für Nahostfragen", bis 1982 Vorsitzender der Israelischen Nationalkommission für die UNESCO. Mit Benjamin Mazar, Martin Buber und Salman Shazar haben Sie das Israel Interfaith Comittee, jetzt Association, gegründet, deren Präsident Sie sind. Ferner waren Sie Mitgründer und viele Jahre Vorsitzender des Jerusalem Rainbow Club. Beide Gesprächskreise haben sich außerordentliche Verdienste um die kontinuierliche Begegnung von Juden, Christen und Muslimen in Jerusalem erworben. Mit Ihnen möchten wir gerne auch diese Kreise, insbesondere die Israel Interfaith Association ehren. Ihre speziellen wissenschaftlichen Leistungen in Human- und Religionswissenschaften, in Publikationen und auf Tagungen können hier gar nicht angeführt werden. Sie kennen wie kein anderer die gegenseitigen Beziehungen und Differenzen der drei monotheistischen Religionen. Dass Sie den Dialog nicht aufgegeben haben, ist für uns eine außerordentliche Ermutigung. Juden haben schon mehrfach Ehrendoktorate katholischer Universitäten erhalten, so hat zum Beispiel die Georgetown mehreren Rabbinern den Doctor of laws verliehen. Nach unseren Erkundigungen hat in der bisherigen Geschichte noch kein Jude den Ehrendoktor einer Katholisch-Theologischen Fakultät erhalten. Ich würde gern sagen, dass es uns mit außerordentlicher Freude erfüllt, als erste diesen historischen Schritt tun zu dürfen – wenn nicht unsere Fakultät gerade in Deutschland läge. Israel hat in der vergangenen Woche den „yom ha-shoah" begangen. Keinen Moment möchten wir das Entsetzen verdrängen – umso deutlicher tritt Ihr entschiedener Versöhnungswillen hervor, umso stärker empfinden wir die Ehre, dass Sie unser Doktorat annehmen.

Frau Sumaya Farhat-Naser, aus den letzten Sätzen, die ich an Herrn Werblowsky richtete, sehen Sie, dass ich mit äußerster Behutsamkeit sprechen muss, wenn ich an Sie als Professorin an der palästinensischen Universität in Birzeit bei Ramallah das Wort richte. Und doch gebietet es die Wahrhaftigkeit als Grundlage jedes ehrlichen Dialogs, die Augen nicht zu verschließen vor den Leiden Ihres Volkes und Ihrer Universität. Ihre Lebensgeschichte spiegelt lebendige Ökumene und interdisziplinäre Gesprächsfähigkeit wieder, schon durch Ihre Schulzeit bei den Kaiserswerther Diakonissen in Beit-Jala, durch Ihr Studium von Biologie, Geographie und Erziehungswissenschaft an der Universität Hamburg, mit dem Staatsexamen 1974, als Stipendiatin des Evangelischen Studienwerkes Villigst. Von 1975 bis 1979 lehrten Sie bereits an der Birzeit Universität. Nach Ihrer Promotion im Fach Botanik an der Universität Hamburg 1982 nehmen Sie bis heute diese Lehrtätigkeit wahr. Sie sind aktives Mitglied in der Birzeit Women Charitable Society, Mitglied im Board of Trustees of Arab Thought Forum, Mitglied und Beraterin des Christlichen Friedensdienstes in Bern seit 1974. Sie üben eine ausgedehnte Lehr- und Vortragstätigkeit in Ihrer Heimat wie im europäischen Ausland aus, unter anderem auch bei der Lutherischen Propstei in Jerusalem und an der Dormitio-Abtei. Sie bemühen sich aktiv um das gegenseitige Verstehen von Muslimen, Juden und Christen. Sie treten öffentlich und nachhaltig für einen gerechten und ehrenhaften Frieden zwischen Palästinensern und Israelis, für das Existenzrecht zweier Staaten, für ihr friedliches Neben- und Miteinander ein. Was das bedeutet angesichts der ständigen administrativen Unterdrückung oder Behinderung Ihrer Universität und angesichts der zunehmenden Radikalisierung Ihrer Studentenschaft, können Außenstehende nur erahnen. Wir möchten Ihnen unsere Bewunderung für Ihren gewaltfreien Kampf bekunden. Zu ihm gehört auch, angesichts des kommenden selbstständigen Staates Palästina, Ihre Anstrengung, verfassungsmäßige Rechte der gleichberechtigten Frauen in der arabischen Welt durchzusetzen. Auch darin wissen wir uns Ihnen engstens verbunden. Die Einheit von Theorie und Praxis kommt bei Ihnen noch in besonderer Weise zu einem faszinierenden Ausdruck. In Tabgha am See Genesaret existiert ein Priorat der Benediktiner-Abtei Dormitio. Im letzten Jahr (1988) hat dieses Priorat die Aufgabe übernommen, Verletzte der Intifada zur Rehabilitation zu führen. Seit dem Spätsommer 1988 haben über 200 verletzte palästinensische Jugendliche dort eine Zeit der Erholung und des Trainings verbracht, in der sie mit Hilfe von Ärzten, Physiotherapeuten, Prothetikern, Psychotherapeuten und Volontären ihre körperlichen und seelischen Probleme lindern konnten. Im Tabgha-Rundbrief – auch bei uns in der BRD in Beckingen gibt es einen Freundeskreis – war zu lesen: „Hier und da erlebten wir wirklich kleine Wunder in Tabgha, nicht nur im Heilungsprozess von Verletzten, sondern vor allem auch im Miteinander von jugendlichen Christen und Muslimen, von Palästinensern, Israelis und Deutschen." Sie, verehrte Frau Farhat-Naser, gehören zusammen mit Ihrem Mann Munir Naser zu denen, die solchermaßen heilend in Tabgha helfen. Das ist die Art von Ökumene und Kirche-Sein, von der wir meinen, dass sie Zukunft hat.

Pater Laurentius Klein, Ihre Verdienste um die Ökumene römischer Katholiken mit Anglikanern, Lutheranern und Reformierten sind weltweit anerkannt, Sie wurden auch schon einmal mit einem theologischen Ehrendoktorat geehrt. In der Vorbereitungszeit des Zweiten Vatikanischen Konzils waren Sie Berater des unvergessenen Kardinals Bea, von 1963 bis 1969 Abt von St. Matthias in Trier. Ihr eindringendes theologisches Wissen – Sie sind einer der besten Kenner des ökumenisch so interessanten Nikolaus von Kues – und Ihre Gesprächsfähigkeit brachten Sie voll ein, als Sie 1969 Abt-Administrator der Dormitio-Abtei in Jerusalem wurden. Es ist wesentlich Ihr Verdienst, dass die Abtei das ökumenische Zentrum, der Ort des Dialogs der drei großen monotheistischen Religionen geworden ist, der sie heute ist. Ihre Verdienste um das Theologische Studienjahr habe ich schon genannt. Nach einer Zwischenzeit von 1981 bis 1987, in der Sie Leiter des Ökumenischen Zentrums Deutschlands in Frankfurt waren, sind Sie wieder Studiendekan in Jerusalem geworden. Wenn wir Ihnen unser Ehrendoktorat verleihen dürfen, wofür wir Ihnen sehr dankbar sind, dann möchten wir damit bekunden, dass für uns die Ökumene weder auf der Stelle tritt noch eingeschlafen ist, und dass wir allen Engagierten unsere Hochachtung bekunden wollen, gerade denen, die Ihr Werk, das Studienjahr, weiterhin fördern und trotz aller Unkenrufe – an denen es ja nicht fehlt – an ihm festhalten. In unserer Fakultät werden Sie immer Ihre Verbündeten und Weggefährten haben.

Mit dieser Ehrung der drei Persönlichkeiten will unsere Fakultät auch drei Universitäten auszeichnen, die eine wichtige Aufgabe für den Frieden jener Region wie für ein versöhntes Miteinander der drei großen Weltreligionen haben, die Hebräische Universität in Jerusalem, die palästinensische Universität in Birzeit und die Päpstliche Hochschule der Benediktiner in San Anselmo in Rom, die der wissenschaftliche Träger des Studienjahres an der Dormitio ist.

Versöhnung ist der Inbegriff dessen, was wir ehren möchten. Versöhnung setzt Besinnung, Festigkeit und Wahrhaftigkeit voraus. Sie drei haben, jeweils an Ihrem Ort, erfahren und gezeigt, welcher Mut, ja Widerstand, Voraussetzungen der

Versöhnung sind. Sie müssen sich gegen herrschende Meinungen und gegen unterschiedliche Obrigkeiten durchsetzen. Wir möchten von Ihnen lernen, nicht zuletzt im Aufarbeiten unserer eigenen Vergangenheit, denn mitschuldig an dem Entsetzlichen, das unser Land und unser Christentum belastet, sind Sätze wie: „Jedermann sei den vorgesetzten Obrigkeiten untertan; denn es gibt keine Obrigkeit außer von Gott, die bestehenden aber sind von Gott eingesetzt" (Röm 13,1). Hochschulen können Orte der Freiheit vom Diktat der unversöhnlichen Betonköpfe jeder Couleur sein. Wo Menschen sich aber auf die Kräfte der Versöhnung einlassen, da setzen sie Regelverhalten außer Kraft, da vollbringen sie mehr, als von Natur aus in den Kräften und Tendenzen des Menschen liegt. Wenn die Politiker das verstanden hätten, würden sie mit größerer Hochachtung von Religion, Theologie und Religionswissenschaft denken, denn die Kraft, die uns zum Unwahrscheinlichen, zu wahrer Selbsttranszendenz befähigt und uns zukunfts- und friedensfähig macht, nehmen wir nicht aus Technik und nicht aus Naturwissenschaft – die gezeigt haben, wohin sie alleingelassen den Menschen pervertieren. Die Kraft des unwahrscheinlichen Übersteigens, die Macht der Gewaltlosigkeit nennen wir: Gott.

Die Festrede hielt Professor Werblowsky zu dem Thema: „Die Bedeutung Jerusalems für Muslime, Christen und Juden". Am Abend empfing Bischof Lettmann die drei neuen Ehrendoktoren und mich im barocken Kachelzimmer des Domes. Er sagte zu den drei Ehrengästen gewandt:

Unsere Katholisch-Theologische Fakultät hat Sie mit dem Doktorat geehrt. Ich freue mich, Ihnen zu dieser Ehrung unsere Glückwünsche aussprechen zu können.
Mit dieser Ehrung wird Ihr Bemühen um Begegnung und Verständigung, um Versöhnung und Frieden im Heiligen Land anerkannt.
„Erbittet für Jerusalem Frieden", heißt es im Psalm (122,6). Wir beten dieses Wort häufig in unserem Brevier, im Stun-

denbuch der Kirche, und denken dabei an die Situation im Heiligen Land.

In diesem uns allen heiligen Land ist die Bibel entstanden, in deren Schöpfungsbericht es heißt, dass Gott den Menschen nach seinem Bild erschaffen hat. Es ist das Land, in dem Jesus seine Jünger das Vaterunser lehrte. Vater unser: Das führt uns dazu, einander als Schwestern und Brüder zu begegnen. Wir können Gott nicht Vater nennen, wenn wir nicht zugleich den Menschen, die nach seinem Bild erschaffen sind, in Achtung und Ehrfurcht begegnen.

In einer großen Vision lässt der Prophet Jesaja uns einen Blick in die Zukunft tun. „Am Ende der Tage wird es geschehen: Der Berg mit dem Haus des Herrn steht fest gegründet als höchster der Berge. Er überragt alle Himmel. Zu ihm strömen alle Völker. Viele Nationen machen sich auf den Weg. Sie sagen: Kommt, wir ziehen hinauf zum Berg des Herrn, zum Haus des Gottes Jakob. Er zeige uns seine Wege. Auf seinen Pfaden wollen wir gehen … Dann schmieden sie Pflugscharen aus ihren Schwertern und Winzermesser aus ihren Lanzen. Man zieht nicht mehr das Schwert Volk gegen Volk und übt nicht mehr für den Krieg … Wir wollen unsere Wege gehen im Licht des Herrn" (Jes 2,2–5).

Es ist eine Vision über das Ende der Tage, über die Zukunft, die Gott selbst herbeiführt. Wir aber dürfen bis dahin nicht untätig sein. So heißt es bei Jesaja: „Um Zions willen kann ich nicht schweigen, um Jerusalems willen nicht still sein, bis das Recht in ihm aufstrahlt wie ein helles Licht und sein Heil aufleuchtet wie eine brennende Fackel" (Jes 62,1).

Um Zions willen schweigen Sie nicht, um Jerusalems willen sind Sie nicht still. Sie bemühen sich um Verständigung und Versöhnung, um ein Miteinander im Heiligen Land in Gerechtigkeit und Frieden. Für dieses beispielhafte Bemühen danken wir Ihnen.

Noch in diesem Mai 1988 wurde auf die Initiative Khourys im Hotel „Steinburg" am Aasee die Buchreihe „Münsteraner Abhandlungen zur Theologie" gegründet. Herausgeber waren

Angenendt, Zenger, Richter und ich. Wir hatten schon Monate früher den „Steinburg-Kreis" gegründet, um wichtige Fragen und Beschlüsse der Fakultät im voraus zu besprechen, ehe sie in die Gremien kamen. Als Verleger fungierte Khoury, der zu diesem Zweck den Oros-Verlag in Altenberge gegründet hatte. Nach meiner Emeritierung wurde Antonio Autiero mein Nachfolger als Mitherausgeber.

In den folgenden Monaten machte Sigrid weitere Besuche, die der Versöhnung dienen sollten, und zwar nun bei solchen, die sich als besonders sperrig erwiesen hatten wie Kertelge und Emeis, und auch da begann das Eis zu schmelzen. Statt dessen setzte, sozusagen aus blauem Himmel, der Moraltheologe und Jesuit Bruno Schüller wieder ein „Gerücht" in die Welt, das sich mit Sigrids und meinem „unmoralischen Verhältnis" befasste. Dieses Mal würde ich nicht leichthin vergessen können.

In der Fakultät besuchte mich im Juni der melkitische Erzbischof Lutfi Laham zu einem Gespräch über die Ausbildung seiner Theologen im Seminar in Bethlehem. Heute ist er als Gregor III. Patriarch seiner mit Rom unierten Kirche.

Die Stimmung in der Fakultät war so einträchtig und konstruktiv geworden, dass ich die Professoren-Kollegen und die Leitung des Bistums Münster zu einem gemeinsamen Gottesdienst und anschließendem Abendessen einladen konnte. Die Eucharistiefeier, die Sigrid mit Bischof Lettmann vorbereitet hatte, zu der Borromaeum und Priesterseminar eingeladen waren, fand am 19.6. in der voll besetzten Dominikanerkirche statt, mit Lettmann, Arnold Angenendt und mir als Konzelebranten und Sigrid als Lektorin (Jesaja 43). 10 Professoren waren gekommen. Beim anschließenden Festmahl im „Pferdestall" des Parkhotels Hohenfeld waren neben Bischof Lettmann, etlichen Weihbischöfen und Domkapitularen 22 Professoren (außer dem nicht eingeladenen Schüller) gekommen. Angenendt hielt eine bewegende Lobrede auf Sigrid und mich.

Seit 1987 waren Sigrid und ich jede Woche nach Ostern auf die Insel Juist gekommen, um dort Bischof Lettmann, seinen

Freund und Mitarbeiter Heinz Mussinghoff und den blinden Pfarrer Ludwig Löbbert, Kursgenosse von Lettmann, zu treffen, zum gemeinsamen Wandern und zu gegenseitigen Essens-Einladungen. 1989 wurden diese Treffen ergänzt durch gemeinsame Wanderungen im Sommer im Schwarzwald, wo Lettmann und seine Gefährten jeweils in den Ferien im Kloster St. Trudpert wohnten. Es entstand ein fester Brauch der Gemeinsamkeit zweimal im Jahr, der sich erst 1995 mit Sigrids Tod veränderte.

Möllemann meldet sich

Bei der Diplomfeier am Ende des Sommersemesters 1989 hatte ich das stupide Schema der Regelstudienzeiten beklagt und angegriffen, mit dem man die Studierenden auch der Geisteswissenschaften dem Druck der Brauchbarkeit in Industrie und Technik ausliefern und gleichzeitig die Zahl „unserer" Studierenden reduzieren wollte. Darüber war ein kleiner Zeitungsartikel am 8.7. erschienen. Am 26.7. brachten die „Westfälischen Nachrichten" diesen Leserbrief des Vizekanzlers des CDU-Bundeskanzlers Kohl:

> Wenn Herr Professor Vorgrimler, immerhin als Dekan der Katholisch-Theologischen Fakultät der Universität Münster in einer angesehenen und qua Amt zur Nächstenliebe verpflichtenden Position die „Primitivität" von Bildungspolitikern beklagt, spricht das für sich selbst. Vielleicht sollte er einmal bei seinen eigenen Studenten nachfragen, ob sie ihr Studium nicht doch auch als Berufsausbildung betrachten, schließlich hegen sie die völlig berechtigte Erwartung, später mit ihrem qualifizierten Hochschulabschluss auf dem Arbeitsmarkt unterzukommen. Auch kirchliche und akademische Stellen sind Arbeitsplätze! Auch Studenten der Katholisch-Theologischen Fakultät arbeiten nicht für Gotteslohn! Auch Herr Professor Vorgrimler ist an einer Universität auf seinen jetzigen Beruf vorbereitet worden.

Regelstudienzeiten sind heutzutage ein sehr wichtiges Mittel zur Begrenzung des Lehr- und Prüfungsstoffes, da die Hochschullehrer häufig dazu neigen, zu Lasten der Studierenden ständig neuen Stoff in das Angebot aufzunehmen. Die Klage, dass die Mittelzuweisung für Fakultäten sich nicht an der Gesamtzahl der Studierenden bemisst, sondern an den Regelstudienzeiten, ist unberechtigt. Würde sich die Mittelzuweisung an der tatsächlichen Studentenzahl orientieren, würden die Fakultäten auch noch belohnt, die ihre Studenten erst spät zum Abschluss führen.

Die Verlängerung der Studienzeiten bedeutete somit eine Finanzquelle, was kaum im Sinne der Steuerzahler sein dürfte, die schließlich die Mittel für die Hochschulen aufzubringen haben. Auch der Wunsch des Dekans, Diplomarbeiten von vornherein als Grundlage künftiger Doktorarbeiten zu betrachten und dafür entsprechende Überarbeitungszeiten in Anspruch zu nehmen, ist nicht haltbar. Diplomarbeiten sind Prüfungsaufgaben, die zeigen sollen, ob der Kandidat innerhalb einer vorgegebenen Frist ein Problem aus seinem Fachgebiet selbständig nach wissenschaftlichen Methoden bearbeiten kann.

Von dem Dekan einer kleinen Fakultät sollte man erwarten können, dass er allgemeine Hochschulprobleme nicht nur nach den offensichtlich günstigen Verhältnissen in seinem eigenen Fach beurteilt. Die Universität Münster mit ihren fast 45000 Studenten bietet für die Gesamtsituation an deutschen Hochschulen sehr gutes Anschauungsmaterial. Im übrigen: Wer Bildung zum Selbstzweck erwirbt, sollte diesen Luxus auch aus eigener Tasche bezahlen. Ein Studium ist eine Ausbildung.

Jürgen W. Möllemann

Es war uns in der Fakultät klar, dass Ignoranz und Arroganz des Kohl-Ministers nicht zu überbieten waren, von der Unterstellung an die Adresse der Professoren, die eigenen Studenten nicht zu kennen, über den Vorwurf der Aufblähung des Lehr- und Prüfungsstoffs durch die Hochschullehrer (als ob es keine fest begrenzten vorgeschriebenen Prüfungsstoffe gäbe), über das bewusste Führen der Doktoranden durch die Fakultäten zu einem späten Abschluss (als ob die „Verspätung" nicht im Sachverhalt der Literaturbeschaffung und der komplexen Materie läge), über die Definition dessen, was wissenschaftliche Diplomarbeiten zu sein haben, bis zu der „kleinen" Theologischen Fakultät in Münster mit über 3.000 Studenten, bis zur dezidierten Zurücksetzung von Bildung hinter Ausbildung: Es war die Demaskierung eines Allround-Politikers, der noch nie eine Universität besucht, aber in der Bildungsdiskussion jener Jahre mitzureden hatte. Natürlich haben wir darauf nicht geantwortet.

In diesem Jahr 1989 ergab sich noch einmal ein Briefwechsel mit Ministerpräsident Rau. Im Frühjahr wurden die Hilfskraftstunden unserer Fakultät um insgesamt 12 % gekürzt, natürlich ohne dass wir gefragt wurden. Ich habe in einem Brief an Rau am 2. Juni sehr scharf dagegen protestiert, zumal er in seinem letzten Brief behauptet hatte, uns vor weiteren Kürzungen wenigstens für ein, zwei Jahre verschonen zu wollen. Er antwortete am 5. September ausführlich. In seinem Schreiben heißt es:

„Ich kann mir gut vorstellen, dass Sie die Kürzung der Hilfskraftstunden im Frühjahr getroffen hat. Ich bitte aber zu bedenken, dass die Kürzung der Stundenzahl auf der sozialpolitisch dringend erforderlichen Erhöhung der Vergütung für wissenschaftliche Hilfskräfte beruhte. Da es leider nicht möglich war, den Hochschulen aus Anlass dieser Erhöhung zusätzliche Mittel zur Verfügung zu stellen, musste es zwangsläufig zu einer Reduzierung der Stundenzahl kommen."

Im weiteren Verlauf des Briefes kommt er auf ein Thema zu sprechen, das nicht wenig Brisanz enthielt:

„Große Bedeutung messe ich der immer ausgeklammerten Frage nach der ‚Mindestausstattung' der Fakultät bei. Ich wäre sehr froh darüber, wenn es gelänge, sich in dieser Frage zu verständigen oder zumindest einer Verständigung nahezukommen. Damit ließe sich für die Zukunft in der Tat Konfliktpotential beiseite räumen."

Die „große Bedeutung" lag darin, dass er durch die Benennung einer Mindestausstattung der Fakultät von unserer bzw. kirchlicher Seite die Möglichkeit sah, Konflikten mit dem Nuntius auf völkerrechtlicher Ebene aus dem Weg zu gehen. In dieser Hinsicht hat uns der Evangelische Fakultätentag einen Bärendienst erwiesen. Er hatte nämlich als Mindestausstattung einer theologischen Fakultät 10 Professuren angegeben. Wir aber hatten durch unsere international tätigen Institute und durch die Integration der Pädagogischen Hochschule, also durch unsere große Studentenzahl, 26 Professuren, von denen wir keinesfalls 16 für entbehrlich hielten. Rau beendete seinen Brief so:

„Ich weiß, dass Ihr Gesprächswunsch beim Minister für Wissenschaft und Forschung auf offene Ohren stößt und möchte Sie bitten, daran mitzuwirken, dass die Katholische Kirche zunächst ihre Vorstellungen zur Mindestausstattung entwickkelt. Ich bin zuversichtlich, dass dies der Ausgangspunkt für eine sicherlich nicht immer konfliktfreie, letztlich aber fruchtbare Diskussion sein wird."

Bis zu meiner Emeritierung haben wir der Düsseldorfer Regierung diesen Dienst nicht erwiesen. In Übereinstimmung mit dem Bischof haben wir keine Mindestausstattung angegeben und damit unsererseits keine Handhabe für räuberische Zugriffe auf unsere Ausstattung geliefert.

Noch ein Polemiker

Am 1. Oktober 1989 brachte das Fuldaer Bistumsblatt „Bonifatiusbote" folgenden Text des Erzbischofs Johannes Dyba:

Das Wort des Bischofs
Professoren
Mitte Oktober eröffnen wir an der Theologischen Fakultät in Fulda wieder feierlich das Studienjahr und immatrikulieren die neuen Studenten. Da sich in Fulda alle Theologiestudenten auch als Priesteramtskandidaten unseres Bistums oder

ihres Heimatbistums auf dem Wege zum Priestertum befinden – was ja an vielen anderen Theologischen Fakultäten längst nicht mehr der Fall ist –, sind wir natürlich besonders froh darüber, dass wir hier als Ausbilder durchweg Professoren haben, die nicht nur wissenschaftlich auf der Höhe sind, sondern auch einig mit Papst und Bischöfen mit beiden Beinen in der Kirche stehen.

Dass das heute leider längst nicht mehr selbstverständlich ist, haben wir in den letzten Jahren genug erfahren müssen. Wie oft haben gerade Theologieprofessoren der klaren Lehre der Kirche widersprochen, haben die Gläubigen nicht im Glauben bestärkt, sondern immer wieder verunsichert, was sich natürlich besonders verheerend auf die ihnen anvertraute Generation von Theologen auswirken musste. Zumal ja mit der Verwirrung im Lehrbereich oft auch eine Verwirrung im geistlichen und sittlichen Bereich Hand in Hand ging. So gaben in den 70er Jahren in Holland Theologieprofessoren gleich reihenweise ihr geistliches Amt auf, nicht aber ihren Anspruch, in die Kirche hineinzutönen. Kein geringerer als Hans Urs von Balthasar hält solchen Theologen die furchtbaren Worte des Herrn entgegen: „Weh euch, ihr Schriftgelehrten und Pharisäer, ihr Heuchler! Ihr verschließt den Menschen das Himmelreich. Ihr selbst geht nicht hinein; aber ihr lasst auch die nicht hinein, die hineingehen wollen" (Mt 23,13).

Wenn man heute aus der lebendigen Glaubensfreude der jungen Kirchen in der Dritten Welt oder aus der feurigen Glaubenstreue der verfolgten und sich wieder aufrichtenden Kirche der Zweiten Welt kommt, empfindet man die Atmosphäre, die bei uns in Hörsälen und Kongressen, Konferenzen und „Erklärungen" dauernd mutwillig erzeugt wird, als einfach erdrückend. Wir haben uns hier Zustände als normal einreden lassen, die für die Kirche völlig unannehmbar sind. In den auf den Aussagen des Zweiten Vatikanischen Konzils fußenden „Lineamenta" für die kommende Bischofssynode heißt es über die Professoren: „Sie bilden nicht nur durch die Erfüllung ihrer eigenen Aufgabe zum Priestertum aus, sondern auch durch das Zeugnis des priesterlichen Lebens und der Einheit, das sie den Seminaristen geben." Sie fordern für die künftigen Priester Ausbilder „von vollkommener Treue gegenüber der Kirche, die beständig das Zeugnis eines priesterlichen Lebens geben." Wenn bei uns dagegen, wie es den Anschein hat, manche Theologischen Fakultäten in geradezu „holländische" Verhältnisse abgleiten sollten, wo jeder zweite Professor den Papst angreift und selbst das Leben im Konkubinat keinen Einzelfall mehr darstellt, dann werden die Bischöfe ernsthaft überlegen müssen, ob man derart zersetzten Fakultäten noch guten Gewissens Priesteramtskandidaten anvertrauen darf oder ob es nicht an der Zeit ist, ein klares Zeichen zu setzen.

Denn wenn das Apostolische Schreiben „Christifideles laici" in Erinnerung ruft, dass schon „die lehrmäßige Ausbildung der Gläubigen sich in unseren Tagen mehr und mehr als dringend erweist", was muss dann für die vollständige, sichere und lehrmäßig solide Ausbildung derer gelten, die berufen sind, unsere Hirten und geistlichen Lehrer zu sein und was erst für die, die sie ausbilden sollen? (Lineamenta p. 21).

In früheren Zeiten waren die bedeutenden Lehrer der Theologie auch die bedeutenden Heiligen. Und bis in die Konzilszeit hinein hatten wir leuchtende Gestalten in Theologie, Spiritualität und Seelsorge. Die junge Generation wartet heute wieder auf solche Vorbilder, die nicht ihre eigenen Frustrationen, sondern authentisch Kirche darstellen und zur Ganzheit führen. Auf dass sie bald wieder am Theologenhimmel auftauchen mögen, wollen wir alle von Herzen beten.

Ihr Bischof + Johannes

Der Vorsitzende der Deutschen Bischofskonferenz, Karl Lehmann, wandte sich gegen eine pauschale Verurteilung katholischer Theologen. Wie KNA meldete, bedauerte er Dybas Äußerung, „weil sie dem, was der allergrößte Teil unserer Professoren in Lehre und Forschung macht, nicht entspricht." Am 16.10. billigte unsere Professorenversammlung einstimmig eine Antwort an Lehmann, die ich formuliert hatte. Die erwähnte Agentur meldete:

Mit „Betroffenheit und Empörung" haben die Professoren der Katholisch-Theologischen Fakultät der Universität Münster zur Kenntnis genommen, „wie der Bischof von Fulda, Erzbischof Dyba, anlässlich der Eröffnung des Studienjahres der Philosophisch-Theologischen Hochschule Fulda die anderen theologischen Fakultäten in der Bundesrepublik verunglimpft hat". Es sei nicht das erste Mal in diesem Jahr gewesen, dass Dyba geglaubt habe, theologische Fakultäten, und insbesondere die Lehrenden, pauschal in der Öffentlichkeit diffamieren zu dürfen, schreibt der Dekan der Fakultät, Professor Herbert Vorgrimler, in einem am Dienstag in Münster veröffentlichten Brief an den Vorsitzenden der Deutschen Bischofskonferenz, Bischof Karl Lehmann. Vorgrimler dankte dem Mainzer Bischof dafür, dass er sich von den Äußerungen Dybas distanziert und sein Bedauern darüber ausgesprochen habe.

Vorgrimler unterstreicht in dem Schreiben, die „Verdächtigungen und Unterstellungen" des Fuldaer Erzbischofs träfen auch die Amtsführung derjenigen Bischöfe, in deren Diözesen es katholisch-theologische Fakultäten gebe. Niemand könne Dybas „verallgemeinernde Vorwürfe" als konstruktiven Beitrag zu dem notwendigen Dialog zwischen Bischöfen und Professoren ansehen. Weiter betont Vorgrimler: „Die theologischen Fakultäten wissen sehr wohl um die Sorgen der Bischöfe. Sie kennen die Probleme, die aus dem Verhältnis von Glaube und Wissenschaft sowie aus der Verpflichtung, Glauben und Leben in Einklang zu bringen, entstehen." Dabei seien „im letzten alle auf gegenseitiges Vertrauen und auf den brüderlichen Dialog angewiesen." Es ist zu hoffen, dass die „Angriffe" Dybas den nach der „Kölner Erklärung" gerade auch von Lehmann geförderten Dialog nicht beeinträchtigten.
(KNA WD 225, 8.11.89.)

Besonders infam war das unkontrollierte Geschwätz von Dyba über Theologieprofessoren im „Konkubinat". Auf der einen Seite forderten die Bischöfe, dass die Priester eine „Haushälterin" hätten, damit sie nicht sozial verwahrlosten. Aber immer weniger Frauen waren bereit, den schlecht bezahlten Magdberuf als „Haushälterin" auszuüben. Auf der andern Seite betonten die Bischöfe die Gleichwertigkeit der Frauen und förderten deren Mitarbeit in Wissenschaft und Seelsorge. Wenn sich nun Frauen bereit fanden, sowohl im gemeinsamen Haushalt als auch in gemeinsamer wissenschaftlicher Arbeit tätig zu sein, mussten sie sich der üblen Nachrede und Minderheitenhetze Dybas ausgesetzt sehen, die er unmoralisch und bedenkenlos in die Luft setzte, als habe er intime Einblicke in häusliche Verhältnisse. Dyba machte sich so zum Anführer einer Zusammenrottung angeblich Frommer, denen die nachkonziliare Richtung von Bischöfen und Theologen nicht in ihr primitives Urteilsvermögen passte. Als die Westdeutsche Bischofskonferenz eine Vollversammlung in Münster abhielt, veröffentlichte diese Clique (am 6.3.95) eine große Anzeige in der dortigen Tageszeitung, in der Dyba, sein Pflichtbewusstsein und sein Eintreten für Moral (!) hymnisch gepriesen wurden, in der er in besonderer Weise – im Unterschied zu anderen Bischöfen – willkommen geheißen wurde. Zu den Unterzeichnern gehörte eine Religionslehrerin Angelika Senge, die als militante Anhängerin Iserlohs gewirkt hatte.

Im Oktober 1989 feierte die Evangelisch-Theologische Fakultät in Münster ihr 75-jähriges Bestehen. Bei ihrem Festakt am 25.10. durfte ich in Anwesenheit der Ministerin Brunn und des Universitätsrektors folgendes Grußwort sprechen:

Namens der Katholisch-Theologischen Fakultät dieser Universität überbringe ich unserer Evangelischen Schwesterfakultät die herzlichsten Glückwünsche zu ihrem Jubiläum. Wenn ich in die Geschichte Ihrer Fakultät schaue, wie sie von Robert Stupperich und Georg Schreiber aufgezeichnet worden ist, dann kann ich mit Genugtuung feststellen, dass das Werden und Wachsen Ihrer Fakultät nie von konfessionellen Zwistigkeiten überschattet, nie von Eifersüchteleien vonseiten der älteren römisch-katholischen Schwester getrübt war. Das betrifft sowohl die weitere Vorgeschichte mit den bedeutenden evangelischen Institutionen in Steinfurt, Hamm und Rinteln als auch die engere Geschichte: nicht die Katholiken machten Ihnen die Gründung schwer, sondern 1818 eine Umverteilung zugunsten Bonns; 1902 kaiserlicher Geiz und gekränkte Berliner Eitelkeit; vor dem Ersten Weltkrieg der bekannte Umstand, dass die Universität Münster im ganzen das Aschenbrödel bei der damaligen Landesregierung war.

Es ist wahr: Es gab Zeiten, zum Beispiel im Umkreis des Zweiten Vatikanischen Konzils, da war unser geschwisterliches Verhältnis lebendiger und intensiver als heute. Wir müssten uns auf der privat-persönlichen wie auf der wissenschaftlichen Ebene viel häufiger und projektfreudiger zusammensetzen, wenn auch erfreuliche Kooperationen in den Bereichen der Exegese, der Historischen, Praktischen und Systematischen Theologie, der Sozialwissenschaften realisiert werden. Beiderseits sind unsere Möglichkeiten sehr beschränkt und behindert durch den manchmal alle Kräfte übersteigenden Anfall der Prüfungs- und Leseverpflichtungen speziell bei ganzen Gebirgen wissenschaftlicher Arbeiten. Wenn wir dann, übermüdet und überlastet von nie endendem Termindruck, seitens der Bürokratie noch erfahren, wir seien beide unterausgelastet, Sie seien nur zu 47, wir nur zu 57 % ausgelastet, oder wenn wir auf freie Arbeitskapazitäten an Wochenenden oder im sogenannten Zwischensemester hingewiesen werden, dann vereint uns wenigstens gemeinsamer bitterer Zorn.

Wir sind miteinander der Überzeugung, dass nicht nur verwertbare Ausbildung, sondern auch intensive Bildung für uns Gewissensverpflichtungen sind, weil Bildung mit der Reflexionsfähigkeit und dem ethischen Niveau einer Gesellschaft in unmittelbarem Zusammenhang steht. Darum wünschen wir uns auf Seiten der Politik Partner, wie – um von unseren beiden Konfessionen je einen zu nennen – Theodor Heuß und Carlo Schmid, die geisteswissenschaftliche Bildung nicht für edlen humanistischen und elitären Luxus hielten. Finden wir solche Partner nicht, dann haben wir Gelegenheit, unsere Zusammengehörigkeit weiterhin im gemeinsamen Kämpfen zu erfahren. Unsere Fakultät wünscht der Ihren Stärke, Wachstum, inneres und äußeres Gedeihen. Ich darf es mit den Worten eines meiner Vorgänger im Fach Dogmatik, des späteren Kardinals in Mainz Hermann Volk, sagen, der sein Grußwort zum 40-jährigen Jubiläum Ihrer Fakultät 1954 als damaliger Rektor der Universität hier in dieser Aula so beendete: „Möge der Segen Gottes, der allem Guten Anfang, Fortgang und Vollendung gibt, mit Ihrer Fakultät sein und ihr in langer Friedenszeit eine gedeihliche Entfaltung schenken!"

Als die Berliner Mauer fiel, waren Sigrid und ich in Freiburg. Wir besuchten den Abendgottesdienst im Münster. In der Predigt sprach ein jüngerer Priester von den „vielen tausend Menschen", die an der Mauer ermordet worden seien. Im Westen nahm man sich den Mund sehr voll. Sieger? Große Probleme türmten sich vor dem inneren Auge auf. Würde es zu einer „Vereinigung" der „zwei deutschen Staaten" kommen? Könnten die verschiedenen, in über 40 Jahren unterschiedlich gewachsenen Mentalitäten sich zusammenfinden? Wie würde man mit der dortigen maroden Wirtschaft umgehen? Alles demontieren? Was würde mit der Bodenreform, mit den Kindergärten, mit dem Recht auf einen Arbeitsplatz passieren? Welche Freiheit hatten sich die Menschen in der DDR vom „Westen" versprochen? Nur die Freiheit der Fernseh-Werbung? Eine wirkliche „Wende" würde kommen, da die Panzer nicht schießen würden. Aber eine „Wende" wohin?
Im November 1989 war der alte Freund Kardinal König zu Gast bei Bischof Lettmann. Ich wurde zu einem gemeinsamen Mittagessen eingeladen. Wir sprachen eingehend über den Friedensfreund Reinhold Schneider und seinen erschütterten Glauben in seinem letzten Buch „Winter in Wien".
Im Dezember kamen die beiden Bände „Gotteslehre", die ich für Wolfgang Beinerts Reihe „Texte zur Theologie" erarbeitet hatte. Sie enthalten von mir ausgewählte und eingeleitete Texte der theologischen Tradition, verschiedene Sichtweisen auf das Geheimnis Gott. Ich habe sie Bischof Reinhard Lettmann gewidmet.

Mit dem Wintersemester 1989/1990 ging meine Dekanszeit endgültig zu Ende. Nennenswerte Amtsereignisse waren noch Ende Januar 1990 der Katholische Fakultätentag mit seinem Präsidenten Klaus Wittstadt und der Rektorin Wasna, die ich im Franz-Hitze-Haus begrüßen konnte, und meine Vorlesung in der Ringvorlesung über das Zweite Vaticanum, mit der Anwesenheit von Kötting und Iserloh. Des weiteren fand in diesen Wochen des neuen Jahres im Rathaus in Münster ein Symposion über die Lage der Geisteswissenschaften statt, zu dem auch Ministerpräsident Rau gekommen war. Von unserer Seite war Baptist Metz mit einem Statement „Zur Bedeutung der Theologie / der Geisteswissenschaften in der Krise der politischen Kultur" anwesend. Anschließend kam es zu einer lautstarken öffentlichen Auseinandersetzung zwischen Metz und Vertretern der evangelischen Theologie auf der einen, Rau auf der anderen Seite.

In der Professorenversammlung am 2.2. wurde ich als Dekan verabschiedet. Kertelge hielt als Senior eine lobende Rede über die „Ära Vorgrimler" und meinte, ich hätte mich um die Fakultät verdient gemacht. So war das Ende von fast sechs bewegten Jahren versöhnlich. Das gute Ergebnis dieser Zeit war nicht mir allein zu verdanken, es war nur möglich durch die Einsicht und Zusammenarbeit vieler. In Deutschland waren so gut wie alle Katholisch-Theologischen Fakultäten zerstritten. In den meisten Fällen war der Hintergrund nicht ideologischer, sondern ökonomischer Natur. Es handelte sich um Verteilungskämpfe und um Verteidigung von Besitzständen. Speziell in Münster kam die Spannung zwischen retardierenden und progressiven Kräften verschärfend hinzu. In auswärtigen Fakultäten musste man die Warnung hören: „Passt auf, sonst wird es bei uns wie in Münster." Am Ende meiner Amtszeit war unsere Fakultät geeint und einig, es gab keine Fraktionen mehr. Auswärts wäre man froh, man hätte Verhältnisse wie in Münster.

Ich musste die Amtsgeschäfte bis zur Wahl eines neuen Dekans weiterführen. Ende März leitete ich noch den früher erwähnten Festakt zu Köttings 80. Geburtstag. Am 2.4.90 wähl-

ten wir Adel-Theodor Khoury als meinen Nachfolger zum Dekan. Geschickt steuerte Sigrid eine Woche später meine Wahl
zum Vorsitzenden der Berufungskommission für Moraltheologie (Nachfolge von B. Schüller). Wir waren von vornherein
entschlossen, Antonio Autiero für Münster zu gewinnen, auf
keinen Fall aber Empfehlungen Schüllers zu respektieren.

In meinen Dekansjahren machte sich die veränderte Atmosphäre, was meine kirchliche Position betraf, in vermehrten
Einladungen zu Vorträgen bemerkbar. Ich konnte und wollte
natürlich Rahners Zahlen nicht erreichen; rund 40 Vorträge
konnte ich in den sechs Jahren möglich machen. Ein besonderer Interessentenkreis hatte sich in Baden-Baden gebildet. Die
Themen möchte ich festhalten: Judentum und Christentum,
Juden und Jesus Christus, Karl Rahner, das Leiden Gottes,
Glaube, Hoffnung und Liebe, Erlösung, Mariologie, Theologie
der Arbeit, Wer war Adam?, der Tod in christlicher Sicht, Leben nach dem Tod, Wiedergeburt, das Konzil, die Laien in der
Kirche, Drewermann kritisch betrachtet. Zu diesem zuletzt genannten Thema möchte ich etwas sagen. Es war mir an sich
immer unsympathisch gewesen, zu jemandem Stellung zu
nehmen, der vom kirchlichen Amt gemaßregelt wurde. Aber
Drewermann hatte sich in seinem Buch „Kleriker" so arrogant
und überheblich über Priestermütter geäußert, als seien sie an
Masochismus krank; er hatte im gleichen Buch Rahner und
Metz in ganz perfider Weise behandelt. So fühlte ich durch
ihn nicht nur die Freunde, sondern noch mehr meine Mutter
getroffen. Es gab für mich daher keinen Grund, meine Kritik
an ihm für mich zu behalten.

11. Schritt für Schritt dem Ende entgegen

In der ersten Hälfte 1990 nahm ich zwei ökumenische Verpflichtungen wahr. Im März sprach ich in Münster, von Superintendent Beer begrüßt, in der ökumenischen Pfarrerkonferenz über Buße und Beicht. Im Mai fuhr ich mit Bischof Lettmann nach Oldenburg. Er gehörte seit Jahren von katholischer Seite führend zu dem Gesprächskreis mit der Evangelisch-Lutherischen Kirche von Oldenburg. Mit dem evangelischen Bischof Dr. Sievers hatte er ein hervorragendes Verhältnis. Vor diesem Kreis konnte ich über Fragen der Eschatologie in katholischer Sicht sprechen; mein lutherischer Koreferent war Prof. Rolf Schäfer.

Auf dem 90. Deutschen Katholikentag im Mai 1990 in Berlin mit dem Thema „Wie im Himmel – so auf Erden" (die mich einladende Präsidentin war Rita Waschbüsch) hielt ich einen theologischen Vortrag über den Himmel. Der Katholikentag stand ganz unter dem Eindruck der „Wende", ein freier Gedankenaustausch mit dem „Osten" war möglich.

Ein privates Datum möchte ich hier festhalten. Am 20.6.1990 war ich mit meinem alten Freund und Mitarbeiter Matthias Vollmer („Matthes") zum ersten Mal bei Emile in seinem französischen Restaurant „Giverny". Es wurde für Sigrid und mich die bevorzugte Gaststätte und gilt heute als mein Stammlokal. Mit Cordula und Emile Zaragoza verbindet mich eine herzliche Freundschaft.

Friedenspläne und Kriegsgeschehen

Sigrid begann mit der Planung einer Festschrift für Bischof Lettmann zur Vollendung des 60. Lebensjahres im Jahr 1993.

Als ersten gewannen wir Baptist Metz zur Mitarbeit. Im Jahr 1989 hatte Klemens Richter die Idee eines Ehrendoktorates für den polnischen Bischof Nossol (Opole/Oppeln) lanciert, der zur Zeit des Eisernen Vorhangs Karl Rahner durch Polen geführt hatte, Dogmatikprofessor war und unermüdlich an der Versöhnung von Polen und Deutschen wirkte. Ich sprach darüber mit Khoury und meinte, man dürfe Bischof Lettmann, den Ortsbischof, keinesfalls übergehen. Khoury stimmte zu. Nun kam er im August 1990 mit dem Vorschlag, Lettmann, Nossol und den Erfurter Bischof Wanke gleichzeitig zu ehren, und ich solle die Laudatio auf Lettmann halten. Im Oktober einigten wir uns im „Steinburg-Kreis" auf Lettmann und Nossol.

Im Oktober hielt ich den Weiterbildungskurs für den Weihejahrgang, dem Bischof Lettmann angehörte (28 Priester), über die aktuelle Gottesdiskussion, und einen Einkehrtag für den Weihejahrgang von Generalvikar Thissen (23 Priester) über Glaube, Hoffnung und Liebe.

Der Totengottesdienst im November fand ohne Bischof Lettmann, ohne Sigrid und mich statt. Am 9.11. hielt Antonio Autiero aus Neapel seine Probevorlesung mit Diskussion im Rahmen der Nachfolge Schüller.

Im Dezember erhielt Sigrid von Bischof Lettmann die Zusage, er werde 1993 mit uns nach Israel und in den Sinai fahren. Es würde unser Geschenk zu seinem 60. Geburtstag sein.

Am 10.1.1991 erreichte ich in der Berufungskommission für Moraltheologie die Annahme der Liste 1. Autiero, 2. Wolbert, 3. Römelt. Offenbar waren meine Sympathien für Autiero so stark, dass sie die Kommission zu überzeugen vermochten.

Aber am 17.1.1991 entfesselten die USA den ersten Krieg gegen den Irak. Dieses katastrophale Geschehen ließ alle anderen Probleme in den Hintergrund treten. An diesem Tag sollte die Ehrenpromotion der Bischöfe Lettmann und Nossol stattfinden. In aller Frühe rief mich Khoury an, um mir vom Krieg zu berichten. Wir konnten und wollten auf die Ehrung nicht verzichten. Khoury beschloss, zum Zeichen unserer Trauer die Musik abzubestellen. In der Aula des Schlosses stand eine Abordnung der Studenten mit Transparenten – „Blut für Öl" –

auf dem Podium. Wir ließen sie in aller Freiheit reden und teilten ihre Gefühle. So wie Khoury, so äußerte auch ich mich unmissverständlich über die Barbarei der Schau-Beter aus Texas, die nicht nur achselzuckend „Kollateralschäden" in Kauf nahmen, sondern mit ihren elektronischen Wunderwaffen Tausende von Saddam Husseins Soldaten ermordeten. Aber eine gemeinsame Ehrung für einen polnischen und einen deutschen Bischof, das war in dieser schrecklichen Zeit doch ein kleines Zeichen des Friedens. So hielt ich meine hier folgende Laudatio auf Bischof Lettmann:

Die Katholisch-Theologische Fakultät der Westfälischen Wilhelms-Universität in Münster ehrt heute mit ihrer höchsten Auszeichnung den Bischof von Münster, Herrn Dr. Reinhard Lettmann, den Ortsbischof. Dass der Ortsbischof so geehrt wird, ist – Bayern vielleicht ausgenommen, wo die Uhren immer anders gehen – eher eine Seltenheit. Die Ehrung kann missverstanden werden, als sei sie politisch motiviert, im Sinn der Suche nach Allianzen oder nach Ressourcen. Dem Laudator obliegt es, die wahren Gründe dieser außergewöhnlichen Ehrung zur Sprache zu bringen.

Für die katholische Theologie ist das vor 25 Jahren zu Ende gegangene Zweite Vatikanische Konzil ein ganz wichtiger Bezugspunkt der Erneuerung der Kirche durch die Besinnung auf ihre Ursprünge. Wir ehren in Bischof Reinhard Lettmann den Bischof, in dessen Amtsführung der Geist des Zweiten Vatikanischen Konzils lebendig ist. Das Konzil hat im 2. Kapitel des „Dekrets über die Hirtenaufgabe der Bischöfe in der Kirche ‚Christus Dominus'" so etwas wie einen „Bischofsspiegel" aufzustellen versucht. Bischof Lettmann sucht ihm, davon sind wir überzeugt, in Wort und Tat, in der Einheit seines Verhaltens zu entsprechen. Ich möchte nur einige wenige Worte des Dekrets zitieren: „Da es der Kirche aufgegeben ist, mit der menschlichen Gesellschaft, in der sie lebt, in ein Gespräch zu kommen, ist es in erster Linie Pflicht der Bischöfe, zu den Menschen zu gehen und das Gespräch mit ihnen zu suchen und zu fördern" – lieber jedoch fahre ich im lateinischen Wortlaut weiter, der prägnanter, kraftvoller ist als die moralisierende deutsche Übersetzung: „Quae salutis colloquia, ut semper veritas cum caritate, intellegentia cum amore copulentur, perspicuitate sermonis simul ac humilitate et lenitate praestent opportet, itemque debita prudentia iuncta tamen cum fiducia, quippe quae amicitiam cum foveat animos coniungere nata est" (Art. 13). Der Text bietet uns die Stichworte zur Charakterisierung des Menschen und des Bischofs Reinhard Lettmann: intellegentia cum amore, perspicuitas sermonis, humilitas, lenitas, prudentia cum fiducia – amicitia. Angesichts konkreter Erfahrungen von Kirche und Amt, von kirchlichem Amt in dieser Zeit sind wir uns dessen bewusst, dass ein Zusammentreffen solcher Qualitäten in einem Bischof nicht selbstverständlich ist.

Zu den „salutis colloquia", den Gesprächen, die das Konzil den Bischöfen dringend nahe legt, gehört vorrangig die Ökumene. Im zitierten Dekret mahnt das Konzil die Bischöfe, die von Rom getrennten Christen zu lieben und dafür zu sorgen, dass die Katholiken ihnen mit „großer Freundlichkeit und Liebe" begegnen. Die Bischöfe sollen die ökumenischen Anstrengungen fördern, und „auch die Nichtgetauften sollen ihnen am Herzen liegen, damit auch ihnen die Liebe Christi aufleuchte, dessen Zeugen die Bischöfe bei den Menschen sind" (Art. 16). Zweifellos wäre die Situation der Kirche heute eine andere, wenn es die Herzenssache aller ihrer Amtsträger wäre, die Liebe Jesu Christi aufleuchten zu lassen. Unsere Theologische Fakultät möchte Herrn Bischof Lettmann dafür ehren, dass er sich um dieses Aufleuchtenlassen bemüht und dass er ein Bischof der Ökumene ist. In jeder Freundschaft stellen nicht die hohen und festlichen Stunden, sondern das stete und treue Aufeinanderzugehen, Beieinanderbleiben und Füreinander-Dasein die Bewährungsproben dar. Die evangelischen Landeskirchen im Umkreis des Bistums Münster und die ostkirchlichen Angehörigen der Orthodoxie wissen, wie Bischof Lettmann die Möglichkeiten zu Begegnung und Gespräch wahrnimmt. Wir haben mit Freude und Stolz miterlebt, in wie einzigartiger Weise unter den Bischöfen Bischof Lettmann sich die Anliegen der Weltversammlung für Frieden, Gerechtigkeit und Bewahrung der Schöpfung zu eigen gemacht hat, die großen Themen derer, die von der Sorge um die Zukunft der Menschheit und des Planeten bewegt sind. Das Konzil hatte – als Aussage aller Bischöfe – versichert: „Freude und Hoffnung, Trauer und Angst der Menschen von heute, besonders der Armen und Bedrängten aller Art, sind auch Freude und Hoffnung, Trauer und Angst der Jünger Christi" (Gaudium et spes, Art. 1). So war die Weltversammlung die Probe aufs Exempel, inwieweit ein solches Bekenntnis ernst gemeint und der Geist des Konzils noch lebendig ist. Zugleich war sie die Gelegenheit, die Ökumene voranzubringen, obwohl die theologische Konsensbildung zu stagnieren scheint. Diese Zeichen der Zeit als unübersehbare Winke Gottes begriffen zu haben, ehrt den Bischof Reinhard Lettmann. Im Hinblick auf ihn wäre zu dem Thema des Aufleuchtenlassens der Liebe Jesu Christi noch vieles zu sagen, was ich in Einzelheiten hier nicht ausbreiten kann, was aber unserer Fakultät bei der Verleihung der Ehrendoktorwürde prägnant vor Augen stand: Des Bischofs Gespräch mit den Juden, genährt von einer ganz ursprünglichen Liebe zur Hebräischen Bibel, zutiefst betroffen von den Auschwitzzeugnissen, bewandert im Schrifttum der Chassidim und anderer nachbiblischer Juden. Seine Zuwendung zu den Muslimen, die ebenfalls Kinder Abrahams sind. Sein Hin-Gehen zu den Menschen auch mit dem geschriebenen Wort: Ich müsste den geistlichen Schriftsteller Reinhard Lettmann würdigen, dessen Bücher, es sind mehr als ein Dutzend, aus den biblischen Quellen und den Tiefen des spirituellen Erbes schöpfen und immer neue Versuche sind, mit seinem Glaubenszeugnis nicht nur das leibliche Auge, sondern auch das Auge des Herzens zu erreichen.

Ich darf sicher mit Ihrem Verständnis rechnen, wenn ich einen Aspekt hier hervorhebe, der naturgemäß einer Theologischen Fakultät besonders wichtig ist, die Beziehung dieses Bischofs von Münster zu unserer Fakultät.

Die Theologie befindet sich nicht nur im Hinblick auf die

Lage des Glaubens in Bedrängnis, in Frage gestellt von denen, die ihr ständig die Belanglosigkeit Gottes und seiner Offenbarung in den Belangen einer hochtechnisierten Gesellschaft vor Augen halten. Die Theologie ist darüber hinaus von zwei verschiedenen Seiten gedemütigt: Zum einen von denen, die ihr die ökonomischen Mittel im Rahmen der Universität neiden, ihre Kreativität und Innovationsfähigkeit bezweifeln, ihre Unbrauchbarkeit bei zweckrationaler Ausbildung und beim Technologietransfer ins Feld führen. Zum andern von denen – in den eigenen Reihen –, die sie für die Destruktion des Glaubens verantwortlich machen, ihr ihren Charakter als Institution der Öffentlichkeit nehmen wollen, die für kritische Begleitung und Loyalität keinen Sinn haben. Für beide Seiten ist die Theologie in der Rolle jener Minderheit, an der man seine Aggressionen loswerden kann.

Dem gegenüber hat der Wiener Kardinal Franz König, eine der prägenden Gestalten des Zweiten Vatikanischen Konzils, 1972 in der Universität Salzburg zur Bedeutung der Theologie in der Kirche Grundsätzliches gesagt, das ich hier gern zitieren möchte:

„Die Voraussetzung der theologischen Wissenschaft ist der Glaube im Rahmen der Tradition der kirchlichen Lehre. Hier müssen die Grenzen allerdings weit gesteckt werden. Kirchliche Lehre muss nicht immer die herrschende kirchliche Lehrmeinung sein. Niemand soll verunsichert, niemand soll verdächtigt, niemand soll verfolgt werden, weil seine Meinung – wenn sie nicht im Gegensatz zu den Grundwahrheiten des Glaubens selber steht, wenn er sie nicht absolut setzt – vielleicht in Konflikt mit der sogenannten herrschenden Lehrmeinung gerät. Er kann sich dabei auf die Gesellschaft großer Theologen und großer Heiliger berufen, die auch in Gegensatz zur herrschenden kirchlichen Meinung ihrer Zeit gerieten und später doch zu Lehrern der Kirche und zu Heiligen wurden. Er kann aber auch im Irrtum sein. Der Irrtum ist das Risiko der Freiheit. Die Theologie ist keine Wärmestube für milde Geister, die Theologie ist eine gefährliche Wissenschaft. Sich ihr zu verschreiben, bedarf des Mutes freier Männer und

Frauen, eines Mutes, der sein Korrelat nicht im Übermut, sondern in der Demut hat. Die Theologie darf man nicht aussperren von der Zukunft der Kirche, sie ist eine ihrer Voraussetzungen – nicht die einzige, aber eine notwendige. Ihre äußere Voraussetzung ist die Freiheit, ihre innere der Glaube. Ihr Weg wird nicht leicht sein" (Anzeiger für die Seelsorge Heft 1/1991, S. 22).

Dieser Text Kardinal Königs enthält ganz wichtige Elemente zur Beschreibung des gelungenen Verhältnisses von kirchlichem Amt und Theologie, des Bischofs von Münster zu unserer Fakultät. Bischof Reinhard Lettmann nimmt sein Amt, das „episkopein", mit großer Bedächtigkeit wahr; bedächtig, behutsam und genau sind sein Hören, sein Lesen und sein Reden. Ein Übel unserer Zeit ist die Wortsüchtigkeit derer, die reden müssen, ehe sie gehört oder genau gelesen haben; die nur sich selber hören können und andere zum Verstummen bringen möchten. Bedachtsamkeit ist Sache des Denken-Könnenden, des Weisen, dessen „sapientia" mehr ist als die „scientia" der Alleswissenden. Bischof Reinhard Lettmann ist ein belesener, ein denkender, ein weiser Bischof. Darum vermag er Intentionen intuitiv zu erfassen und bona fides gelten zu lassen. Er lässt die Theologische Fakultät gewähren, weil er weiß, dass Theologie tastend experimentieren und Hypothesen aufstellen muss. Er identifiziert sich nicht mit unseren Initiativen – wenn es auch Medien gibt, in denen so Törichtes gesagt wird –, und wir erwarten das auch gar nicht von ihm. Er belässt der Theologie die Würde der Freiheit freier Männer und Frauen und lässt uns damit auch den Freiraum zur Demut. Wenn wir entehrt werden, müssen wir uns wehren: Wir sind nicht die Handlanger des kirchlichen Amtes. Wenn wir uns in Freiheit auf die Suche machen dürfen, gelangen wir ohne äußere Demütigung zu der Demut, die uns angesichts der Ungeheuerlichkeit des göttlichen Geheimnisses erkennen und bekennen lässt: Nennt unsere Fakultät nicht die größte und bedeutendste; im Angesicht des ewigen Gottes gibt es keine bedeutende Fakultät und keine wahrhaft großen Theologen.

Das Konzil spricht vom Hin-Gehen der Bischöfe zu den Menschen; Kardinal König spricht vom Weg der Theologie, der nicht leicht ist. Die erste Bezeichnung der Christen war, wie die Apostelgeschichte (9,2) festhält, „tes hodou ontes", „die Leute vom Wege". Das Bischofsamt Reinhard Lettmanns ist von der Wanderschaft, vom Unterwegssein geprägt. In den regelmäßigen Gesprächen mit uns macht er sich zu uns auf den Weg. Wir wissen uns mit ihm unterwegs. Gerade im Hinblick auf den Weg hat das in Münster zu theologischen Ehren gelangte Märchen vom Hasen und Igel eine bedrückende Bedeutung, wenn das kirchliche Amt dem mühsam suchenden und laufenden Hasen der Theologie entgegenhält: Ich bin schon da! Ich weiß es immer schon besser! Gerade so ist es bei Bischof Lettmann nicht. Er ist unser guter Weggefährte, ein Mensch, der unterwegs Mut machen kann gegen die Resignation und das Müdewerden. Wenn wir heute bei dieser Ehrung eine kurze Rast machen, dann in der festen Entschlossenheit, wieder aufzubrechen und auch weiterhin miteinander unterwegs zu sein, solange es uns zugedacht ist.
Ich möchte gern mit zwei Sätzen des von Bischof Lettmann sehr geschätzten Karl Rahner schließen:
„Wir gehen, und wir sagen durch dieses ganz physiologische Gehen allein schon, dass wir hier keine bleibende Stätte haben, dass wir auf dem Weg sind, dass wir erst noch wirklich ankommen müssen, noch das Ziel suchen und wirklich Pilger sind, Wanderer zwischen zwei Welten, Menschen im Übergang, bewegt und sich bewegend, die auferlegte Bewegung steuernd und in der geplanten Bewegung erfahrend, dass man nicht immer dort ankommt, wohin der Gang geplant war. In dem schlichtesten Gehen, das der Gang des Wissenden und Freien ist, ist so das ganze Dasein des Menschen eigentlich schon da und vor sich selbst gebracht, das Dasein, dem der Glaube des Christen sein Ziel enthüllt, und das Ankommen dort verheißt: das Dasein einer unendlichen Bewegung, die sich selbst und ihr Noch-nicht-angekommen-sein weiß, die sucht und die glaubt, dass sie findet, weil Gott selbst kommt in der Herabkunft und Wiederkunft des Herrn,

der unsere Zukunft ist" (Alltägliche Dinge, Einsiedeln 1964, S. 13).

Das sind wir mit Ihnen, sehr verehrter, lieber Herr Bischof Reinhard: unterwegs auf dem heiligen Weg des Propheten Jesaja in der Wüste (Jes 35): eidem occurentes.

Bei der Friedenswallfahrt nach Telgte erzählt Bischof Lettmann Sigrid, ein gewisser Schönberger von der „Una voce Korrespondenz" habe ihn und mich bei der Glaubenskongregation angezeigt. In der Welt führen sie Krieg, und in der Kirche feuern die Dreckschleudern.

Wiener Exil

Letztes Jahr war ich vom Studienjahr in Jerusalem für diesen Februar zu Gastvorlesungen eingeladen worden; Sigrid sollte mitkommen. Da Saddam Hussein einige Raketen auf Israel abgeschossen hatte, ging das ganze Studienjahr, rund 30 Menschen, ins Exil, zuerst nach St. Matthias in Trier, danach in die Benediktinerabtei Schottenstift in Wien. Also fuhren wir am 18.2. dorthin statt nach Jerusalem. Die Begegnung mit Abt Heinrich und seinen Mitbrüdern war von Offenheit und Herzlichkeit gekennzeichnet. Sie konnten ungeachtet des unseligen König-Nachfolgers Groer und seines Weihbischofs Krenn in Freiheit leben und wirken. Wir besuchten Weihbischof Krätzl, der von Groer „kaltgestellt" worden war, Kaffee und „Mehlspeisen" waren seine Einladung. Beim Abt und bei ihm trafen wir auf eine negative Beurteilung der gegenwärtigen kirchlichen Lage; wir waren mit ihnen einer Meinung. Die Studierenden machten einen aufgeschlossenen, diskussionsfreudigen Eindruck. Von den Dozenten sind mir die Islamwissenschaftlerin Angelika Neuwirth und der Alttestamentler Georg Braulik in guter Erinnerung. Die vorlesungsfreien Stunden gaben ausreichend Gelegenheit, Wien zu erkunden, die „Zauberflöte" in der Staatsoper, die „Entführung" in der Volksoper zu erleben, die Wiener Sängerknaben in der Hofburg zu hören, Klosterneuburg mit dem Verduner Altar zu besuchen. Bald nach der Rückkehr am 16.3. hatte ich eine Fastenpredigt im Münsteraner Dom zu halten. Nach Ostern erzählte mir Bischof Lettmann, in der berüchtigten Zeitschrift „Theologisches" habe gestanden, er habe sich die Laudatio zu seinem Ehrendoktorat von mir „schreiben lassen", während in seiner Studentengemeinde die Homosexuellen zu Wort kämen. „Man könnte meinen, man sei im Irrenhaus", das war der Kommentar des Bischofs. Ich habe das abscheuliche Blatt, das vor keiner Hetze und keinem Rufmord zurückschreckte und zurückschreckt, nie angeschaut.

Kertelge hat Sigrid und mich zur Feier seines 65. Geburtstags in das Schlossgartenrestaurant am 28.4. eingeladen (ich habe dort ein gutes Gespräch mit Heinz Schürmann, dem Erfurter Neutestamentler), im Juli folgt seine Abschiedsvorlesung, ein Abschied in Frieden und gegenseitiger Achtung.

Bei einer Drei-Gipfel-Wanderung im Schwarzwald machen Reinhard Lettmann, Heinz Mussinghoff und die Pfarrer Ludwig Löbbert und Ludger Winner Duz-Freundschaft mit uns (23.7.). Im „Adler" in Hinterzarten treffen wir Altbischof Hänggi von Basel und Prälat Johannes Wagner aus Trier.

Mystische Phänomene

Etwas Seltsames begenet mir am 12. und 13. September 1991 im Borromaeum. Khoury hatte mir schon früher von einer jungen Frau in Damaskus erzählt, die merkwürdige mystische Widerfahrnisse erlebt. Nun hat Khoury sie und einige Personen aus Damaskus nach Münster eingeladen. Ich sollte als Dogmatiker teilnehmen, um die „Botschaften" aus dem Jenseits zu begutachten, die Myrna erhalten haben wollte. Die junge verheiratete Frau, die zwei Kinder hat, machte einen denkbar normalen Eindruck, ihre Begleitung, darunter ein älterer Professor und der Studentenpfarrer aus Damaskus, ebenfalls. Myrna ist melkitisch, gehört also einer mit Rom unierten Kirche an, ihr Mann ist syrisch orthodox. Zur Hochzeit hatte er ihr eine billige Reproduktion einer Marienikone geschenkt. Diese habe auf einmal Öl „ausgeschwitzt". Myrna habe dann auch eine Art von Ohnmachten gehabt, in der Karwoche mystische Schmerzen erfahren und von Maria Botschaften empfangen. Davon erzählte sie bereitwillig. Ich konnte mich mit ihr gut auf Französisch unterhalten, weil das seit der Kolonialzeit in Syrien eine beliebte Fremdsprache ist. Die Botschaften waren denkbar harmlos: Man solle inständig um den Frieden im Nahen Osten beten, „inständig", das heiße auch in regelmäßigen Gebetsstunden. Khoury hatte dem entsprechend in Altenberge, wo er damals wohnte, einen Gebetskreis gegründet. Er war oft im Nahen Osten zu Friedensgesprächen der Religionen und Kirchen unterwegs, mehrfach auch in Teheran.

Bei dem Symposion öffnete nun der ältere Professor seine Aktentasche, um an die Anwesenden kleine Bildchen, Wiedergaben der Marienikone aus Damaskus, zu verteilen. In diesem Moment sickerte Öl aus den Innenflächen von Myrnas Händen. Die meisten der insgesamt 17 Personen stimmten ein „Ave Maria" an. Danach forderte Myrna mich auf, das Öl zu „versuchen". An ihren Armen und Händen war keinerlei Manipulation feststellbar. Eine Probe mit dem Finger wies eindeutig auf Olivenöl hin. In einem Labor in Damaskus, erzählten sie, sei auch festgestellt worden, dass es sich um 100 % reines Olivenöl handelt. Wir setzten unsere Gespräche am Tag darauf noch fort. Myrna sprach auch in den Kirchen von Altenberge und in Telgte von ihren Widerfahrnissen, und wieder stellte sich dort vor vielen Zeugen das Ölphänomen ein. Bis zur Stunde (2006) ist das Haus, in dem Myrna mit ihrer Familie lebt, zu einer Wallfahrtsstätte geworden, auch Hierarchen aus verschiedenen Kirchen ließen sich dort unterrichten. Man hat Videos hergestellt, die nicht nur das Öl-Ereignis, sondern auch Myrnas mystische Leiden zeigen. Es gibt Ereignisse, die sich in unserer technisch durchorganisierten Welt und mit naturwissenschaftlichen Methoden allein nicht erklären lassen. Wenn daraus friedliche Gebetskreise entstehen und nichts mit aggressiver Sensationsmacherei verbunden wird, dann darf man dem Geschehen wohl Respekt entgegenbringen.

Nachdem sich im Oktober im Clemenshospital (Prof. von Wild) der Verdacht auf Bandscheibenvorfall bei Sigrid bestätigt hatte, suchte sie am 14.10. das Krankenhaus in Altenberge zur „konservativen" Behandlung auf. Bischof Lettmann fand ein schönes Bild: Es sei wie bei den Elefanten. Wenn ein Kleines krank sei, nähmen es die Alten in ihre Mitte. So müssten auch wir bei Sigrid tun. Am 1.11 wurde Sigrid entlassen und konnte mich zu einem Vortrag in die Abtei Dinklage und tags darauf zu Propst Timmerevers (heute Weihbischof in Oldenburg) nach Visbeck fahren, wo ich eine Totenpredigt vor über 1.000 Leuten hielt.

Krebs!

Am 18.11 wurde bei Sigrid ein Knoten in der linken Brust entdeckt. Nach verschiedenen Untersuchungen bestätigte sich der Verdacht auf ein Karzinom; Sigrid wurde am 28.11. von Prof. Dame in der Raphaelsklinik brusterhaltend operiert. Von da ab galt unsere größte Aufmerksamkeit fast vier Jahre lang dem Kampf gegen den Krebs und später der Bekämpfung der Schmerzen. Bei Sigrid waren Kampfgeist und Lebenswille ungeheuer. Wir hatten in diesem Ringen mit dem Tod einen energischen und erfinderischen Helfer im Klinikpfarrer des Clemenshospitals, Kapuzinerpater Dr. Edilbert Schülli (1929–2004). Er kochte nach den Bestrahlungen Tee für uns, organisierte Essen, half bei der Vermittlung zu Ärzten und Klinikbetten – und übertrug seine Zuversicht immer auf uns, durch all diese Jahre. Unterstützt wurde er seinerseits durch die unermüdliche Hilfe von Schwester Marianne Candels. Sie war und ist im Krankenhaus so vielfach zuständig, dass man sich ohne sie das Funktionieren des „Clemens" gar nicht vorstellen konnte und kann.

Am 7.2.1992 wurde Antonio Autiero zum Professor für Moraltheologie an unserer Fakultät ernannt. Im gleichen Monat hielt ich ein Hauptseminar mit 7 Biologen von der Universität über das Verhältnis von Theologie und Naturwissenschaft, speziell über Evolution. Um ein böses Erbe der kirchlichen Vergangenheit aufzuarbeiten, begann ich jetzt das lange Zeit zusammengetragene Material über die Geschichte der Höllenvorstellungen zu einem Buch zu formulieren.

Nachdem die römischen Bedenken ausgeräumt waren, konnte Reinhard Hoeps als Nachfolger für Paul Schladoth (Katholische Theologie und ihre Didaktik) berufen werden.

Israel

Trotz Sigrids Erkrankung und der überstandenen Strahlentherapie wagten wir es, der Einladung von Pater Laurentius zum Studienjahr nach Jerusalem zu folgen. Vom 10.3. bis 6.4.1992 waren wir in Israel. Sigrid schaut alles an unter dem Gesichtspunkt, dass wir es 1993 Reinhard Lettmann und Heinz Mussinghoff zeigen wollen. In der blühenden Bokea-Ebene treffen wir die Ärztin Mechtild Eling vom Caritas-Hospital in Bethlehem. Wir können bei dieser Wanderung Nebi Musa, das „Mose-Grab", besuchen, später auch das griechische Heilig-Kreuz-Kloster in der Nähe der Knesset. Mit dem Studienjahr machen wir die Exkursion zu den Nabatäerstädten im Negev (bis Nizzana) mit. Das Mar Saba Kloster schauen wir nur von außen an. Mit Frau Neuwirth kommen wir zur Vesper ins Griechische Patriarchat und werden von Archimandrit Aristarchos zu den Ikonen geführt. Das Zusammensein mit dem Ehepaar Brox (Kirchenhistoriker und Patrologe Norbert Brox von der Theologischen Fakultät in Regensburg) bleibt uns in sehr angenehmer Erinnerung. Mit ihnen waren wir in Banyas und auf dem Golan, Sigrid steuerte unser Mietauto.

Am 1.10. werde ich wieder zum Geschäftsführenden Direktor der Vereinigten theologischen Seminare gewählt. Ebenfalls im Oktober wird der Lizentiatsstudiengang Kirchenrecht, den wir mit und für Klaus Lüdicke in langwierigen Verhandlungen in Gang gebracht haben, in der Aula des Schlosses feierlich eröffnet. Und Ende Oktober besucht der Nuntius Kada unsere Fakultät. Persönlich sehr freundlich – auch als Bischof Lett-

mann ihm Sigrid und mich vor dem Priesterseminar vorstellt
–, ist das Gespräch sehr enttäuschend: Die theologische Fakultät ist nur für Priesteramtskandidaten da, sie sind das Wichtigste, die Laien werden als reine Nebensache behandelt. Die priesterliche „pietas" äußere sich im häufigen Zelebrieren der Messe. Das Konzil ist vergessen.

Es ist nun in Sichtweite, dass die Professuren von Metz und Vorgrimler durch Emeritierung frei werden. Bei der Vorklärung durch die Verantwortlichen bei Bischof Lettmann ergibt sich, dass bei einer der beiden ein Priester berufen werden sollte. Woher einen Priester nehmen? Erich Zenger bringt Harald Wagner ins Gespräch, den er vom römischen Germanicum her kennt. Wagner ist Professor für katholische Theologie in der evangelisch geprägten Universität Marburg und Priester des Bistums Limburg. Nachdem sich die Gremien für Wagner ausgesprochen haben, ist der Weg frei für Jürgen Werbick, Schüler des Münchner Fundamentaltheologen Heinrich Fries. Er kann noch 1993 die Nachfolge von Metz antreten. Man wollte das Faktum wiedergutmachen, dass er als Laie die Dogmatikprofessur nicht bekommen konnte.

Trotz der Entdeckung und Bekämpfung von Metastasen im Knochenskelett bei Sigrid konnten wir dreimal in diesem Jahr Wanderferien machen: Auf Juist, im Schwarzwald und auf Kreta.

Am 28.1.1993 hält Antonio Autiero seine Antrittsvorlesung. Er ist schon in der kurzen Zeit seit der Probevorlesung ein sehr lieber Freund von Sigrid und mir geworden. Nach langer Zeit haben wir einen Moraltheologen – er sagt lieber: theologischen Ethiker –, der in Theorie und Praxis seines Fachs voll auf dem Laufenden, didaktisch geschickt, argumentationsstark und kommunikativ ist. Er ist sehr gewandt im Organisieren von Tagungen und bringt internationales Flair in die Münsteraner Fakultät.

Mit großer Freude begrüßen wir am 5.3. die Ankunft der Festschrift für Bischof Lettmann zu seinem 60. Geburtstag. Sie ist im Wesentlichen das Werk von Sigrid, auch der Titel: „Sie wandern von Kraft zu Kraft" (Ps 84) und das Umschlagbild.

Am 8.3. folgt das Geburtstagsfest, unsere Einladung an Lettmann und die Bistumsleitung sowie an die Professoren der Fakultät. Mit Baptist, Erich und Antonio sind insgesamt 14 Kollegen in den „Pferdestall" beim Parkhotel Hohenfeld gekommen.

Wieder im Nahen Osten

Vom 12. März bis 2. April waren Sigrid und ich mit Bischof Lettmann und Dompropst Mussinghoff in Jerusalem, Judäa, Galiläa und auf dem Sinai. Für unsere beiden Freunde war es der erste Besuch dort. Zunächst wohnten wir fünf Tage in der Dormitio-Abtei in Jerusalem, gastfreundlich und herzlich empfangen von dem Kosmopoliten Abt Nikolaus Egender OSB, dem Freund aller Patriarchen, Ehrenbürger Jerusalems. In seiner Amtszeit, die 1995 endete, konnte die Abtei wirklich zu einer geistlichen und leiblichen Heimat werden. Gäste wohnten Tür an Tür mit den Mönchen, man traf sich in der gemütlichen, ein wenig verwohnten Cafeteria, mit dem zum großen Teil arabischen Personal war man bald vertraut. Die wenigen Mönche waren meist alt und weise, die Gottesdienste hatten große Anteile der byzantinischen Liturgie integriert, manchmal fanden sie auch in hebräischer Sprache statt. Laien und Priester hatten ihre Plätze gleichermaßen im Halbrund der Apsis. Man führte kein „heiliges Spiel" auf. Hier wurden damals Gemeinschaft und Gastfreundschaft praktiziert ohne Verwischung der Unterschiede. Die Benediktiner hatten sich damals nicht in steriler, weltentrückter Distanz produziert. Ihr Dienst am Frieden geschah wortkarg, aber in Tat und Wahrheit, nicht verfälscht durch hohle Deklamationen.
Wir konnten damals Stätten aufsuchen, die heute, nach so vielen Kriegsjahren, nicht mehr zugänglich sind. So kamen wir an den Teich Siloah, an die Gihon-Quelle, auf die „Hirtenfelder" bei Bethlehem, auf das Herodion in der Wüste Juda, zum Rachelgrab, nach Hebron. Wir fuhren durch die Landschaft Ephraim zum Garizim, nach Nablus und an den Jakobsbrunnen.

Dann hatten wir fünf Tage ein Mietauto für Galiläa, wo wir uns vieles von dem kundigen Pater Bargil Pixner erklären ließen. Wir wohnten in dem damals so gastlichen kleinen Kloster, dem „Ableger" der Dormitio, in Tagha direkt am See Genesaret, in der immer blühenden Oase, unter Öl- und Zitrus- und Eukalyptusbäumen. Am 22.3. war der 40. Jahrestag meiner Priesterweihe. Die Benediktiner holten das Benediktsfest nach, weil der 21. ein Sonntag war. So hielt ich das Hochamt mit viel Weihrauch mit Bischof Lettmann, Pater Hieronymus und Pater Bargil, Sigrid trug die Lesung vor, Bischof Lettmann predigte. Auf der Rückfahrt besuchten wir Kursi, Qumran und das sogenannte Mosegrab in der Wüste, Nebi Musa, wo uns ein freundlicher Imam durch alle Räume und durch die Moschee führte.

In den folgenden Tagen erklärte uns Frau Professorin Angelika Neuwirth das arabische und türkische Jerusalem. Wir waren in der Markuskirche und besuchten den syrisch-orthodoxen Erzbischof. Ein in der Nacht bellender Hund, von mir schließlich mit einem Besenstiel vertrieben, löste bei den Gästen große Freude aus: es sei der Hund von Bischof Lettmann gewesen.

Wir konnten – sehr anstrengend! – durch das Wadi Kelt zum Georgskloster und bis nach Jericho wandern. Am 25. mussten wir wegen des geplanten Ausflugs die Eucharistiefeier ganz früh halten. Da es mein Primiztag war, sollte ich „zelebrieren", Bischof Lettmann „ministrierte", Sigrid trug die Lesung und die Fürbitten vor. Mit dem Auto ging's ans Tote Meer, mit der Seilbahn hinauf nach Masada, dann folgte das nicht erfrischende, aber merkwürdige Bad im Salzmeer, Lettmann und Mussinghoff strichen sich mit dem heilsamen schwarzen Schlamm ein. Im Wadi David wanderten wir hoch bis zum Wasserfall. Abends waren wir ausgiebig in der Jerusalemer Neustadt, wo wir in der Ben-Yehuda-Straße eine helle Hose für den Bischof kauften, die er sich abends noch selber mit ein paar Stichen passend machte.

Sechs Tage waren wir zum und im Sinai unterwegs. Auf der Hinfahrt gab das Mietauto in der Wüste Arava seinen Geist auf. Mit Autostop und abenteuerlichen Burschen kamen wir nach Eilat, übernachteten in der Fieldschool der Naturfreunde. Anderntags trafen wir dort unsere Führerin, Daphna, eine junge Frau und promovierte Botanikerin aus einem Kibbuz. Sie führte hervorragend, mit äußerst kenntnisreichen, wenn auch etwas langatmigen Vorträgen zur Koralleninsel, durch das Wadi Ghazala zur Oase En Khudra. Von dort wanderten wir durch den White Canyon zum Stein der Inschriften. Fahrer des Autos war ein ägyptischer Christ, der uns zum Camp bei St. Katharina brachte. Anderntags gab es den strengen Aufstieg durch die großen Steine des Wadi Srätsch. Auf der Höhe angekommen, hielten wir eine von Sigrid vorbereitete Eucharistiefeier unter einem Mandelbaum. Sie trug außer der Lesung auch die Psalmen hebräisch singend vor („Ich hebe meine Augen auf zu den Bergen, von denen mir Hilfe kommt", besonders eindringlich, wenn man so wie sie den baldigen sicheren Tod in sich trägt). Über den Apsidenweg kamen wir zum Farsh Elia, wo zuerst Gemüse geputzt und Kartoffeln geschält werden mussten. Alle beteiligten sich. Am offenen Feuer ergab es eine dicke Suppe. Bei schon eingebrochener Nacht sprach Daphna ausführlich über die Beduinenstämme im Sinai. In Mudis Gärtchen unter den drei hohen Zypressen schliefen wir in den Schlafsäcken. Mit einem Tee gegen die Kälte geschützt, bestiegen wir frühmorgens den Moseberg. Wir erlebten einen wunderbaren Sonnenaufgang, Bischof Lettmann trug Psalm 19, in dem die aufgehende Sonne beschrieben wird, vor. Nach dem Frühstück wanderten wir durch das Wadi Arbain abwärts. Wir besuchten Hassan „mit dem Zahn" zu einem Tee in seinem Beduinengärtchen. Durch zwei weitere Wadis kamen wir nach St. Katharina zu einem Beduinenrestaurant. Nach dem Essen war Siesta angesagt.

Im Katharinenkloster profitierten wir davon, dass wir den Bischof dabei hatten. Gegenüber „normalen" Touristen sind die Mönche, wie ich mehrfach erlebt habe, extrem unfreundlich und abweisend; oft ist ihre Rede, statt jeden Grußes, auf ein bloßes „No" beschränkt. Der Bischof aber wurde vom Vertreter des Abt-Bischofs aufs freundlichste empfangen, mit Tee bewirtet, und dann durften wir ins Allerheiligste, hinter die Ikonostase in die Dornbuschkapelle mit ihren wunderschönen Fliesen.

Vorbei an Nabi Salach fuhren wir zur Bucht von Magenna, wo Lettmann und Mussinghoff schwimmen und schnorcheln konnten, und nach Nuweiba, wo wir alle fünf einen Ritt auf Kamelen versuchten. Dort bezogen wir schöne Bungalows. An der Koralleninsel nahmen wir Abschied von Daphna und vom Sinai. Wir schauten noch das eindrucksvolle Unterwasseraquarium in Eilat an und fuhren mit dem Bus nach Jerusalem zurück.

Nach einer ganz frühen Eucharistiefeier führte uns Frau Neuwirth durch die Al-Aksa-Moschee mit Erklärungen der Mosaiken und in den Felsendom. Anschließend durften wir in der Bibliothek des Griechischen Patriarchats jahrhundertealte Schätze in Händen halten. Schließlich trafen wir uns mit P. Johannes Düsing, Priester des Bistums Münster und viele Jahre ökumenisch segensreich in Israel tätig, auf dem Ölberg. Er sang in der „Eleona" das Vaterunser auf griechisch, Sigrid auf hebräisch. Nach Abschiedsbesuchen flogen wir am 2.4. gut zurück. Nach der Osternacht im Dom sprach Bischof Lettmann bei der gewohnten Flasche Rotwein den Wunsch aus, 1995 wieder mit uns in den Sinai zu fahren, und dann das Wadi Firan zu besuchen.

Verabschiedung von Metz

Im Juni findet im Schloss ein Festakt aus Anlass der Verabschiedung von Johann Baptist Metz statt. Verschiedene Referenten sind auf einem Podium versammelt; sie sollen mit dem Plenum diskutieren, dabei ist für jede Diskussion ein Moderator vorgesehen. Bapist teilt mir die Moderation bei Dorothee Sölle zu. Das Wiedersehen und Zusammenwirken mit ihr war mir eine große Freude. Von den evangelischen Systematikern, mit denen ich mich näher befasst habe, ist sie mir die sympathischste Persönlichkeit. Ihre Theologie ist von einer unglaublichen Sensibilität für die leidenden Menschen geprägt und allergisch gegenüber allen hohlen Vertröstungen. Von der Selbstgefälligkeit, die aus jeder Zeile Karl Barths spricht, findet sich bei ihr keine Spur. Auch vor ihrem Leben mit zwei behinderten Kindern habe ich größte Hochachtung. Ich teilte diese Verehrung mit Heinrich Böll, der zusammen mit Dorothee Sölle in Köln ein „Politisches Nachtgebet" ins Leben gerufen hatte, das aber nicht in einer katholischen Kirche stattfinden durfte.

In den Fakultätsgremien wurde beschlossen, Kardinal König die Ehrendoktorwürde zu verleihen und mir die Laudatio zu übertragen.

Die Sommermonate sind von Sigrids zunehmenden starken Schmerzen geprägt. Ihretwegen müssen wir einen Schwarzwaldaufenthalt abbrechen.

Im September erscheint mein Buch „Geschichte der Hölle". Ebenfalls im September habe ich die große Predigt im Dom beim Ordenstag des Bistums Münster über die Treue zur Berufung. Im Oktober beginnt mein letztes Hauptseminar, es soll zusammen mit Udo Schmälzle über Rahners Beitrag zur Praktischen Theologie gehen. Die Eucharistiefeier zum Totengedenken der Universität hält Antonio Autiero, mit Predigt von mir über das Kaddisch, Frau Wasna nimmt teil. Am 14.11. predigt Sigrid in zwei Gottesdiensten in Altenberge und Hansell über das Buch Ruth, mit sehr großem positivem Echo. Am Tag danach werden bei ihr umfangreiche Metastasen im Becken festgestellt. In wiederholten Gesprächen macht ihr Bischof Lettmann Mut, auch durch das intensive Planen für den Sinai 1995.

Ein Abschied

Am 4.1.1994 werde ich 65 Jahre alt. Das ist für mich kein „runder" Geburtstag, den man feiern müsste, aber es ist vom Gesetzgeber her vorgeschrieben, dass mit dem Ende dieses Wintersemesters meine Emeritierung (nicht Pensionierung) eintritt. Statt einer Abschiedsvorlesung wünsche ich mir einen Abschiedsgottesdienst in „unserem" Ritus. Er findet am 17.1. statt: Konzelebration von Bischof Lettmann, Arnold Angenendt als Rektor der Dominikanerkirche und mir, ein Chor des Borromaeums mit Michael Hagemann singt, vier Borromäer ministrieren. Sigrid trägt beide Lesungen vor, Arnold das Evangelium, Matthes die Fürbitten. Bischof Lettmann spielt in der Predigt auf mein Büchlein über die Engel an und erhebt mich zum „Engel der Fakultät". Die Studenten laden wir zu einem späteren Zeitpunkt in eine Pizzeria ein. Die Bistumsleitung und die Kollegen folgen zahlreich einer Einladung in den „Pferdestall" am Parkhotel Hohenfeld.

Zu dem erwähnten Geburtstag erreichen mich viele gute Briefe. Zwei möchte ich doch hier festhalten. Am 3.1.94 schrieb mir die Universitätsrektorin Frau Wasna von Hand auf einem Kupferstich des Schlosses:

Lieber Herr Kollege Vorgrimler,
im Namen des Rektorates wie auch persönlich darf ich Ihnen zur Vollendung Ihres 65. Lebensjahres die herzlichsten Glück- und Segenswünsche übermitteln und Ihnen zugleich für Ihren großen Einsatz in Forschung, Lehre und Selbstverwaltung einen besonderen Dank abstatten.
In herzlicher Verbundenheit grüße ich Sie als
Ihre Maria Wasna

Der Oberbürgermeister der Stadt Münster schrieb am 13.1.94 *(maschinenschriftlich):*

Sehr geehrter Herr Professor Dr. Vorgrimler,
Sie haben Ihr 65. Lebensjahr vollendet. Ich möchte Ihnen herzlich gratulieren.
Wenn die Stadt Münster das Ansehen genießen darf, eine Stadt der Wissenschaft und Forschung zu sein, dann haben Sie, sehr geehrter Herr Professor Dr. Vorgrimler, mit Ihrer internationalen Reputation dieses Renommee maßgeblich mitgeprägt. Bereits in den frühen fünfziger Jahren wurden Sie

312

zu einem weit über die Grenzen Deutschlands hinaus bekannten Theologen, nicht zuletzt durch Ihr Wirken als hauptamtlicher Redakteur des von Karl Rahner herausgegebenen zehnbändigen Lexikons für Theologie und Kirche. Darüber hinaus haben Sie als Schriftleiter den Kommentar zu den Konzilsdokumenten betreut. Nach Ihrer sehr fruchtbaren Zeit auf dem Lehrstuhl für Dogmatik an der Staatlichen Theologischen Fakultät in Luzern traten Sie vor 22 Jahren die Nachfolge von Karl Rahner auf dessen Lehrstuhl für Dogmatik an der Westfälischen Wilhelms-Universität an. Mit Karl Rahner waren Sie Herausgeber der „Internationalen Dialog-Zeitschrift", die sich unter Ihrer Redaktion zum Forum einer kritischen Auseinandersetzung zwischen Christentum und Marxismus, Theismus und Soziologie sowie Philosophie und Politologie entwickelte. Viele Ihrer Bücher sind inzwischen Standardwerke geworden, zumeist in mehreren Auflagen. Ihr Name steht für eine Weiterführung dessen, was das Zweite Vatikanische Konzil auf den Weg gebracht hat. Sie stehen ein für eine Kirche, die fähig ist zum Dialog, bereit zum Lernen und im festen Willen, sich zu erneuern.

Ich wünsche Ihnen von ganzem Herzen Kraft und Gottes Segen, dass Sie auch künftig aktiv an diesem Erneuerungsprozess teilhaben können.

Mit freundlichen Grüßen

(handschriftlich) Ihr Jörg Twenhöven

(maschinenschriftlich) Dr. Jörg Twenhöven

Der allgegenwärtige Tod verhinderte, dass mir Ehrungen zu Kopf stiegen. Am 23.1. ist Klaus Hemmerle an seinem Prostatakrebs gestorben.

Am 25.1.1994 holen wir Kardinal König und seine Mitarbeiterin Frau Dr. Fenzl am Bahnhof ab, am Tag darauf essen wir mit König, Lettmann, Richter, Khoury, Angenendt und Löning im Restaurant „Feldmann". Am 27.1. ist die Ehrenpromotion in der Aula des Schlosses. Hier möchte ich den Text meiner Laudatio wiedergeben. Natürlich kommt es in erster Linie auf die Würdigung des Kardinals und seines Lebenswerkes an.

Aber in dem Text kommen auch einige meiner theologischen und kirchlichen Auffassungen vor, die ich hier an anderer Stelle nicht zu wiederholen brauche:

Sehr verehrter, lieber Herr Kardinal,
zu Beginn des Jahres 1786 vollendete Mozart das A-Dur-Klavierkonzert mit der KV-Nr. 488 in der Domgasse Nr. 5 im 1. Wiener Bezirk, also ganz nah bei Ihrem Bischofssitz und noch näher bei der Stätte, an der Ihr langjähriger Mitarbeiter und Weihbischof Dr. Helmut Krätzl als, wie ich persönlich sagen möchte, Ihr legitimer Erbe lebt und wirkt. Das A-Dur-Allegro des 1. Satzes kommt mir ein wenig wie ein Spiegel Ihres Wirkens vor, entschlossen voranschreitend, nicht mühsam ringend wie etwa das Dur in Schuberts C-Dur-Messe, nicht von mannigfacher Anforderung und Verantwortung niedergedrückt, sondern souverän, von der Allegria des Mezzogiorno, nicht von der Tristezza der „brume nordiche" geprägt.
Mir ist die große Ehre zuerteilt worden, zwar nicht alle, aber wesentliche Teile Ihres Lebenswerkes zu Gehör zu bringen.

1. Wissenschaftlicher Erforscher großer Weltreligionen

Schon während Ihrer Studienzeit in Rom haben Sie Ihr Interesse an Religionswissenschaft bekundet, sich in besonderer Weise den altorientalischen Sprachen und der altpersischen Religion zugewandt. Nach mehrjähriger Tätigkeit in pastoraler Praxis, die sich an Ihre beiden Doktorate anschloss, haben Sie sich 1946 an der Universität Wien im Rahmen des Faches der alttestamentlichen Wissenschaften in Religionswissenschaft habilitiert; Ihre Habilitationsschrift „Der Jenseitsglaube im Alten Testament und seine Parallelen in der Religion des Zarathustra" wurde in mehreren Auflagen gedruckt. 1947 veröffentlichten Sie „Das Alte Testament und die altorientalischen Religionen". 1948 wurden Sie als a. o. Professor an die Universität Salzburg berufen. In dieser Zeit investierten Sie viel Zeit und Kraft in die Herausgabe des dreibändigen, bis heute international renommierten Werkes „Christus und die Religionen der Erde", ein Handbuch der Religionsgeschichte.

Sie waren und sind fasziniert von der Frage, wie Menschen unterschiedlicher Kulturen das eine Gottgeheimnis erfahren und unter vielen Namen verehren, aber zugleich wollten Sie in der Beschäftigung damit den Einen, Jesus den Christus, besser begreifen.

1952 wurden Sie Koadjutor des Bischofs von St. Pölten cum iure successionis und zum Bischof geweiht, vor bald 42 Jahren; 1956 durch Pius XII. zum Erzbischof von Wien ernannt – dazu müssen gleich noch einige Takte erklingen –, aber Sie haben weiterhin wissenschaftlich gearbeitet: 1956 erschien Ihr „Religionswissenschaftliches Wörterbuch", das durch Hans Waldenfels in den letzten Jahren seine Aktualisierung erfahren hat; gleichzeitig ließen Sie sich als Fachleiter für Religionswissenschaft beim „Lexikon für Theologie und Kirche" engagieren, wo ich Ihre kenntnisreiche Hilfe und Beratung von 1957 bis 1965 aus der Nähe erleben konnte.

Sie sind nicht nur durch Ihre eigenen Forschungen führend in historischer Iranistik; Sie sind auch ein kompetenter und anerkannter Gesprächspartner heutiger nichtchristlicher Religionsanhänger. Einige prägnante Stationen darf ich hervorheben.

1964 leiteten Sie ein großes Religionsgespräch in Bombay, an dem Vertreter der großen Weltreligionen teilnahmen und bei dem Sie sich in besonderer Weise an die Adresse der Hinduisten, Buddhisten und Muslime wandten. Zu Ihren ureigenen Intentionen sagten Sie damals:

„Der indische Grundsatz des ‚satyam eva jayate', „allein die Wahrheit siegt', bedeutet nicht nur Aufrichtigkeit, sondern bezieht sich zugleich auf die tiefe Überzeugung, dass es eine ewige Wahrheit gibt, die wir alle finden oder suchen sollen. (...) Meine Aufgabe als Gesprächspartner muss es sein, zunächst auf den anderen hinzuhören und seine geistige Welt kennenzulernen. Ich muss mich bemühen, in die Denkweise des anderen einzudringen. Ich werde schließlich durch die

315

echten Erfahrungen des anderen auch bereichert werden"
(Kardinal F. König, Das Abenteuer des Dialogs, Zürich 1969,
S. 10).

Im März 1965 besuchten Sie zum zweiten Mal die Al-Azhar-
Universität in Kairo und hielten auf Einladung ihres Rektors
als erster christlicher Geistlicher vor aktiven und angehenden
muslimischen Geistlichen die Vorlesung „Monotheismus in
der Welt von heute". Ihr eindrucksvolles Auftreten in der Al-
Azhar, der „Leuchtenden", die eine Führungsrolle in der isla-
mischen Welt einnimmt, begründete Ihr hohes Ansehen bei
den Muslim. Im Bereich der schiitischen Tradition des Islam,
an der Universität Teheran, hielten Sie im Oktober 1968 einen Vortrag über das vorislamische Weltbild, die große religiöse Ideenwelt Zardusts, und brachten den Iranern damit
die Relevanz einer vergleichenden Religionsgeschichte zum
Bewusstsein.

1973 hatten Sie mehrere Tage eine der respektabelsten Gestalten der heutigen Welt überhaupt als Ihren persönlichen
Gast bei sich in Wien, den Dalai Lama. 1979 besuchte Sie
dort der Großmufti von Damaskus. Mit bis zur Gegenwart
dauernden Initiativen verwirklichen Sie den Wunsch des
Zweiten Vatikanischen Konzils nach achtungsvoller Begegnung von Katholiken mit Angehörigen nichtchristlicher Religionen, nach dialogischer Wahrheitssuche und Anbahnung
von Möglichkeiten gemeinsamer Weltverantwortung.

II. Bischof des Ausgleichs

Es gehört nicht zu den melodischen Leitmotiven einer akademischen Laudatio, sehr verehrter Herr Kardinal, Ihr Wirken
als Erzbischof von Wien von 1956 bis 1985, fast 30 Jahre
lang, zu schildern. Aber anspielen darf ich auf die schwierige
Situation der österreichischen Kirche namentlich im Erzbistum Wien, in der frühere Traumata vehement nachwirkten,
wie die Feindseligkeiten des Austromarxismus, die Verstrik-
kung von Katholiken in den Antisemitismus, die Verführbar-
keit durch großdeutsche Ideen und Ideologien. Die Trauma-

ta der Wiener mit der katholischen Kirche sind freilich noch älter, Franz Schubert hat in jeder seiner sechs lateinischen Messen die Worte „Et unam sanctam catholicam et apostolicam Ecclesiam" aus dem Credo ausgelassen …

Ihre Arbeit als Bischof des Ausgleichs, der steten Dialogbereitschaft, der unaufgeregten Gelassenheit wird von allen Chronisten hervorgehoben. Ihre Herzensverwandtschaft mit dem unvergessenen Papst Johannes XXIII., der Sie 1958 zum Kardinal kreierte, ist unübersehbar. Von unzähligen Begegnungen und Gesprächen wäre zu berichten, von Ihren vielen Industrie-Betriebsbesuchen, bei denen Sie Arbeiterschaft und Kirche versöhnten, von Ihrem Einfluss bei Politikern und beim Österreichischen Gewerkschaftsbund, von dem Faktum, dass Sie als erster und einziger Vertreter des geistlichen Standes Ehrenbürger der Stadt Wien sind, von Ihrer Wiener Diözesansynode von 1969 bis 1971, die sehr konkret werden durfte, vom österreichischen „synodalen Vorgang" 1973: viele Dinge, die für die Weltkirche vorbildlich wurden.

Ich müsste vieles sagen über den Seelsorger Franz König, gerade weil es nicht das Selbstverständliche ist. 1980 haben Sie bei einer Priesterweihe gesagt: „Das Erbarmen in den Augen macht andere besser" (J. Kunz, Hrsg., Kardinal Franz König, Wien 1991, S. 178), eine Maxime, die schon an sich jede weitere Laudatio entbehrlich macht.

1973 sagten Sie in einem Vortrag:

„Wir reden zwar viel vom Kind, aber wehe, wenn ein Kind im Kirchenraum den Mund aufmacht: Sofort richten sich strafende Blicke darauf, und eine verschüchterte Mutter sucht eilig den Ausgang oder droht dem Kind mit erhobenem Zeigefinger. Wie soll ein Mensch sich später im Raum der Kirche heimisch fühlen, wenn er als Kind erlebt hat, dass man in der Kirche zuerst und für allemal still zu sein hat, mäuschenstill" (Kunz S. 100).

Sie, lieber Herr Kardinal, wollten in einer und für eine Kirche arbeiten, in der die Menschen nicht sprachlos gehalten oder zum Schweigen gebracht werden.

In der Wiener Universität sprachen Sie 1987 zum Thema

„Frau und Kirche" über Herrschaftsstrukturen, Rollenhalbierungen und institutionelle Benachteiligung der Frauen, über ganzheitliches Menschsein und über Geschwisterlichkeit in der Kirche. In diesem Kontext trugen Sie die programmatischen Sätze vor:

„Auf die Dauer braucht es wohl eine rechtliche Neuverteilung der Machtverhältnisse und der Verantwortung. Wenn unsere Gemeinden dem Anspruch Jesu gerecht werden sollen, herrschaftsfreie Räume zu sein, so sollen das Räume sein, in denen alle gleichberechtigt sind" (Kunz S. 240).

Auch in dieser Hinsicht fühlen wir völlige Übereinstimmung mit Ihnen. Die Zeichen der Zeit zu begreifen, bedeutet für die volle, auch kirchenrechtliche, Gleichstellung der Frauen einzutreten. Vorbildhafte Weitsicht hat Ihre bischöfliche Tätigkeit geprägt.

III. Führende Gestalt des Zweiten Vatikanischen Konzils

Es gibt noch Bischöfe, für die der Geist des Zweiten Vatikanischen Konzils, das sie als junge Menschen miterlebt haben, innerste Verpflichtung ist. Es gibt aber nur noch wenige Bischöfe, die wirklich aktive Teilnehmer jenes Konzils waren, und von den großen, prägenden und führenden Gestalten des Zweiten Vaticanums gibt es nur noch Sie, Eminenz. Aktiv waren Sie an der Vorbereitung des Konzils beteiligt. 1961 haben Sie sich der Mitarbeit Karl Rahners versichert. Am Vorabend der Konzilseröffnung haben Sie in Ihrer Rundfunk- und Fernsehansprache gesagt:

„Das Konzil wird kein Konzil der Kopfnicker sein, es wird klar, offen und vielleicht manchmal auch hart gesprochen werden. Es wird aber auch nicht zum Fenster hinaus geredet werden. Auch Besorgnisse, das Konzil werde zu sehr vom Apparat, das heißt von den Beamten der Kurie, der kirchlichen Zentralverwaltung beherrscht und das Wollen der Bischöfe werde gegenüber der Routine des Apparates nicht durchdringen, sind, wie die Erfahrungen der Konzilsvorbereitungen zeigen, unbegründet" (Kunz S. 12).

Sie haben in jenem Oktober und November 1962 die entscheidenden Weichen für das Gelingen des Konzils gestellt. Sie waren mit klaren theologischen Optionen bei vorwärtsweisenden Dokumenten engagiert, insbesondere bei „Lumen gentium", „Dei Verbum", „Nostra aetate", „Gaudium et spes", „Dignitatis humanae". Sie haben mühselige Gespräche auf der Suche nach Mehrheiten geführt, gemäß jener Maxime, die Sie 1985 in der Wiener Universität so formuliert haben: „Ich bin auch heute noch der Überzeugung, dass echter Fortschritt sowohl im Bereich der Gesellschaft wie im Bereich der Kirche schließlich doch nur durch Überzeugung des Andersdenkenden in steter Dialogbereitschaft gelingen kann, nie aber in vorschneller Missachtung anderer Meinungen" (Kunz S. 214).

Sie gaben damit zu verstehen: Auch die Verkündigung von Wahrheiten muss werbend geschehen, sonst wird ihnen die Rezeption verweigert und sie enden im Vergessenwerden.

1974 haben Sie in wenigen Worten treffend gesagt, was das Konzil eigentlich war:

„Gott gab seiner Kirche noch einmal eine neue Chance in der säkularen Gestalt des großen Papstes Johannes, den der Patriarch Athenagoras mit den Worten aus dem Evangelium begrüßt hatte: ‚Es war ein Mann von Gott gesandt, sein Name war Johannes'. In ihm verdichtete sich noch einmal alle Hoffnung, nicht nur der Katholiken, sondern aller Menschen, für die er das Symbol einer Kirche war, die sie sich ersehnten: einer offenen, brüderlichen, menschlichen Kirche, einer Kirche der Begegnung, einer Kirche in Bewegung, einer Kirche im Wandel, einer Kirche, die bereit schien, sich selbst zu erneuern und daher auch fähig, die Menschen, denen sie begegnete, die Menschen, die ihr begegneten, zu verwandeln" (Kunz 128).

Sie haben jedoch diesen Konzilsgeist nicht nur so „im allgemeinen" repräsentiert. Sie haben zu entscheidenden Formulierungen beigetragen. Sie haben Probleme gesehen und ausgesprochen, die auch 30 Jahre danach nichts an Dringlichkeit verloren haben. Nur drei Beispiele möchte ich anführen:

1. Beim sogenannten Kampf um Maria im Oktober 1963 haben Sie Ihre große Sensibilität auch gegenüber dem evangelischen Christentum bewiesen.

2. Im Oktober 1964 sprachen Sie in der Aula des Konzils über die Versöhnung mit der ostkirchlichen Orthodoxie als „partnerschaftliche Übereinkunft" (J. Ch. Hampe, Hrsg., Die Autorität der Freiheit II, München 1967, S. 646). Sie forderten „volle Gleichberechtigung der echten Überlieferung des Ostens" sowie die „rechtliche Autonomie aller zur Kirche gehörenden Patriarchate" (ebd. S. 645). Die Geschehnisse um das neue Ostkirchenrecht zeigten unlängst wieder: Realistisch ist die Einschätzung der Ökumene wohl nur als Versöhnung autonomer – wie Sie sagten – Schwesterkirchen, wobei die eine Seite auf den liebgewonnenen Jurisdiktionsprimat freiwillig verzichten müsste.

3. Ebenfalls im Oktober 1964 sprachen Sie in der Aula des Konzils über die in der Bibel enthaltenen Irrtümer und Beschränktheiten.

Sie sagten:

„Man muss ehrlich und ohne Zweideutigkeiten, ohne Künstelei und Ängstlichkeit aussprechen, dass die Kenntnisse der biblischen Schriftsteller den Verhältnissen ihrer Zeit entsprechend beschränkt gewesen sind und dass Gott sie als solch beschränkte Menschen zum Schreiben veranlasst hat" (Hampe I S. 130).

Heute ist das Desiderat einer biblischen Hermeneutik noch dringlicher geworden. Sensible Menschen kommen nicht nur mit historischen und geographischen Irrtümern der Bibel nicht zurecht; sie finden sich auch von einem herrischen Gott, von dem selbst die Bergpredigt nicht frei ist, leistungsmäßig überfordert und mit Drohungen zur Liebe erpresst – kein Wunder, dass sie sich in der Sanftmut des Buddha, in der „ahimsa"-Lebensmaxime des gewaltlosen Gandhi geborgener fühlen; kein Wunder, dass Therapeuten, die die Angst aus der Religion eliminieren, so großen Beifall finden. Kein höchstoffizielles Dokument der letzten Jahrzehnte und Jahre wird den hermeneutischen Aufgaben gerecht, die „Dei

Verbum" im Konzil gestellt hat. Weitsichtig haben Sie diese Aufgaben mit formuliert.

Der „Geist" des Konzils wurde sodann in einigen Ihrer wesentlichen Initiativen wirksam.

IV. Gesprächspartner der Juden

Unermüdlich haben Sie, lieber Herr Kardinal, vom Konzil an bis in die neueste Zeit Schutt wegzuräumen gesucht, wie Sie selber sagten, aus den Beziehungen von Juden und Christen. Der Judentext Ihrer Wiener Synode, fünf Jahre vor der deutschen, wurde vorbildlich. Sie selber haben nicht diplomatisch verklausuliert gesprochen, obwohl Sie die Sprache der Diplomaten hervorragend beherrschen!

Sie haben unmissverständlich von einem „christlichen Antisemitismus" gesprochen und davon, dass „Christen, solange die Macht auf ihrer Seite stand, den Juden Böses zugefügt haben" (Kunz S. 137). Sie haben versucht, dem diffamierenden Sprachgebrauch der Worte „Pharisäer" und „pharisäisch" ein Ende zu machen, indem Sie auf die enge Verbundenheit und Übereinstimmung Jesu mit den Pharisäern hinwiesen (Kunz S. 141). Sie haben in Anwendung der Hermeneutik, die sich nicht scheut, die Beschränktheit auch der Evangelien des Neuen Testaments beim Namen zu nennen, von der „antijüdischen Polemik" des Matthäusevangeliums und von der „antijüdischen Polemik des Johannesevangeliums" gesprochen (Kunz S. 140f.). Ich erinnere auch an Ihr in Buchform veröffentlichtes Gespräch mit dem Juden Ernst Ludwig Ehrlich von 1988, in dem Sie der Substitutionstheorie absagten, als sei die Kirche als das wahre und neue Israel an die Stelle des alten getreten, als habe die christliche Kirche die Verheißungen und die Segnungen des Gottesvolkes Israel geerbt. Auch da sprachen Sie von der christlichen Mitschuld an Auschwitz – die Nazis sind nicht wie ein Verhängnis über Deutschland und Österreich gekommen! – und Sie wiesen hin auf die engste Zusammengehörigkeit von Deutschnational und Antisemitisch.

V. Wortführer des Dialogs der Kirche mit der „Welt"

Einem Wunsch des Papstes Paul VI. folgend, leiteten Sie von 1965 bis 1980 das vatikanische Sekretariat für die Nicht-glaubenden, eine hoch angesiedelte Kontaktstelle für faire und offene Begegnung von kirchlichem Glauben und nicht-glaubenden Menschen (heute „Päpstlicher Kulturrat"). Der sehnsüchtigen Hoffnung der Menschen auf Frieden entspre-chend, nahm der Dialog mit den Anhängern des Staatsathe-ismus breiten Raum ein. Sie haben dies nie als bloße Taktik aufgefasst und es auch offen ausgesprochen: „Durch den Dialog", sagten Sie, „sollen zwischen Christen und Marxisten wechselseitige Aggression verringert, wechselseitige Informa-tion vermehrt, wechselseitige Transformation angestrebt wer-den" (König, Abenteuer, S. 41).

Dass Christen bereit sein könnten, sich durch diesen Lernpro-zess selber zu verändern, hat manchen Leuten Unbehagen bereitet und hat in die Melodien Ihrer Arbeit, Herr Kardinal, mannigfache Dissonanzen gebracht, die Sie in großer Gelas-senheit ausgehalten haben. Die Geschichte dieser Gespräche ist noch nicht geschrieben, aber denen, die eine aktive Erin-nerung daran haben, ist es gewiss: Auf vielen Ebenen wurde Vertrauen geschaffen, wurden Urängste abgebaut, wurde das Klima einer relativ unblutigen Wende vorbereitet, humaner und effektiver als durch Sabotage und Provokation, als durch Umtriebe aus dem Untergrund. Die Themen jener Gespräche sind aktuell geblieben, denn die politischen Systeme gingen zwar zugrunde, die vom Marxismus aufgeworfenen Fragen in einer vom Massenelend geprägten Welt aber sind alle noch da, einschließlich jenes Themas, das Sie im Konzil bei der Vorbereitung von „Gaudium et spes" eingebracht haben, der Mitschuld von Christen an der Unfähigkeit vieler Menschen zu glauben angesichts völlig unglaubwürdiger, weit verbrei-teter Gottesvorstellungen und angesichts christlicher Ausbeu-ter und Schänder der Menschenwürde.

Öffnung der Kirche zur Welt im Geist des Konzils hieß: offen und unvoreingenommen auf Andersdenkende zuzugehen, in dem Willen zu hören, zu lernen, einen Beitrag zur Humanisierung der Gesellschaften zu leisten. Ihre Dialoge, sehr verehrter Herr Kardinal, waren nicht auf Marxisten beschränkt. Sie suchten das Gespräch mit Vertretern streng agnostischer Humanistischer Unionen, mit Freidenkern und – ohne dass es sich dabei einfachhin um Ungläubige handelt – mit Freimaurern. Sie waren aber auch der hochgeschätzte Gesprächspartner einflussreicher politischer Persönlichkeiten, nicht nur von Bruno Kreisky und Helmut Schmidt. Zum Senat der USA auf das Kapitol in Washington gebeten, haben Sie die Sitzung mit einem Gebet eröffnet! Schon 1971 führten Sie Gespräche in Polen, 1972 in Uganda, 1975 mit dem ägyptischen Präsidenten Anwar el Sadat, 1978 mit dem Staatspräsidenten des Libanon, 1980 weilten Sie auf Einladung offizieller Stellen in der Volksrepublik China – das sind nur ein paar beispielhafte Daten für Ihre unermüdlichen Versuche, alle Chancen des Friedens und der Verständigung zu nützen. Hierhin gehört auch, dass Sie sogleich mit Ihrer Emeritierung das Amt eines Präsidenten von Pax Christi International für fünf Jahre übernahmen.

VI. Initiator der Versöhnung mit den orientalischen Kirchen

Wie das Zitat aus Ihrer Konzilsrede zur rechtlichen Autonomie der orientalischen Kirchen schon andeutete, gehört die Versöhnung der lateinischen Kirche mit den Schwesterkirchen des Ostens zu Ihren Herzensanliegen. Im November 1964 haben Sie in Wien die Stiftung „Pro Oriente" gegründet. In diesem Kontext gelang es in intensiven Gesprächen, Brücken des Verstehens zwischen den sogenannten Altorientalen, den sogenannten Monophysiten, und den nachchalkedonischen Kirchen zu bauen. Gleichermaßen bezogen Sie die anderen autokephalen orthodoxen Kirchen in diesen Willen zur Versöhnung ein. Ich möchte gern einige nüchterne Begegnungsdaten für sich sprechen lassen: Als erster Kardinal besuchten Sie schon 1961 den ökumenischen Patriarchen Athenagoras in Istanbul. 1967 suchten Sie den rumäni-

schen Patriarchen in Bukarest auf, der ebenso wie Athenagoras den Besuch später bei Ihnen erwiderte. Mehrfach kam
seit 1972 der syrisch-orthodoxe Patriarch von Antiochien zu
Ihnen nach Wien. 1975 besuchten Sie den Papst der Kopten
in Ägypten. 1978 waren Sie beim syrischen Patriarchen in
Damaskus, beim armenischen Katholikos in Antelias und beim
maronitischen Patriarchen in Bkerke, 1979 trafen Sie mit dem
ökumenischen Patriarchen Demetrios 1. in Istanbul zusammen, ebenso mit dem armenischen Patriarchen. Das gleiche
Jahr sah Sie beim serbisch-orthodoxen Patriarchen und beim
Heiligen Synod der Serben. 1980 waren Sie im russisch-orthodoxen Patriarchat in Moskau und im damaligen Sagorsk,
ferner beim armenischen Katholikos in Edschmiazin und
beim georgisch-orthodoxen Patriarchen in Tiflis. 1981 emp-
fingen Sie in Wien den Besuch des armenischen Katholikos
und den des äthiopischen Patriarchen, 1984 statteten Sie der
orthodoxen Kirche Griechenlands einen Besuch ab, 1986
nahmen Sie an der 1000-Jahr-Feier der russischen Kirche
offiziell teil. In jüngster Erinnerung ist, in all der Erschütte-
rung über das Kriegselend auf dem Balkan, Ihr Friedensge-
spräch mit dem serbischen Patriarchen in Wien im November
1993. In Ihrem Zugehen auf andere scheinen Sie keinerlei
Ermüdung, geschweige denn Resignation zu verspüren.

VII. Träger der Begegnung Kirche – Naturwissenschaften

Mit allen Kräften haben Sie sich bemüht, die Entfremdung
zwischen Kirche und Naturwissenschaften zu beheben. Viele
große und kleinere Begegnungen wären zu nennen, bei denen Sie lange vor der ersten Veröffentlichung des Club of
Rome mit Vertretern der Wissenschaft über die ökologische
Krise und die drohende Katastrophe der Schöpfung sprachen.
Stellvertretend sei hier nur Ihre Präsenz bei den internationalen Tagungen der Nobelpreisträger in Lindau genannt. Mit
einem Vortrag am 1. Juli 1968 haben Sie die Aufmerksamkeit und die Herzen der Nobelpreisträger gewonnen. Sie gingen auf den Fall Galilei ein und sagten, die wissenschaftliche

Welt habe es seit über drei Jahrhunderten „mit Recht als eine schmerzende, als eine nicht vernarbte Wunde empfunden, dass einer jener Männer, die am Anfang ihres Weges standen, von der Kirche zu Unrecht verurteilt wurde." Sie versprachen, sich für eine Aufhebung des kirchlichen Gerichtsurteils einzusetzen (Kunz S. 68f.). Darüber hinaus richteten Sie einen eindringlichen Appell an die Naturwissenschaftler, mit Vertretern der Kirche und der Theologie angesichts der von der Wissenschaft geschaffenen tödlichen Möglichkeiten zusammenzuarbeiten. Zwei Sätze darf ich zitieren:

Es ist „eine erschreckende Vorstellung, die Manipulierung solcher Energien dem sogenannten praktischen Hausverstand eines Personenkreises überlassen zu sehen, dessen Legitimation fast ausschließlich von der geschickten Bestreitung von Wahlkämpfen gegeben erscheint" (Kunz S. 75), und: „Weder die christlichen Kirchen noch die moderne Wissenschaft haben es bis heute zuwege gebracht, jene inzwischen so ausgezeichnet erforschte Komponente unserer menschlichen Existenz zu steuern, deren Spiegelbild uns so deutlich aus dem Tierreich entgegenblickt: ich meine die Aggressivität" (ebd. 76).

Ihre Bemerkungen zu den Menschen „mit ihrem weithin noch völlig ungebändigten und atavistischen Gefühlsleben" (ebd.) sind von schauererregender Aktualität.

Kritisierte und mögliche Verbündete konnten und können sich, wie Ihr Vortrag auf dem Rotary-Symposion von 1991 über unsere Zukunft wieder zeigte, mit Ihnen auf wissenschaftlicher Sprachebene verständigen; ob, angesichts verbreiteter ökonomischer Korruption der Naturwissenschaften, auch auf ethischem Niveau, bleibe dahingestellt.

Sehr verehrter, lieber Herr Kardinal, noch vieles müsste eine Laudatio anführen. Ich sollte Sie würdigen als Protektor der Forschungs- und Lehrfreiheit der Theologie. Ihre Worte über die Theologie als notwendige und gefährliche Wissenschaft, die Sie anlässlich der Verleihung des theologischen Ehrendoktorates 1972 in der Universität Salzburg gesprochen haben, mit der wichtigen Unterscheidung der eigentlichen Glaubensüberlieferung und einer zeitweilig in der Kirche herrschenden Lehrmeinung, der man sich nicht um jeden Preis beugen muss, habe ich in der Laudatio zur Ehrenpromotion unseres Bischofs Reinhard Lettmann zitiert.

Ich muss zum Schluss kommen. Aus der Sinfonie Ihres Lebens konnte ich nur wenige Sätze andeuten, von denen jeder eines theologischen Ehrendoktorates höchst würdig wäre. Sie werden sich gegen eine Laudatio verwahren und darauf hinweisen, dass nach gemeinsam christlichem Glauben bei allem, was gelingt, das Wollen, das Können und das faktische Vollbringen Gott allein zu verdanken und dass ohnedies alles im Fragment geblieben sei. Ja, es ist wahr: Alles menschliche Tun bleibt fragmentarisch, und es gäbe genug Gründe, über Menschheit und Kirche von heute in Dissonanzen, etwa wie im Kyrie der e-moll-Messe Bruckners, zu klagen. In Mozarts A-Dur-Klavierkonzert begegnet ein anderes Moll. Die 11 ersten Takte des 2. Satzes, Adagio in fis-moll, gehören zum Bewegendsten, was die Musikgeschichte überhaupt kennt. Ein Musikkritiker nannte sie einst einen „Abgrund von Beklommenheit". Ich denke, es handelt sich vielmehr um das Echo der Wahrnehmung einer Transzendenz, die nicht angestrengt erfasst, sondern nur gewährt werden kann. Überirdisch-unerklärlich brachte sich diese göttliche Transzendenz 1786 im 1. Wiener Bezirk mit Hilfe des Spielmanns Mozart zu Gehör. In Ihrem jahrzehntelangen Wirken im 1. Wiener Bezirk und von ihm aus in aller Welt bekundete sich eben diese göttliche Transzendenz in ihrer Fügung und Führung. Weniger das Erreichte als das In-Erscheinung-Treten ist von Bedeutung. Sie, sehr verehrter Herr Kardinal, lieber Freund, haben sich den Eingebungen des Geistes überlassen und so bekundet, dass Amt, Charisma und Wissenschaft nicht auseinanderzutreten brauchen. Sie haben nicht zögernd-vorsichtig auf andere re-agiert, sondern sich mit großem Mut in vielfacher Weise an die Spitze gesetzt. Sie haben den Geist nicht ausgelöscht, und dafür möchten wir Ihnen danken.

Der altkatholische Bischof Sigisbert Kraft sagte nach der Feier zu mir, in der Rede sei der Geist des Konzils von fernher noch einmal in Erscheinung getreten. Der geehrte Kardinal war hoch erfreut. Am Tag nach der Ehrung musste er nach Jerusalem fliegen, wo an der Hebräischen Universität ein Kardinal-König-Lehrstuhl eingerichtet wurde. Von dort schrieb er mir voller Begeisterung. 2004, zehn Jahre nach diesem Fest in Münster, ist er im 99. Lebensjahr gestorben.

Am 4.2.1994 bekam ich im Franz-Hitze-Haus eine Festschrift, „Und dennoch ist von Gott zu reden", herausgegeben von Matthias Lutz-Bachmann, überreicht. Der Erzbischof von Freiburg und die Bischöfe von Münster, Essen und Osnabrück hatten Druckkostenzuschüsse beigesteuert. Am 23.2. erhielt ich von Frau Rektorin Wasna die Emeritierungsurkunde. Am 27.4. gab es einen großen Abschiedsempfang für mich im Collegium Borromaeum, mit Reden von Klemens Richter und dem Studenten Stefan Kulle, damals noch im Rollstuhl, heute vom Fernsehen her bekannt. Am 7.7. hielt ich meine letzte Vorlesung, die ich aber nicht als solche kennzeichnen wollte.
Im Folgenden wird eine chronologische Reihenfolge noch deutlicher. Die eigentlich dramatischen Situationen meiner Biographie sind zu Ende. Aber ich möchte doch festhalten, in der Flüchtigkeit der Zeit, was mir aus dem Leben eines Emeritierten als festhaltenswert erscheint.
Bei Sigrid wechselten sich in diesem Jahr relativ erträgliche Zeiten mit Zeiten furchtbarer Knochenschmerzen ab, immer unter der Obhut der guten Ärzte des Clemenshospitals, besonders des Radiologen Prof. Fischedick, und mit der konstruktiven Begleitung durch Pater Edilbert.

Schwarzwald und Naher Osten

Erstaunlich war, dass Sigrid mit ihrer unglaublichen Energie zwei körperlich anspruchsvolle Unternehmungen mitmachen konnte:
Bei einem Ferienaufenthalt im August im Schwarzwald konnten wir mit Bischof Lettmann, Dompropst Mussinghoff und

Pfarrer Löbbert eine große Wanderung aus dem Münstertal auf den Feldberg unternehmen, das war ein Anstieg über 1000 Meter.

Vom 5.9. bis 11.10. waren wir in Israel und im Sinai. Zuerst hatte ich Vorlesungen im Studienjahr zu halten, Sigrid hatte die Aufgabe, die literarischen Formen des hebräischen Textes der Eucharistie in der Dormitio-Abtei zu bestimmen (es gab 45 handgeschriebene Seiten). Verschiedenes war neu gegenüber bisherigen Aufenthalten in Israel und im Sinai. Mit Dagmar Stoltmann und Uta Zwingenberger waren wir zum Rosh Hashannah, dem jüdischen Neujahrsfest, in der Synagoge, einer der wenigen Gelegenheiten, an denen das Schofar-Horn geblasen wird. Schalom Ben Chorin, der Ehrwürdige, sprach über die Bedeutung des Yom Kippur für gläubige Juden, den großen Versöhnungstag, den wir ebenfalls in der Synagoge mitbegingen. Mit Uta waren wir zum ersten Mal bei den Benediktinerinnen und Benediktinern aus Frankreich in Abu Gosh, dem seither so lieb gewonnenen Platz. Wir konnten Hebron besuchen, Bet El, Shilo, den Garizim, Nablus, Samaria, den Jakobsbrunnen. Mit dem Studienjahr gingen wir Ende September auf die Große Sinai-Exkursion über Timna und Wadi Firan. Über das Wadi Aleyat bestiegen wir den Serbal – und erlebten einen lebensgefährlichen Abstieg am Rand von Abgründen. Dabei, bei Auf- und Abstieg, benötigten wir allerdings die Unterstützung durch liebenswürdige Studenten. Das Studienjahr begleitete uns beim Wegfahren mit „Viel Glück und viel Segen ...“

Am 16.12. wird es offiziell, dass unser Wanderfreund Dompropst Heinz Mussinghoff Bischof von Aachen wird.

Am 1.2.1995 werde ich Mitglied der Arbeitsgruppe „Fragen des Judentums“, die zur Ökumene-Kommission der Deutschen Bischofskonferenz gehört. Erich Zenger war der Motor. Ich begegne dort öfter dem verehrungswürdigen Dominikaner Willehad Eckert, dem kundigen Judaisten Karl Heinz Müller und meinen Innsbrucker Mitstudenten Dr. Michael Ulrich und Werner Trutwin sowie dem kenntnisreichen und souveränen Liturgiker Albert Gerhards. Jahre einer konstruktiven Zusammenarbeit und für mich eines weiterführenden Lernens begannen. Der bescheidene und umsichtige Vorsitzende Weihbischof Karl Reger imponiert mir. Nach zehn Jahren, genauer: mit 75 Jahren, trete ich zurück.

Am 11.2. nehmen Sigrid und ich auf besondere Einladung hin an der Bischofsweihe von Heinz Mussinghoff zum Bischof von Aachen durch Kardinal Meisner, Bischof Lettmann und Weihbischof Dicke teil.

Es begann nun die letzte Leidensphase Sigrids. Wir besuchten die Tumorklinik in Freiburg, die anthroposophische Klinik in Herdecke und wiederholt das Schmerzzentrum in der Universitätsklinik Münster. Sigrid wollte nicht durch zu große Dosierungen von Schmerzmitteln von einem bewussten Leben ferngehalten werden. Zweimal fuhren wir noch von Münster weg. Einmal musste ich auf Einladung von Weihbischof Janssen einen Studientag für Grenzschutzseelsorger in Kevelaer halten (14.3.), wir nutzen ihn zu einer Wallfahrt. In Freiburg musste ich (31.3.–2.4.) auf einer Akademietagung über Engel referieren. Es war der letzte Besuch Sigrids in Freiburg, bei Karin und Jochem Fecht. Ich konnte Eugen Walter und Fritz Beutter sprechen.

Übergroße Schmerzen in Sigrids Knochen zwangen uns, am Ostersonntag (16.4.) das Clemenshospital aufzusuchen. Liebevoll betreut von Schwester Marianne und Pater Edilbert, der an diesem Tag Geburtstag hatte, wollte Sigrid sich für ein paar Tage mit den Bischöfen auf Juist durch Prof. Peter Baumgart fit machen lassen. Wir waren dann zwar auf Juist, konnten auch schöne Gespräche führen, aber Sigrid konnte sich nicht bewegen (22.–27.4).

Mit Hilfe von Jochem Fecht wurde Sigrid in die anthroposophische St. Lukas-Krebsklinik im Schweizerischen Arlesheim aufgenommen (11.5.–8.6.), wo sie durch die verschiedenen Therapien (Mal- und Musiktherapie, Mistelinjektionen, vegetarische Ernährung) Fortschritte in der Schmerzbekämpfung machte. Ich konnte dort wohnen. Bei einem Besuch von Karin und Jochem Fecht machten wir einen schönen Ausflug zu dem ökumenischen Kloster (das gibt es!) Beinwil, zu dem Frauen und Männer gehören, und zu dem traditionsreichen Benediktinerkloster Mariastein.

Die von Arlesheim nachgeschickten Befunde sind deprimierend: Die Tumormarker sind sprunghaft angestiegen. Die Schmerzen bleiben. Ein Trost sind die Aufenthalte im Liegestuhl in unserem Garten mit den blühenden Blumen und dem frischen Grün. Wir können noch am 11.6. nach Münster fahren zur Taufe von Matthes' und Doris' Söhnlein León; mit Lena und Marie haben wir nun alle ihre drei Kinder getauft. Sigrid telefoniert viel mit Bischof Lettmann und empfiehlt ihm Franz Tebartz-van Elst für den Lehrauftrag Homiletik.

Aber der Zusammenbruch ist unaufhaltsam. Am 24.6. sucht Sigrid wegen übergroßer Schmerzen das Clemenshospital auf. Liebevoll bemüht sich Schwester Marianne um sie und verschafft ihr ein Bett in der Station des Radiologen Prof. Fischedick. Am 27.6. stellt sich heraus, dass zwei Rippen gebrochen sind. Am 5. und 6.7. erfahren wir, dass nun die letzte Phase des Leidens oder die erste Phase des Sterbens begonnen hat: Der Krebs ist von den Knochen zu den Weichteilen übergegangen und hat Metastasen in Leber und Lunge gebildet. Prof. Fischedick sagt, Sigrid habe das Urteil bewundernswert aufgenommen. Sie prüft die letzte Quote ihrer Studenten im Seminarraum des „Clemens". Wir sprechen miteinander, mit Marianne und Edilbert ganz offen vom Tod. Am 7.7. scheint Marianne eine prophetische Gabe zu haben: Sie sieht meine Zukunft als Krankenhausseelsorger.

Am 8.7. verabschiedet sich Bischof Lettmann von Sigrid. Mit seinen Freunden fährt er in den Schwarzwald, von wo sie nun täglich anrufen und wo sie auf dem Lindenberg eine Betstunde für Sigrid halten. Edilbert sagt, er habe in seinen vielen Jahren als Krankenhausseelsorger eine solche Massierung von Leiden noch nie erlebt. Sigrid verlangt von Prof. Fischedick, dass auf lebensverlängernde Maßnahmen verzichtet wird. Bis kurz vor ihrem Tod hört sie Bachs Kantaten mit Kopfhörer von Kassetten. Viele Studentinnen und Studenten kommen mit kleinen Geschenken oder Blumen zu ihr, Matthes und Doris, Gunni Brunert und Uli Homberg und viele andere. Auch die Freunde von Freiburg kommen, Karin und Jochem Fecht und Sigrids alter Studienfreund Dr. Erich Müller. Auf Sigrids Bitte bereite ich die Todesanzeige und die Adressen vor, es ist ihre Sorge, dass ja niemand vergessen wird.

Am 25.7. fahren Marianne und Edilbert auch in den Schwarzwald. Bei Sigrid steigern sich die Schmerzen noch, wenn eine Steigerung überhaupt möglich ist. Sie erhält einen Morphinperfusor (Schmerzpumpe) und einen Zentralkatheder, möchte aber bei Bewusstsein bleiben. Wir besprechen ihren letzten Gottesdienst, suchen die Lieder aus; sie sagt: „Die drei, die miteinander auf dem Gottesberg waren, sollen am Altar stehen". Sie wünscht sich zur Beerdigung eine einfache Kiste aus hellem Holz mit dunklen Griffen. Bis zuletzt nimmt sie am Geschehen in der Außenwelt Anteil, an Uli und Ludwig Hombergs Hochzeit am 5.8. und an der Abtswahl in der Dormitio-Abtei in Jerusalem. Das Regenbogenkreuz der Abtei soll auf ihrem Totenbildchen stehen. Wir können auch noch zusammen lachen.

Am 9.8. setzt nachmittags ein Todeskampf ein, der zunächst mehrere Stunden lang sehr heftig ist. Bischof Mussinghoff kommt und spricht den aaronitischen Segen, während ich die Abendmesse halte. Sigrids Sterben ist fast eine „öffentliche Angelegenheit". Ich spreche ihr hebräische Psalmen vor, „Adonai roi, lo echsar" (Gott ist mein Hirt, nichts wird mir fehlen, Psalm 23); „lo amud" (ich sterbe nicht, ich werde leben, Psalm 117) und anderes. Dabei sind der treue Antonio Autiero, die Ärztin Angelika Drochtert, die Ordensschwestern Henrike und Raphaelis, die Nachtschwester Ursula. Gegen Mitternacht atmet Sigrid still zum letzten Mal. Kurz danach kommen Marianne und Edilbert aus dem Schwarzwald, Edilbert formuliert frei ein tröstendes Gebet.

Sigrids Leben war ein überzeugendes Beispiel dafür, dass Versöhnung und Frieden unter den Menschen möglich sind, dass sie, wenn sie sich Gottes Gnade überlassen, das Böse durch das Gute überwinden.

Über die Formalitäten nach einem Tod brauche ich hier nicht zu berichten. Wir warten mit der Beerdigung, bis die Bischöfe und Pfarrer Löbbert aus dem Schwarzwald zurück sind. Am 17.8. ist in der Altenberger Kirche das Requiem in Gegenwart des Sarges. Die Konzelebranten sind Bischof Lettmann, Bischof Mussinghoff, Pater Edilbert, Pfarrer Lohle und ich. Wir nehmen Weihrauch von Jerusalem. Bischof Lettmann predigt über das Psalmwort „Gesegnet ist Dein Kommen, gesegnet ist Dein Gehen" (Ps 121,8): „Sigrid war ein Segen für Herbert, ein Segen für die Fakultät, ein Segen für uns alle." Heinz Mussinghoff liest Psalm 84, über den Sigrid gearbeitet hat, auf hebräisch. Ein Chor von Studentinnen und Studenten singt hebräische Lieder. Viele Menschen nehmen teil, die Freunde aus Münster und aus Freiburg, insgesamt 20 Professoren der Theologischen Fakultäten. Bei der Beerdigung bleibt Bischof Lettmann bis zuletzt neben mir am Grab stehen. Die Begräbnisstätte liegt auf einem Hügel mit einem weiten Blick ins Land, bis zum Teutoburger Wald.

Ich lasse auf die Danksagungen ein Gedicht des Juden Heinrich Heine schreiben, das den Titel „Wo?" hat:

Wo wird einst des Wandermüden
Letzte Ruhestätte sein?
Unter Palmen in dem Süden?
Unter Linden an dem Rhein?

Werd ich wo in einer Wüste
Eingescharrt von fremder Hand?
Oder ruh ich an der Küste
Eines Meeres in dem Sand?

Immerhin! Mich wird umgeben
Gotteshimmel, dort wie hier,
Und als Totenlampen schweben
Nachts die Sterne über mir.

Um mir zu helfen, verlorene Lebensgeister wieder zu finden, brachten mir am 28.8. Marianne und Edilbert einen Computer nach Altenberge. Seither kann ich mir ein Arbeitsleben ohne Computer gar nicht mehr vorstellen.

In den Gesprächen mit Bischof Lettmann hatte Sigrid eine weitere Reise nach Israel und in den Sinai im einzelnen entworfen. Ich hatte ihr noch gesagt, dass an ihrer Stelle Pater Edilbert mitfahren würde. Diese Reise unternahmen wir zu viert, also auch mit dem treuen Heinz Mussinghoff, vom 2.10. bis zum 23.10.1995.

Am 4.11. wurde Rabin ermordet, auf dem so große Friedenshoffnungen ruhten.

Am 6.11. war ich zum letzten Mal in einem Totengedächtnis der Universität, das nun ja nach dem Willen meiner „Erben" ein ökumenischer Wortgottesdienst sein musste.

Am 9. und 10.12. hielt ich zusammen mit dem Dichter und Literaturwissenschaftler Paul Konrad Kurz († 2005 an Lungenkrebs) in der Wolfsburg (Akademie des Bistums Essen) eine Tagung über Engel. Mit ihm pflegte ich seither einen intensiven Gedankenaustausch. Es war ihm nicht unrecht, wenn man ihn als einen Lyriker bezeichnete. Ich weiss nicht, ob die Unterscheidung zwischen Gedanken- und Gefühlslyrik noch modern ist. Auf jeden Fall hatte ich immer nur einen erschwerten Zugang zu ganz abstrakten, ein mühsames Verstehen verlangenden Gedichten. Die Lyrik von Kurz ist ein Versuch, beide Formen zu vermitteln. Bei ihm ist das Einfühlsame / Gefühlte immer präsent. So ist es auch bei den andern Lyrikern, die mir sehr lieb sind, bei Hilde Domin und bei Reiner Kunze.

Auch dieses Jahr 1995 nahm einmal ein Ende.

Dieses Jahr 1995 hat mir geholfen, mich von „meiner" Fakultät zu distanzieren, in dem Sinn, dass ich jede Präsenz und jede Einmischung vermied. Ich hatte ja selber miterlebt, wie schnell sich das Gesicht einer Fakultät verändern kann, und Kollegen sind nicht einfach Freunde. Von meinen Rechten als Emeritus (das ist etwas anderes als Pensionär) habe ich nicht Gebrauch gemacht. Wirkliche vorwärts weisende und zugleich öffentlichkeitswirksame Leistungen der Fakultät habe ich seither in den Bereichen der Exegese, der Moraltheologie und der Kirchengeschichte festgestellt. Von den „Neuen" hat „nur" Dorothea Sattler, die ich sehr schätze, den Kontakt zu mir gesucht, und ich bin den andern nicht böse darum, denn ich habe ja den Kontakt zu ihnen auch nicht gesucht. Die Freundschaften zu Erich Zenger und Antonio Autiero sind und bleiben stabil.

So hat sich meine Aktivität immer stärker auf Spiritualität und Seelsorge verlagert, und auch die weitergehenden Vorträge haben immer deutlichere spirituelle Aspekte. Es haben sich bei den Vorträgen einige Themen als „Standards", weil viel gefragt, herausgestellt: Unbeantwortbare Fragen an Gott, Sterben und Tod, die sogenannten Letzten Dinge, die Höllenvorstellungen, bestimmte Sakramente, vor allem Eucharistie und Buße, die Laiendienste in der Kirche.

Zu diesen Schwerpunktsetzungen zähle ich für das Jahr 1996 Einkehrtage (heute oft lieber „Besinnungstage" genannt) für den „Fuggerbund" in Münster und für Priester des Kentenich-kollegs, beide im März, einen Priestertag für alle Priester des Bistums Aachen über Gottesprobleme heute am 6. Mai; die Geistliche Begleitung einer Pilgergruppe in die Semana Santa unter Leitung meines alten Freundes Matthias Vollmer nach Andalusien (24.3.–12.4.1996), ein Seminar zusammen mit dem Exegeten Jakob Kremer über Eschatologie für Laientheologen im Bildungshaus Batschuns in Vorarlberg im Oktober. Am 1.12. erschien mein Meditationsbüchlein „Gottesgedanken – Menschenwege" in Khourys Oros-Verlag.

Es gab auch wieder Reisen in diesem Jahr: Im Mai mit Marianne und Edilbert in die Eifel und nach Trier, vom 16.5. bis 2.6. mit Fechts nach Sizilien mit Wandern, aber auch zu den architektonischen Kostbarkeiten der Griechen, Römer und Normannen, einige Tage dann wie gewohnt im Schwarzwald, einige Tage mit Fechts in Venedig im September; im Oktober einige Tage in Rom.

Vom 11.11. bis 30.11.1996 war ich erneut zu Vorlesungen in Israel; diesmal flog ich ganz allein dorthin. Es gab wieder Neues für mich: Wanderungen mit dem archäologischen Experten Prof. Metzger bei En Gedi und am Tel Beer Sheva. Mit dem hoch verdienten, leider emeritierten Abt Nikolaus Besuche beim syrischen Erzbischof, beim armenischen Patriarchen, beim äthiopischen Erzbischof. Das Erlebnis einer Vesper in der russischen Kathedrale. Eine Wanderung mit Studentinnen im Jerusalemer Wald bei der Hadassah-Klinik und bei En Karem, und eine Wanderung mit dem Studienjahr auf den Doq, den kegelförmigen Berg, der die ganze Ebene bei Jericho beherrscht.

Wieder war der Tod präsent: am 2.9.1996 starb unser Ökumeniker Miguel Garijo, 61 Jahre alt, an seinem Gehirntumor. Er war in Deutschland und in der Fakultät nie ganz heimisch geworden. Er war kein Spanier, sondern ein entschiedener Baske. Sigrid und ich konnten voll Vertrauen auf ihn zählen. Auch das neue Jahr 1997 begann mit einem Todesfall: Der Sozialethiker Franz Furger starb am 5.2. im Alter von 62 Jahren an einer Sepsis nach einer Bandscheibenoperation in der Universitätsklinik.

Ich sprach im März in der Freimaurerloge in Köln und hatte eine ehrenvolle Einladung, vor der Jahrestagung der katholischen Neutestamentler am 20.3. in Innsbruck über das christliche Verhältnis zum Judentum und über den ungekündigten Bund Gottes mit Israel zu sprechen. Bei den Kollegen fand ich sehr viel Zustimmung; die Skeptiker meldeten sich nicht zu Wort.

Im April (7.4.–27.4.) 1997 durfte ich die Schwestern Marianne und Henrike und Pater Edilbert durch Israel und in den Sinai führen. Ich war ihnen so viel Dank schuldig.

Im Jahr 1996 hatte ich im Bildungswerk Dülmen zu dem heißen Thema „Frauenordination" gesprochen und dabei auch die Frage, was eigentlich ein Priester ist, kurz berührt. Die Presse hatte darüber, wie so oft, sehr verkürzt und ohne Beachtung der Nuancen berichtet. Es gab auch unter Priestern im Bistum Münster ein bisschen Unruhe. Am 28.4. hielt der Kurienerzbischof Cordes, ein Schüler von Karl Lehmann, der im Vatikan den Päpstlichen Rat „Cor Unum" (!) leitet, in Bonn einen Vortrag zur Konviktseinweihung, in dem er mich unter Bezugnahme auf eine Pressemeldung (!) namentlich einen „theologischen Falschmünzer" nannte. Ich hätte ihn anzeigen und mit Sicherheit einen Prozess gewinnen können, aber ich begnügte mich damit, dass ich Rahners Maxime (beleidigen können Dich nur die, die Du achtest) und gute Freunde hatte. Bischof Lettmann ersuchte ihn mündlich und schriftlich, sich bei mir zu entschuldigen – was er glatt ablehnte. Pater Edilbert schrieb ihm. In der Antwort musste Cordes zugeben, dass er von der ganzen Sache nur aus einer Zeitungsnotiz von ein paar Zeilen erfahren hatte; zu mehr Lektüre fehle ihm die Zeit. Ich konnte dann nicht anders als in „Wegsuche" Band I S. X festzustellen, dass es „auf allen kirchlichen Ebenen moralische Hemmungslosigkeit und charakterliche Verkommenheit gibt." Bischof Lettmann hat auch Kardinal König von Cordes' Verhalten erzählt, der sich darüber sehr empörte.

Im Juni war ich mit Fechts in Griechenland, zunächst auf den thessalischen „Fingern" Kassandra und Sithonia, mit einer Bootsfahrt zum Athos, und dann, nach Besuchen in Philippi und auf der Insel Samothraki, Tage in der Stadt Thessaloniki, wo es zwei eindrucksvolle Ausstellungen gab, einmal der Goldschätze aus den makedonischen Königsgräbern und dann erstmalig eine Schau der Athos-Schätze.

Von Juli 1997 an stellte sich heraus, dass Edilbert dafür dankbar sein würde, wenn ich ihn gelegentlich ein paar Tage in der Krankenhausseelsorge im Clemenshospital verträte. Erstmals war das in diesem Juli der Fall. Zunächst behielt ich die Aushilfe bei Dechant Lohle in Altenberge bei.

Seit einiger Zeit war ich mit dem eitlen Gedanken umgegangen, ich sollte meine zerstreuten Artikel und Vortragstexte drucken lassen, denn ganz in den Wind gesprochen (geschrieben) sollten sie nicht sein. Andererseits wollte ich darin nicht viel Aufwand investieren und kein Aufhebens von der Sache machen. Kollege Khoury half mir dabei. Der I. Band von „Wegsuche. Kleine Schriften zur Theologie" erschien im August 1997 in Khourys Oros-Verlag in Altenberge.

Mit dem Ehepaar Baumgart – Frau Dr. Baumgart war und ist meine Augenärztin, Prof. Dr. Peter Baumgart ist der dynamische Chefarzt unserer Klinik für Innere Medizin I und mein „Hausarzt" – entstanden in diesem Herbst persönliche Beziehungen, die zu einer ganz schönen und lebendigen Freundschaft wurden.

Auswärtige Verpflichtungen führten mich im Winter von Münster weg. In Hamburg sprach ich auf Einladung von Erzbischof Averkamp an einem Priestertag; es gab einen konstruktiven Gedankenaustausch mit Weihbischof Jaschke (11.11.). Auf Einladung des Dominikanerkonvents in Leipzig sprach ich dort im November in der Albertus-Magnus-Akademie über das Thema Hölle. Der greise Pater Gordian beeindruckte mich sehr durch seine Berichte über das Leben in der DDR, das er nicht nur negativ betrachtete. Er war Studentenpfarrer in Leipzig gewesen zu der Zeit, als die Kommunisten die alte Universitätskirche sprengten. Die Nonnen in diesem Doppelkloster schienen mir munterer zu sein als die Mönche. Mein Schüler Pater Rainer führte mich nach Naumburg, Freyburg und Merseburg. In Leipzig stand ich lange Zeit am Grab von J. S. Bach.

Am 16.12. hatte ich einen Festvortrag beim Jubiläum des Liturgischen Instituts in Trier zu halten. Ich fand in der Diskussion die öffentliche Zustimmung von Bischof Spital. Im Vorfeld hatte der Vorsitzende der Liturgischen Kommission, Kardinal Meisner, gesagt, wenn ich komme, dann komme er nicht. Die Versammlung der organisierenden Liturgiewissenschaftler optierte für mich und war mir dankbar für mein Kommen.

Edilberts riesige Krippe im Clemenshospital, die immer mehr Besucher anzog, wurde mit stets neuen Ideen bereichert. Die „Vorführungen" wurden mit einer packenden Meditation verbunden und mit Licht- und Toneffekten versehen. Nun begann Edilbert, auch bei Bischof Lettmann und bei mir in Altenberge die vorhandenen Krippen auszubauen. Es war die Freude des Schwarzwälders am Basteln und zugleich das Erbe des heiligen Franz.

Am 31.1.1998 habe ich mir bei einem nächtlichen Sturz einen Schlüsselbeinbruch zugezogen. Ich bekam einen „Rucksackverband" und konnte mich bis 14.2. nicht regen, konnte mich nicht selber versorgen. Edilbert, der gute Samariter, stellte mir sein Schlafzimmer zur Verfügung, während er selber in seinem Wohnzimmer schlief. Marianne half mir beim Überleben. Den Verband musste ich noch 14 weitere Tage tragen und ab

16.3. mit einem Therapiebaden in warmem Wasser beginnen. Ich hatte Antonio Autiero einen Festvortrag anlässlich seiner Erführung als Institutsdirektor in Trient zugesagt. Mit Erlaubnis des Chirurgen und mit dem Rucksackverband flog ich am 19.2. nach Verona. Am 20.2. begeisterten mich die Entdekkung Trients und das zweite Zusammentreffen mit dem greisen Historiker und Domherrn Iginio Rogger, Archäologe des Trienter Domes und Gründer des Diözesanmuseums, Vermittler zwischen deutscher und italienischer Kultur. Er war vorher schon in Münster gewesen. Wir wurden gute Freunde. Am Nachmittag hatte ich in dem wunderschönen Palazzo Geremia den Festvortrag in italienischer Sprache (mit Antonio hatte ich geübt) über Reformen durch Konzilien und ihre Grenzen, also über die nachträgliche Veränderung der Konzilsimpulse, gehalten. Viele junge Leute und die Honoratioren der Stadt waren da. Zunächst hatte Erzbischof Sartori überschwänglich mein Kommen gelobt. Nach Lektüre meines Vortrags ließ er ihn durch einen anonymen „Experten" begutachten, der eine Liste von Irrtümern anfertigte. In Wirklichkeit ging es Sartori um meine Kritik an der Verwässerung der Reformen durch Mitglieder der Hierarchie, wodurch er um seine Autorität fürchtete. Rogger war voll begeisterter Zustimmung, er hatte kein gutes Verhältnis zu Sartori. Dieser erhielt eine massive Gegendarstellung von mir und starb im darauf folgenden Oktober.

Am 13.3. war der II. Band meiner „Wegsuche" fertig. Kardinal König hat dieser Aufsatzsammlung ein Geleitwort mitgegeben, das ich gern hier zitieren möchte:

Der vorliegenden „Wegsuche", den Sammelbänden meines sehr geschätzten Professors Herbert Vorgrimler, dem ich freundschaftlich verbunden bin, ein Wort des Geleites mitzugeben, ist mir ein persönliches Anliegen. Als Dr. h. c. der Katholisch-Theologischen Fakultät der Universität Münster bleibe ich ihm und seiner Kollegenschaft sehr verbunden. Hier hatte Professor Vorgrimler durch 22 Jahre den Lehrstuhl für Dogmatik und Dogmengeschichte inne und hat damit durch seine umfassende Arbeit zum Ansehen des Fachbereichs katholischer Theologie in Münster viel beigetragen.

Was mich mit ihm besonders verbindet, ist nicht nur unsere Weggemeinschaft mit Karl Rahner – er war mein Konzilstheologe in Rom –, sondern mehr noch der Aufbruch der Kirche ins dritte Jahrtausend mit der Zurüstung des letzten Konzils. Johannes Paul II. selbst meinte in seinem Rundschreiben zur Jahrtausendwende „Tertio millennio adveniente", das Konzil sei „ein Ereignis der Vorsehung ...", durch das die Kirche die unmittelbare Vorbereitung auf das Jubiläum des Jahres 2000 in Gang gesetzt hat". Dazu stellt der Papst noch ausdrücklich fest, es handle sich „um ein Konzil, das zwar den früheren Konzilien ähnlich und doch sehr andersartig ist, ein Konzil, das sich auf das Geheimnis Christi und seiner Kirche konzentriert und zugleich offen ist für die Welt" (nr. 18).

Vorgrimler gehört zu den Pionieren der deutschsprachigen Theologengeneration, die sich besonders bemühte, dem Konzil zu dienen und ihm die Treue zu halten – inmitten manch stürmischer Auseinandersetzungen.

Wenn ich nach dem „Kleinen Konzilskompendium" Rahner – Vorgrimler greife, das mit seiner Rekordzahl an Auflagen stets griffbereit auf meinem Schreibtisch sich befindet, so geht immer wieder ein dankbares Gedenken an Vorgrimler, der mit Rahner die große Last auf sich nahm, möglichst rasch nach Abschluss des Konzils die offiziellen Texte knapp und zuverlässig zu kommentieren, aber auch in den größeren Zusammenhang der zeitgenössischen Theologie fallweise hineinzustellen. Bei aller gebotenen Sachlichkeit ist aber das Interesse am ökumenischen wie auch am interreligiösen Dialog deutlich zu spüren. Das ist zum Beispiel ersichtlich in der Einleitung zum Ökumenismusdekret, wie auch noch deutlicher in der Kommentierung zu „Nostra aetate". Allen Einwendungen gegenüber sei nicht zu übersehen, dass die „Erklärung über das Verhältnis der katholischen Kirche zu den nichtchristlichen Religionen" – wörtlich: „nach ihrem heute vorliegenden Wortlaut und nach ihrer inneren Dynamik in der Geschichte der Kirche und der Konzilien und ihrer Theologie einzigartig ist." Eine Illustration hierzu war im Fakultätsbereich die gleichzeitige Ehrenpromotion von drei Vertretern des Monotheismus. Es waren dies Zwi Werblowsky als Religionshistoriker an der Hebrew University in Jerusalem, die Palästinenserin Sumaya Farhat Naser von der Birzeit-Universität bei Ramallah und P. Laurentius Klein OSB von der Abtei Dormitio in Jerusalem. Vorgrimler als Laudator hat im Jahre 1989 auf die historische Bedeutung dieses Aktes hingewiesen, den er mit seinem persönlichen Einsatz gefördert hat.

Es war daher kein Zufall, dass Herbert Vorgrimler durch sein unermüdliches Bemühen, als Theologe an den Fragen der Zeit mitzuarbeiten, Schriftleiter der „Quaestiones disputatae" wurde, Mitglied in der Redaktion der Zeitschrift „Concilium" und noch dazu auch Mitarbeiter im seinerzeitigen Sekretariat für Nichtglaubende (später: Päpstlicher Rat für Kulturen), dem ich selber durch fünfzehn Jahre als Präsident vorstand.

Wenn ich so dem neuen Opus meines Freundes Vorgrimler ein Wort des Geleites mitgebe, so denke ich dabei auch an die „Münsteraner Schule", die sich nicht nur durch Dogmatik und Kirchengeschichte, sondern vor allem auch durch Religionswissenschaft hervortut.

Die seit Jahren anhaltende Zahl von mehr als 3000 Studenten an der Katholisch-Theologischen Fakultät in Münster ist ein äußeres Zeichen dafür, dass sich die dortige Fakultät im Spitzenfeld Europas befindet. Denn glänzende Namen sind mit den einzelnen Lehrstühlen verbunden: Ich erinnere an Michael Schmaus, Hermann Volk, Joseph Ratzinger, Walter Kasper und vor allem Karl Rahner für die dogmatischen Fächer; ich erinnere an Joseph Höffner als Sozialethiker und an den kürzlich verstorbenen Schweizer Franz Furger als Direktor des Höffner-Instituts, an den verstorbenen Basken Miguel Garijo Guembe mit seinem Lehrstuhl für Ostkirchenkunde, an den Fundamentaltheologen Johann Baptist Metz, an den Moraltheologen aus Neapel, Antonio Autiero, die zum

Ansehen der Münsteraner Schule sehr viel beigetragen haben. Ich nenne aber auch aus meinem weiteren Bekanntenkreis den Alttestamentler Erich Zenger, den Liturgiewissenschaftler Klemens Richter sowie den Kirchenhistoriker Arnold Angenendt. Ich nenne den besonders angesehenen Lehrstuhl für Religionswissenschaft und Islamkunde mit Professor Adel Th. Khoury, der mit seiner mehrbändigen Ausgabe des Koran in deutscher Sprache und einer ausführlichen Kommentierung wertvolle Beiträge zur interreligiösen Verständigung leistet.

Mit einer solchen Schule von Münster als Ehrendoktor verbunden zu sein, ist auch für mich eine Auszeichnung, Professor Vorgrimler in dieser Reihe illustrer Namen ein Geleitwort für seine neuen Bände mitzugeben, eine Freude.

Wien, im April 1997

Kardinal Franz König

Die beiden Bände mit ihren 79 Beiträgen haben wenige, aber durchweg positive Rezensionen erhalten. Besonders erfreut hat mich diejenige des evangelischen Theologen Wolfgang Dietzfelbinger in der „Theologischen Literaturzeitung" 124 (1999) S. 342–345. In ihr heißt es am Ende:

Zu bewundern ist Vorgrimlers Vielseitigkeit und Weite. Er beherrscht die klassische Lehrüberlieferung seiner Kirche wie die warmherzige Auslegung für einfache Menschen; er ist in der Liturgiewissenschaft zu Hause, kennt andere Weltanschauungen und ist ein gewissenhafter Seelsorger. Der Beruf Professor kommt von profiteri, und das meint, sich für eine Sache hinstellen. Dies tut Professor Vorgrimler im besten Sinn, auch ungeachtet von Demütigungen, Enttäuschungen, Rückschlägen. Diesen Preis entrichtet er für eine menschliche, weltoffene Entwicklung der katholischen Theologie. Das ist das Verdienst seines Lebenswerkes.

Bei der erwähnten Tagung des Liturgischen Instituts in Trier lernte ich den Dortmunder Pfarrer Wilhelm Vogel kennen. Er

341

lud mich ein zu einem Sonntagsgottesdienst mit Predigt und einem Gespräch zu einem von seiner Gemeinde gewünschten Thema. Dieser Einladung folgte ich zum ersten Mal im März 1998, und seither war ich jedes Jahr einmal im Februar oder März dort. Es ist immer wieder eine neue Freude, bei einer lebendigen Gemeinde zu sein. Pater Edilbert legte großen Wert darauf, dass ich mit seinen „Mitbrüdern" in guten Kontakt käme. Auf dem Ordenskapitel im Juni 1998 hielt ich zwei spirituelle Impulsreferate in Anwesenheit des kanadischen Pater John, Generaloberer aller Kapuziner. Mehrfach fuhr Edilbert mit mir nach Bad Mergentheim, wo die Kapuziner die Aufgabe der Kurseelsorge wahrnehmen und wo ich jeweils einen Vortrag im Kurhaussaal zu halten hatte. Wir machten dann Ausflüge in das Frankenland und freuten uns an dessen Landschaften, Weinbergen und historischen Schätzen. Diese Möglichkeit, im Zusammenhang mit Vorträgen Gegenden kennenzulernen, die mir bisher unbekannt geblieben waren, nahm ich im Alter gerne wahr. So kam ich nach Wilhelmshaven, Erlangen, Bayreuth und Bamberg, mit ihren so unterschiedlichen Menschen und nicht weniger unterschiedlichen Fragen an Glauben und Kirche. Ende August feierten „unsere" beiden Bischöfe und Wandergefährten zusammen mit mir im Kapuzinerkloster das Goldene Ordensjubiläum von Edilbert.

Eine Steigerung meiner Erfahrung, wie es unter Christen in der katholischen Kirche zugeht, ist in den Mai dieses Jahres 1998 zu datieren. Ich möchte dazu etwas weiter ausholen. Mit dem Zweiten Vatikanischen Konzil kamen Impulse der Meinungsfreiheit in die Kirche, wie sie vor dem Konzil, in der Zeit, in der ich Päpste bewusst erlebt hatte, überhaupt nicht denkbar gewesen wären. Ein Teil der innerkirchlichen Opposition konzentrierte sich auf die Liturgiereform. Plötzlich wurde die lateinische Tridentinische Messe zum unantastbaren Heiligtum, jede Änderung an ihr zum Glaubensverrat erhoben. Ein besonderes Reizthema war die „Handkommunion", als sei das Ausstrecken der Hand ehrfurchtsloser als das Herausstrecken der Zunge. Organ dieser Leute war und ist die Zeitschrift „Una voce Korrespondenz". Andere Gruppen bezichtigten den Papst und die Bischöfe des Konzils des Verrats an Kernstücken des Glaubens: Protestantisierung der Kirche, Abfall zum Götzendienst wegen der Hochschätzung anderer Religionen, Heilszuversicht für alle Menschen statt der gewohnten Einteilung der Menschen in Himmels- und Höllenkandidaten, „permissive" Moralvorstellungen. Exponent dieser Verweigerer gegenüber dem Konzil war der frühere Missionsbischof Lefebvre, der eine eigene Sekte mit eigenen Bischofs- und Priesterweihen begründete und deshalb vom Vatikan exkommuniziert wurde. Eine Sonderform dieser katholischen Abart sind die sogenannten „Sedisvakantisten", die behaupten, seit Pius XII. († 1958) habe es keinen gültigen Papst mehr gegeben.

In den Gemeinden kamen in der Nachkonzilszeit Tendenzen auf, die zu Recht oder Unrecht die Mutlosigkeit der Bischöfe beklagten, die Mitbestimmung in der Kirche und auch eine Gestaltungsfreiheit in der Liturgie verlangten und zum Teil praktizierten. Gegen diese Bewegungen, die teilweise ein letztes Aufflackern munterer Geister vor ihrem Auszug aus der Kirche waren, formierten sich „Initiativkreise katholischer Laien und Priester", die sich als die wahren Glaubenswächter gebärdeten. Dem System der Denunziationen in Rom waren wieder Tür und Tor geöffnet. Es kamen „neue geistliche Gemeinschaften" auf, die wenigstens zum Teil auf ein schlichtes Schema Befehl – Unterwerfung verpflichtet waren wie das „Opus Dei" oder das Neokatechumenat.

Im Kern dieser chaotischen Zustände konzentrierte sich zum Teil während des Konzils, erst recht aber nach ihm eine unfassbare Zusammenballung von Hass und primitiver Aggressivität auf Karl Rahner. Unkenntnis der Lauterkeit seiner Person und seiner um die Kirche besorgten und um sie leidenden Intentionen, gewollte Missverständnisse seiner Texte, absichtliche Ausklammerung seiner Spiritualität, Gebete, Meditationen und Predigten, Suche nach einem wehrlosen Sündenbock, solche und andere Dinge kamen zusammen bei denen, die ihn anklagten, der Zerstörer der Kirche und der Leugner der Glaubensfundamente zu sein. Die erste Generation der Polemiker

erhielt einen kräftigen Schub, als Hans Urs von Balthasar in seinem irrationalen Hass auf den einstigen Freund und Weggefährten ihn aller denkbaren Häresien bezichtigte („Cordula", „Theodramatik" III). Dem Kirchenhistoriker Hubert Wolf blieb es vorbehalten, Rahners persönlich lauteren Charakter in Zweifel zu ziehen (in seiner Edition des Wiener Memorandums, 1994). Er wurde dadurch unfreiwillig zum Kronzeugen aller, die Rahner mit Schmutz bewarfen. Von Anfang an war die Zeitschrift „Theologisches" das Organ dieser Kreise, die zunächst nach der römischen Inquisition riefen, später immer mehr dazu übergingen, Rahners angebliche Charakterlosigkeit und seinen angeblichen sittenwidrigen Lebenswandel – wegen seiner Freundschaft zu Luise Rinser – als „Beweise" dafür anzuführen, dass seine Theologie insgesamt wertloses Machwerk sei. In „Theologisches" unter der Herausgeberschaft eines Religionslehrers namens David Berger wurde kein Mittel des Rufmords, der persönlichen Diffamierung und der üblen Nachrede gescheut, wobei mir manchmal die Ehre zuteil wurde, in die nächste Nähe Rahners gezogen zu werden (unter anderem durch eine Felizitas K., auf deren rechtsextreme Umtriebe das Bistum Münster warnend hingewiesen hatte und die auch mit Antisemiten öffentlich sympathisierte).
Ich habe mich zwar gelegentlich mit scharfen Repliken abgegeben, aber im allgemeinen die Ratschläge zweier hoch geschätzter Freunde beherzigt. Bischof Lettmann: „Bellen lassen. Gar nicht zur Kenntnis nehmen." Das war ein bewährtes Rezept, wie man sich verhält, wenn man auf einer Fahrradtour von Straßenkötern angefallen wird. Und Karl Rahner sagte wiederholt: „Beleidigen können Dich nur die, die Du achtest." Aber im Mai 1998 unternahm ich eine Erkundung, ob man wirklich keine rechtliche Handhabe besitze, um sich gegen Kreaturen dieser Art zu wehren. Anlass war eine ausgedehnte Polemik des „Sedisvakantisten-Priesters" Lingen aus Dorsten im Internet, der neben Verunglimpfungen Bischof Lettmanns und seiner Münsteraner Theologen auch Lügen und üble Nachreden über mich vonseiten eines Kaplans Paul Spätling in dieses Medium brachte. Ich hatte eine lange Unterre-

dung mit dem Oberstaatsanwalt Weilke in Münster, einem guten Bekannten von Pater Edilbert. Er versicherte mir, dass die Personen ohne jeden Zweifel in der ersten Instanz zu einer sehr hohen Geldstrafe verurteilt würden. Mit größter Sicherheit würden sie aber die zweite Instanz anrufen und sich dort in der Öffentlichkeit als Märtyrer darstellen, und so würde aus den Infamien eine endlose Geschichte werden. Sie würden immer wieder die Gerichte als Plattformen missbrauchen. Sein nicht juristischer, sondern, wie er sagte, brüderlicher Rat war dem Sinn nach genau so wie derjenige Bischof Lettmanns „Bellen lassen. Gar nicht zur Kenntnis nehmen."

Bei koptischen Christen, abermals im Sinai und in Israel, neu in Jordanien

Seit Monaten hatten die bischöflichen Freunde den Wunsch, das koptische Christentum und die Ursprünge des Mönchtums näher kennen zu lernen. Ich beriet mich mit dem koptischen Bischof Damian, der in einem verlassenen Kloster in der Nähe von Höxter wohnt. Mit seiner Hilfe gelang eine hervorragende Pilger- und Studienreise vom 1. bis 20.9.1998 von Bischof Lettmann, Bischof Mussinghoff, Pater Edilbert und mir. Mit dem Auto des koptischen Papstes besuchten wir Kairo, das Nationalmuseum mit den würdig aufgebahrten Pharaonen, Alt-Kairo mit den christlichen Kirchen und Klöstern. Wir waren in der großen Audienz des Papstes Schenuda in der Markuskathedrale, der uns freundlichst begrüßte, bei den Wüstenklöstern Makarios, Bishoi, El Surian und Baramus, überall herzlich aufgenommen und beschenkt. Bischof Damian hatte uns den Mönch Dioskuros mitgegeben, mit seiner Hilfe konnten wir den Intrigen des Reisebüros widerstehen. Wir waren an den Pyramiden von Sakkara und Giseh und in der Oase Fayum, am Karunsee, im Paulus- und Antoniuskloster in der Wüste. Im letzteren führte uns der Abtbischof Jostos durch die Altertümer. Er zeigte uns Fresken, die würdig wären, als Kulturerbe der Menschheit eingestuft zu werden. Uns zu Ehren erhielt das Kloster, das sich selber mit Strom versorgen muss, eine Stunde zusätzlichen Strom. Morgens nahmen wir an dem sehr frühen Morgenlob teil und stiegen dann 1139 Stufen zur Höhle des Mönchsvaters Antonius hinauf, wo wir vor Sonnenaufgang die Eucharistie feierten. Nach dem Abschied von Dioskuros kamen wir zum Suezkanal, auf den Sinai und zum Scheich Barakat, der uns zum Heiligtum von Serabit el Khadem führen ließ und den kranken Edilbert pflegte. Über Wadi Firan und St. Catharina erreichten wir Sharm el Sheikh und Ras Muhammad, die südlichste Spitze der Halbinsel Sinai. Eine Wunderwelt von Fischen und Korallen, mit Tausenden von Störchen begegnete uns. Weiter fuhren wir zur jordanischen Grenze bei Aqaba, besuchten Petra, hielten die Eucharistie auf dem Berg Nebo, kamen nach Madaba, Amman, Jerash und Gadara. Nach einer Verdächtigung meines Rucksacks (Klosterfrau Melissengeist als flüssiger Sprengstoff durch die israelische Security bei Bet Shean) und entsprechender Verzögerung gelangten wir nach Tabgha, wo Pater Stephan Vorwerk OSB uns erfahren ließ, was ungezwungene, unverkrampfte benediktinische Gastfreundschaft sein kann. Kontakte zu den philippinischen Schwestern entstanden, viele Wanderungen waren möglich. Zwei Tage in Jerusalem rundeten die Reise ab.

Im November 1998 (20.–30.) war ich allein in Israel. Ich hielt den wenigen Benediktinern, den philippinischen Schwestern und den Volontären in Tabgha Exerzitien in englischer Sprache. Dagmar Stoltmann hatte mir die Texte übersetzt. Lange Gespräche mit dem „Gründer" von Tabgha, dem greisen Pater Hieronymus, bewegten mich sehr, mit ihm waren auch schöne Ausflüge ins Bergland von Galiläa und ans Mittelmeer bei der libanesischen Grenze möglich. Er, gebürtiger Kroate, kam als Soldat der britischen Armee an den See Genesaret und blieb ihm seit dem Ersten Weltkrieg treu. Er hatte die großen Plantagen angelegt und gepflegt. Es reichte noch zu Besuchen in Jerusalem, Abu Gosh und Bethlehem.

Nach einer Pause von mehreren Jahren nahm ich im November die Arbeit am Theologischen Wörterbuch wieder auf. Der

Mangel an Glaubenswissen deutete darauf hin, dass eine solche Arbeit, die sehr umsichtig und konzentriert sein musste, nicht vergeblich wäre.

Meine Aushilfe bei Edilbert im Krankenhaus, seine Bitte, ihn gelegentlich in Abwesenheit zu vertreten, weitete sich nun aus, ich konnte ihm immer häufiger die Vorabendmesse an Samstagen mit Predigt und anschließender Krankenkommunion abnehmen. Da ich deswegen immer länger im Clemenshospital weilte, beschloss ich vereint mit Schwester Marianne in der zweiten Jahreshälfte 1998, ganz dorthin zu übersiedeln, ohne das „Hüttchen" in Altenberge aufzugeben.

„Des Menschen Leben währet siebzig Jahre ..."

Im Januar 1999 wurde mir ein großes Fest bereitet: ich vollendete das 70. Lebensjahr. Am Geburtstag selber fanden die Konzelebration bei Bischof Lettmann und ein opulentes Frühstück statt. Am 9.1. arrangierte Antonio Autiero eine festliche Musikumrahmung bei den Freunden im Restaurant Giverny. Die zwei Bischöfe und Franz Tebartz vom Domplatz waren da. Die Freunde aus Freiburg (Fechts) und aus Bergisch Gladbach (Dittrichs) ebenfalls, die Schwestern aus dem „Clemens", Edilbert, Frau Dr. Baumgart und Prof. Baumgart, Baptist Metz, Erich Zenger, Arnold Angenendt, Theodor Khoury, der Dekan Prof. Schmälzle, Richters, das Ehepaar Rese, Frau Dr. Brunert, ein junger „Rahner-Enkel" Pater Batlogg SJ aus Innsbruck, natürlich Antonio und mein lieber Matthes waren da. Schöne Reden hielten Matthes, Baptist, Erich, Prof. Rese, Jochem Fecht und Bischof Lettmann. Er sprach über den Engel der Erinnerung und den Engel der Hoffnung.

Noch im Januar folgten Marianne, Edilbert und ich einer Einladung des Schauspielers und Regisseurs Peter Jahreis ins Städtische Theater in Münster: „Die lustige Witwe". Die Sopranistin Ines Krome machte mir großen Eindruck, der sich bei einer Aufführung von „Don Giovanni" im Mai noch verstärkte.

Der Papst

Im März 1999 (25.–27.) fand auf Einladung von Bischof Lettmann in der römischen Universität Gregoriana ein Symposion über die westfälische Mystikerin Anna Katharina Emmerick statt, deren Seligsprechung vorbereitet wurde. Ich hatte auf Wunsch des Bischofs am 26. über „Leid in unserer leidlosen Gesellschaft" zu sprechen. Mein „Kontrahent" war der Benediktiner Elmar Salmann von S. Anselmo in Rom: „Leid und Sühne – ein Phänomen menschlichen Geschicks". Ich fürchte, seine Gedankengänge sind von Masochismus nicht frei. Bischof Lettmann moderierte. In der Pause erfahre ich von einem römischen Monsignore, dass alle Bücher, die unter dem Namen der Dülmener Nonne erschienen sind, also auch alle darin enthaltenen Visionen, aus dem Seligsprechungsprozess ausgeschieden wurden. Der Verdacht ist zu groß, dass es Dichtungen von Clemens von Brentano sind. Umsonst habe ich mich viele Tage mit diesen Büchern beschäftigt. Am Samstag 27.3. findet in der Kirche St. Bernhard (deutsche Pilgerkirche) um 9.30 Uhr ein Abschlussgottesdienst mit Bischof Lettmann statt. Beim Auszug flüstert er mir zu: „Komm mit zum Papst." Er bekommt immer kurzfristig einen Termin bei Johannes Paul II. Ich weise darauf hin, dass ich Anzug und Krawatte trage, wie es seit dem 19. Jahrhundert das Privileg deutscher geistlicher Universitätsprofessoren ist, und dass der Papst 1979 nicht mit Karl Rahner fotografiert werden wollte, weil dieser eine Krawatte trug und der Papst zur römischen Kleiderordnung zurückgekehrt war. Ich wollte den Papst nicht verletzen. Bischof Lettmann meint, das Thema sei unerheblich. Wir kommen durchs Bronzetor über viele Treppen und an mehreren Kontrollstellen vorbei in die imposanten ausgemalten Galerien bis zum Arbeitszimmer des Papstes. Er ist trotz seiner schweren Behinderung durch die Parkinsonkrankheit sehr höflich. Mühsam erhebt er sich aus seinem Sessel, um uns zu begrüßen. Als Bischof Lettmann meinen Namen nennt, ruft er aus: „Ah, Rahner – Vorgrimler", durchaus erfreut. Angelegentlich erkundigt er sich nach meiner Tätigkeit im Krankenhaus.

Die Erinnerung ist Anlass zu einem Rückblick auf den polnischen Papst. Persönlich habe ich mich nicht zu beklagen, angefangen mit der Beratung, die er mir bei der Dialog-Zeitschrift zuteil werden ließ. In seiner überlangen Amtszeit, mehr als 26 Jahre, hat er alles gegeben, was er geben konnte. Mir persönlich steht vor allem sein wiederholtes und entschiedenes Nein zu dem völkerrechtswidrigen Angriffskrieg der USA von 2003 gegen den Irak vor Augen; es hat Bischofskonferenzen von vornherein daran gehindert, mit dem „amerikanischen Verbündeten" zu sympathisieren. Auch sein Eintreten für die Menschenrechte war imponierend. Was mir vor 25 Jahren heftige Angriffe eingetragen hatte, eine scharfe Kritik an den Unmenschlichkeiten des Kapitalismus – Vorrang der Arbeit vor dem Kapital! –, das praktizierte nun der Papst. Aber sein Auftreten gibt auch Anlass zu vielerlei Bedenken. Er suchte die großen Menschenmassen. Gewiss hatte er selber die Absicht, Jesus Christus den Menschen nahezubringen. Aber machte er sich nie Gedanken darüber, dass die Menschen seinetwegen zusammenströmen? Dass sie keineswegs zu Jesus kommen, den sie täglich zu Hause bei sich haben können? Dass das Spielen mit Emotionen keine nachhaltige Förderung des Glaubens bewirkt? Manche öffentliche Gesten kann man nicht gutheißen, so seine offen gezeigte Sympathie für den chilenischen Diktator Pinochet, der mit Mord und Folter regierte, oder sein Loblied auf die spanischen Opfer des Bürgerkrieges der 30er Jahre, die auf der Seite des katholischen Diktators Franco gestorben waren; während er kein Wort fand für die toten Christen, die zusammen mit Atheisten und Kommunisten die Republik verteidigt hatten. Es gäbe noch mehreres aufzuzählen.

Im Hinblick auf „innere" Aspekte ist vor allem sein Verhältnis zu den Juden und zu Israel allen Ruhmes würdig. Wie kein anderer Papst hat er vom ungekündigten Bund Gottes mit Israel gesprochen. Sein Besuch in Israel war ergreifend. Für sein mutiges Gebet mit Vertretern verschiedener Kirchen, aber auch verschiedener Religionen in Assisi musste er bösartige Kritik auch von katholischen Theologen hinnehmen. In der Ökumene hat er manche schöne Gesten praktiziert, gerade auch mit Hierarchen der Ostkirchen. Aber das Konzil hatte dringlich gewünscht, dass katholische Christen das Einende hervorheben und das Trennende nicht betonen. Das Trennende nicht betonen, das heisst ja nicht, trennendes Eigengut aufzugeben, es heisst nur, es nicht überzubetonen. Genau das aber hat er getan. Nicht nur seine übertriebene Marienverehrung; schon sein Wappenspruch „Totus tuus", den er bei Grignon de Montfort entlehnt hatte, das große M in seinem Wappen waren bedenklich. Seine bedenkenlose Bejahung der angeblichen Marienerscheinung von Fatima – der Maria von Fatima schrieb er seine Errettung nach dem Attentat von 1981 zu. Sodann: Seine inflationäre Vermehrung von Selig- und Heiligsprechungen. Auch dabei setzte er sich über manche Bedenken hinweg. Hatte nicht die Tradition bei solchen, die nicht Märtyrer waren, Tugenden im heroischen Grad verlangt? Solche konnten weder die früh gestorbenen Kinder von Fatima noch Papst Pius IX. noch der Gründer des „Opus Dei" aufweisen. Früher bedeutete, problematisch genug, eine Seligsprechung, dass die oder der Selige mit Sicherheit „im Himmel" sei. Dieses Thema wurde nun stillschweigend übergangen, statt dessen betonte man den Vorbildcharakter. Warum soll Kaiser Karl I. von Österreich ein Vorbild sein, der Märtyrer Alfred Delp SJ aber nicht? Auch hier wäre sehr viel mehr zu sagen.

Innerkirchlich ließ er bestimmten Kurienkardinälen zu viel Freiheiten. Die Dekrete des Kardinals Castrillon Hoyos über das Priestertum und die Laien waren verheerend, ebenso die Liturgieinstruktion des Kardinals Arinze. In seiner Kirche herrschte er nach dem Schema Befehl und Unterwerfung; herrisch verfügte er: Schluss der Debatte. Er führte, nach der Abschaffung des Anti-Modernismus-Eids, neue Treue-Eide ein. Seine Behandlung der deutschen Bischöfe in der Frage der Schwangerenberatung zeigte überdeutlich, dass er von der Bischofstheologie des Zweiten Vaticanums nichts hielt. Und die Bischofsernennungen, die zu wahren Katastrophen führten, allein in Europa in Wien (Nachfolge König), Chur, St. Pölten,

Köln, Regensburg. Und diejenigen, die nicht zu Katastrophen führten, waren zu einem großen Teil dennoch verhängnisvoll, weil vielfach Personen mit einem devoten, servilen Charakter nach einem höchst fragwürdigen Fragebogen ausgewählt wurden. Und das gilt auch für das Kardinalskollegium. Von Mitbestimmung und Mitspracherecht von Menschen, die seine Meinung nicht teilten, hielt er nichts. Er war ein Mensch einsamer Entschlüsse, und das sollte ein Papst nicht sein. Seine Art, wie er mit Krankheit, Leiden und Tod umging, verdient größte Hochachtung, aber auch Diskretion. Der hysterische Schrei eines gewissen Publikums „Santo subito" war völlig abwegig. Persönlich empfand ich das so.

Von meinen auswärtigen Verpflichtungen im Jahr 1999 sind ein Dankbesuch mit den Bischöfen Lettmann und Mussinghoff beim koptischen Bischof Damian zu erwähnen, ein Vortrag bei einer ökumenischen Tagung in Hannover zur Gottesfrage, eine Gastvorlesung über Karl Rahner in der Universität Regensburg aus Anlass der Ernennung von Dr. Michael Langer, einem Freund des Nahen Ostens, zum Professor, eine Patronatspredigt in Münster St. Mauritz in den schrecklich schweren Gewändern aus dem Jahr 1526.

Ich war in diesem Jahr ein zweites Mal in Rom, um liebgewordene Stätten aufzusuchen, sodann mit Karin und Jochem Fecht 14 Tage auf der Insel Lesbos, mit Marianne und Edilbert im Schwarzwald, verbunden mit einem Besuch im Kloster Beuron und am Grab Heideggers in Meßkirch, schließlich noch einmal ein paar Erinnerungstage in Innsbruck.

Wieder Israel

Vom 27.10. bis 4.11.1999 war ich mit Bischof Lettmann in Israel. Während einiger Tage in Jerusalem besprachen wir das Projekt des Paters Stephan Vorwerk OSB, auf der Insel Reichenau im Bodensee wieder benediktinische Präsenz einzuführen. Vom 1.11. ab hielt Bischof Lettmann die Exerzitien in Tabgha am See Genesaret. Anders und besser als ich im Jahr zuvor hielt er die Vorträge an jeweils einem anderen Ort in der biblischen Landschaft, immer verbunden mit Bildmeditationen und Gesängen. Damals wurde das philippinische Lied „Here I am, Lord" zu einem Münsteraner Lied. Im Garten von Tabgha hatten wir Gespräche unter vier Augen über das Dilemma mit den Beratungsscheinen, denn in jenen Tagen kam der harte Brief des Papstes an.

In den Exerzitienvorträgen hatte Bischof Lettmann eine hervorragende Definition von Kirche vorgeschlagen: „die Gemeinschaft der Freunde Jesu". Das Wort hilft, die Kirche direkter als bisher in der Verkündigung Jesu zu fundieren, nämlich in seinem authentischen Ruf zur Nachfolge, unabhängig von juristischen „Stiftungsworten". Das Wort hilft auch hervorragend in manchen Schwierigkeiten mit der konkreten Kirche. Die Freunde Jesu sind an ihrem ganzen Verhalten zu erkennen, und es gibt Kriterien dafür, die andern zu erkennen, die behaupten, ebenfalls Freunde Jesu zu sein, es aber nicht sind. Zwei Arten von Kirche?

Den Wechsel ins neue Jahrtausend empfand ich nicht als besonders wichtig. Ich hielt es mit meinem Vater: Neujahr ist das Abreißen eines Kalenderblattes, ein Zeichen unserer Vergänglichkeit wie an allen Tagen, nichts weiter.

Am 28.2.2000 starb die geliebte Kindergartenschwester Michaelis im Alter von 88 Jahren.

Im April taufte ich im Clemenshospital ein kleines Mädchen, Maria Teresa, Tochter von Carlos, der als Portugiese ein italienisches Restaurant in Altenberge betrieb, und seiner Freundin Jana, die aus der ehemaligen DDR stammte und nicht getauft war. Doris hatte mir die Texte ins Portugiesische übersetzt; das ganze Team aus dem Restaurant war da.

Meine Meditationen und theologischen Besinnungen erschienen in diesem April als TOPOS-Taschenbuch unter dem Titel „Auf dem Weg zum göttlichen Geheimnis".

Im Mai war ich mit den lieben Freunden Monika und Georg Dittrich zu Wanderferien an der portugiesischen Algarve (eigentlich heißt es: an dem Algarve), musste aber wegen einer Operation von Schwester Marianne vorzeitig zurückfliegen.

Zum 17. Juni 2000 hatte mich Bischof Mussinghoff zur „Heiligtumswallfahrt" nach Aachen eingeladen. Er musste die alte Tradition befolgen, alle 7 Jahre die in Aachen aufbewahrten Stoffreliquien vorzuzeigen bzw. auszustellen. Seine Konzelebranten bei einer Eucharistiefeier auf dem großen Platz zwischen Aachener Münster und Rathaus waren Kardinal Meisner, der Erzbischof von Santiago de Compostela, der Vorsitzende der lateinamerikanischen Bischofskonferenz und ich. Kardinal Meisner nannte in seiner Predigt die ausgestellten Stoffreliquien „eine liturgische Modenschau". Er predigte vornehmlich gegen die Götzen der heutigen Zeit, und als ersten Götzen benannte er die Suche nach einem Arbeitsplatz – nicht die hinter der Arbeitslosigkeit stehende Gewinnsucht, die zur Globalisierung führt. Leute, die lebenslang einen sicheren Arbeitsplatz haben, tun sich leicht damit, Arbeitslose auf der Suche nach einem Arbeitsplatz als Götzendiener zu kritisieren.

Eine besondere Freude war es für mich, dass ich in einem ökumenischen Festgottesdienst zur 500-Jahr-Feier des humanistischen Gymnasiums, „meines" Berthold-Gymnasiums, in der Freiburger Universitätskirche am 14.7. die Predigt halten durfte.

Von den Schwarzwaldferien aus, die nun Edilberts wegen immer mehr den Mittleren Schwarzwald einbezogen, fuhren Marianne, Edilbert und ich auf die Insel Reichenau, wo wir mit den Bischöfen Lettmann und Mussinghoff zusammentrafen. Der kunstsinnige Münsterpfarrer Weiser führte uns. Wir inspizierten die künftige Wirkungsstätte von Pater Stephan, der benediktinisches Leben auf die traditionsreiche Reichenau zurückbringen wollte.

Im August war ich zehn Tage (21.–31.) mit Bischof Lettmann im Sinai und am Roten Meer. Mit Pater Stephan und einem jungen Benediktiner aus Göttweig machten wir stimmungsvolle Exkursionen in die grandiose Bergwelt, mit abendlichem Feuer bei den Kamelen und mit Schlafen unter dem Sternenzelt.

Im September erschien das „Neue theologische Wörterbuch". Es erhielt viele positive Rezensionen und nur eine negative von einem Kirchenrechtler, den ich aber gut verstehen konnte, weil ich bezweifelt hatte und bezweifle, dass das Kirchenrecht etwas mit Theologie zu tun hat. Als die Festschrift für mich über die Rede von Gott vorbereitet wurde, sprach mich unser sympathischer Kirchenrechtler Klaus Lüdicke an: „Herbert, ich kann nichts für Deine Festschrift schreiben. Gott kommt im Kirchenrecht nicht vor." Inzwischen hat das Wörterbuch fünf Auflagen und wurde ins Litauische, Italienische und Polnische übersetzt.

Ebenfalls im September 2000 war ich mit Karin und Jochem Fecht 14 Tage auf Sardinien.

Im November durfte ich in meinem alten „Gefängnis", dem Theologenkonvikt „Canisianum" in Innsbruck, den Festvortrag zum 100. Geburtstag von Hugo Rahner über dessen Theologie halten.

Seit 1995 gehöre ich zu dem Herausgeberkreis der „Sämtlichen Werke" Karl Rahners. Als erste konkrete Aufgabe fiel mir die Bearbeitung aller seiner Lexikonbeiträge zu. Da es sich um ein Arbeitsgebiet Rahners handelte, das ihm überaus wichtig gewesen war und in das er Jahre seines Lebens investiert hatte, gab ich mir dabei besonders viel Mühe. Im Jahr 2000 habe ich viele Stunden mit den Bänden 17/1 und 17/2 zugebracht.

Im Januar 2001 wurden die Dogmatiker Walter Kasper und Leo Scheffczyk zu Kardinälen erhoben. Im Februar war ich, wie manches Mal, mit Bischof Lettmann und Pfarrer Löbbert an den Karnevalstagen in Dietershausen in der Rhön, in Eis und Schnee.

Im März hielt ich bei den Dominikanern in Düsseldorf einen Vortrag über den Mystiker Karl Rahner; es gab gute Gespräche mit alten Bekannten, Willehad Eckert und Paulus Engelhardt.

Von Peter Jahreis mit Karten beschenkt, besuchten Marianne, Edilbert und ich im März das Musical „Evita". Ich kannte Musicals nur vom gelegentlichen Radiohören her. Ein paar Jahre später kamen wieder Karten, dieses Mal für „Hello Dolly". Es stand nun fest, dass ich kaum eine Antenne für Musicals habe.

In der Wüste

Vom 16. bis 26. April 2001 bin ich mit den Bischöfen Lettmann und Mussinghoff wieder in Israel. Auf Wunsch von Heinz Mussinghoff suchen wir die Wüste pur. Pfarrer Ludger Bornemann macht tief in der Sandwüste Negev Holzhütten ausfindig, die ein Ökologe angelegt hat, ohne Wasser, ohne Strom. In einer solchen „Succa" hausen wir einige Tage. Es gibt eine zentrale Hütte, abends mit vegetarischer Kost. Wir treffen viele interessante, zum Teil sehr junge Israelis und machen die Sabbatliturgie mit, die mit den Gebeten gefeiert wird, die wir bei der Gabenbereitung sprechen. Wir brechen das Brot mit ihnen und trinken mit ihnen Wein aus einem Krug, so wie es Jesus oft getan haben wird. Der Sternenhimmel ist unglaublich. Wanderungen führen uns zu den Oasen im Wadi Zin, wo das Volk Israel gegen Mose murrte. Auf dem Rückweg entdecken wir am See Genesaret eine faszinierende Lagune: Zaki River.

Ein paar Tage in Venedig reichen dieses Mal aus, um auch die Insel Torcello mit dem gewaltigen Mosaik des Jüngsten Gerichtes zu besuchen.

Der große Nothelfer Prof. Rainer Thoss stirbt am 27. Mai (1932–2001).

Im Wuppertaler Theater besuchen Birgit und ich eine missglückte Inszenierung der „Zauberflöte". Am Ende siegt doch die finstere Königin der Nacht, weil ihre Truppen alle andern, die Kräfte des Guten, totschießen. Ich finde, dass es für die Experimentierlust von Regisseuren gewisse Grenzen gibt.

Edilbert hat sein Buch über Erfahrungen im Krankenhaus, „Wie gelebt, so gestorben", geschrieben. Aber das Manuskript ist zu lang, ein Drittel des Textes muss gestrichen werden. Ich nehme ihm diese Arbeit ab und glaube, dass das ohne Substanzverlust möglich war.

Einige Male zwischen 2001 und 2003 bin ich mit P. Andreas Batlogg SJ in seiner Vorarlberger Heimat, bei dem gastfreundlichen Pfarrer Edwin Matt in Andelsbuch. Die Landschaft ist schön!

Jede Idylle erstirbt angesichts der Katastrophe, die der Terrorismus am 11.9.2001 in New York angerichtet hat. Die Verbrecher machen sich das Elend der „Verdammten dieser Erde" in schändlicher Weise zunutze. Selbstmord ist und bleibt für den authentischen Islam eine Sünde, Tötung Unschuldiger ebenfalls, selbst wenn es „Ungläubige" sind. Aber auch bei ihm siegt der Glaube nicht über Fanatiker.

Am 27.9. habe ich einen Vortrag über Ethik in der Freimaurerakademie Mühlhausen in Thüringen.

Vom 1. bis 3.10.2001 bin ich auf dem „heiligen Berg" Andechs, wo ich für Pater Anselm Bilgri OSB einen Festvortrag zum Silbernen Professjubiläum halte (mittlerweile ist er bei den Benediktinern ausgetreten). Er hat das Andechser Bier weltbekannt gemacht. Mein Studienkollege aus Innsbrucker Zeiten, Abt Odilo Lechner OSB von der Abtei St. Bonifaz in München und Andechs, ist auch da.

Schwester Marianne, Pater Edilbert und ich nehmen am 7.10. in Rom an der Seligsprechung der Münsteraner Clemensschwester Euthymia teil. Bischof Lettmann geleitet Marianne zum Papst; Edilbert und ich amtieren als Kommunionhelfer. Mit Edilberts Bruder Werner besuchen wir drei auch Subiaco und Assisi. Sofort danach bin ich mit Schwester Mariata, Schwester Marianne und Edilbert vom 17.10. bis 14.11. in Israel und auf dem Sinai.

Eine Fahrt nach Salzburg zu Gesprächen mit Laientheologen im kirchlichen Dienst führt mich im Dezember auch nach Wien. Am Marienfest 8.12. predigt Kardinal Schönborn im Stephansdom über die Marienverehrung des Hauses Habsburg.

Im Januar 2002 kommt die jeweils 4. Auflage der Gotteslehre und der Sakramententheologie vom Patmos Verlag. Im Februar erscheint der große, prächtige Bildband „Engel – Erfahrungen göttlicher Nähe", den ich mit Ursula Bernauer und Thomas Sternberg erarbeitet habe. Der Verlag Herder hat für den Verkauf zwei Etappen vorgesehen. In der ersten Etappe kostet der Band rund 45 Euro, in der zweiten Etappe wird der unveränderte Band als „Sonderausgabe" zu rund 20 Euro angeboten. Inzwischen gibt es eine dänische, polnische, niederländische und japanische Ausgabe dieses Engelbuches. Birgit und ich testen jetzt die Oper in Duisburg, am 2.2. mit „Cosi fan tutte". Ein neuer Opernversuch mit Birgit gilt in der zweiten Märzhälfte der „Deutschen Oper am Rhein" in Düsseldorf mit „La Traviata".

Im Februar gebe ich Exerzitien für die Priester des Weihejahrgangs 1990 im Bistum Münster. Es sind imponierende, illusionslose und zuverlässige Pfarrer, nicht mehr Kapläne. Ungastlich ist der mühsam gefundene Ort, die Zisterzienserabtei Himmerod in der Eifel. Ich weiss nicht, was unwirtlicher wirkt, die kalte Eifeltemperatur aussen oder die Mentalität der Mönche innen.

Im März darf ich die Exerzitien in der Benediktinerinnenabtei Dinklage in Oldenburg mit ihrer tüchtigen Äbtissin Máire aus Irland geben. Wir mühen uns sehr um eine schöne Liturgie in der Kirche, der ehemaligen Scheune. Der Konvent ist mir von früheren spirituellen Vorträgen her vertraut.

Zwei kleine philippinische Schwestern aus Tabgha besuchen uns im April. Bischof Lettmann führt uns zu mehreren Klöstern im Bistum und an den Niederrhein. Dort ist der Höhepunkt natürlich Kevelaer, wo wir Gäste im Priesterhaus sind. Auf dem Rückweg besuchen wir die Abtei Gerleve. Bischof Lettmann ist ein guter Fahrer; in Nottuln wird er geblitzt.

Am 22. April kommt Patriarch Gregor III., früher Lutfi Laham, aus Damaskus mit einem Gefolge melkitischer, mit Rom unierter Christen nach Münster. Bischof Lettmann muss bei einer Tagung mit Ärzten sein. Er bittet mich, an seiner Stelle die Gäste im Bischofshaus zu begrüßen, bis zu seiner Rückkehr.

Noch im April kommen die Rahnerbände 17/1 und 17/2 der „Sämtlichen Werke". Es war nicht leicht, bei Herder die umfangreiche Dokumentation unterzubringen, die ich 17/1 (S. 13–74) vorangestellt habe. Ich fürchtete aber, dass niemand mehr, wenn ich einmal tot bin, wissen kann, was diese Arbeit Rahner damals gekostet hat, an Kräften und an Ärger.

Ein paar Studientage im Mai in Istanbul sind sehr eindrucksvoll. Aus der glorreichen byzantinischen Zeit existieren mehr

Kostbarkeiten, vor allem Mosaiken, als man gemeinhin vermutet. Natürlich gehörte zu diesen Tagen auch ein Besuch im Ökumenischen Patriarchat, dem „Phanar", einem „kleinen Vatikan", gut bewacht von einer eigenen Polizei.

Da Kardinal König im letzten Dezember erkältet in der Klinik war, ließen mich die Damen seiner Leibwache nicht zu ihm, als ich in Wien war. Jetzt (14.5.) grüßt er mich telefonisch. Mehrfach in diesem Sommer 2002 fahre ich mit Marianne nach Dinklage, um mit der Abtei das sonntägliche Hochamt zu halten. Es gibt dort keinen eigenen Priester mehr. Ich muss diesen Dienst von dem Moment an beenden, wo im Clemens-hospital die Sonntagsliturgie meine „Pflicht" ist.

Bewegend ist Anfang Juli der 80. Geburtstag des lieben Freundes Jochem Fecht in Freiburg. Er ist körperlich und geistig sehr reduziert, manchmal wirkt er, der früher sprühend vitale Mensch, wie abwesend. Im Zusammenhang mit dieser Freiburgfahrt bringen mir Schwester Marianne und ihr Assistent Lammers einige Möbel aus dem Elternhaus nach Münster. Ich kann im Wohnheim der Klinik ein „Stübchen" einrichten, mit den paar Freiburger Möbeln und Bildern, dem Familienkreuz, den Ikonen und einer fotografischen „Ahnengalerie". Es ist jetzt wirklich heimatlich geworden.

Beim Sommeraufenthalt im Schwarzwald meint Bischof Lettmann, ich solle mit ihm nach Syrien fahren und auf die Philippinen fliegen. Ich würde es ja gerne tun, aber allmählich werde ich doch alt und älter ... In den letzten Jahren und jetzt wieder bedrückt es mich sehr, dass einige meiner liebsten Schüler, die Priester des Bistums Münster geworden sind und zum Teil hervorragend in Pfarrei und Krankenhaus gearbeitet haben, aus dem Dienst im Bistum weggegangen sind. Nicht wenige wurden altkatholisch, da können sie beides leben, das Priestertum und die Ehe. Einige von ihnen haben ihren Freund geheiratet. Ich bemühe mich, in Kontakt mit ihnen zu bleiben; sie sollen spüren, dass sie nicht verachtet sind.

Am 17.8. folge ich einer Anregung von Georg Hüssler, „alte Knaben" auf den Schauinsland bei Freiburg zu einem festlichen Mahl einzuladen, ihn selber (80), mit dem ich viel zu tun hatte und der jetzt hoch geachteter Ehrenbürger von Freiburg ist, Alfons Deissler, den Mentor Sigrids und verehrten Altmeister in der Auslegung des Ersten Testaments (88), und Helmut Riedlinger (80), emeritierten Dogmatiker in Freiburg, der einst nicht unbedingt mein Freund war. Wir haben uns sehr gut vertragen.

Im November begehen wir mit Bischof Lettmann feierlich das 25-jährige Professjubiläum von Schwester Marianne im Clemenshospital. Ich muss oder darf jetzt öfter für den Konvent im „Clemens" Besinnungstage halten.

Noch im November führen uns die Karten von Peter Jahreis in das Theater in Münster zu „Hoffmanns Erzählungen" mit Ines Krome. Wenige Tage danach erlebe ich mit Birgit in Düsseldorf „Carmen" in einer ganz hervorragenden Aufführung. Im Januar 2003 besuche ich mit Birgit „Fidelio" in Düsseldorf, gefolgt von „Zar und Zimmermann" mit Edilbert und Marianne in Münster. Mit der Sopranistin Ines Krome bin ich am 29.1. in einem Münsteraner Sinfoniekonzert, das ihr genialer Mann Will Humburg dirigiert. Das erste Stück von Richard Strauss – das ist eine Musik, „die nicht sein muss". Aber Mahlers „Lied von der Erde", mit den Schlussakkorden „ewig, ewig, ewig" ...

In Dinslaken besprechen die zwei Bischöfe, Kollege Khoury und ich unsere Pilger- und Studienreise nach Syrien, bei der der syrische Arzt Dr. Koudmani uns im nächsten März begleiten will. Ich habe bereits Visa und Tickets besorgt.

Das noch junge Jahr 2003 bringt die Todesnachricht von Freund Milan Machovec, Kommunist, Marxist und anonymer Christ, nach der Wende rehabilitierter Philosoph an der Karlsuniversität in Prag (16.1.).

Griechenland

Wegen des Überfalls der US-Amerikaner auf den Irak trauen sich unsere syrischen Freunde nicht, uns in ihr Heimatland zu begleiten. Die Raketen werden unter anderem vom Mittelmeer aus über Libanon und Syrien nach Bagdad abgefeuert. Unterwegs suchen sie ihr Ziel. Würden sie unser Auto für Feinde halten? Die Fernlenkwaffen denken nicht. Wir lassen uns dazu bewegen, Syrien abzusagen. Wir entscheiden uns, die freigehaltene Zeit zu einem Besuch Griechenlands zu nutzen. Die beiden bischöflichen Freunde waren noch nie dort, und wir haben jegliche Hilfe beim griechisch-orthodoxen Bischof Evmenios in Aachen. So beginnen wir zu dritt am 17.3. in Nordgriechenland, in Philippi, Beröa, Thessalonike, bei den Meteora-Klöstern. Das Wetter ist „zwiespältig". Im Landesinneren ist es kalt, im Gebirge können die Bischöfe sogar einen Schneemann bauen. An der Küste ist es warm bis heiß, so dass sie auch zum Schwimmen kommen. Wir fahren mit Paulus die Küste entlang über Athen nach Korinth, auf die Peloponnes, zuerst zu der byzantinischen Stadt Mistra, mit einem sehr freundlichen Nonnenkloster, dann nach Mykene, Epidauros und Olympia. Über Patras gelangen wir nach Itea am Meer südlich von Delphi, wo wir in aller Stille mein 50-jähriges Priesterjubiläum feiern. Von Delphi aus erleben wir Athen mit seinen Licht- und Schattenseiten. Es ist ja nicht verwunderlich, dass uns der Areopag mit der Paulus-Rede an die Honoratioren von Athen besonders interessiert.

Dann fliegen wir nach Kreta in die Heimat von Bischof Evmenios. Er ist selber gekommen und fährt uns zu den berühmten Männer- und Frauenklöstern, wo wir trotz der strengen orthodoxen Fastenzeit überaus gastfreundlich und freundschaftlich aufgenommen werden. Wir begegnen seinen Freunden und Verwandten, besuchen sein Heimatkloster, sehen das Dorf auf der Lassithi-Hochebene, in dem er geboren ist, und würdigen auch die Erinnerungsstätten, die dem Paulus-Schüler Titus gelten.

Am 27. April ist Dorothee Sölle gestorben (1929–2003). Am 10.5. wird im Clemenshospital mit unseren zwei Bischöfen und mit Bischof Evmenios mein „Goldenes" Priesterjubiläum höchst feierlich nachgeholt.

Mitchristen

In einer sonntäglichen Eucharistiefeier im Mai sage ich ein paar Worte gegen die Todesstrafe. Wenn ich im Glauben daran festhalte, dass Gott der Eigentümer und Geber des Lebens ist, dann kann niemand, der ein Christ sein will, das Leben eines andern für „verwirkt" erklären. Eine Hinrichtung kann auch nicht im Ernst eine „Sühne" einer Schuld sein. Ein Besucher, ein Juraprofessor, macht einen Zwischenruf. Damit hat er sich strafbar gemacht. Er verteidigt sich nach dem von ihm gestörten Gottesdienst damit, dass er eben ein Anhänger der „Pax Americana" sei. Ich sage ihm nur, dass er im Wiederholungsfall ohne Warnung wegen Störung des Gottesdienstes angezeigt werde. Mit solchen Leuten ist eine Diskussion unmöglich.

Einige Zeit zuvor hatte ich im Anschluss an ein eschatologisches Evangelium im Advent über die Formulierung „Richterstuhl Gottes" gepredigt. Das spätmittelalterliche Kunstwerk Gnadenstuhl, bei dem Gott Vater uns den gekreuzigten Sohn entgegen hält, ist für mich das Stichwort, dass wir im Glauben nicht Angst vor dem Richterstuhl, sondern Vertrauen in den Gnadenstuhl haben sollen. Ein Universitätsprofessor und Ritter des Heiligen Grabes, der kurze Zeit Patient bei uns ist, sagt zu seinem Banknachbarn: „Wenn es keinen Richterstuhl Gottes gibt, trete ich aus der Kirche aus." Er schreibt einen Denunziationsbrief an Bischof Lettmann, mit der Andeutung, dass der Bischof seine Aufsichtspflicht über Predigten nicht wahrnehme. Dieser, in seiner Güte und Menschenfreundlichkeit, antwortet ihm ausführlich und sehr freundlich. Ich bringe ein solches Übermaß an Geduld nicht auf.

Im Juni 2003 ist Jochem Fecht in die Neurologische Klinik in Freiburg gebracht worden. Ich bin dorthin gefahren. Er hat Gehirnkrämpfe und ist sehr verwirrt. Früher war er mutig und humorvoll, jetzt hat er Angst vor irgendwelchen Feinden und bittet mich um Beistand. Der alte Jochem ist verschwunden. Karin pflegt ihn bewundernswert. Beim Abschied am 20.6. bin ich fest überzeugt, dass das ein Abschied für immer (in diesem Leben) ist.

Im Juli fährt Edilbert mit seinen Brüdern nach Russland und dann zu zwei alten Freundinnen, während Marianne und ich zu Pater Stephan auf die Reichenau fahren (3.7.). Von dort geht es in Regen und Nebel über den Arlberg weiter nach Lans bei Innsbruck, wo eine Ferienwohnung auf uns wartet. Edilbert kommt nach. Bei Sonnenschein freuen wir uns an Tirol, an Innsbruck, Solbad Hall, an den Gletschern im Stubaital. Am 10.7. fahren wir mit dem Zug zu Antonio Autiero nach Trient. Prälat Rogger zeigt uns den Dom und sein Diözesanmuseum. Nach der Rückkehr anderntags folgen wieder Wanderungen im Gebirge, eine ausgedehnte Fahrt durch die Dolomiten, Besuche in Schwaz und am Achensee. Auf der Rückfahrt wird es Edilbert so schlecht, dass vom Allgäu an Marianne chauffieren muss. In seiner Heimat hat Edilbert so unerträgliche Schmerzen und so hohes Fieber, dass er das Krankenhaus in Offenburg aufsuchen muss. Dort kann man die Ursache nicht finden, am 26.7. wird er mit einem Krankenwagen in die Universitätsklinik nach Freiburg gebracht.

Ich hatte vorgehabt, mit den zwei Bischofsfreunden ein paar Tage ans Rote Meer zu fliegen und war schon mit dem Zug nach Münster gefahren, um zu packen. Aber wegen der ernsten Situation Edilberts sage ich den Flug ab und fahre nach Freiburg zurück. Es ist fast unerträglich heiß. Marianne wohnt in einer winzigen Kammer in einem Studentenheim in der Nähe der Klinik, ich in einem Hotel am Bahnhof (28.7. – 6.8.). Bei Edilbert ist der Gallenabfluss blockiert; zwar wird ein Röhrchen eingesetzt, aber der Verdacht auf einen Tumor kommt auf. Die Bischöfe telefonieren vom Roten Meer, später von Jerusalem aus (in Ramallah haben sie sogar Arafat besucht). In Freiburg kommen wir überein, dass Edilbert am besten in Münster aufgehoben ist. Gerd Tschorn, der tüchtige Geschäftsführer des „Clemens", organisiert einen Rückflug mit einem Rettungsflugzeug, Edilbert genießt das sehr (6.8.). Gerd Tschorn war mit dem Flieger nach Freiburg gekommen und nimmt Marianne im Auto mit zurück. Mit Mühe und Not kann Edilbert sich der Seelsorge widmen, immer wieder von Schüben der Krankheit und stationären Aufenthalten unterbrochen. Die Existenz eines Tumors wird immer wahrscheinlicher.

Ich komme im Oktober und November Vortragsverpflichtungen nach in Brilon (über das evangelisch-katholische Verhältnis), Bad Soden (Engel), Raesfeld (Hölle), Wilhelmshaven (Gebet). Am 13.11. ruft Franz Tebartz an und teilt mit, dass er zum Weihbischof ernannt ist. Die Weihe wird im Januar sein. Am 23.11. besuchen Marianne, Edilbert und ich den „Rosenkavalier" im Theater. Trotz der bewundernswerten Leistung von Ines Krome als Marschallin kommt uns die Musik von Richard Strauss als unendlich langweilig vor. Ich habe noch einen Vortrag in der Hamburger Akademie über Gottes Trinität und eine Vorlesung in der Universität Bamberg über das Konzilsdokument „Lumen gentium". Am 29.12. wird Edilbert, der unermüdlich mit den Vorführungen seiner Krippe beschäftigt ist, mitgeteilt, dass jetzt ein Tumor am Gallengang sichtbar ist.

Am 6.1.2004 begehen wir zusammen mit unseren zwei Bischöfen und mit vielen Freunden in der Gemeinschaft des Krankenhauses die Vollendung meines 75. Lebensjahres. Edilbert und seine beiden Freundinnen entwickeln immer neue Ideen hinsichtlich anderer Kliniken und Therapien, aber der Tumor wächst rapide. Während einer Krippeneinladung an die Ordensleute der Stadt erfährt Edilbert von Prof. Fischedick, dass auch eine Bestrahlung nicht mehr in Frage kommt. Er fällt nun immer wieder in tiefe Depressionen. Mehr und mehr muss ich ihn ganz in der Klinik vertreten und doch gleichzeitig früher übernommene Verpflichtungen erfüllen.

Ich habe im letzten Jahr ein drittes und letztes Buch über Rahner geschrieben, zwei Teile, sein Leben mit teilweise neuen Einzelheiten, und die Hauptthemen seiner Theologie mit vielen seiner Texte zum Selber-Lesen. Es gibt eine erfreuliche Gruppe junger Theologen, die sich positiv mit ihm beschäftigen. Diese beziehe ich in den zweiten Teil ein. Das Buch ist zum Jubiläumsjahr gedacht. 2004, 100 Jahre Geburt, 20 Jahre Tod. Es ist von der Wissenschaftlichen Buchgesellschaft in Darmstadt schön hergestellt; es kommt am 16.1. Viele Rahner-Veranstaltungen beginnen nun. Ich halte (gern) Vorträge über ihn. Eine erste Veranstaltung findet im Januar in der Rahner-Akademie in Köln statt, ich habe dort den ersten Vortrag. Tage danach redet dort auch ein so unsachlicher Rahner-Gegner wie Thomas Ruster, den man unverständlicher Weise in das Kuratorium dieser Akademie aufgenommen hat. Unter anderem sagt er, Auferstehung komme bei Rahner nicht vor. Meine weiteren Rahner-Vorträge: München (Forum an der Michaelskirche, in der Rahner 1932 zum Priester geweiht wurde, über 300 Leute), Hamburg, Trier, Linz an der Donau, Ohrbeck/Osnabrück, Ansbach, Bayreuth, Fulda, Essen, Paderborn, Erfurt; dazu kommen Zeitungs-, Radio- und Fernsehinterviews. Dass die Freiburger Akademie nur jüngere Leute über Rahner referieren lässt, ist in Ordnung. Dass der Herderverlag und die Leute von den „Stimmen der Zeit" mich zu ihrer Veranstaltung in Freiburg gar nicht einladen, zeugt von charakterschwachem Opportunismus, meine ich. Niemand hatte mehr mit Rahner – Herder zu tun als ich.

Am 21. Januar 2004 stirbt der alte liebe Freund Jochem Fecht in Freiburg, 82 Jahre alt. Ich konnte keinen Abschiedsbesuch machen, die Klinik konnte ich gerade in jenen Tagen nicht im Stich lassen. Das Requiem halte ich am 28.1., dann wird die Urne in das kleine Grab in Ebnet gesenkt.

In Fulda spreche ich über das Konzilsdokument „Gaudium et spes". Mein Nachfolger Harald Wagner hat mich als Redner zu seinem 60. Geburtstag gewünscht, und zwar mit einem Vortrag über Rahner im Franz-Hitze-Haus in Münster (12.2.).

Am 28.2. fand eine einzigartige Premiere von Verdis „Don Carlo" in Münster statt, auch in der überregionalen Presse hymnisch gepriesen. Ines Krome sang die Elisabetta. Ich wünsche mir einen zweiten Besuch, lade am 23.5. Antonio Autiero ein, mit mir die grandiose Inszenierung zu sehen und zu hören, um ihm zu zeigen, dass auch Deutsche imstande sind, den von ihm so geliebten Verdi aufzuführen.

Am 13. März stirbt der liebe alte Freund Kardinal Franz König in Wien (1905–2004).

Vom März ab wird Edilberts Zustand so schlecht, dass er das Bett nur noch selten verlassen kann. Einmal wünscht er Besuche, dann wieder sind sie ihm zu viel. Er leidet an Schlaflosigkeit, braucht einen Katheder. Chefärzte besuchen ihn regelmäßig: Sepehrnia, Fischedick und vor allem Baumgart, der eigens aus den Skiferien zurück kommt. Wiederholt sind beide Bischöfe da. Am 11.3. werden Metastasen festgestellt. Am 15.4. findet ein ergreifender Gottesdienst in seinem Wohnzimmer statt: Schwester Beata, jahrelang Oberin im „Clemens", Schwester Marianne und ich sind mit ihm am Tisch versammelt. Auf seinen Wunsch hin gebe ich ihm die Krankensalbung, dann halten wir Eucharistie. Am Ende sagt er: „Herbert, das war meine letzte Messe auf Erden." Zu seinem 75. Geburtstag am 16.4. kommen besonders viele Besucher. Natürlich sind auch seine beiden alten Freundinnen wieder da. Marianne reibt sich auf in der Fürsorge, Schwester Werburga hilft, Prof. Sepehrnia verweilt lange Zeit an seinem Bett. Am 28.4. wünscht sich Edilbert „Lobe meine Seele den Herrn, Sion singe Deinem Heiland, stimme Dank und Jubel an", gesungen von Bischof Lettmann, so wie am Ende der Liturgie in Jerusalem und Tabgha, und er nimmt noch mit einem „Heinz" den anderen Bischofsfreund zur Kenntnis. Am 29.4. stirbt Edilbert um 11.15 Uhr. Bei ihm sind die Schwestern Marianne und Werburga, sein Bruder Werner, Pfarrer Hagencord und die beiden Damen aus Karlsruhe. Requiem und Beerdigung finden am 3.5. statt, Bischof Lettmann steht der Eucharistie vor, die Kapuziner führen Regie. Viele Leute sind an seinem Grab auf dem Klosterfriedhof, wo jeder Kapuziner nur einen kleinen Stein erhält.

Es ist schwer, in einem Jahr, innerhalb von vier Monaten, drei gute Freunde zu verlieren.

Rahners 80. Geburtstag in der Freiburger Universität 1984.
Zweite Reihe von links: Frau Teufel, Erwin Teufel. Generalvikar
Schlund, Karl Rahner, Albert Görres. Erste Reihe von links:
Marlen Müller, Sigrid Loersch, ich.

Empfang des Papstes Johannes Paul II. mit Bischof Lettmann
in Münster 1987.

Mit Bischof
Lettmann im
Schwarzwald.

Sigrid Loersch mit
Bischof Lettmann im
Schwarzwald.

Mit Johann Baptist Metz in Münster 1989.

Doktorandenkreis in Münster 1989, von links: Ludger Mehring,
Michael Hakenes, Andrea Tafferner, Thomas Bremer,
Susanne Engstler, Ralf Miggelbrink.

Drei Ehrendoktoren 1989 bei Bischof Lettmann, von links:
Pater Laurentius, Prof. Werblowsky, Bischof Lettmann,
Frau Prof. Sumaya Farhat-Naser, daneben ich.

Mit der Mystikerin Myrna aus Damaskus in Münster 1991.

Ehrenpromotion Kardinal Königs in der Aula des Münsteraner Schlosses 1994. Von rechts Bischof Lettmann, Univ.-Rektorin Wasna, Kardinal König, Prof. Klemens Richter.

Mit Kardinal König 1994.

Mit Kardinal König 1970.

Festakt zur Amtseinführung von Prof. Autiero in Trient 1998.
Stehend der damalige Bürgermeister von Trient,
rechts Antonio Autiero.

Mit Bischof Lettmann bei Papst Johannes Paul II. 1999.

Im koptischen Kloster Bishoi in Ägypten, von links:
Bischof Mussinghoff, Pater Dioskouros, Bischof Lettmann,
Gastpater, Pater Edilbert, ich.

Im Sinai, von links Bischof Lettmann, ich, Bischof Mussinghoff.

Auf dem Arbel über dem See Genesaret, von links ich,
Bischof Lettmann, Schwester Audrey, ein Student.

12. Eine neue Aufgabe

Nach Edilberts Tod 2004 waren wir im Clemenshospital davon ausgegangen, dass meine Aushilfe in den letzten Jahren, meine „Überbrückung" der Seelsorge in den letzten Monaten nur vorübergehend sein würden. Die Kapuziner hatten jahrzehntelang die Seelsorge am „Clemens" ausgeübt, zum Teil zu zweit, und sie hatten nicht wenig davon profitiert. Zunächst wird uns ein Pater für einige Wochen als Hilfe in Aussicht gestellt. Danach erklärt der Provinzobere, sie hätten niemand mehr für eine Dauerstelle bei uns. Das war im Juli 2004. Daran zweifle ich mit Gründen.

Edilbert hatte als Hilfe einen „ständigen" Diakon, der uns nun im August verlässt, da er die Arbeit in einer Gemeinde vermisst. Ein paar Stunden in der Woche hilft uns ein Münsteraner Priester, Dr. Hagencord, den zur Hälfte der Bischof, zur andern Hälfte die Universität bezahlt, da er im Institut für Verhaltensforschung mitarbeitet.

Bischof Lettmann wird bei uns am Knie operiert, so bekommt er unsere Probleme aus der Nähe mit. Im September besprechen Schwester Marianne und ich die seelsorgliche Notlage am Krankenhaus eingehend mit ihm. In seinem Diözesanklerus hat er niemand für uns. Das Ergebnis der Gespräche ist: Ich solle Rektor der Kapelle in der Klinik werden (20.9.2004). Solange kein Nachfolger für Edilbert in Sicht ist, bedeutet das, dass auch die Krankenhausseelsorge insgesamt in meine Verantwortung fällt. Für mich ist es eine Frage der Freiwilligkeit, denn ich gehöre zum Bistum Freiburg, nicht zu Münster. Ich erlebe jeden Tag in der Klinik, dass die Menschen mich brauchen können, darum stimme ich zu. Aber ohne Schwester Mariannes Hilfe könnte ich das nicht einen einzigen Tag schaffen.

Die Kapuziner haben die samstägliche Eucharistiefeier mit Krankenkommunion und den nächtlichen Rufdienst bisher behalten und von ihrem Kloster aus versehen. Im Oktober geben sie den Rufdienst zurück; sie würden nur noch die gut bezahlten Messen behalten. Dieses Spiel spielen wir, die Betriebsleitung der Klinik und ich, nicht mit. Wir bezahlen zukünftig den Kapuzinern nichts mehr, ich werde einspringen und (als Empfänger eines Beamtengehaltes) von der Klinik keinen Pfennig annehmen. So komme ich ganz unerwartet zu einer neuen Aufgabe, im Alter von 75 Jahren, in dem Bischöfe und Priester ehrenvoll abtreten und Päpste abtreten sollten. Für wie lange?

Nach Edilberts Tod brachte Antonio im Mai 2004 aus Trient eine erfreuliche Nachricht. Kardinal Joseph Ratzinger hatte mit seinem Bruder Georg Antonios Institut besucht. Er erkundigte sich nach Münster und lobte – Erich Zenger und mich. Ich hatte mich mehrfach sehr kritisch mit ihm beschäftigt, mit seinem Urteil über die Liturgiereform und über Karl Rahner, mit seinen „Maßnahmen" als Präfekt der Glaubenskongregation. Wer über die heftigen Worte ein gerechtes Urteil fällen will, der müsste bedenken, was es bedeutet, wenn sehr große Hoffnungen und Erwartungen, Sympathie und Zuneigung, bitter enttäuscht werden.

Ende Mai 2004 war ich wieder einmal nach Verona geflogen, mit Weiterfahrt nach dem liebgewonnenen Trient und zu dem verehrten Iginio Rogger. Antonio beendete seine fünfjährige Amtszeit als Direktor des Instituts für religiöse Kultur – und begann gleichzeitig eine neue Amtszeit. Ich durfte in italienischer Sprache den Festvortrag „La teologia della città" halten.

Die von der Seelsorge in der Klinik übrig gelassene freie Zeit teile ich ein mit der Arbeit an Band 12 der „Sämtlichen Werke" Rahners und an einem Projekt, das mehr als 10 Jahre alt ist: Die Geschichte der Vorstellungen von Paradies und Himmel. Das ist eigentliche mühsame Forschungsarbeit.

Im Juli darf ich unseren Geschäftsführer Gerd Tschorn und Elke Geltomholt in der Petrikirche in Münster trauen, begleitet von einem umwerfend munteren Gospelchor.

Im diesem Sommer taufen Uli und Ludwig Homberg und ich die kleine Rebecca in der Münsteraner Kirche Hl. Geist. Samuel hatten wir in Dortmund, Elias in Lüdinghausen getauft.

Im August fliegen Marianne, Erich Zenger, Antonio Autiero und ich nach Venedig, fahren von dort weiter nach Trient und besuchen am 8.8. die Oper „Aida" in der berühmten römischen Arena von Verona. Nach zwei Akten erzwingt ein Gewitter den Abbruch, aber wir haben mehr als einen Eindruck. Es ergeben sich schöne Ausflüge mit Monsignore Rogger in die Trentiner Berge, und am 10.8. können wir (ohne Erich, der andere Verpflichtungen hat) einen halben Tag in Venedig verbringen.

Am 21. und 22.8. ist Oberbürgermeister Tillmann bei uns im „Clemens" zu Gast. Wir kennen uns von einem gemeinsamen Interesse an den „Pennern" in der Stadt. Er ist kein Opfer von Konventionen. Wenn alle CDU-Leute so wären ... Es ist Kommunalwahlkampf.

Im Oktober darf ich dem Konvent der Karmelitinnen in Lembeck Exerzitien geben.

Danach fliege ich mit Marianne und dem Ehepaar Baumgart in den Nahen Osten (12.10.–26.10.). Wir nehmen Quartier in der Schmidt-Schule in Jerusalem, denn die Dormitio-Abtei ist keine gastliche Stätte mehr. Nach Tagen in Jerusalem mit einer bewegenden Eucharistiefeier im Kapellchen vom Hl. Grab und Besuch in Bethlehem mit der schrecklichen Mauer (Besuch auch in der Kinderkrippe der Grabesritter) fahren wir nach Jordanien, mit Wadi Rum, Petra, Madaba, Berg Nebo, Amman, Jerash. In Tiberias nehmen wir ein Mietauto. Wir wohnen im Hospiz in Tabgha, das Klösterchen ist jetzt genauso ungastlich geworden wie die Dormitio-Abtei in Jerusalem. Mit schönen Fahrten und Wanderungen waren wir in Galiläa und auf den Golan-Höhen. In der „Bambus-Kathedrale" bei Tabgha gibt es eine Konzelebration mit Bischof Lettmann und eine Firmung: ein Pilgerzug aus Münster wohnt auch dort im Hospiz. In Nazareth bekommen wir eine originelle Führung durch Bruder Thaddäus OFM, dürfen in die ältesten Wohnhöhlen und in die „heilige Grotte", wo wir als „Eintrittsgeld"

Rosenkranz beten müssen. Nach einem Besuch in Caesarea am Meer fliegen wir zurück.

Selbstverständlich hatten wir uns bei den vielen Besuchen im „Heiligen Land" weder nur für „heilige Stätten" interessiert noch bloßer Naturerholung durch Wandern, Klettern und Schwimmen gefrönt. Wir hatten das ganze Elend der Region kennengelernt, die unbeschwerte Fröhlichkeit junger Israelis und ihre panische Angst vor Selbstmordattentätern, die kultivierte Gastfreundlichkeit der Araber und ihre brutale Justiz um die Ehre der Familie, die Abdrängung der einheimischen Christen, die sie fast zwangsläufig zur Emigration treibt, die heroische Tapferkeit, mit der zum Beispiel die „Kleinen Schwestern Jesu" bei den Opfern der Unterdrückung und Gewalt aushalten. Mit unseren sehr beschränkten Möglichkeiten hatten wir zu helfen versucht, und diese Hilfe geht ja weiter. Aber von all dem, was einen bis in die Träume hinein verfolgt, kann hier nicht berichtet werden. Sicher ist, dass wir, je öfter wir dort waren, umso ratloser wurden, was eine Lösung der politischen und ökonomischen Probleme der Region betrifft. Eine bestimmte Richtung der Vergewisserung hat sich immer mehr verstärkt: Was sich in der Region abspielt, ist nicht in erster Linie ein Konflikt von Religionen oder Kulturen, wenn sich solche Elemente auch immer wieder einmischen mögen. Der vorrangige Konflikt ist der zwischen Arm und Reich, wobei auch dieser Konflikt nicht einfach zwischen Palästinensern und Israelis aufgeteilt werden kann. Ungerechtigkeit, Unbarmherzigkeit, fehlendes Mitgefühl mit den Opfern: sie prägen die Gesellschaften auf allen Seiten, wenn auch in unterschiedlich intensiver Weise, und die zur Versöhnung bereiten, „vernünftigen", „aufgeklärten" Kräfte sind auf beiden Seiten (noch) in der Minderheit. Bedrückend ist der Eindruck: Unaufgeklärte Religion fördert den Fanatismus, in allen Religionen, Konfessionen und Kirchen, und wo immer die Gesellschaft das zulässt, sind selbst Attentate und Morde die Folge.

Am 15.11. beginnt für mich ein Priesterkurs mit dem Weihejahrgang 1992.

378

Einige Notizen über diverse Erlebnisse im Jahr 2005 sollen hier noch folgen: Am 9.1.2005 hatte ich im Borromaeum an einem Besinnungstag „Glauben wir, was wir glauben?" als „Glaubenszeuge" teilgenommen. Ob das Gehör fand? Im Februar habe ich in Hamm bei Dechant Lohle einen Vortrag über Johannes XXIII. und ab 21.2. in Münster einen Priesterkurs für den Weihejahrgang 1975/76.

Einen Vortrag, den ich im letzten November in Nordwalde über die „Letzten Dinge" gehalten habe, muss ich Anfang März in Steinfurt wiederholen.

Das schändliche Buch, das David Berger gegen Rahner organisiert hat, bekommt von mir eine angemessene Kritik, die ich ins Internet stelle: Nachlese zum Rahner-Jahr 2004.

Eine hervorragende Aufführung der „Meistersinger" erleben Birgit und ich am 23.1. im Aalto-Musiktheater in Essen. Sie macht begreiflich, warum die Oper mit ihrer Deutschtümelei nach dem Krieg eine Weile in Acht und Bann war. Am 5.6. besuche ich mit Birgit in Essen dann eine konzertante Aufführung der Oper „Norma" von Bellini.

Am 10.3. erscheinen Band 12 der „Sämtlichen Werke" Rahners, den ich bearbeitet habe, und die 4. Auflage des „Neuen theologischen Wörterbuchs" (eine 5. Auflage hat die Wissenschaftliche Buchgesellschaft in Lizenz übernommen). Ich beginne in freien Stunden die Bearbeitung des Rahner-Bandes 14.

Am 2. April ist Johannes Paul II. gestorben, Joseph Ratzinger ist am 19. April Papst geworden.

Am 3.5. wird im Franz-Hitze-Haus der Liturgiewissenschaftler, unser Freund Klemens Richter, zur Emeritierung mit einem Symposion geehrt.

Am 10.5. ist Alfons Deissler in Freiburg gestorben.

Am 18.5. spreche ich in der Hamburger Akademie über das Konzilsdokument „Lumen gentium".

Vom 9. bis 12. Juli sind Marianne und ich bei Pater Stephan auf der Reichenau. Die Fortschritte in der Gestaltung der Liturgie und in der Gemeindebildung auf der Insel sind enorm. Ich darf Hochamt und Festpredigt zum Benediktsfest am 11.7.

in der voll besetzten Kirche in Niederzell halten. Eigentliche Ferien auf Juist und im Schwarzwald beschränken sich auf wenige Tage.

Am 21.7. fliege ich mit Marianne, mit Antonio Autiero und Erich Zenger nach Verona, mit Weiterfahrt nach Trient. Wir machen nochmals einen Versuch mit der Arena von Verona: „Nabucco". Nach dem ersten Akt kommt das gewohnte Gewitter. Dafür können wir aber schöne und eindrucksvolle Ausflüge mit Monsignore Rogger in seine heimische Bergwelt machen, ehe wir am 24.7. zurückfliegen.

Seelsorge im Krankenhaus

Im Dezember 2005 hatten wir wir Vereinbarungen mit den benachbarten Salvatorianern getroffen, dass sie im Clemenshospital in Bedarfsfällen der Seelsorge zu Hilfe kommen. Der Diözesanpriester Dr. Hagencord, den Bischof Lettmann Pater Edilbert zur stundenweise Hilfe vermittelt hatte, will zum Sommer weg von uns, um in Berlin Sozialethik zu dozieren. Zum 1.10.2005 stelle ich dann Frau Maria Heine als Seelsorgerin ein. Sie bringt vielfältige Erfahrungen in Seelsorge, aber auch beste Kenntnisse des Krankenhauses und seiner Funktionen durch 12-jährige Tätigkeit auf der Intensivstation mit. Zusammen mit dem evangelischen Pfarrer Thomas Groll sind wir jetzt ein ökumenisch arbeitendes „Seelsorgeteam".

Das Clemenshospital in Münster steht unter der kirchlichen Trägerschaft der „Misericordia GmbH", zu der noch drei andere Krankenhäuser gehören. Es ist ein Akutkrankenhaus mit Schwerpunktsetzung und ist Akademisches Lehrkrankenhaus der Universität Münster. Im „Clemens" halten sich stationär durchschnittlich etwa 450 Frauen und Männer als Patienten auf, im Jahresdurchschnitt über 15.000. Es ist gegliedert in 10 einzelne, von Chefärzten geleitete Kliniken. Die Chefärzte werden von mehreren Oberärzten und von relativ vielen Assistenzärzten unterstützt. Mehrere Hundert Pflegerinnen und Pfleger versorgen die Patienten. Viele technische und handwerkliche Mitarbeiter, Computerspezialisten, Köche und Küchenhilfen garantieren das gute Funktionieren des Krankenhauses.

Das Krankenhaus wird ergänzt durch ein Kurzzeit-Pflegeheim.

Angeschlossen an das Krankenhaus ist die „Zentralschule für Gesundheitsberufe St. Hildegard", die Kranken- und Kinderkrankenpflegeschule für drei Krankenhäuser in Münster. Verbunden ist das „Clemens" mit einem MedicalCenter, zu dem unter anderem ein Pathologisches Institut und zahlreiche ärztliche Praxen, darunter eine Praxis für Radiologie mit allerneusten Apparaten, sowie medizinische Geschäfte und ein Bistro gehören.

Dies alles ist ebenfalls ein Bereich der „Seelsorge", denn diese steht auch allen Mitarbeiterinnen und Mitarbeitern in den genannten Einrichtungen, nicht nur den Patienten, zur Verfügung. Die Abteilung Seelsorge arbeitet engstens mit der Betriebsleitung (Ärztl. Direktor Prof. Fischedick, Pflegedirektorin Sr. Marianne, Geschäftsführer und Verwaltungsdirektor G. Tschorn) zusammen. Mit den Chefärzten bestehen bestes Einvernehmen und optimale Kooperation.

Natürlich existiert in den verschiedenen Kliniken des Krankenhauses unterschiedlicher Bedarf an Seelsorge. Täglich kümmern sich Seelsorgerin und Seelsorger um die schwerstkranken Menschen, die in der technisch optimal ausgestatteten Intensivstation gepflegt werden. „Sorgenkinder" sind auch die immer zahlreicher werdenden Kranken mit Karzinomen der Bronchien und der Lungen. Zu den besonders hilfsbedürftigen Menschen gehören die Opfer von Verkehrsunfällen, die zum Teil mit dem Hubschrauber zum Landeplatz auf dem Dach des Krankenhauses gebracht und von der Unfallchirurgie und Neurochirurgie versorgt werden. Die letztere kümmert sich auch um Schlaganfallpatienten, die, soweit möglich, in der staatlich geförderten Station für Früh-Rehabilitierung betreut werden.

Im Clemenshospital besteht ein Konvent von 15 Ordensschwestern, volkstümlich „Clemensschwestern" genannt (auf diese bischöfliche Gemeinschaft geht die Gründung des Krankenhauses vor mehr als 200 Jahren zurück). Die Seelsorge wendet sich auch diesen mit besonderer Aufmerksamkeit zu. Außer den Gesprächsangeboten bilden die Gottesdienste ein breites Feld seelsorglicher Tätigkeit. Katholische Eucharistiefeiern finden an allen Tagen der Woche mit Ausnahme des Mittwochs statt. Am Samstagabend wird regulär die Krankenkommunion auf den Stationen ausgeteilt (auf Wunsch natürlich auch zu anderen Zeiten). Der evangelische Gottesdienst hat die Gestalt einer Abendandacht am Mittwoch mit anschließender Austeilung des Abendmahls auf den Stationen. Einen besonderen Schwerpunkt der katholischen Seelsorge bildet die Krankensalbung. Leider hat sich die Reform dieses Sakraments durch das Zweite Vatikanische Konzil in breiten Schichten der Bevölkerung nicht durchgesetzt. Viele Angehörige verstehen nicht, dass eine gemeinsame Feier des kranken Menschen mit den Angehörigen und dem Seelsorger der inneren Stärkung, dem geistlichen Heilungsprozess und dem Trost dient. Sie verstehen das Sakrament vielmehr nach wie vor als „Letzte Ölung", als eine Art magischer Absicherung gegen ein Gericht Gottes, mit der man jedoch den sterbenden Menschen nicht erschrecken soll. So verlangen sie von dem diensttuenden Priester in sehr häufigen Fällen eine Bewusstlosensalbung, ja sogar eine Totensalbung; sie verstehen auch nicht, dass es nur Sakramente für Lebende gibt. Insgesamt verursachen die Angehörigen den Seelsorgern viel mehr Probleme als die Sterbenden, die oft in ihrer ganzen Haltung bewegende Vorbilder sind.

Wir haben im März 2005 die schöne Hauskapelle renoviert und im darauf folgenden Sommer einen würdigen Raum zur Verabschiedung von Verstorbenen eingerichtet. Er wurde und wird sehr gut angenommen. Angehörige nichtchristlicher Religionen, vor allem Muslime, benützen ihn auch gerne als Gebetsraum.

Ich habe in der erwähnten Zentralschule für Pflegeberufe den Unterricht in Berufsethik wieder in Gang gebracht. Im November 2005 fand eine betriebsinterne Fortbildung in Gestalt einer Vortragsveranstaltung statt, in der über 450 Besucherinnen und Besucher von den Seelsorgern darauf aufmerksam gemacht wurden, dass Seelsorge auch Aufgabe der „Laien" ist, eine Aufgabe, die im Zeichen des Priestermangels immer dringlicher wird. In Gruppenarbeit fanden den ganzen Winter 2005/2006 hindurch Praxisanleitungen dazu statt, die ebenfalls sehr gut besucht wurden.

Seit 2005 muss sich das Krankenhaus wie alle anderen Krankenhäuser dem Vorgang der Zertifizierung unterwerfen. Mit ihr wird durch ein ganz strenges wissenschaftlich fundiertes Prüfungsverfahren die Qualität des Hauses geprüft. Das Fehlen einer Zertifikatiion würde auf weitere Sicht die Verweigerung finanzieller Mittel und damit das Ende der Klinik bedeuten.

Im Clemenshospital wurden bereits im Sommer 2005 mehrere Einzelkliniken erfolgreich zertifiziert. Die Abteilung Seelsorge musste die Überprüfung ihrer Arbeit im März 2006 erwarten. Die Schulung für das Verfahren war äußerst anstrengend und zeitraubend. Wir entschlossen uns, nicht das etwas einfachere Verfahren zu wählen, das sonst von kirchlichen Häusern bevorzugt wird, sondern uns dem strengeren, in 86 Ländern anerkannten, vorwiegend bei Einrichtungen der Industrie und Wirtschaft verwendeten Prüfungssystem EN DIN ISO zu unterziehen. Die Organisation unserer Tätigkeit und die einzelnen Schritte der Seelsorge mussten in zahlreichen Dokumenten, die sehr ins einzelne gingen, festgehalten und vorgelegt werden. Wir bestanden die Prüfung im März 2006 mit so großem Erfolg, dass wir von der unabhängigen Prüfungskommission als Vorbild für andere bezeichnet wurden und das Zertifikat im Mai 2006 entgegennehmen konnten. Mit uns wurden vier Kliniken des Krankenhauses zertifiziert. Die Abteilung Seelsorge ist jetzt rangmäßig den Einzelkliniken des Hauses gleichgestellt, sie ist eine „Hauptabteilung".

Im Rahmen der Zertifizierung bekam ich von der Betriebsleitung des „Clemens" den Auftrag, ein Konzept und eine Geschäftsordnung für ein Ethik-Komitee an der Klinik zu entwerfen und Mitgliedervorschläge zu machen. Sie wurden akzeptiert, und in der konstituierenden Sitzung dieses Komitees

hat man mich Ende Mai 2006 gebeten, dessenVorsitz zu übernehmen. Bei der Beratung von Situationen, bei denen es meist
um Leben und Tod geht, hilft das Gespräch mit mehreren bei
der Schärfung des Gewissensurteils, und die Verantwortung
wird gemeinsam getragen.

Am 8.8.2005 war die dritte Auflage meines Taschenbuchs
„GOTT Vater, Sohn und Heiliger Geist" bei Aschendorff erschienen. Hier muss ich ein wenig weiter ausholen. Wir hatten
in der Münsteraner Fakultät nach dem Weggang von Hünermann die Professuren in Dogmatik neu benannt, damit das
Ministerium uns nicht eine „Doppelbesetzung" vorwerfen
könne (ähnlich verfuhren die Exegeten). Während meine Professur bei der Bezeichnung „Dogmatik und Dogmengeschichte" blieb, nannten wir die andere Professur „Dogmatik und
ihre Hermeneutik". Für sie suchten wir einen Priester, damit
die Fundamentaltheologie frei bliebe für einen Laien. Thomas
Pröpper, Paderborner Priester, kam von Walter Kasper in Tübingen her und hatte sich viele Jahre mit Schelling abgegeben, schien also für die zweite Professur mit ihrer philosophischen Problemstellung geeignet zu sein. Was wir nicht wussten: er betrieb eine in der Sache sehr radikale Kritik an Karl
Rahner. Diese Kritik im ganzen wirkte bei seinen Münsteraner
Schülern weiter, obwohl mein Schüler Ralf Miggelbrink sie in
seinem hervorragenden Buch „Ekstatische Gottesliebe im tätigen Weltbezug" klassisch widerlegt hatte. Pröpper und seine
Leute betonten die menschliche Freiheit in einem Ausmaß,
dass Gottes All-Wirksamkeit zu verschwinden schien. Gerade
sie aber war ein Kennzeichen der Rahnerschen Theologie. Mit
dem Konzil von Trient sagt Rahner, dass bei allem Guten, das
ein Mensch zuwege bringt, Gott das Wollen, das Können und
das faktische Vollbringen bewirkt, so dass von Autonomie
menschlicher Freiheit nicht die Rede sein kann.
Auch bei einem weiteren Thema der Theologie ergab sich ein
Widerspruch der Pröpper-Schule gegen Rahner, in der Trini-
tätstheologie, der Auffassung von Gott dem Dreieinen. Rahner hatte darauf hingewiesen, dass man dem Bekenntnis „Ein

Gott in drei Personen" nicht den modernen Person-Begriff unterlegen dürfe, weil man sonst unweigerlich in einem Drei-Götter-Glauben lande, in der Auffassung, Gott bestehe aus drei Subjektivitäten. Pröppers Lehrer Kasper hatte in seiner Gotteslehre diesem Drei-Götter-Glauben Vorschub geleistet. Ausgehend von dem biblischen Satz „Gott ist Liebe" bestimmte Kasper, was Liebe ist und was sie auch bei Gott zu sein hat: Eine Beziehung zwischen zwei Polen, Ich und du, weil Gott andernfalls bloße einsame Selbstliebe sein könne. Den Heiligen Geist konnte er in dieser Konstruktion nur noch mühsam als persongewordenes „Wir" unterbringen. Ich hatte schon in meinem Gotteslehre-Buch dagegen Stellung genommen, ebenso gegen die schon früher erwähnte Spekulation bei Greshake. Natürlich gab es in der Theologie immer wieder die Versuche, in die Drei-Götter-Richtung zu denken. Die Vorstellung, der eine Gott sei in Wirklichkeit eine Liebesgemeinschaft, wirkte vor allem bei gemütvollen Ordensleuten sehr anziehend. Als nun die „Herder-Korrespondenz" einem Schüler Pröppers die Gelegenheit bot, die göttliche Liebesgemeinschaft neu zu verbreiten, hielt ich mit meinem Taschenbuch dagegen. Die Auseinandersetzung ist bis zur Stunde nicht ausgestanden.

Die Diskussion zog weitere Kreise gerade im Hinblick auf das Jahr 2005. Es war das Gedenkjahr des 100. Geburtstags von Hans Urs von Balthasar. Er war in seiner „Theodramatik" ein beredter und einfallsreicher Verteidiger der drei Subjektivitäten in Gott gewesen, die in ein regelrechtes Drama verwickelt (gewesen) seien, und er war ja auch bekannt als polemischer Kritiker Rahners. Aus Anlass des Gedenkjahres formierten sich die Balthasar-Anhänger zu einer Gruppe, die einen Sammelband herausgab, in dem sich heftige Kritik auch an mir äußerte. Ich bin nicht davon überzeugt, dass alle Mitarbeiter des Bandes nur lautere Motive hatten. Balthasars Leidensmystik, sein Verständnis von Nachfolge Jesu sind so hart, sind nur für selbstlose, spirituell elitäre Menschen zugänglich, dass sie mit dem Imponiergehabe kirchlicher Karrieremacher nicht vereinbar sind. Da Balthasar beim polnischen Papst in höchstem Ansehen stand, ist eine Balthasar-Verehrung, die nicht authentisch, sondern nur aufgesetzt wirkt, unweigerlich dem Verdacht des Opportunismus ausgesetzt.

Ich war nicht nur als Dogmenhistoriker in der Frage des Person-Begriffs und seiner Wandlungen in der Geistesgeschichte sensibilisiert. Meine Beschäftigung mit dem Judentum brachte mich zu einer unerschütterlichen Überzeugung: Wir dürfen das Glaubensbekenntnis Israels, das auch Jesu Glaubensbekenntnis war (Deuteronomium 6 – Markus 12), den Glauben an Gott den Einen und Einzigen, um keinen Preis verraten.

Einige chronologische Notizen sollen diesen Bericht abschließen. Am 15.10. 2005 feierten die beiden Bischöfe, Generalvikar Kleyboldt und ich in Ostbevern das Goldene Professjubiläum von Schwester Beata. Am 29. und 30.10. waren Schwester Marianne und ich zusammen mit ihr Gäste bei Bischof Mussinghoff in Aachen: er wurde 65 Jahre alt.

An den Festlichkeiten in Münster, die im Frühjahr und Sommer stattgefunden hatten (Reinhard Lettmann 25 Jahre Bischof von Münster und die 1200-Jahr-Feier des Bistums Münster), hatte ich nicht wirklich teilnehmen können: zu oft und zu lang war ich mit der Seelsorge im Krankenhaus ganz allein. Am 22.11. wurde Frau Merkel Bundeskanzlerin einer Großen Koalition. Am 26.11. brach eine Schneekatastrophe über das Münsterland herein. In Altenberge lief es noch glimpflich ab. Unser Garten verlor einige schöne Äste. Die umgefallene Scheinbuche richteten Herr Tschorn, sein Vetter und sein Schwager wieder auf.

Am 3.12. war ich mit Birgit in Essen: „Orpheus in der Unterwelt". Von Peter Jahreis erhielten wir wieder Karten für das Theater in Münster. Mit drei Schwestern besuchte ich am 10.12. die Oper „Rusalka" von Dvořák. Die Musik kam uns sehr langatmig, ja langweilig vor.

Am 21.12. erlebten Marianne und ich drei Kantaten des Weihnachtsoratoriums von Bach in der Mutterhauskirche der Franziskanerinnen. Es war die letzte Aufführung, die Prof. Hümmeke dirigierte. Vor Jahren hatte ich ihm einen Lehrauftrag an unserer Theologischen Fakultät für Kirchenmusik verschafft.

Seither schickte er mir immer zwei Ehrenkarten. Die Aufführungen von Brahms' Requiem, Mozarts Requiem, Beethovens Missa solemnis, Haydns Schöpfung unter seiner temperamentvollen Leitung waren und sind unvergesslich. Seit 25.1.2006 sahen wir Bischof Lettmann fast jeden Tag im „Clemens". Zuerst war eine Reihe von Untersuchungen seiner Rückenbeschwerden notwendig. Am 14.2. wurde er von Prof. Sepehrnia operiert und blieb noch bis 26.2. bei uns. Wir hatten schöne, ernste und unterhaltsame Gespräche mit dem bischöflichen Freund, der nun auf einige seiner geliebten Wanderungen verzichten muss. Immerhin konnte er nach Ostern mit den ständigen Diakonen und ihren Gattinnen nach Israel fahren und im Mai 2006 Papst Benedikt nach Polen begleiten.

Theologischer Rückblick

Zum Schluss möchte ich in einem gewiss oberflächlichen Rückblick auf die Situation der Theologie zurückkommen. Sie trägt zusammen mit den Bischöfen die Verantwortung für eine Bildung von Menschen, die imstande sind, kommunikativ Rechenschaft über ihre Hoffnung zu geben. Seitens der Theologie gehört zu dieser Aufgabe die kritische Begleitung der Glaubensverkündigung. Gewiss tue ich niemand Unrecht, wenn ich meine, dass diese im Argen liegt. Welche Substanz haben die „normalen" Predigten? Ist es falsch, wenn ich denke, dass weite Kreise auch der „praktizierenden Christen" immer weniger Ahnung von Glaubens*inhalten* haben? „Wissen die Christen, was sie glauben?" fragte ein polemisches Buch. Ist die Beobachtung falsch, dass für nicht wenige Christen Glaube in einem bloßen diffusen Gefühl besteht? Haben wir in der Universitätstheologie Schuld oder Mitschuld daran? Es ist gewiss sehr leicht, die „Schuld" anderen zuzuschieben. Inwieweit sind die Familien, ist die „Erziehung" an den Voraussetzungen zur Erosion des Glaubens beteiligt? Ich weiß nicht, wie es in den Familien selber aussieht. Ich nehme nur gewisse Symptome wahr, die mit Religion und Glaube unmittelbar noch gar nichts zu tun haben. Zwei banale Beispiele möchte ich anführen, immer mit der Vorbemerkung, dass es mir völlig fern liegt, „die heutige Jugend", ihre Mode, ihre Musik, ihre Freizeitgestaltung in Bausch und Bogen zu verurteilen. Wenn ich zuweilen an einem Schulhof vorbeigehe, dann schmerzt es mich zutiefst, ansehen zu müssen, was Kinder und Jugendliche heute wegwerfen, vor allem Lebensmittel. Es scheint mir weithin an „Ehrfurcht vor dem Brot" und im Hintergrund an Dankbarkeit zu fehlen. Das Vorhandene, und zwar das im Überfluss Vorhandene, wird als bare Selbstverständlichkeit genommen. Jedes Jahr feiern die Abiturklassen Münsters ihr Abitur auf dem Domplatz. Am Tag danach müssen Wagenladungen mit Flaschen, Dosen, Scherben und anderem Unrat weggefahren werden. Junge Menschen, denen man zu Unrecht Hochschulreife bescheinigt, sind weitgehend von Gedankenlosigkeit und Rücksichtslosigkeit geprägt. Die Sektflaschen zerknallen dort am Boden, wo sie leergetrunken worden waren, für die Scherben sind die Türken da. In anderen Städten, auch in Freiburg, sieht es nicht anders aus. Diese Einstellungen haben auch, natürlich nicht ausschließlich, mit der Erosion des Glaubens und der religiösen Erziehung zu tun. Und mit „Erziehung" überhaupt. Wie die Alten sungen ...

Einen bestimmten Anteil an Verantwortung für die desolate Glaubenssituation haben die akademischen Prüfungsordnungen für das Staats- und auch für das Diplomexamen. Sie machten es möglich, dass nur sehr selektiv studiert werden konnte und der Bestand an Glaubens*wissen* immer mehr zusammenschrumpfte. „Zu meiner Zeit" haben die Lehrenden immer und immer wieder darauf hingewiesen, dass das Studieren nach Prüfungsordnungen nicht den Namen Theologiestudium verdient; die umfangreichen Glaubensinhalte müssten in selbständigem Lernen erarbeitet werden. Aber diese Mahnungen waren völlig vergeblich. Die Studierenden tendierten zu dem Fach, von dem sie sich am meisten Rezepte für die Praxis und am wenigsten Lernarbeit erhofften, zur Praktischen Theologie. Den Kollegen dieses Faches kann man den Vorwurf nicht ersparen, dass sie mit Einführung in Gruppendynamik, mit Rollenspielen, Coaching, Brain storming zwar einiges zur Gesprächs- und Konfliktbewältigung beitrugen, hinsichtlich der zu vermittelnden Inhalte sich jedoch mit Sprechblasen begnügten. Sie pflegen hohle, problemfreie Phrasen – Seelsorge mit ewigem Grinsen, sagte ein Freund zu mir. Christliche Verlage (nicht alle!) flankieren diesen desolaten Zustand, indem sie Beiträge zu einer Wellness-Religion, Lebenshilfen ohne jedes Reflexionsniveau massenweise auf den Markt werfen. Sie tragen mit zu einer Patchwork-Religion bei, bei der man nach Belieben Stücke aus der Esoterik, aus dem Buddhismus mit dem nur in Bruchstücken bekannten biblischen Bestand kombinieren kann. Die aus diesen Verhältnissen kommenden Religionslehrerinnen und -lehrer machten sich zum großen Teil (nicht alle!) die Arbeit leicht, indem sie Lebensfragen abseits des Glaubens besprachen oder in Medien vorführten. Auf Grundwissen im Glauben darf man selbst sie nicht befragen.

Jedoch, die Versäumnisse liegen nicht nur bei der Praktischen Theologie. Auch die Dogmatik und die Fundamentaltheologie in ihrer neueren Entwicklung sind davon nicht ausgenommen. Wie es sich für einen Oldtimer am Ende seines Lebens gehört, sage ich „Zu meiner Zeit". Zu meiner Zeit war die Dogmatik aufgebaut an Hand des offiziellen Glaubensbekenntnisses mit seinen Glaubensartikeln. Daraus ergaben sich die „Traktate" oder Lehrstücke der Dogmatik. Gefragt wurde in zweifacher Richtung: Wie sind die Glaubens*aussagen* heute zu verstehen, wie sage ich es mir und andern so, dass es einen im tiefsten Innern *betrifft*? Und: Wie sind sie zu dem geworden, was sie heute sind? Die Fundamentaltheologie hatte gerade im Gespräch mit der Kirchengeschichte und der zeitgenössischen Philosophie über die großen Themenkomplexe „Offenbarung Gottes" und „Heilsbedeutung Jesu Christi" nachzudenken. Was ist von all dem geblieben? In der Fundamentaltheologie kann man heute behaupten, die Offenbarung Gottes gehe weiter, und so öffnet man Tür und Tor für Sonderbotschaften à la Fatima oder Medjugorje oder auch für subjektive Gefühlserlebnisse. Die frühere Tendenz nach möglichst großer Vollständigkeit war gewiss in mancher Hinsicht problematisch. Aber heute ist das Gegenteil zu beobachten, eine möglichst große Beliebigkeit in der freien Auswahl dessen, was man unter Fundamentaltheologie versteht.

Das von Theodor Schneider mit Dorothea Sattler organisierte zweibändige Handbuch der Dogmatik folgt noch dem klassischen Aufbau. Aber wer trägt heute in der Dogmatik kohärente Lehrstücke, Traktate oder Glaubensartikel vor? Junge Menschen von heute, die Theologie studieren, hören gar nicht mehr zu, wenn man historisch zurückfragt, wie es zu einer Glaubensformulierung gekommen ist. Das Fach Kirchengeschichte nimmt teil an diesen Versäumnissen. Gesucht wird nach „Knallern": Die Sünden der Kirche in Inquisition, Kreuzzügen, Hexenverfolgung, im Dritten Reich. Wo versteht sich die Kirchengeschichte noch als theologisches Fach, als Theologiegeschichte? Ernst Dassmann und Arnold Angenendt waren letzte Beispiele für Kirchengeschichte als Theologiegeschichte. Auch die Kirchenleitung hat ihren Teil zu dieser Situation beigetragen. Das Spiel mit Massenveranstaltungen, mit den Emotionen junger Menschen halte ich für verhängnisvoll. Es ist unglaublich, aus dem Trend junger Menschen zu Begegnungen in möglichst großen Massen, wie sie auch in Rock- und Popkonzerten geboten werden, den Schluss zu ziehen: Die Kirche ist jung und der Glaube ist schön.

Die offizielle Moraltheologie findet weitab vom wirklichen Leben der Menschen statt. Wenn sie von der Vermittlung von Werten redete oder redet, dann versteht sie diese Vermittlung als Indoktrinierung, die auf Begründungen verzichtet. Theologische Ethik, wie sie mein Freund Antonio Autiero vorträgt, ist dagegen kompetent für Gespräche auch mit „Ungläubigen" und für internationale Probleme, wie sie die Bioethik stellt, weil sie die Fragen ernst nimmt und nach Argumenten zur Antwort sucht.

Etwas von dem, was mich am Abend meines Lebens am meisten bedrückt, ist das Folgende. Während viele Menschen in der Kirche, nicht nur „unten", sondern auch „oben", sich ernsthaft um eine ökumenische Einigung der konfessionell getrennten Christen bemühen, geht faktisch die Einheit der Kirche immer mehr verloren. Damit meine ich nicht nur sektenhafte Abspaltungen wie die Anhänger Lefebvres, die Kämpfer für lateinische Messe und Mundkommunion oder die „Sedisvakantisten".

Im Raum der Kirche herrschen immer mehr Beliebigkeit und Unübersichtlichkeit. In einer Zeit, da es immer teurer wird, Zeitschriften am Leben zu halten, wird das neue Medium „Internet" preisgünstig zur Verbreitung subjektiver Meinungen benützt. Wenn man für eine reaktionäre Mentalität die Kurzbezeichnung „rechtsgerichtet" verwenden will, dann muss man konstatieren, dass in kurzer Zeit allein in Deutschland drei „rechtsgerichtete" „Portale" im Internet eingerichtet worden sind. Wären solche Organe werbend um Verständigung bemüht, unter Achtung der „gegnerischen" Meinung, dann wäre gegen das „freie Wort in der Kirche" nichts einzuwenden. Zum einen ist jedoch unverkennbar: Eine gegenteilige Meinung wird ohne moralische Hemmungen bekämpft. Alte Prinzipien einer christlichen Ethik sind völlig verloren: Es wird nicht mehr der gute Glaube (die „bona fides") des „Gegners", seine gute Absicht, bis zum Erweis des Gegenteils vorausgesetzt. Alle Schattierungen von Verleumdung und Rufmord treten auf. Zum zweiten: für die eigene Ansicht wird eine Unfehlbarkeit in Anspruch genommen, die sich anmaßt, mit arroganter Sicherheit anderen theologische Irrtümer vorzuwerfen. Das Internet gestattet eine millionenfache Verbreitung der Produkte charakterlich zweifelhafter Figuren.

Das kirchliche Amt mit seiner Aufsichtspflicht ist diesem Treiben gegenüber offenbar hilflos. Der einzelne Theologe, die einzelne Theologin kann souverän darüber hinwegsehen. In der breiten Öffentlichkeit verstärkt sich jedoch der Eindruck von Beliebigkeit und Unübersichtlichkeit dessen, was im Glauben eigentlich „noch" „gilt". Die Sorge um die Einheit im Glauben ist größer, nicht kleiner geworden.

Palästinensische Universität Birzeit. Von links: ich, Sigrid Loersch, Frau Prof. Sumaya Farhat-Naser, Frau Viehoff, Herr Munir Naser, Herr Viehoff.

Karin und Jochem Fecht in Freiburg 2002.

50-jähriges Priesterjubiläum im Clemenshospital 2003, von links
Pater Edilbert, Bischof Mussinghoff, Bischof Evmenios,
ich, Bischof Lettmann, Weihbischof Tebartz-van Elst
(Foto: Johannes Loy).

Mit Schwester Marianne 2003.

Taufe der kleinen Rebecca, mit Ulrike und Ludwig Homberg,
rechts die Patin.

Mit Erich Zenger 2004.

Mit Johann Baptist Metz und Antonio Autiero 2004.

Mit Bischof Lettmann am See Genesaret 2005
(Foto: Peter Baumgart).

Personenregister (in Auswahl)

400